LES ŒUVRES LIBERTINES

DE

CYRANO DE BERGERAC

LE LIBERTINAGE AU XVIIe SIÈCLE

I. — Le Procès du poète Théophile de Viau (11 juillet 1623-1er septembre 1625), publication intégrale des pièces inédites des Archives nationales, portraits et facsimilé, 2 volumes in-8 de XLVI, 592 et 448 pp., tiré à 500 exemplaires numérotés.
Ouvrage honoré d'une souscription du Ministère de l'Instruction publique. — Prix Saintour, de l'Académie française, 1910.

II. — Disciples et successeurs de Théophile de Viau. La Vie et les Poésies libertines inédites de Des Barreaux (1599-1673) et de Saint-Pavin (1595-1670). In-8 de XIV et 551 pp., tiré à 500 exempl. numérotés.

III. — Une seconde révision des œuvres du poète Théophile de Viau (corrigées, diminuées et augmentées), publiée en 1633 par Esprit Aubert, chanoine d'Avignon, suivie de pièces de Théophile qui ne sont ni dans l'édition d'Esprit d'Aubert (1633), ni dans celle d'Alleaume (1855). In-8 de 145 pp., tiré à 205 exempl.

IV. — Les recueils collectifs de poésies libres et satiriques publiés depuis 1600 jusqu'à la mort de Théophile (1626). Bibliographie de ces recueils et bio-bibliographie des auteurs qui y figurent donnant : 1° L'historique et la description de chaque recueil. — 2° Les pièces de chaque auteur (titre et premier vers) avec une notice et une biographie dudit auteur. — 3° Une table générale des pièces anonymes avec le nom des auteurs pour celles qui ont pu être attribuées, etc, Suivie, 1° Du dépouillement : d'un recueil satirique publié à l'étranger : *Les Epitaphia joco-seria ;* des Ms. 884 et 24.322 de la Bibl. Nat. ; du Ms. Villenave *(Le Petit Cabinet de Priape)* ; de partie du Ms. Conrart, 4.123 *(Sonnets gaillards et priapiques) ;* du Ms. L'Estoile *(Recueil bigarré du grave et du facétieux).* — 2° D'une table des pièces non signées de ces Ms. qui ne se trouvent pas à la Table des pièces anonymes des recueils libres et satiriques. — 3° Des poésies inédites de Berthelot, Regnier et Sigognes du Ms. 534 du Musée Condé. In-4° de 8 ff. et 601 pp., tiré à 305 exempl. numérotés.
Mention très honorable (Prix Brunet, 1915) de l'Académie des Inscriptions et Belles-Lettres.

V. — Les Œuvres libertines de Claude Le Petit, Parisien, brûlé le 1er septembre 1662, précédées d'une notice biographique : *L'Escole de l'Interest. — L'Heure du Berger. — Le Bordel des Muses (poésies diverses, Paris ridicule, Madrid ridicule, etc..)* In-8 de LVII et 244 pp. Tiré à 202 exempl. numérotés.

VI. — Les chansons libertines de Claude de Chouvigny, baron de Blot-l'Eglise, avec leur musique, précédées d'une notice biographique et suivies de couplets de ses amis. In-8 de XLVIII et 145 pp. Tiré à 280 exempl. numérotés.

VII. — Mélanges : Trois grands procès de libertinage : *L'Ancêtre*, Geoffroy Vallée, et *La Béatitude des Chrestiens* (1593) ; Jean Fontanier, et *Le Trésor inestimable* (1621) ; Michel Millot et Jean L'Ange : *L'Escole des Filles* (1655). — Une victime de Henri IV, le comte de Beaumont-Harlay et mademoiselle de La Haye, 1607. — Claude Belurgey, l'auteur présumé des *Quatrains du Déiste*, 1620. — *Les Exercices de ce Temps* et leur auteur, 1617 (?). — Voltaire et le curé Meslier, etc., etc. In-8 de 315 pp.

VIII. — Les Œuvres libertines de Cyrano de Bergerac, précédées d'une notice. Tome premier. *L'Autre Monde :* I. *Les Estats et Empires de la Lune ;* II. *Les Estats et Empires du Soleil.*
Première édition contenant tous les passages supprimés des *Estats et Empires de la Lune* d'après les Ms. de Paris et de Munich, avec les variantes de l'imprimé de 1657.
Tome second. *Le Pédant joué*, texte du Ms. de la Bibl. Nat. ; *La Mort d'Agrippine ; Lettres*, texte du Ms. de la Bibl. Nat., avec les variantes de l'imprimé de 1654 ; *Mazarinades*, etc.

POUR PARAITRE PROCHAINEMENT :

IX. — Les Œuvres libertines de Jean Dehénault, le maître de Madame Des Houlières, précédées d'une notice.

X. — *Disciples et successeurs de Cyrano de Bergerac :* L'Œuvre libertine de Gabriel de Foigny *: La Terre australe connue*, précédée d'une notice et suivie d'extraits de *L'Histoire des Sévarambes*, de Denis Veiras ; de *L'Ile de Calejava*, de Claude Gilbert, et des *Voyages et Avantures de Jacques Massé*, de Tyssot de Patot, avec notice.

LE LIBERTINAGE AU XVIIe SIÈCLE

LES ŒUVRES LIBERTINES

DE

CYRANO DE BERGERAC

PARISIEN (1619-1655)

PRÉCÉDÉES D'UNE NOTICE BIOGRAPHIQUE

par

Frédéric LACHÈVRE

TOME SECOND

Le Pédant joué, comédie, texte du Ms. de la Bibl. nat., avec les variantes de l'imprimé de 1654. — *La Mort d'Agrippine,* tragédie. — *Les Lettres,* texte du Ms. de la Bibl. nat., avec les var. de 1654. — Les Mazarinades : *Le Ministre d'Etat flambé ; Le Gazettier des-interressé,* etc. — *Les Entretiens pointus.* — Appendice : *Le Sermon du curé de Colignac*, etc.

PARIS
LIBRAIRIE ANCIENNE HONORÉ CHAMPION
Edouard Champion
5, Quai Malaquais.

1921

LE PÉDANT JOUÉ

COMÉDIE

La date de la composition du *Pédant joué* est à peu près fixée, on peut la placer dans les derniers mois de l'année 1645 ou au début de 1646. Cette pièce était achevée et connue bien avant 1649, il en est question dans *Le Parasite mormon* (1), satire contre Pierre de Montmaur attribuée à l'abbé La Mothe Le Vayer par l'abbé de Marolles, et à Ch. Sorel par M. Emile Roy. C'est certainement l'abbé La Mothe Le Vayer fils, l'ami de Cyrano, qui a écrit le passage suivant auquel nous venons de faire allusion :

« Ha ! croyez-vous de bonne foi que le *Don Quichot*, le *Berger extravagant*, les *Visionnaires*, la *Gigantomachie* (2) et *Le Pédant joué* aient moins acquis de gloire à leurs auteurs que pourroient avoir fait les Ouvrages les plus sérieux de la philosophie ? Non, non... »

Le *Pédant joué* n'est pas, comme on l'a cru jusqu'ici, une comédie dont le plan appartient en propre à Cyrano — cet ennemi des plagiaires — mais bien, comme l'a indiqué M. Emile Roy, l'adaptation d'une petite pièce de Lope de Vega, publiée en 1644 : *L'Enlèvement d'Hélène* (3) dont voici le scénario :

« Un médecin très avare est père d'une jolie fille, aimée de l'étudiant Paez. Il permet aux deux amoureux de représenter devant lui, le jour de sa fête, une comédie : *L'Enlèvement d'Hélène.* Paez invite sa partenaire à le suivre sur son vaisseau ; comme Hélène préfère une voiture, il en ramène une de chez le loueur, y monte avec elle et se sauve avec la caisse du médecin. Celui-ci les rattrape dans une auberge et accepte en maugréant les faits accomplis ».

Inutile, dit M. Emile Roy, d'indiquer les rapprochements, tout l'essentiel de la comédie de Cyrano est là (4).

(1) 1650 (s. l.).

(2) *Le Berger extravagant* de Ch. Sorel, *Les Visionnaires* de Des Marets de Saint-Sorlin, *La Gigantomachie* de Scarron.

(3) *La vie et les œuvres de Charles Sorel, sieur de Souvigny (1602-1674), 1891.*

(4) L'analyse du *Pédant joué* est très développée dans la thèse de Pierre Brun : *Cyrano de Bergerac, sa vie et ses œuvres,* 1893.

Quant aux personnages on ne peut accepter les identifications de P. Lacroix. Sauf Granger qui est sans doute Jean Grangier, principal du collège de Beauvais, les autres noms choisis par Cyrano n'ont aucune signification. Il n'a jamais pu avoir la pensée de représenter dans le matamore Chasteaufort l'ancien capitaine de la compagnie des gardes où il avait pris du service, pas plus que Corbinelli n'a le moindre rapport avec le compilateur des *Sentiments d'Amour* (1665) et des *Extraits des plus beaux endroits des plus célèbres auteurs de ce temps.*

« LE PÉDANT JOUÉ » A-T-IL ÉTÉ REPRÉSENTÉ ?

Le Pédant joué a-t-il été représenté au XVIIe siècle ? Toutes les présomptions militent en faveur d'une réponse négative (1). *La Mort d'Agrippine* est dédiée au duc d'Arpajon ; elle a eu les honneurs d'une impression séparée avec frontispice ; *Le Pédant joué*, au contraire, n'a pas d'épître laudative, c'est-à-dire qu'aucun notable personnage n'a été intéressé à son sort ; il se cache modestement, à la suite des *Lettres*, dans le volume des *Œuvres diverses* de 1654, et on sait que les pièces qui ne devaient pas affronter les feux de la rampe étaient toujours imprimées de la sorte. Le scandale de la représentation de *La Mort d'Agrippine* — elle avait valu à son auteur la réputation d'athée ou de fou — n'était pas fait pour inciter les comédiens à offrir immédiatement au public un second échantillon du talent de Cyrano (2) ; comme auteur dramatique, il s'était trouvé disqua-

(1) Les assertions à ce propos des historiens du théâtre français n'ont aucune importance, car il n'existe aucun témoignage contemporain d'une représentation du *Pédant joué*. La question reste entière et il est probable qu'il n'y sera jamais répondu affirmativement. On est désarmé en face de cette allégation de M. Ch. Livet : « On ne peut guère citer, parmi les comédies en prose du XVIIe siècle, que *Le Pédant joué* qui ait eu du succès » ! (notice en tête de l'édition de *L'Avare* de Molière). M. Victor Fournel a également constaté son succès d'après le *Catalogue manuscrit* de Duval, travail sans la moindre autorité ! Mais la palme appartient à Paul Lacroix : « On peut supposer que la comédie avait circulé manuscrite dans les collèges longtemps avant qu'elle fut représentée par les comédiens de l'Hôtel de Bourgogne ; il est même probable que les écoliers la représentèrent eux-mêmes, du vivant de Jean Grangier qui mourut en 1643..., il est certain que la jeunesse des écoles applaudit à l'audace insolente du nouvel Aristophane, qui s'était vengé de quelques corrections un peu trop cuisantes en faisant rire les élèves aux dépens du maître... »

(2) Quant à croire que *Le Pédant joué* a précédé à la scène *La Mort d'Agrippine*, cette hypothèse nous semble invraisemblable. *La Mort d'Agrippine* n'a dû être représentée que grâce à la protection du duc d'Arpajon, alors que *Le Pédant joué*, composé en 1645 ou 1646, par un pauvre diable n'ayant pas de Mécène, était condamné à l'oubli. Cyrano a manqué même de l'argent nécessaire pour le faire imprimer avant 1654.

lifié du coup. De plus, la façon dont parle, dès 1650, l'abbé La Mothe Le Vayer du *Pédant joué* en le mettant, on l'a vu, au même rang que le *Don Quichotte* de Cervantès, *le Berger extravagant* de Ch. Sorel et la *Gigantomachie* de Scarron, laisse à penser que cette comédie n'avait pas encore paru sur la scène. Il est même probable que l'abbé Le Vayer a fait là tout simplement une amabilité à Cyrano. L'amitié est coutumière de ces coups d'encensoir ! Il nous paraît également impossible que Molière ait osé introduire dans *Les Fourberies de Scapin* la scène « de la galère d'un Turc » si elle était connue du public de l'Hôtel Guénégaud ou de l'Hôtel de Bourgogne. Enfin en 1671 l'avocat Gabriel Guéret regrette que quarante vers libertins aient empêché *La Mort d'Agrippine* de tenir longtemps l'affiche, sans mentionner *Le Pédant joué* dont il aurait certainement rappelé le succès.

Mais ce qui ne s'était pas réalisé au XVIIe siècle devait l'être deux cent quarante-cinq ans plus tard, et cela grâce au Cyrano de M. Rostand, non en France mais en.... Amérique, comme le prouve la publication suivante :

« Le Pédant joué », comedy by Cyrano de Bergerac. With a life of Cyrano by H. B. Stanton (H. U. 1900). And a preface by Professor Ferdinand Bôcher. Published under the auspices of the Cercle français of Harward University. Boston, Jean de Peiffer, 175, Tremont Street, 1899. In-8. Titre, 4 pp. chiffr., 40 pp. chiff., 2 ff., puis *« Le Pédant joué ». Adaptée en trois actes et avec ballets pour la treizième représentation annuelle du Cercle français de l'Université de Harward par M. C.-H.-L.-N. Bernard, Membre du corps enseignant de « Massachusetts Institute of Technology » Boston...* 1899, 80 pp. chiff.

Il est vrai que cette édition a été expurgée des obscénités qui trahissaient le libertin !

« *LE PÉDANT JOUÉ* » *ET MOLIÈRE*

La question du plagiat de Molière, qui aurait pris au *Pédant joué* la scène dite de « La Galère », a fait couler beaucoup d'encre sans grand résultat. Inutile de discuter le petit roman du *Pédant joué* composé par Cyrano en collaboration avec Molière (1). Le plagiat existe cependant, et il serait puéril de le nier.

(1) « Une tradition qui expliquerait la réponse de Molière : « Je prends mon bien où je le trouve » auquel on reprochait de s'être approprié deux scènes de la comédie de Cyrano, pour les intercaler dans *Les Fourberies de Scapin*, une tradition, qui

On a vu que *Le Pédant joué* a été écrit en 1645, qu'il n'a jamais été représenté ni avant ni après son impression de 1654. Or en 1645 Molière était depuis deux ans comédien et courait la province, il ne se souvenait déjà plus d'avoir fréquenté avec Cyrano chez Gassendi; ses préoccupations étaient ailleurs. Il avait assez à faire pour apprendre ses rôles et les jouer, la vie de comédien ambulant n'étant rien moins qu'une sinécure! Molière a seulement lu *Le Pédant joué* dans l'édition originale ou dans ses réimpressions qui se sont succédées de 1655 à 1670. Au moment où il a composé *Les Fourberies de Scapin* des réminiscences de cette pièce se sont présentées à sa mémoire, il a peut-être alors plagié inconsciemment, ou même, en le sachant, la chose n'aurait pas pris à ses yeux l'importance qu'elle a aujourd'hui aux nôtres où la recherche des sources est devenue une véritable hantise, comme si la même idée ne pouvait naître spontanément dans deux cerveaux. Nous sommes d'autant plus enclins à considérer cette hypothèse comme exacte que Molière n'est nullement un écrivain ayant eu des prétentions philosophiques. Le comédien, chef d'une troupe importante et auteur dramatique pour vivre, n'avait guère le temps de se livrer à des méditations de ce genre. Observateur profond et sagace, Molière, sans s'en douter, a mis de la philosophie en action. Son but a été d'amuser ses contemporains et non de leur faire la leçon; il a cherché le succès et non les suffrages de la postérité. En voulant le grandir on le transforme. Il ne gagne rien à cette métamorphose, d'ailleurs bien improbable, si on réfléchit un peu.

LE MANUSCRIT DE LA BIBLIOTHÈQUE NATIONALE

Le manuscrit du *Pédant joué* de la Bibliothèque nationale est important, moins pour les changements apportés à quelques scènes et les remaniements de style dont le but a été d'affaiblir certaines expressions trop libres ou trop osées, que pour le couplet d'athéisme qui termine cette comédie, couplet ne rimant à rien, sinon à ce besoin qu'ont éprouvé tous les libertins du XVIIe siècle d'étonner et de scandaliser. Il y a là une de leurs caractéristiques saisie sur le vif.

---

s'était peut-être transmise de bouche en bouche parmi les écoliers du collège de Beauvais, donne à Molière une part d'auteur dans la composition de cette pièce. En effet, si Molière, qui suivait les cours du collège de Clermont, ne fut pas le condisciple de Cyrano au collège de Beauvais, il le rencontra plus tard dans le cénacle philosophique de Gassendi, et peut-être au Collège Royal où Grangier attirait de nombreux auditeurs, comme *lecteur professeur du roi en langue latine* (P. Lacroix).

LE PÉDANT JOUÉ

COMÉDIE

Par M. de Cyrano Bergerac.

Les passages ou les mots en italique donnent le texte du manuscrit de la Bibliothèque Nationale, qui a été remanié pour l'impression par Cyrano lui-même. S'il s'agissait d'une œuvre purement littéraire, nous nous en serions tenu à l'édition originale de 1654, mais comme nous sommes en face d'une œuvre libertine, la pensée entière de l'auteur doit être mise de préférence en lumière, surtout quand il a volontairement supprimé ou atténué les passages libres. Les additions de l'imprimé sont entre crochets.

ACTEURS

GRANGER, Pédant.

CHASTEAUFORT, Capitan.

MATHIEU GAREAU, Païsan.

DE LA TREMBLAYE, Gentilhomme amoureux de la Fille du Pédant.

GRANGER LE JEUNE (Charlot), Fils du Pédant.

CORBINELI, Valet du jeune Granger. Fourbe.

PIERRE PAQUIER, Cuistre du Pédant [faisant le Plaisant].

FLEURY, Cousin du Pédant.

MANON, Fille du Pédant.

GENEVOTTE, Sœur de M. de La Tremblaye.

[Cuistres.]

[La Scène est à Paris, au Collège de Beauvais.]

LE PÉDANT JOUÉ

COMÉDIE

ACTE PREMIER

SCÈNE PREMIÈRE

GRANGER, CHASTEAUFORT

GRANGER

O par les Dieux jumeaux tous les Monstres ne sont pas en Affrique. Et de grâce, Satrape du Palais Stigial, donne-moy la définition de ton individu. Ne serois-tu point un estre de raison, une chimère, un accident sans substance, un élixir de la matière première, un spectre de drap noir? Ha! tu n'es sans doute que cela, ou tout au plus un grimaut d'Enfer qui fait l'école bissonnière.

CHASTEAUFORT

Puis que je te voy curieux de connoistre les grandes choses, je veux t'apprendre les miracles de mon berceau. *Sçache que la Nature voiant germer au monde un essaim de petits Dieux affamez, et craignant que ceste vermine venant à pululer n'infectât à la fin la Terre. après le Ciel* [a], voulut opposer un Hercule à ces Monstres. Cela luy donna bien jusques à la hardiesse de s'imaginer qu'elle me pouvoit produire. Pour cet effet elle empoigna les âmes de Samson, d'Hector, d'Achille, d'Ajax, de Cirus, d'Epaminondas, d'Alexandre, de Romule, de Scipion, d'Annibal, de Sylla, de Pompée, de Pyrrhus, de Caton, de Cæsar, et d'Antoine; puis les ayant pulvérisées, calcinées, rectifiées, elle réduisit toute cette confection *à* [b] un spirituel sublimé qui n'attendoit plus qu'un foureau pour *la* [c] fourer. Nature glorieuse de son réüssit ne pût gouster modérément sa joye, elle clabauda son chef-d'œuvre par tout; l'Art en devint jaloux; et fâché, disoit-il, qu'une teigneuse emportast toute seule la gloire de m'avoir engendré, la traitta d'ingrate, de superbe, luy déchira sa coiffe: Nature de son costé prit son ennemy aux cheveux; enfin l'un et l'autre batit, et fut batu. Le tintamarre des démentis, des soufflets, des bastonades, m'éveilla; je les vis, et jugeant que *leur demeslé* [d] ne portoit pas la mine de prendre si-tost fin, *pour les mettre d'accord,* je me créé moy-mesme. Depuis ce temps-là leur querelle dure encore; par tout vous voyez ces irréconcilia-

a) Var. de l'édit. originale de 1654: La Nature se voyant incommodée d'un si grand nombre de Divinitez. — *b)* en. — *c)* s'y. — *d)* leurs demeslez.

bles [ennemis] se prester le colet, et les descriptions de nos Escrivains d'aujourd'huy ne sont lardées d'autre chose que des faits d'armes de ces deux gladiateurs, à cause que, prenant à bon augure d'estre né dans la guerre, je leur commanday en mémoire de ma naissance de se batre sans se reposer jusques à la fin du Monde. *Nature pour gaigner mes bonnes grâces me présenta cette bisque de héros, je n'en fis par Dieu que deux gorgées; donc afin de ne pas demeurer ingrat, je la voulus dépestrer* [a] de ces Dieutelets, dont l'insolence la mettoit en cervelle. Je les mandé, ils obéïrent; enfin je prononcé cet immuable Arrest : « Gaillarde troupe, quand je vous ay convoquez, la plus miséricordieuse intention que j'eusse pour vous estoit de vous annihiler ; mais craignant que vostre impuissance [ne] reprochast à mes mains l'indignité de cette victoire, voicy ce que j'ordonne de vostre sort. Vous autres Dieux qui sçavez si bien courir comme Saturne, père du temps, qui mangeant et dévorant [tout], court à l'hôpital ; Jupiter qui, comme ayant la teste fêlée depuis le coup de hache qu'il receut de Vulcain, doit courir les ruës ; Mars qui comme soldat court aux armes ; Phœbus qui comme Dieu des Vers court la bouche des Poëtes ; Vénus qui comme putain court l'esguillette ; Mercure qui comme Messager court la Poste ; et Diane qui comme Chasseresse court les *bestes* [b] ; vous prendrez la peine s'il vous plaist de monter tous sept à califourchon *chacun* sur une Estoile. Là vous courerez de si bonne sorte, que vous n'aurez pas le loisir *de fermer* [c] les yeux. »

PAQUIER

En effet, les Planètes sont *tout* justement ces sept-là.

GRANGER

Et des autres Dieux qu'en fistes-vous ?

CHASTEAUFORT

Midy sonna, la faim me prit, j'en fis un saupiquet pour mon disner.

PAQUIER

« Domine », ce fut asseurément en ce temps-là, *et je m'en souviens bien,* que les Oracles cessèrent.

CHASTEAUFORT

Il est vray ; et dès lors ma complexion prenant part à ce salmigondis *de Rois et* de Dieux, mes actions ont esté toutes *héroïques ou divines* [d], car si je regarde, c'est en Basilic ; car si j'engendre, c'est en Deucalion ; si je pleure, c'est en Héraclite ; si je ris, c'est en Démocrite ; *si je vomis, c'est en Mont-Etna ;* si j'escume, c'est en Cerbère ; si je dors, c'est en Morphée ; si je veille, c'est en Argus ; si je marche, c'est en Juif-Errant ; si je cours, c'est en Pacolet [1] ; si je vole, c'est en *financier* [e] ; si je m'arreste,

a) 1654 : Donc afin de ne pas demeurer ingrat, je voulus dépestrer la Nature. — *b*) bois. — *c*) d'ouvrir. — *d*) extraordinaires. — *e*) Dédale.

(1) C'est le nom de l'écuyer dans le vieux roman des *Quatre fils Aymon.* Ce nom était devenu proverbial pour désigner un homme vif, leste et bon coureur. Le valet de pied du prince de Condé se nommait ainsi. Voir l'épitre IX de Boileau (P. Lacroix).

c'est en Dieu Terme ; *si je mange, c'est en cangraine ; si je bois, c'est en esponge ;* si j'ordonne, c'est en Destin ; *si je baise, c'est en Judas.* Enfin vous voyez celuy qui fait que l'Histoire du Phœnix n'est pas un conte.

GRANGER

Il est vray qu'à l'âge où vous estes n'avoir point de barbe, vous me portez la mine d'estre, *de mesme*[a] que le Phœnix, incapable d'engendrer. Vous n'estes ny masculin, ny féminin, mais neutre : Vous avez fait de vostre Dactyle un Troquée, c'est-à-dire que, par la soustraction d'une brève, vous vous estes rendu impotent à la propagation des individus. Vous estes de ceux dont le sexe femel

Ne peut oüir le nominatif
A cause de leur génitif,
Et souffre mieux le vocatif
De ceux qui n'ont point de datif,
Que de ceux dont l'accusatif
Apprend qu'ils ont un ablatif.
J'entends que le diminutif
Qu'on fit de vray trop excessif
Sur vostre flasque génitif,
Vous prohibe le conjonctif.
Donc, puis que vous estes passif,
Et ne pouvez plus estre actif,
Témoin le poil indicatif
Qui m'en est fort persuasif,
Je vous fais un impératif
De n'avoir jamais d'optatif
Pour aucun genre subjunctif,
De « nunc » jusqu'à l'infinitif,
Ou je fais sur vous l'adjectif
Du plus effrayant positif
Qui jamais eut comparatif :
Et si ce rude partitif,
Dont je seray distributif
Et vous le sujet collectif,
N'est le plus beau superlatif,
Et le coup le plus sensitif
Dont homme soit mémoratif,
Je jure par mon jour natif
Qüe je veux pour ce seul motif
Qu'un sale et sanglant vomitif,
Surmontant tout confortatif,

a) 1654 : aussi bien.

Tout lénitif, tout restrictif
Et tout bon corroboratif,
Soit le chastiment primitif
Et l'effroyable exprimitif
D'un discours qui seroit fautif,
Car je n'ay le bras si chétif,
Ni vous le talon si fuitif,
Que vous ne fussiez portatif
D'un coup bien significatif.
O visage ! ô portrait naïf !
O souverain expéditif
Pour guérir tout sexe lascif
D'amour naissant ou effectif :
[O] Genre neutre, genre métif,
Qui n'estes homme qu'abstractif,
Grâce à vostre copulatif
Qu'a rendu fort imperfectif
Le cruel tranchant d'un ganif ;
Si pour soudre[1] ce Logogrif
Vous avez l'esprit trop tardif,
A ces mots soyez attentif :
Je fais vœu de me faire Juif
Au lieu d'eau de boire du suif,
D'estre mieux damné que Caïf,
D'aller à pied voir le Chérif,
De me rendre à Tunis captif,
D'estre berné comme escogrif,
D'estre plus maudit qu'un Tarif[2],
De devenir ladre et poussif,
Bref par les mains d'un sort hâtif
Couronné de Ciprès et d'If,
Et passer du[a] mortel Esquif
Au païs où l'on est oisif :
Si jamais je deviens rétif
A l'agréable exécutif
Du vœu dont je suis l'inventif,
Et duquel le préparatif
Est, beau Sire, un baston massif
Qui sera le dissolutif
De vostre demy-substantif :
Car c'est *un*[b] vouloir décisif
Et mon testament, mort, ou vif.

a) 1654 : Passer dans le. — *b*) mon.

(1) Pour *résoudre* (solvere) (P. L.). — (2) Taxe des marchandises à l'entrée des villes et sur les marchés (id).

Mais vous parler ainsi, c'est vous donner à soudre les emblèmes d'un Sphinx ; c'est perdre sou huile et son temps ; c'est escrire sur la Mer, bastir sur l'Arène[1] et fonder sur le Vent. Enfin je connois que si vous avez quelque teinture des Lettres, ce n'est pas de celle des Gobelins[2], car par Jupiter Ammon, vous estes *fou*[a].

CHASTEAUFORT

De Lettres ! ah que me dites-vous ? Des âmes de terre et de bouë pourroient s'amuser à ces vétilles ; mais pour moy je n'escris que sur les corps humains.

GRANGER

Je le voy bien. C'est peut-estre ce qui vous donne envie d'appuyer vostre plume charnelle sur le parchemin vierge de ma fille. Elle n'en seroit pas contristée, la pauvrette ; car une femme aujourd'huy aime mieux les bestes que les hommes, suivant la règle « as petit haec »[3]. Vous aspirez aussi bien qu'Hercule à ses Colones yvoirines[4] ; mais l'orifice, l'orée, et l'ourlet de ses guestres, est pour vous un « Ne plus ultra »[5]. Premièrement à cause que vous estes Veuf d'une pucelle qui vous fit faire plus de chemin en *trois semaines*[b] que le Soleil *en six*[c] mois dans le Zodiaque, vous courustes *du gemini*[d] au chancre *en huit jours, ce que l'autre ne sçauroit faire, et lors que vous pensiez n'estre encore arrivé qu'à la Vierge*[e], vous entrastes au Verseau sans avoir veu d'autre signe en passant que celuy du Capricorne. La seconde objection que je fais *à vos argumens* est que vous estes Normand ; Normandie « quasi » venue du Nort pour mandier. De vostre nation les serviteurs sont *humbles*[f], les égaux insolens, et les maistres insuportables. Jadis le blason de cette Province estoit trois Faux, pour *enseigner*[g] les trois espèces de faux qu'engendre ce climat ; « scilicet » Faux-sauniers, Faux-témoins et Faux-monoyeurs ; je ne veux point de Faussaires en ma maison. La troisième, qui m'est une raison invincible, c'est que vostre bourse est malade d'un flux de ventre, dont la mienne appréhende la contagion. Je sçay que vostre valeur est recommandable, et que vostre mine seule feroit trembler le plus ferme manteau d'aujourd'huy. Mais en cet âge de Fer on juge de nous parce que nous avons, et non pas parce que nous sommes. La pauvreté fait le *crime*[h], et si vous me demandez « Cur tibi despicior » ?[6] je vous répons « Nunc omnibus itur ad aurum »[7]. D'un certain riche laboureur la charruë m'éblouït, et je suis tout à fait résolu que puis que « hic dat or[8] ; I longum ponat » dans son « O communè »[9]. C'est pourquoy je vous conseille de ne plus approcher ma

a) 1654 : un ignorant. — *b*) deux jours. — *c*) n'en fait en huit. — *d*) de la Vierge. — *e*) en moins de vingt-quatre heures, d'où. — *f*) traistres. — *g*) monstrer. — *h*) vice.

(1) Le sable, du latin *arena*. — (2) La manufacture des Gobelins. — (3) Despautères, liv. I, *de nom. gener.* — (4) Cuisses d'ivoire, au figuré, par allusion aux Colonnes d'Hercule (P. L). — (5) non au delà. — (6) Pourquoi me dédaignes-tu. — (7) Allusion au célèbre proverbe latin : non omnibus licet adire Corinthum. — (8) Celui-ci donne de l'or. Despautères, livre I, *de nom. gener.* — (9) Allusion à deux règles de la prosodie de Despautères ; *I longum pono...* [*O commune datur.*]

fille en Roy d'Egypte, c'est-à-dire qu'on ne vous voye point auprès d'elle dresser la Pyramide à son intention. Quoy que j'aime les règles de la Grammaire, je ne prendrois pas plaisir de vous voir accorder ensemble le Masculin avec le Féminin ; et je craindrois que « Si duo continuè jungantur fixa nec una, sit res »[1], un malevole[2] n'inférast « Optant sibi jungere casus »[3].

CHASTEAUFORT

Il est vray, Dieu me damne, que vostre fille est folle de mon amour. Mais quoy, c'est mon foible de n'avoir jamais pû regarder *une*[a] femme sans la blesser. La petite gueuse toutefois a si bien sceu friponner mon cœur ; ses yeux ont si bien sceu paillarder ma pensée, que je luy pardonne quasi la hardiesse qu'elle a prise de me donner de l'amour. « Généreux Gentilhomme, me dit-elle l'autre jour, la pauvrette ne sçavoit pas mes qualitez, l'Univers a besoin de deux *Alexandres*[b] ; la race en est esteinte en vous, si vous ne me regardez d'un œil de miséricorde. Comme vous estes un *Hercule*[c], je suis une Amazone ; faisons sortir de nous deux un Plus-que-Mars, de qui la naissance soit *fatale*[d] au genre humain et dont les armes, après avoir dispensé la mort aux deux bouts de la Terre, fassent un si puissant Empire que jamais le Soleil ne se couche pour tous *les*[e] peuples. » J'avois de la peine à me rendre entre les bras de cette passion, mais enfin je vainquis en me vainquant tout ce qu'il y a de grand au monde, c'est-à-dire que je l'aimé. Je ne veux pas pourtant que tant de gloire vous rende orgueilleux, que deveniez insolent sur les petits ; mais humiliez-vous en vostre néant que j'ay voulu choisir pour faire hautement éclater ma puissance. Vous craignez, je le voy bien, que je [ne] méprise vostre pauvreté ; mais quand il plaira à cette épée, elle fera de l'Amérique et de la Chine *la*[f] basse-court de vostre maison.

GRANGER

O ! Microcosme de visions fantastiques « Vade retro », autrement, après vous avoir apostrophé du bras gauche, « Addemus[g] huic dexter, cui sincopa fiet ut ulter »[4] ; et pour toute emplastre de ces balafres, vous serez médicamenté d'un « Sic volo, sic jubeo, sit pro ratione voluntas »[5]. Loin donc d'icy, Prophane, si vous ne voulez que je mette en usage pour vous punir toutes les règles de l'Arithmétique. Ma colère « primo » commencera par la Démonstration, puis marchera ensuite une Position de

a) 1654 : de. — *b*) Conquérans. — *c*) Alexandre. — *d*) utile. — *e*) ses. — *f*) une. — *g*) Addetur.

(1) Despautères, *Syntax.*, *regimen genitivi.* — (2) malveillant, du latin *malevolus.* — (3) On retrouve dans la farce de Molière : *La Jalousie du Barbouillé*, scène VI, dans la bouche du *Docteur*, des rapprochements de cette sorte, mais *Le Pédant joué* est-il antérieur ou postérieur à *La Jalousie du Barbouillé ?* On ne sait. — (4) Despautères, lib. II, *de nom. declin.* — (5) Le Pédant se souvient d'une règle de la Syntaxe de Despautères, exprimée dans ces deux vers : *Quaerenti vires, sit pro ratione voluntas* [*Assiduusque usus magnorum grammaticorum*] (P. L.).

souflets ; « Item », une Addition de bastonades ; « Hinc »[1], une Fraction de bras ; « Illinc »[2], une Soustraction de jambes. De là je feray gresler une Multiplication de coups, tapes, taloches, horions, fandans, estocs, revers, estramaçons et cassemuseaux si épouvantables, qu'après *ce charcutis grand nez, grand Cam (Khan), grand Turc, grand Muphti, grand Vizir et grand Tephterdat des plus redoutez charcutis*[a], l'œil d'un Linx ne pourra pas faire [la moindre] Division, ny Subdivision, de la plus grosse parcelle de vostre misérable individu.

CHASTEAUFORT

Et moy, chétif excommunié, j'aurois déjà fait *couler*[b] ton âme par cent playes, sans la dignité de mon Estre, qui me défend d'oster la vie à quelque chose de moindre qu'un Géant ; et mesme je te pardonne, à cause *que je croy* qu'infailliblement l'ignorance de ce que je suis t'a jetté dans ces extravagances. Cependant me voicy fort en peine, car pouvoit-il me *connoistre*[c], puis que pour sçavoir mon nom il ne faut qu'estre de ce monde ? Sçachez donc, Messire Jean, que je suis celuy qu'on ne peut exterminer sans faire une Epitaphe à la Nature, et le Père des Vaillans puis qu'à tous je leur ay donné la vie.

GRANGER

Pardonnez, grand Prince. à mon peu de foy. Ce n'est pas... *ta fierté que je révoquois en doute, mais j'avois de la peine à croire qu'un Dieu peut se loger avec un homme.*

CHASTEAUFORT

Relevez-vous, Monsieur le Curé, je suis content. Choisissez vite où vous voulez régner, et cette main vous bastit un Trône dont l'Escalier sera fait des cadavres de six cens Roys.

GRANGER

Mon Empire sera plus grand que le monde *quand je régneray*[d] sur vostre cœur. Protégez-moy seulement contre je ne sçay quel Gentillastre qui a [bien] l'insolence de marcher sur vos brisées, [et...]

CHASTEAUFORT

Ne vous expliquez pas, j'aurois peur que mes yeux en couroux ne jettassent des estincelles, dont quelqu'une par mégarde vous pourroit consumer. Un Mortel aura donc eu la témérité de se chauffer à mesme feu que moy, et je ne puniray pas les quatre Elémens qui l'ont souffert ! Mais je ne puis parler, la rage me transporte : Je m'en vay faire pendre le Feu, l'Eau, l'Air et la Terre, et songer au genre de mort dont nous exterminerons ce Pigmée qui veut faire le Colosse.

a) 1654 : cela. — *b*) sortir. — *c*) méconnoistre. — *d*) si je règne.

(1) de ce côté-ci. — (2) de ce côté-là.

SCÈNE II

GRANGER, PAQUIER

GRANGER

Hé bien, « Petre »[1], ne voilà pas une digue que je viens d'opposer aux terreurs que me donne tous les jours Monsieur de La Tremblaye ? Car La Tremblaye à cause de Chasteaufort, Chasteaufort à cause de La Tremblaye. désisteront de la poursuite de ma fille ; *tous deux, car tous deux sont*[a] poltrons si éprouvez, que si jamais ils se battent, ils se demanderont tous deux la vie. Me voicy cependant embarqué sur une mer où la moitié du monde a fait naufrage. C'est l'amour chez moy, l'amour dehors, l'amour partout. Je n'ay qu'une fille à marier, et j'ay trois gendres prétendus : l'un se dit brave, *mais j'en doute*[b] ; l'autre riche, mais je ne sçay ; l'autre Gentilhomme, mais il mange beaucoup. O ! Nature, vous croiriez vous estre mise en frais, si vous aviez fagoté tant seulement trois belles qualitez en un individu. Ha ! Pierre Paquier, le monde s'en va renverser.

PAQUIER

Tant mieux, car autrefois j'entendois dire la mesme chose, que tout estoit renversé. Or si l'on renverse aujourd'huy ce qui estoit renversé, c'est le remettre en son sens.

GRANGER

Mais ce n'est pas encore là ma plus grande playe ; j'aime, et mon fils est mon rival ! Depuis le jour que cette furieuse pensée a pris giste au ventricule de mon cerveau, je ne mange pour toute viande qu'un « pœnitet taedet, miseret »[2]. Ha, c'en est fait, je me vais pendre !

PAQUIER

Là, là, espérez en Dieu, il vous assistera. Il assiste bien les Allemans qui ne sont pas de ce païs-cy.

GRANGER

Si je l'envoyois à Venise ? « Haud dubiè »[3], c'est le meilleur ! C'est le meilleur ! O ! oüy sans doute. Bien donc, dès demain je le mettray sur mer.

PAQUIER

Au moins ne le laissez pas embarquer sans attacher sur luy de l'Anis à la Reyne, car les Médecins en ordonnent contre les vents.

GRANGER

Va-t-en dire à Charlot Granger qu'il avole[4] subitement icy. S'il veut sçavoir qui le demande, dis-luy que c'est moy[c].

a) 1654 : Ce sont deux. — b) je sçay le contraire. — c) Le Manuscrit est incomplet de la fin de la Scène II et du début de la Scène III.

(1) Pierre. — (2) Je me repens, je m'ennuie, je suis désolé. Despautère. Syntaxis, reg. XVI. — (3) sans doute. — (4) accoure.

SCÈNE III

GRANGER, seul.

Donc sejongant [1] de nos Lares ce vorace absorbeur de biens, chaque sol de rente que je soulois avoir deviendra parisis ! et le marteau de la jalousie ne sonnera plus les longues heures du désespoir dans le clocher de mon âme. D'un autre costé me puis-je résoudre au mariage, moy que les Livres ont instruit des accidens qu'il tire à sa cordelle ? Que je me marie ou que je ne me marie pas, je suis asseuré de me repentir. N'importe, ma femme prétenduë n'est pas grande ; ayant à vestir une hère, je ne la puis prendre trop courte. On dit cependant qu'elle veut plastroner sa virginité contre les estocades de mes perfections. Hé ! à d'autres, un pucelage est plus difficile à porter qu'une cuirasse. Toutes les femmes ne sont-elles pas semblables aux arbres [a] « ac primo » ; comme les arbres, elles ont plusieurs testes ; *comme les arbres, elles aiment d'estre arrousées ;* comme les arbres, si elles sont ou trop ou trop peu humectées, elles ne portent point ; comme les arbres, elles ont les fleurs auparavant que les fruits ; comme les arbres, elles déchargent quand on les secoue. Enfin, Jean Despantère [2] le confirme, quand il dit « Arboris est nomen muliebre » [3]. Mais je croy que Paquier a beu de l'eau du fleuve « Léthé », ou que mon fils s'approche à pas d'Escrevisse ; je m'en vais « obviam » [4] droit à luy.

SCÈNE IV

CHARLOT, PAQUIER

CHARLOT

Je ne puis rien comprendre à ton galimathias.

PAQUIER

Pour moy, je ne trouve rien de si clair.

CHARLOT

Mais enfin, ne me sçaurois-tu dire qui c'est qui me demande ?

PAQUIER

Je vous dis que c'est moy.

CHARLOT

Comment toy ?

a) 1654 : pourquoi donc ne voudroit-elle pas estre arrousée ?

(1) Séparant : en latin *sejungens*. — (2) La grammaire latine de Jean Despautère était suivie dans tous les collèges. C'est de là que Granger tire la plupart de ses citations pédantes (Remy de Gourmont). — (3) *Arbor*, arbre, est un nom féminin. — (4) A la rencontre de quelqu'un.

PAQUIER

Je ne vous dis pas moy : mais je vous dis que c'est, Moy ; car il m'a dit en *sortant*[a], dis-luy que c'est, Moy.

CHARLOT

Ne seroit-ce point mon Père que tu veux dire ?

PAQUIER

Hé ! vramant oüy. A propos, je pense qu'il a envie de vous envoyer sur la Mer.

CHARLOT

Hé quoy faire, Paquier ?

PAQUIER

Il ne me l'a point dit ; mais je croy que c'est pour voir la campagne.

CHARLOT

J'ay trop voyagé, j'en suis las.

PAQUIER

Qui, vous ? Je vay gager *ce* chapeau de Cocu, qui est un des vieux de vostre Père, que vous n'avez jamais veu la Mer que dans une Huistre à l'escaille.

CHARLOT

Et toy, Paquier, en as-tu veu davantage ?

PAQUIER

Oüy-da ; j'ay veu les Bons-Hommes[1], Chaillot, Saint-Clou *et* Vaugirard.

CHARLOT

Et qu'y as-tu remarqué de beau, [Paquier] ?

PAQUIER

A la vérité, je ne les vis pas trop bien, *à cause que les maisons*[b] m'empeschoient.

CHARLOT

Je pense, ma foy, que tes voyages n'ont pas esté plus longs que sera celuy dont tu me parles. Vas, tu peux l'asseurer que je ne désire pas……

SCÈNE V

GRANGER, CHARLOT, [PAQUIER]

GRANGER

Que tu demeures plus long-temps icy ? Viste, Charlot, il faut partir. Songe à l'Adieu dont tu prendras congé des Dieux-Foyers, protecteurs

a) 1654 : partant. — b) pour ce que les murailles.

(1) Le couvent des Bonshommes *de Nigeon* ou Minimes à Chaillot (R. de G.).

du toict paternel ; car demain l'Aurore porte-safran[1] ne se sera pas plustost jettée des bras de Tithon dans ceux de Céphale qu'il te faudra fier à la discrétion de Neptun Guide-nefs. C'est à Venise où je t'envoye, « Tuus enim patruus »[2] m'a mandé, qu'estant orbe[3] d'hoirs masles, il avoit besoin d'un personnage sur la fidélité duquel il pût se reposer du maniement de ses facultez. Puis [que] donc tu n'as jamais voulu t'abreuver aux Marets, Fils de l'ongle du Cheval emplumé[4], et que la Lyrique harmonie du sçavant meurtrier de Pithon[5] n'a jamais enflé ta parole, essaye si, dans la marchandise, Mercure aux pieds aislez te prestera son Caducée. Ainsi le turbulent Eole te soit aussi affable qu'aux pacifiques Nids des *petits* Alcions ! Enfin, Charlot, il faut partir.

CHARLOT

Pour où aller, [mon Père] ?

GRANGER

A Venise, mon fils.

CHARLOT

Je voy bien, Monsieur, que vous voulez éprouver si je serois assez lâche pour vous abandonner, et par mon absence vous arracher d'entre les bras un fils unique. Mais non, mon Père, si vos tendresses sont assez grandes pour sacrifier vostre joye à mon avancement, mon affection *sera*[a] si forte, qu'elle m'empeschera bien de vous obéir. Aussi quoy que vous puissiez alléguer, je demeureray sans cesse auprès de vous et seray vostre baston de vieillesse.

GRANGER

Ce n'est pas pour prendre vostre advis, mais pour vous apprendre ma volonté [que je vous ay fait venir]. Donc, demain je vous emmaillote dans un Vaisseau pendant que l'air est serain ; car s'il venoit à nébulifier, nous sommes menassez par les Centuries de Nostradamus d'un temps *extraordinairement*[b] incommode à la Navigation.

CHARLOT

C'est donc sérieusement que vous ordonnez de ce voyage ? Mais apprenez que c'est ce que je ne puis faire, et que je ne feray jamais.

SCÈNE VI

GRANGER, FLEURY, [PAQUIER]

FLEURY

Hé bien, mon Cousin, nostre Laboureur est-il arrivé ? ferons-nous ce mariage ?

a) 1654 : est. — *b)* fort.

(1) *Crocifera.* — (2) En effet, ton oncle. — (3) privé. — (4) La fontaine de l'Hippocrène que Pégase fit jaillir d'un coup de sabot. — (5) Apollon, vainqueur du serpent Python.

GRANGER

Hélas ! mon Cousin, vous estes arrivé sous les présagieux Auspices d'un oyseau bien infortuné. Soyez toutefois le fatal arbitre de ma *blanche ou noire Fortune* [a], et le fidèle estuy de toutes mes pensées. Ce riche gendre n'est pas encore venu, je l'attendois icy ; mais lors que je ne pensois vaquer qu'à la joye, je me vois investy des glaives de la douleur. Mon fils est fol, mon Cousin, le pauvre enfant doit une belle chandelle à Saint-Mathurin.

FLEURY

Hé ! [b] depuis quand ce malheur est-il arrivé ?

GRANGER

Hélas ! tantost comme je le caressois, il a voulu se jetter à mon visage et dessiner à mes despens le portrait d'un Maniaque sur mes jouës. Il gromèle en piétinant qu'il n'ira point à Venise. Ho, ho, le voicy, cachons-nous, et l'escoutons.

SCÈNE VII

[CHARLOT, FLEURY, GRANGER, CUISTRES]

CHARLOT

Moy j'irois à Venise ? et j'abandonnerois la chose pour qui seule j'aime le jour ? J'iray plustost aux Enfers *arracher la flame aux Furies et Pluton de son trosne !* Plustost d'un poignard j'ouvriray le sein de mon barbare Père, et plustost de mes propres mains ayant choisi son cœur dans un ruisseau de sang, j'en battray les murailles, *que de soumettre mes plaisirs aux caprices d'un vieillard hébété.*

FLEURY

O ! grand Dieu, quelle rage !

CHARLOT

Non, mon Père, *non,* je n'y puis consentir.

FLEURY, fuyant.

Liez-le, mon Cousin, liez-le ; il ne faut qu'un malheur.

GRANGER

Piliers de classes, Tire-gigauts, Ciseaux de Portion, Exécuteurs de Justice Latine [1] ; « Adeste subito, adeste, ne dicam advolate » [2]. Jettez-moy

a) 1654 : noire ou blanche destinée. — b) Bon Dieu !

(1) Sobriquets donnés aux valets de collège et aux cuistres : *piliers de classes,* parce qu'ils faisaient la police dans les salles de classe ; *tire.gigots,* parce qu'ils prenaient par les jambes l'écolier qu'on menait aux arrêts ; *ciseaux de portions,* parce qu'ils découpaient au réfectoire la part de chacun ; *exécuteurs de justice latine,* parce qu'ils donnaient le fouet aux coupables. — (2) Venez vite, venez, que dis-je ? volez plutôt.

promptement vos bras *Cuistraux* [a] sur ce Microcosme erroné de chimères abstractives, et liez-le aussi fort que Prométhée sur le Caucase.

CHARLOT

Vous avez beau faire, je n'iray point.

GRANGER

Gardez bien qu'il n'échape, il feroit un Haricot de nos scientifiques substances.

CHARLOT

Mon Père [b], encore dites-moy quel sujet vous *avez de me traiter* [c] ainsi ? Ne tient-il pour vous contenter qu'à faire le voyage de Venise ? J'y suis tout prest.

GRANGER

Osez-vous attenter au tableau vivant de ma docte Machine, Goujats de Cicéron ! Songez à vous ; « Iratus est Rex, Reginaque, non sine causa » [1]. Apprenez que j'en dis moins que je n'en pense, et que « Supprimit Orator quæ rusticus edit ineptè » [2].

CHARLOT

Oüy, mon Père, je vous promets de vous obéir en toutes choses ; mais pour aller à Venise, il n'y faut pas penser.

GRANGER

Comment, Freslon de Collège, Roüille de mon Pain, Cangrène de ma substance, cet obsédé n'a pas encore les fers aux pieds ? Viste, qu'on luy donne plus d'entraves que Xercès n'en mit à l'Océan quand il le voulut faire Esclave.

CHARLOT

Ah ! mon Père, ne me liez point, je suis tout prest à partir.

GRANGER

Ha ! je le sçavois bien que mon fils estoit trop bien morigéné pour donner chez *soy* [d] passage à la frénésie. Va, mon Dauphin, mon Infant, mon Prince de Gales, tu seras quelque jour la bénédiction de mes vieux ans. Excuse un esprit prévenu de faux rapports ; je te promets en récompense d'allumer pour toi mon amour au centuple dès que tu seras là.

CHARLOT

Où là, mon Père ?

GRANGER

A Venise, mon fils.

CHARLOT

A Venise, moy ? Plustost la mort.

a) 1654 : Achillains. — *b*) Mais, mon Père. — *c*) pour... me traittez. — *d*) luy.

(1) Mauvais vers latin que fabrique Despautères, pour donner dans sa *Syntaxe* un exemple de la figure appelée *zeugma*. — (2) Syntaxe de Despautères : fig. IX, *éclipsis*.

GRANGER

Au fou, au fou ; ne voyez-vous pas comme il m'a jetté de l'escume en parlant ! Voyez ses yeux tout renversez dans *le crâne*[a]. Ha ! mon Dieu, faut-il que j'aye un enfant fou ! Viste, qu'on me l'empoigne !

CHARLOT

Mais encore, apprenez-moy pourquoy *vous me faites attacher*[b].

UN CUISTRE

Parce que vous ne voulez pas aller à Venise.

CHARLOT

Moy, je n'y veux pas aller ? On vous le fait accroire. Hélas ! mon Père, tant s'en faut, toute ma vie j'ay souhaité avec passion de voir l'Italie, et ces belles Contrées qu'on appelle le Jardin du Monde.

GRANGER

Donc, mon fils, tu n'as plus besoin d'Ellébore. Donc, ta teste reste encore aussi saine que celle d'un Chou cabus après la gelée. Vien m'embrasser, vien mon Toutou, et va-t-en aussi-tost chercher quelque chose de gentil et à bon marché, qui soit rare hors de Paris, pour en faire un présent à ton Oncle ; car je te vais, *tout à l'heure*[c], retenir une place au Coche de Lion.

SCÈNE VIII

CHARLOT, seul.

Que de fâcheuses conjonctures où je me trouve embarassé ! [Après toute ma feinte], il faut encore ou abandonner ma Maistresse, c'est-à-dire mourir, ou me résoudre à vestir un pourpoint de pierre, cela s'appelle Saint-Victor ou Saint-Martin[1].

SCÈNE IX

CORBINELI, CHARLOT

CORBINELI

Si vous me voulez croire, vostre voyage ne sera pas long.

CHARLOT

Ha ! mon pauvre Corbineli, te voilà. Sçais-tu donc bien les malheurs où mon Père m'engage ?

CORBINELI

Il m'en vient d'apostropher tout le « Tu autem »[2]. Il vous envoye à

a) 1654 : sa teste. — b) on m'attache. — c) toute à cette heure.

(1) Abbayes où les pères pouvaient enfermer leurs fils rebelles ou coupables. — (2) Tout le *quant à toi*, tout ce qui vous concerne.

Venise ; vous devez partir demain. Mais pourveu que vous m'écoutiez, je pense que si le bon homme, pour tracer le plan de cette Ville-*là*, attend vostre retour, il peut dès maintenant s'en fier à la Carte. Il vous *a commandé*[a] d'acheter icy quelque bagatèle à bon marché qui soit rare à Venise, pour en faire un présent à vostre Oncle : c'est un couteau qu'il vient d'émoudre pour s'égorger. Suivez-moy seulement.

ACTE II

SCÈNE PREMIÈRE

CHASTEAUFORT, seul.

(Il s'interroge et répond luy-mesme.) Vous vous estes batu ? Et donc ? Vous avez eu avantage sur vostre ennemy ? Fort bien. Vous l'avez désarmé ? Facilement. Et blessé ? Hon. Dangereusement, s'entend ? A travers le corps. Vous vous éloignerez ? Il le faut. Sans dire adieu au Roy ? Ha, a, a. Mais cet autre, mordiable, de quelle mort le ferons-nous tomber ? De l'étrangler comme Hercule fit Anthée, je ne suis pas Bourreau. Luy feray-je avaler toute la mer *sans boire ?* Le monument d'Aristote est trop illustre pour un ignorant. S'il estoit Maquereau, je le ferois mourir en eau douce. Dans la flâme, il n'auroit pas le temps de bien gouster la mort. Commanderay-je à la Terre de l'engloutir tout vif ? Non, car comme ces petits Gentillastres sont accoustumez de manger leurs terres, celui-cy pourroit bien *avaler*[b] celle qui le couvriroit. De le déchirer par morceaux, ma colère ne seroit pas contente s'il restoit de ce malheureux un atome après sa mort. O ! Dieux, je suis réduit à n'oser pas seulement luy défendre de vivre, parce que je ne sçay comment le faire mourir !

SCÈNE II

GAREAU, CHASTEAUFORT

GAREAU[1]

Vartigué, vela de ces mangeux de petis enfans ; la vegue[2] de la Courtille, belle montre, et peu de rapport.

a) 1654 : commande. — *b*) manger.

(1) Cyrano a fabriqué de toutes pièces le patois de Gareau, la preuve nous en est apportée par le manuscrit de la Bibliothèque nationale; l'imprimé donne, en effet, un langage tout différent, la prononciation de nombre de mots n'est pas la même. Nous avons maintenu à Gareau le texte de l'édition originale de 1654, *Le Pédant joué* ayant été publié par Cyrano lui-même. — (2) la vigne de la Courtille, située sur l'emplacement actuel de la rue Rochechouart, produisait beaucoup de raisin qui ne mûrissait pas.

CHASTEAUFORT

Où vas-tu, bon homme ?

GAREAU

Tout devant moy.

CHASTEAUFORT

Mais je te demande où va le chemin que tu suis ?

GAREAU

Il ne va pas, il ne bouge.

CHASTEAUFORT

Pauvre *cuistre* [a], ce n'est pas cela que je veux savoir : je te demande si tu as *fait beaucoup de chemin* [b] aujourd'huy.

GAREAU

Nanain da, je *l'ay trouvé* [c] tout fait.

CHASTEAUFORT

Tu parois, Dieu me damne, bien gaillard pour n'avoir pas disné.

GAREAU

Dix nez ? Qu'en ferais-je de dix ? Il ne m'en faut qu'un.

CHASTEAUFORT

Quel Docteur ! Il en sçait autant que son Curé.

GAREAU

Aussi fi-je [1]. N'est-il pas bian curé qui n'a rien au ventre ? Hé, là, ris Jean, on te frit des œufs. Testigué, est-ce à cause qu'ous estes Monsieu, qu'ous faites tant de menes [2] ? Dame, qui tare a, guare a [3]. Tenez, n'avons point veu malva ? Bonjou donc, Monsieu s'tules. Hé qu'est-ce donc ? Je pense donc qu'ous me prendrois pour queuque inorant ? Hé si tu es riche, disne deux fois. Aga quien, qui m'a angé de ce galouriau [4] ?... Bonefi sfesmon ! Vela un homme bien vidé ; vela un angein de belle déguesne ; vela un biau vaissiau [5] s'il avoit deux *seilles* [d] [6] sur le cul. Par la morguoi, si j'avoüas une sarpe et un baston, je feroüas un Gentizome tout auqueu. C'est de la noblesse à Maquieu Furon., va te couché, tu souperas demain. Est-ce donc, pelamor [7], qu'ous avez un angein de far [8] au costé qu'ous fetes l'Olbrius et le Vespasian ? *Hé !* Vartigué, ce n'est pas encore come-ça. Dame acoutez, je vous dorois [9] bian de la gaule par sous l'huis ; mais par la morguoy ne me joüez pas des Trogédies, car je vous feroüas du bezot [10]. Jarnigué, je ne sis pas un gniais [11]. J'ay esté sans repruche Marguillier, j'ay esté Beguiau [12], j'ay esté Portofrande, j'ay esté Chasse-Chien, j'ay esté

a) 1654 : rustre. — *b*) encore bien du chemin à faire. — *c*) le trouvaray. — *d*) saicles.

(1) Ainsi, ainsi suis-je. — (2) mines, d'embarras. — (3) qui terre a, guerre a. — (4) de ce godelureau. — (5) tonneau. — (6) cercle. — (7) par la mort. — (8) fer. — (9) donnerois. — (10) argot ancien : *bazir*, tuer ; *bezarder*, mourir (R. de G.). — (11) niais. — (12) bedeau.

guieu et guièbe [1], je ne sçay pus qui je sis. Mais ardé de tout ça brerrrr, j'en dis du Mirliro, parmets que j'aye de Stic.

CHASTEAUFORT

Malheureux Excommunié. Voilà bien du haut stile.

GAREAU

Monsieu de Marsilly m'appelet [bian] son bastar. Il ne s'en est pas fally l'espoisseur d'un tornas [2] qu'il ne m'ait fait apprenty Conseillé ! « Vien ça, ce me fit-il une fois, gros fils de Putain, car j'esquions tout comme deux frères ; je veux, ce fit-il, que tu venais, ce fit-il, autour de moy, ce fit-il, dans la Turquise [3], ce me fit-il. — O ! ce l'y fis-je, cela vous plaist à dire.—Non-est, ce me fit-il.—O ! si est, ce l'y fis-je.— O ! ce[me] fis-je à part moy : Escoute, Jean, ne faut point faire le bougre, faut sauter. » Dame je ne fesy point de défigurance davantage, je me bouty avec ly cahin caha, tout à la *marguerite* [a] françoase. Mais quand on gn'y est, on gn'y est. Bonne-fy pourtant, je paraissy un sot basquié [4], un sot basquié je paraissy, car Martin Binet... Et y à propos, Denis le Balafré, son onque, ce grand ecné [5], s'en venit l'autre jour la remontée lantarner environ moy. Ah ! ma foy, ma foy, je pense que Guieu-marcy, je vous l'y ramenis le pus biau chinfregniau [6] sus le moustafa *qui lian* [b] demeury les badigoines escarboüillées tout avaux l'hyvar. Que Guiebe aussi ! Tous les jours que Guieu feset, ce bagnoquier-là me ravaudet comme un Satan. C'estet sa sœur qui espousit le grand Tiphoine. Acoutez, ol [7] n'a que faire de faire tant de l'enhasée [8], ol n'a goute ne brin de biau. Par ma fy, comme dit l'autre, ce n'est pas grand chance ; la Reyne de Nior, malhureuse en biauté. Pour son homme, quand oul est des-habillé, c'est un biau cor-nu. Mais regardez un petit, ce n'estet encore qu'une varmene [9], et si [10] ol feset desjà tant la dévargondée, pour autant qu'ol savet luire dans les Sessiaumes [11], qu'on n'en savet chevir. Ol se carret comme un pou dans eune rogne. Dame aussi ol avet la voix, révérence parlé, aussi finement claire qu'eune iau [12] de roche. Len diset que *Messire Jean* [c] avet bian trampé souvent son Goupillon dans son Benaisquié [13], mais ardé sont des *envieux* [d], les faut laisser dire ; et pis quand oul auret ribaudé un tantinet, c'est à ly à faire, et à nous à nous taire, pis qu'il donne bian la pollution [14] aux autres il ne l'oublie pas pour ly. Monsieu le Vicaire itou estet d'une humeur bian domicile et bian turquoise ; mais ardé...

CHASTEAUFORT

Et de grâce, Villageois, achève-nous tes avantures du voyage de Monsieur de Marsilly.

a) 1654 : maxite. — b) qu'oul l'y en. — c) Monsieu le Curé. — d) médiseux.

(1) Dieu et Diable. — (2) tournois. — (3) Turquie. — (4) baté (?) —(5) Hacquené ? — (6) horion. — (7) *oul :* il ; *ol :* elle. — (8) l'empressée. — (9) vermine. — (10) cependant. — (11) sept psaumes. — (12) eau. — (13) bénitier. — (14) l'absolution.

GAREAU

Ho, ho, ous n'estes pas le Roy Minos, ous estes le Roy Priant. O donc je voyagisme *sur l'Occident et sur la Demiannée* [a].

CHASTEAUFORT

Tu veu dire [au contraire, vers] *l'Océan et la Méditerranée* [b].

GAREAU

Hé bian je me reprens, un *pou* [c] se reprent bian. Mais guian si vous pansiais que je devisiesme entendre tous ces tintamares-là, comme vous autres Latiniseurs, Dame nanain. Et vous, comme guiebe, déharnachez-vous vostre Philophie ? J'arrivismes itou aux Deux Trois de Gilles le bastard [1], dans la Transvilanie, en Bethlian de Galilene, en Harico [2], et pis au païs... au païs... au païs... du Beure.

CHASTEAUFORT

Que Diable veux-tu dire, au païs du Beure ?

GAREAU

Oüy, au païs du Beure. Tant quia que c'est un païs qui est mou comme beure, et où les gens sont durs comme piare. Ha ! c'est la graisse [3] ; hé bian, les gens n'y sont-ils pas bian durs, pis que ce sont des Grets ? Et pis après cela, je nous en allismes, révérence parlé, en un païs si loin, si loin ; je pense que mon Maistre appelet cela le païs des Bassins [4], où le monde est noir comme des Antrechrists. Ardé, je croy fixiblement que je n'eussiesmes pas encore cheminé deux glieuës, que j'eussiesmes trové le Paradis et l'Enfar. Mais tenez, tout ce qui me semblit de pus biau à voir, c'est ces petits *garçons* [d] d'Italise ; cette petite grene d'andoüille n'est pas pus grande que savequoy, et s'ils sçavont desjà parler Italian. Dame je ne fesismes là guère d'ordure. Je nous bandismes nos quaisses tout au bout du monde dans la Turquise, moy et mon Maistre. Par ma fy, pourtant je disis biantost à mon Maistre qu'oul s'en revenist. « Héquement, quelle vilanie ? Tous ces Turs-là sont tretous huguenots comme des chiens ». Oul se garmantet par escousse de leur bailler des exultations à la Turquoise.

CHASTEAUFORT

Il faut dire des exhortations à la Turque.

GAREAU

O bian, tant quia qu'il les sarmonet comme il falet.

CHASTEAUFORT

Ton Maistre sçavoit donc l'Idiome Turc ?

GAREAU

Hé vrament oüy oul sçavet ; tous ces ces Gérosmes-là [5], les avet-il

a) 1654 : sur l'Or riant et vers la Mardy Terre Année. — b) vers l'Orient, sur la Méditerranée. — c) var — d) Sarasins.

(1) Gibraltar. — (2) en Bethleem de Galilée, en Jéricho. — (3) Grèce. — (4) Abyssins. — (5) idiomes-là.

pas veus dans le Latin ? Son frère itou estet bien sçavant, mais oul n'estet pas encore si sçavant, car n'en marmuset qu'oul n'avet appris le Latin qu'en François. C'estet un bon Nicolas, qui s'en allet tout devant ly, hurlu, brelu, n'en eust pas dit qu'oul y touchet, et stampandant oul marmonet tousjours dans une bastelée de Livres. Je ne me sçauras tenir de rire, quand je me ramenteu des noms si biscornus, et si, par le sanguoy, tout ça estet vray, car oul estet moulé. D'auquns s'intiloient, s'intuloient : oüay ? ce n'est pas encore comme ça : s'inlutiloient, j'y sis casi : s'intilutoient, *héla, ayez-moy un petit s'intituloicnt :* sin, sin, sin. Tanquia que je m'entens bian.

CHASTEAUFORT

Tu veux dire s'intituloient.

GAREAU

Oüy, oüy, sin, sin, héla qui se fesoient comme vous dites. Vela tout comme il le defrinchet. Je ne sçay pus où j'en sis, vous me l'avez fait pardre.

CHASTEAUFORT

Tu parlois du nom de ces Livres.

GAREAU

Ces livres donc, pis que Livres y a. Oüay ? Ha je sçay bian, oul y avet *des Madrigales*, des Amas de Gaules, [des Cadets de Tirelire], *des Clistaires traginques, des Danaïdes de Ville* [a].

CHASTEAUFORT

Il faut dire, mon grand amy, *des Madrigaux*, des Amadis de Gaule, [des Décades de Tite-Live] *des Histoires tragiques, et des Enéides de Virgile,* [mais] poursuis.

GAREAU

O ! par le sangué, va-t'en chercher tes poursuiveux. Aga qu'il est raisonnabe aujourd'huy, il a mangé de la soupe à neuf heures. Et si je ne veux pas dire comme ça, moy ? *O bian,* tant quia qu'à la parfin je nous en revinsmes. Il apportit de ce païs-là tant de guiamans [1] rouges, des Hémoroïdes vartes [2] et une grande espée qui atteindret d'icy à demain. C'est à tout ces farremens que ces mangeux de petis enfans se batont en deüil [3]. Il apportit itou de petis engingorniaux remplis de naissance [4] à celle fin de conserver, ce feset-il, l'humeur ridicule, à celle fin, se feset-il, de vivre aussi longtemps que Mathieu salé [5]. Tenez, n'avons point veu Nique-doüille [6], qui ne sçauret rire sans montrer les dants ?

CHASTEAUFORT

Je ne ris pas de la vertu de tes essences.

a) 1654 : et des Aisnez de Vigile.

(1) diamans. — (2) émeraudes vertes. — (3) duel. — (4) d'essence. — (5) Mathusalem. — (6) Ancienne locution proverbiale, pour désigner un *nice, nicaise, niais, nigaud,* qui rit en ouvrant la bouche, sans mot dire.

GAREAU

O gnian, sachez que les naissances ont de marveilleuses propretez [1] [Il le frappe]. C'est un certain oignement dont les Ancians s'oignient quand ils estient morts, dont ils vivient si longuement. Mais morgué, il me viant de souvenir que vous vouliais tantost que je vous disi le nom de ces Livres. Et je ne veux pas moy ; et vous estes un sot dres là ; et testigué, ous estes un inorant là-dedans. Car ventregué, si vous estes un bon *parleux* [a], morgué, tapons-nous donc la gueule comme il faut. Dame, il ne faut point tant de beure pour faire un cartron [2]. Et quien [et] vela pour toy.

CHASTEAUFORT

Ce coup ne m'offence point, au contraire il publie mon courage invincible à souffrir. Toutefois, afin que tu ne te rendes pas indigne de pardon par une seconde faute, encore que ce soit ma coustume *d'avoir plustost donné* [b] un coup d'espée qu'une parole, je veux [bien] te dire qui je suis. J'ay fait en ma vie septante mille combats, et n'ay jamais porté bote qui n'ait tué sans confession. Ce n'est point que j'aye jamais ferraillé le fleuret, je suis adroit la Grâce à Dieu ; et *pourtant* [c] la science que j'ay des armes, je ne l'ay jamais apprise que l'espée à la main. Mais que cet avertissement ne t'effraye point ; je suis tout cœur, et il n'y a point par conséquent de place sur mon corps où tu puisses adresser tes coups sans me tuer. Sus donc, mais gardons la veuë, ne portons point de mesme temps, ne poussons point de près, ne tirons point de seconde : mais viste, viste, je n'aime pas tant de discours. Mardieu, depuis le temps je me serois mis en garde, j'aurois gagné la mesure, je l'aurois rompüe, j'aurois surpris le fort, j'aurois pris le temps, j'aurois coupé sous le bras, j'aurois marqué tous les batemens, j'aurois tiré la flanconade, j'aurois porté le coup de dessous, je me serois allongé de tierce sur les armes, j'aurois quarté du pied gauche, j'aurois marqué feinte à la pointe et dedans et dehors, j'aurois estramaçoné, ébranlé, empiété, engagé, volté, porté, paré, riposté, carté, passé, désarmé [3] et tué *vingt* [d] hommes.

GAREAU

Vramant, vramant, vela bian la Musicle de S. Innocent, la pus grande piqué du monde. Quel embrocheux de Limas ! [Il le frappe encore]. Et quien, quien, vela encore pour t'agacer.

CHASTEAUFORT

[Gareau le frappe.] Je ne sçay, Dieu me damne, ce que m'a fait ce marault, je ne sçaurois me fâcher contre luy. [Il le frappe encore.] Foy de Cavalier, cette gentillesse me charme. Voilà le faquin du plus grand cœur que je vis jamais. [Il est frappé derechef.] Il faut nécessairement, ou que ce bélistre soit mon Fils, ou qu'il soit Démoniaque. D'égorger mon Fils à

a) 1654 : diseux. — b) de donner. — c) partant. — d) trente.

(1) propriétés. — (2) un quart. — (3) termes d'escrime.

mon essient, je n'ay garde ; de tuer un possédé j'aurois tort, puisqu'il n'est pas coupable des fautes que le Diable luy fait faire. *Mais, ô Démon, qui fais agir le corps de ce pauvre idiot, sçache pour te confondre que de tous les Diables je suis le Diable qui fit estocade avec Saint-Michel, et toy*[a], pauvre Païsan, sçache que je porte à mon costé la Mère nourrice des fossoyeurs ; que de la teste du dernier Sophy je fis un pomeau à mon espée ; que du vent de mon chapeau je submerge une Armée navale, et que qui veut sçavoir le nombre des hommes que j'ay tuez n'a qu'à poser un 9, et tous les grains de sable de la mer ensuite qui serviront de Zéros. Quoy que tu fasses, *je te l'ay desjà dit*, ayant protesté que je gagnerois cela sur moy-mesme [Il est encore battu] de me laisser battre une fois en ma vie, il ne sera pas dit qu'un marault comme toy me fasse changer de résolution. [Gareau se retire en un coin du théâtre et le Capitan demeure seul.] Quelque faquin de cœur bas et ravalé auroit voulu mesurer son espée avec ce vilain ; mais moy qui suis Gentilhomme, et Gentilhomme d'extraction, je m'en suis fort bien sceu garder. Il ne s'en est cependant quasi rien fallu que je ne l'aye percé de mille coups, tant les noires vapeurs de la bile offusquent quelquefois la clarté des plus beaux Génies. En effet, *sans cela* j'allois tout massacrer.. Je jure donc aujourd'huy par *ma*[b] main, cette main dispensatrice des Couronnes et des Houletes, de ne plus doresnavant recevoir personne au combat, qu'il n'ait leu devant moy sur le pré ses Lettres de Noblesse ; et pour une plus grande prévoyance, je m'en vais faire promptement avertir Messieurs les Mareschaux[1] qu'ils m'envoyent des Gardes pour m'empescher de me battre ; car je sens ma colère qui croist, mon cœur qui s'enfle, *mon sang qui s'allume* et les doigts qui me démangent de faire un homicide. Viste, viste, des Gardes, car je ne réponds plus de moy[2]. Et vous autres, Messieurs, qui m'écoutez, allez m'en quérir tout à l'heure, ou par moy tantost vous n'aurez point d'autre lumière à vous en retourner que celle des éclairs de mon sabre, quand il vous tombera sur la teste. [Gareau revenant le frappe encore et le Capitan s'en va.] Et la raison est que je vay, si je n'ay un Garde, souffler d'icy le Soleil dans les Cieux comme une chandelle. Je te massacrerois, mais tu as du cœur, et j'ay besoin de soldats.

SCÈNE III

GRANGER, MANON, GAREAU, FLEURY

MANON

Quel demeslé donc, mon pauvre Jean, avois-tu avec ce Capitaine ?

a) 1654 : Toutefois, ô. — b) cette.

(1) Le Tribunal des Maréchaux de France ou de la Connétablie avait charge d'apaiser les querelles entre gentilshommes et d'empêcher les duels (P. L.). — (2) Le Tribunal des Mareschaux ordonnait au besoin à un garde ou à un exempt de veiller sur les deux adversaires disposés à en venir aux mains et de les accompagner partout pour empêcher une rencontre.

GAREAU

Aga, on me venet ravodé de sa Philophie. Ardé tenez, c'est tout fin dret comme ce grand Cocsigruë de Monsieu du Meny ; vous sçavez bian, qui avet ces grands penaches quand je demeurais chez Mademoirelle de Cărnay. Dame pelamor qu'oul estet brave comme le tems, qu'oul luiset dans le moulé, qu'oul jargonet par escousse des Asnes à Batiste, des Pères-Paticiers[1] ; il velet que je l'y fisiesmes tretous l'obenigna. Pelamor itou, à ce que suchequient les médiseux, qu'avec Mademoirelle nostre Mestraisse, il boutet cety-cy dans cety-là (ce n'est pas ce nonobstant, comme dit l'autre, pour ce chore-là, car ardé bonne renommée vaut mieux que ceinture dorée). Mais par la morguoy sphesmon, c'estet un bel oisieau pour torner quatre broches ; et pis étou l'en marmuset qu'oul estet un tantet tarabusté de l'entendement. Bonnefy la barbe l'y estet venuë devant eune bonne Ville al luy estet venuë devant Sens. Ce Jean qui de tout ce mesle, il y a desjà une bonne escousse, da s'en venit me ramener avos les eschegnes eune houssene de dix ans. Vartigué, je n'estes pas Gentizome pour me battre en deüil, mais...... O don c'estet Mademoirelle, nostre Mestraisse, qui m'avet loüé et stampandant il voulet, ce dit-il, me faire, ce dit-il, enfiler la porte. « O ce me fit-il, je te feray bien enfiler la porte, ce fit-il. » Guian, cette parole-là me prenit au cœur. « O par la morguoy, ce l'y fis-je, vous ne me feraiz point enfiler la porte, et pis, au fons, ce l'y fis-je, c'est Mademoirelle qui m'a loüé : si Mademoirelle veut que je l'enfile, je l'enfileray bian, mais non pas pour vous. »

GRANGER

Or ça, nostre Gendre, mettons toutes querelles sous le pied, et donnons leur d'un oubly au travers les hypocondres. Si l'Hyménée porte un flambeau, ce n'est pas celuy de la Discorde. Il doit allumer nos cœurs, non pas nostre fiel : C'est le sujet qui nous assemble tous. Voilà ma fille qui voudroit desjà qu'on dist d'elle et de vous « Sub, super, in, subter, casu junguntur utroque, in vario sensu[2] ».

MANON

Mon Père, je ne suis pas capable de former des souhaits, mais de seconder les vostres. Conduisez ma main dans celle que vous avez choisie, et vous verrez vostre fille d'un visage égal, ou descendre ou monter.

GRANGER

Rien donc ne nous empesche plus de conclure cet accord aussi-tost que nous sçaurons les natures de vostre bien.

FLEURY

Là-donc, ne perdons point de temps.

(1) Gareau appelle ainsi les Anabaptistes et Peripatéticiens. — (2) Règle dix-septième de la Syntaxe de Despautère : Sous, dessus, dans, dessous, dedans, se mettent aux deux cas, dans tous les sens (R. de G.).

GRANGER

Vos facultez consistent-elles en rentes, en maisons, ou en meubles ?

GAREAU

Dame oüy, j'ay très bian de tout ça, par le moyan d'un héritage.

GRANGER

Qu'on donne promptement un siége à Monsieur ; Manon, saluez vostre mary. Cette succession est-elle grande ?

GAREAU

Elle est de vint mile frans.

GRANGER

Viste, Paquier, qu'on mette le couvert.

GAREAU

[Il se met dans une chaise.] Là, là, vous moquez-vous, rabusez votre bonet ; entre nous autres, il ne faut point tant de fresmes ny de simonies [1]. Hé ! qu'es-ce donc ? Nostre-dinse, n'en diret que je ne nous connoissiens plus. Quoy ous avez bouté en obliviance de quand ous esquiais au Chaquiau ? Parguene alez, ous n'esquiais qu'un petit Navet en ce tems-là, ous estes à cette heure-cy eune Citroüille bian grosse. Vrament laissez faire, je pense que Guyeu marcy, j'avons bian sarmoné de vous, feu nostre mainagère et moy. Si vous estet venu des cornes toutes les fois que les oreilles vous ont corné (ce que j'en dis, pourtant, ce n'est pas que j'en parle, ce crois-je bian qu'ous en avez assez sans nous). Tanquia que, ô ! donc, pour revenir à nostre conte, jernigoy, j'esquiesmes tous deux de meschantes petites varmenes. J'alliesmes vieder avaux ces bois. Et y à propos, ce biau marle qui sublet [2] si finement haut, hé bian, regardez, ce n'estet que le Clocu Fili Davi ! Ous esquiais un vray Jui d'Avignon en ce tems-là : Ous esquiais tréjours à paudiller entour ces cloches, et y à sauter comme un Maron. O bian, mais ce n'est pas le tout que des choux, il faut de la graisse.

GRANGER

Avez-vous icy les Contracts acquisitoires de cet héritage-là ?

GAREAU

Nanain vramant, et si l'on ne me les veut pas donner ; mais je me doute bian de ce qu'oul y a. Testigué, je m'amuse bian à des papiers, moy. Hé ! ardé, tous ces brinborions de Contracts, ce n'est que de l'escriture qui n'est pas vraye, car ol n'est pas moulée. Ho bian, acoutez la, c'est eune petite sussion [3] qui est vramant bian grande da, de Nicolas Girard ; hé là, le père de ce petit Louis Girard qui estet si sémillant, ne vous *le* sçauriais-vous recorder ? C'est cely qui s'alit neger [4] à la grand Mare. O bian

(1) Tant de frimes et de cérémonies. — (2) ce bon merle qui sifflait. — (3) succession. — (4) noyer.

son *frère* [a] est mort, et si je l'avons conduit en tare, s'il a plû à Guïeu, sans repruche, comme dit l'autre. Ce pauvre Guiebe estet allé dénicher des pies sur l'Orme de la comère Massée. Dame, comme oul estet au Copiau [1], le vela, bredi breda, qui commence à griller tout avaux [2] les branches et cheit une grande escousse, pouf, à la renvarse. Guïeu bénit la Chresquianté ! je croy que le cœur l'y escarboüillit dans le ventre, car oul ne sonit jamais mot, ne groüillit, sinon qu'oul grimonit [3] en trépassant : « Guiebe set de la Pie et des Piaux. » O donc ly il estet mon Compère et sa femme ma Comère. [Or ma Comère, pis que Comère] y a, auparavant que d'avoir espousé mon Compère, avet espousé en premières nopces le Cousain de la brû de Piare Olivier, qui touchet de bian près à Jean Henault, de par le Gendre du Biau-frère de son Onque. Or cely-cy, retenez bian, avet eu des enfans de Jaquelaine Brunet qui moururent sans enfans. Mais il se trouve que le Neveu de Denis Gauchet avet tout baillé à sa femme par Contract de mariage, à celle fin de frustriser [4] les hériquers de Thomas Plançon qui devient y rentrer, pis que sa Mère-Grand n'avet rian laissé aux Mineurs de Denis Vanel l'esné. Or donc, il se trouve que je somes parens en queuque magnière de la Veufve de Denis Vanel le jeune, et par conséquent ne devons-je pas avoir la sussion de Nicolas Girard ? [5]

GRANGER

Mon amy, je fais ouvrir à ma conception *les yeux aussi grands que salières* [b] *et si* je ne vois goute en vostre affaire.

GAREAU

O Monsieu, je m'en vas vous l'éclaircir aussi finement claire que la voix des enfans de chœur de *Nostre-Dame* [c]. Acoutez donc : Il faut que vous sçachiais que la Veufve de Denis Vanel le jeune, dont je sommes parens en queuque magnière, estet fille du second lit de Georges Marquiau, le Biau-frère de la Sœur du Neveu de Piare Brunet, dont j'avons tantost fait mention. Or, il est bian à clair que si le Cousain de la Brû de Piare Olivier, qui touchet de bian près à Jean Hénault de par le Gendre du Biau-frère de son Onque, estet Père des Enfans de Jaquelaine Brunet, trépassez sans enfans, et qu'après tout ce tintamare-là on n'avet rian laissé aux Mineurs de Denis Vanel le jeune, j'y devons rentrer, n'est-ce pas ?

GRANGER

Paquier, repliez la nappe, Monsieur n'a pas le loisir de s'arrester. Ma foy, beau Sire, depuis le jour que Cupidon *sépara* [d] la Lumière du Cahos,

a) 1654 : père. — *b*) plus d'yeux que n'en eust jamais le Berger gardien de la Vache Io (c'est-à-dire Argus) et je... — *c*) nostre Vilage. — *d*) segregea.

(1) cime. — (2) à glisser tout le long. — (3) ne murmura. — (4) frustrer. — (5) On nous a assuré, disent les auteurs de l'*Histoire du Théâtre français* (*les frères Parfait*, T. VIII, p. 9,) qu'un habile avocat s'était, à ses heures de loisir, donné la peine d'examiner le droit de ce paysan et avait reconnu qu'effectivement il avait raison et que la succession devait lui appartenir.

il ne s'est point veu sous le Soleil un démeslé semblable. Dédale et son Labirinthe en ont bien dans le dos. Je vous remercie cependant de l'honneur qu'il vous plaisoit nous faire. Vous pouvez promener vostre Charruë ailleurs que sur le champ virginal du ventre de ma Fille.

MANON

Les Valets de la Feste vous remercieront.

FLEURY

Vous avez bon courage, mais les jambes vous faillent.

GAREAU

Ma foy voire ; aussi bian n'en velay-je pus. J'aime bian mieux eune bonne grosse Mainagère qui [vous] travaille de ses dix doigts que non pas de ces Madames de Paris qui se fesont courtiser des Courtisans. Vous verrais ces Galouriaux, tant que le jour est long, leur dire Mon cœur, Mamour, Parcy, Parlà ; je le veux bian, le veux-tu bian ? Et pis c'est à se sabouler, à se patiner, à plaquer leurs mains au commencement sur les jouës, pis sur le cou, pis sur les tripes, pis sur le brinchet, pis encore pus bas, et ainsi le *vit se*[a] glisse. Stanpendant, moy qui ne veux pas qu'on me fasse des Trogédies, si j'avouas treuvé queuque Ribaut licher le morviau à ma femme, comme cet affront-là frape bian au cœur, peut-estre que dans le désespoir je m'emporteroüas à jeter son chapiau par les fenestres *ou à luy faire les cornes comme me moqué de li,* pis ce seret du scandale ; Tigué queuque gniais[1].

GRANGER

O espérances futiles du concept des humains ! *J'avois esté jusqu'à Vaugirard choisir un Gendre en qui la Nature ayant usé de parcimonie, je pensois que la Fortune eust esté prodigue, mais je trouve que si la mine de son visage est bien plate, celle de son coffre est encore plus écachée.* De mesme les Chats, tu ne flates que pour égratigner, Fortune malicieuse !

SCÈNE IV [2]

CORBINELI, GRANGER, PAQUIER

CORBINELI

Elle n'est pas seulement malicieuse, elle est enragée[3]. Hélas ! tout est perdu, vostre Fils est mort.

GRANGER

Mon Fils est mort ! Es-tu hors du sens ?

a) 1654 : vitse ; 1663, comme dans le Ms.

(1) Il y a un trait tout à fait semblable dans le livre VIII du *Francion* de Ch. Sorel (V. Fournel). — (2) Molière s'est inspiré de cette scène du *Pédant joué* dans la scène XI, acte II, des *Fourberies de Scapin*, il y a puisé largement. — (3) Corbineli répond à l'interpellation que Granger vient d'adresser à la Fortune.

CORBINELI

Non, je parle sérieusement : Vostre Fils à la vérité n'est pas mort, mais il est entre les mains des Turcs.

GRANGER

Entre les mains des Turcs ? Soustiens-moy, je suis mort.

CORBINELI

A peine estions-nous entrez en batteau pour passer de la porte de Nesle[1] au Quay de l'Escole....

GRANGER

Et qu'allois-tu faire à l'Escole, Baudet ?

CORBINELI

Mon Maistre s'estant souvenu du commandement que vous luy avez fait d'acheter quelque bagatelle qui fust rare à Venise, et de peu de valeur à Paris, pour en régaler son Oncle, s'estoit imaginé qu'une douzaine de Cotrets n'estant pas chers, et ne s'en trouvant point, par toute l'Europe de mignons comme en cette Ville, il devoit en porter là. C'est pourquoy nous passions vers l'Escole pour en acheter ; mais à peine avons-nous éloigné la coste, *que le Page de nostre Navire a découvert au Sud-Ouest une galère turque qui taschoit à coups de rames de dérober le vent dessus nous et le fit parce que nous estions mauvais voiliers. Après donc qu'elle a eu doublé le cap des bons hommes, qu'elle a eu jetté fond et demeuré quelque temps sur le fer à l'abri des dunes du cours, elle a levé l'ancre et fait canal droit à nous, de proue en poupe, Ce qui nous a fait choir en défaut, c'est qu'ils ont arboré de chrétienté, nous ont salué d'amis et cinglans d'un quart de boutine, nous ont gaigné le flanc, nous ont accroché et la soldatesque sautée sur nostre tillac, ils nous ont fait esclaves, puis se sont élargis en mer*[a].

GRANGER

Hé ! de par le Cornet retors de Triton Dieu Marin, qui jamais oüit parler que la Mer fust à Saint-Clou ? qu'il y eust des Galères, des Pyrates, ny des Escueils ?

CORBINELI

C'est en cela que la chose est plus merveilleuse. Et quoy que l'on ne les ayt point veus en France que là, que sçait-on s'ils ne sont point venus de Constantinople jusques icy entre deux Eaux ?

PAQUIER

En effet, Monsieur, les Topinambours qui demeurent quatre ou cinq

a) Tout ce long passage a été réduit à une ligne dans 1654 : que nous avons esté pris par une galère turque.

(1) La porte de Nesle qui attenait à la vieille tour de Nesle servait de communication du Pont-Neuf au nouveau quartier construit sur le terrain du Pré aux Clercs, ce rendez-vous permanent des Ecoliers de l'Université. La Tour de Nesles fut démolie vers 1652. (P. L.).

cens lieuës au delà du monde, vinrent bien autrefois à Paris, et l'autre jour encore les Polonois *eurent bien l'impudence d'enlever*[a] la Princesse Marie, en plein jour, à l'Hostel de Nevers, sans que personne osast branler[1].

CORBINELI

Mais ils ne se sont pas contentez de cecy, ils ont voulu poignarder vostre Fils...

PAQUIER

Quoy, sans confession ?

CORBINELI

S'il ne se rachetoit *pour*[b] de l'argent.

GRANGER

Ah ! les misérables ; c'estoit pour incuter[2] la peur dans cette jeune poitrine.

PAQUIER

En effet, les Turcs n'ont garde de toucher l'argent des Chrestiens, à cause qu'il a une Croix[3].

CORBINELI

Mon Maistre ne m'a jamais pû dire autre chose, sinon : « Va-t-en trouver mon Père, et luy dis... » Ses larmes aussi-tost, suffoquant sa parole, m'ont bien mieux expliqué qu'il n'eust sceu faire, les tendresses qu'il a pour vous...

GRANGER

Que Diable allez faire aussi dans la galère d'un Turc ? D'un Turc ! « Perge »[4]

CORBINELI

Ces Escumeurs impitoyables ne me vouloient pas accorder la liberté de vous venir trouver, si je ne me fusse jetté aux genoux du plus apparent d'entr'eux. « Hé ! Monsieur le Turc, luy ay-je dit, permettez-moy d'aller avertir son Père qui vous envoyera tout à l'heure sa rançon. »

GRANGER

Tu ne devois pas parler de rançon, ils se seront moquez de toy.

CORBINELI

Au contraire. A ce mot, il a un peu rasséréné sa face. « Va, m'a-t-il dit ; mais si tu n'es icy de retour *en*[c] un moment, j'iray prendre ton Maistre dans son Collège, et vous estrangleray tous trois aux antennes de nostre Navire. » J'avois si peur d'entendre encore quelque chose de plus fâcheux,

a) 1654 : enlevèrent bien. — *b*) par. — *c*) dans.

(1) Ce passage précise la date de la composition du *Pédant joué :* le mariage de Marie de Gonzagues, duchesse de Mantoue, avec Ladislas, roi de Pologne, eut lieu en 1645 à Paris, par ambassadeur. — (2) faire entrer. — (3) Autrefois, la plupart des monnaies de France et des autres Etats chrétiens portaient jusqu'au milieu du XVIe siècle une croix avec une légende. — (4) Continue.

ou que le Diable ne me vint emporter estant en la compagnie de ces excommuniez, que je me suis promptement jetté dans un Esquif pour vous avertir des funestes particularitez de cette rencontre.

GRANGER

Que Diable aller faire dans la Galère d'un Turc ?

PAQUIER

Qui n'a peut-estre pas esté à confesse depuis dix ans.

GRANGER

Mais penses-tu qu'il soit bien résolu d'aller à Venise ?

CORBINELI

Il ne respire autre chose.

GRANGER

Le mal n'est donc pas *incurable* [a]. Paquier, donne-moy le receptable des instrumens de l'Immortalité « Scriptorium scilicet » [1].

CORBINELI

Qu'en désirez-vous faire ?

GRANGER

Escrire une Lettre à ces Turcs.

CORBINELI

Touchant quoy ?

GRANGER

Qu'ils me renvoyent mon fils, parce que j'en ay affaire *après disner.* Qu'au reste il doivent excuser la jeunesse qui est sujette à beaucoup de fautes ; et que s'il luy arrive une autrefois de se laisser prendre, je leur promets, foy de Docteur, de ne leur en plus obtondre [2] la faculté auditive.

CORBINELI

Ils se moqueront, par ma foy, de vous.

GRANGER

Va-t-en donc leur dire de ma part, Que je suis prest de leur répondre par-devant Notaire : Que le premier des leurs qui me tombera entre les mains, je le leur renvoyerai pour rien... (Ha ! que Diable, que Diable, aller faire en cette Galère ?)... Ou dis leur qu'autrement je vais m'en plaindre à la Justice. Si-tost qu'ils l'auront remis en liberté, ne vous amusez ny l'un ny l'autre, car j'ay affaire de vous *deux.*

CORBINELI

Tout cela s'appelle dormir les yeux ouverts.

GRANGER

Mon Dieu, faut-il estre ruiné à l'âge où je suis ? Va-t-en avec Paquier,

a) 1654 : sans remède.

(1) C'est-à-dire l'écritoire. — (2) assourdir.

prens le reste du Teston[1] que je luy donnay pour la dépense il n'y a que huit jours... (Aller sans dessein dans une Galère !)... Prens tout le reliquat de cette pièce... (Ha ! malheureuse géniture, tu me coustes plus d'or que tu n'es pesant.)... Paye la rançon et ce qui restera, employe-le en œuvres pies... (Dans la Galère d'un Turc !)... [ô] Bien, va-t-en !... (Mais misérable, dis-moy, que Diable allois-tu faire dans cette Galère ?)... Va prendre dans mes armoires ce pourpoint découpé que quitta feu mon Père l'année du grand Hyver[2].

CORBINELI

A quoi bon ces fariboles ! Vous n'y estes pas. Il faut [tout] au moins cent pistolles pour sa rancon.

GRANGER

Cent pistolles ! Ha ! mon fils, ne tient-il qu'à ma vie pour conserver la tienne ? mais cent pistolles !... Corbineli va-t-en luy dire qu'il se laisse pendre sans dire mot ; cependant qu'il ne s'en afflige point, car je les en feray bien repentir.

CORBINELI

Mademoiselle Genevote n'estoit *point trop impertinente qui souhaitoit tantost de n'estre jamais vostre épouse*[a] sur ce qu'on l'asseuroit que vous estiez d'humeur, quand elle seroit esclave en Turquie, de l'y laisser *aussi bien que vostre Fils.*

GRANGER

Je les ferai mentir... S'en aller dans la Galère d'un Turc ! *Et qu'y faire*[b], de par tous les Diables, dans cette Galère ? O ! Galère, galère, tu mets bien ma bourse aux galères.

SCÈNE V

PAQUIER, CORBINELI

PAQUIER

Voilà ce que c'est que d'aller aux galères. Qui Diable le pressoit ? Peut-estre que s'il eust eu la patience d'attendre encore huit jours, le Roy l'y eust envoyé, en si bonne compagnie, que les Turcs ne l'eussent pas pris.

CORBINELI

Nostre « Domine »[3] ne songe pas que ces Turcs me dévoreront.

PAQUIER

Vous estes à l'abry de ce costé-là, car les Mahumétans ne mangent point de porc.

a) 1654 : pas trop sotte, qui refusoit tantost de vous espouser. — *b*) Hé quoy faire.

(1) Le teston était en argent et valait dix sols tournois, on n'en fabriquait plus depuis le règne de Henri III. — (2) L'hiver de 1638. — (3) Maitre.

SCÈNE VI

GRANGER, CORBINELI, PAQUIER

GRANGER

[Granger revient luy donner une bourse, et s'en retourne en même temps]. Tien, *va porter tout mon bien. Ha, Ha, je croiois te l'avoir donné*[a].

SCÈNE VII

CORBINELI, CHARLOT

CORBINELI

[Frappant à la porte de La Tremblaye.] Monjoye Saint-Denis[1] ; Ville gagnée, « Accede »[2] Granger le jeune « accede ». O le plus heureux des hommes ! O le plus chéry des Dieux ! Tenez, prenez, parlez à cette bourse, et luy demandez ce que je vaux.

CHARLOT

Allons viste, allons inhumer cet argent, mort pour mon Père, au coffre de Mademoiselle Genevote : Ce sera de bon cœur et sans pleurer, que je rendray les derniers devoirs à ce pauvre trépassé ; [et] cependant admirons la médisance du peuple qui juroit que mon Père, bien loin de consentir au mariage de Mademoiselle Genevote et de moy, prétendoit lui-même à l'espouser, et voicy que pour découvrir l'imposture des calomniateurs, il envoye de l'argent pour faire les frais *des*[b] cérémonies.

SCÈNE VIII

GRANGER, PAQUIER

GRANGER

Fortune, ne me regarderas-tu jamais qu'en rechignant ? Jamais ne riras-tu pour moy ?

PAQUIER

Ne sçavez-vous pas qu'elle est sur une rouë, Damoiselle Fortune ? Elle seroit bien ladre d'avoir envie de rire. Mais, Monsieur, asseurément que vous estes ensorcelé.

GRANGER

As-tu quelquefois entendu frétiller sur la minuit dans ta chambre quelque chose de noir ?

PAQUIER

Vrament, vrament, tantost j'entens traisner des chaisnes à l'entour

a) 1654 : va-t-en, emporte tout mon bien. — b) de nos.

(1) Cri de guerre et de victoire des rois de France. — (2) Approche.

de mon lit ; tantost je sens coucher entre mes draps une grande masse lourde *et froide comme du marbre ;* tantost j'apperçois à nostre Atre une Vieille toute ridée se graisser, puis, à califourchon sur un balet, s'envoler par la cheminée. Enfin je pense que nostre Collège est l'Icon, le Prototipe, et le *Fils aisné*[a] du Chasteau de Bicestre[1].

GRANGER

Il seroit donc à propos, ce me semble, de prendre garde à moy. Quelque Incube pourroit bien venir habiter avec ma fille, et faire pis encore, butinant les reliques de mon chétif et malheureux « Gaza »[2]. Ma foy pourtant, Diables Folets, si vous attendez cela pour disner, vous n'avez qu'à dire Grâces : Je m'en vais faire prendre à toutes mes Chambres chacune *un clistaire*[b] d'eau béniste. Ils pourroient bien toutefois me voler d'un costé, quand je les conjurerois de l'autre. N'importe, *j'imagine encore la parade de ce coup-là.* Paquier, va-t-en chercher sous mes grandes armoires un vieux Livre de Plain-chant ; déchire-le par morceaux, et en attache un feüillet à chaque avenuë de ma chambre, comme aux portes, aux fenestres, *aux cheminées*[c] ; et principalement enduis-en un certain coffre-fort, fidèle dépositaire *du reste* de mon magasin. Escoute, escoute, Paquier, il vient de me souvenir que les Démons s'emparent des Trésors égarez ou perdus : De peur que quelqu'un d'eux ne vienne à se méprendre, souviens-toy bien d'écrire sur la pièce de game[3] qui couvre la serrure, [mais] en gros caractères : « Il n'est égaré ny perdu, car je sçay bien qu'il est là ».

PAQUIER

O oui, sans doute, vous avez quelque fameux négromancien pour capital ennemi .

GRANGER

Je me veux divertir de ces pensées mélancoliques ; ces imaginations sépulchrales usent bien souvent l'âme auparavant le corps. Paquier « adesto »[4] : Va-t-en au logis de ma toute belle Navre-cœur ! Souhaite-luy de ma part le bon jour qu'elle ne me donne pas. Parle-luy avantageusement de mon amour ; et sur tout ne l'entretiens que de Feux, de Charbons et de Traits. Va viste, et reviens m'apporter la responce[d].

a) 1654 : Père-grand. — *b*) une médecine. — *c*) à la cheminée. — *d*) Cette réponse de Paquier est placée dans 1654 à la suite de la réplique de Granger qui précède, elle fait corps avec elle.

(1) Louis XIII voulut, en 1634, faire reconstruire le vieux château de Bicêtre tombé en ruine pour en faire un hôpital destiné aux soldats estropiés ou invalides, mais cette reconstruction fut arrêtée presque aussitôt que commencée, et les bâtiments qu'on avait déjà élevés ne servirent qu'à recueillir un plus grand nombre de gens sans aveu, qui s'y retiraient en foule, car personne n'osait approcher de ces masures qu'on disoit habitées par des larves et des démons. En 1656, le roi y fit établir l'Hôpital général des pauvres... — (2) Trésor, magot. — (3) On écrirait maintenant *came* par corruption, car le véritable mot indiqué par le sens est *game*, puisqu'il s'agit de désigner au figuré les pièces qui font jouer une mécanique. (P. L.) — (4) Approche.

SCÈNE IX

PAQUIER, GENEVOTE

PAQUIER, seul

De Feux, de Charbons, et de Traits : Cela n'est pas si aisé qu'on diroit bien.

GENEVOTE [arrivant]

Comment se porte ton Maistre, Paquier?

PAQUIER

Il se porte extrêmement.

GENEVOTE

Est-ce extrêmement bien ou extrêmement mal?

PAQUIER

Il se porte comme se portoit S. Laurent sur le Gril : roussy, noircy rosty, et tout cela par Feu.

GENEVOTE

Je ne sçay pas s'il souffre ce que tu dis ; mais je te puis asseurer que du jour qu'il commença de m'aimer, je commençay de mériter la Couronne du Martyre. O! Paquier, *impassible*[a] témoin de ma passion, dis à ton Maistre, que sa chère et malheureuse Genevote verse plus d'eau de ses yeux que sa bouche n'en boit, qu'elle soûpire autant de fois qu'elle respire, et que...

PAQUIER

Mademoiselle, *laissons-là toutes ces fadaises, parlons seulement de vos amours et de celles de M. Granger*[b]. Dites-moy, avez-vous beaucoup de bois pour l'hyver? car mon Maistre *est si froidureux qu'il* ne peut se passer de feu.

GENEVOTE

Sans mentir, j'aurois bien le cœur de roche, s'il n'estoit pénêtrable aux coups des perfections de ton Maistre.

PAQUIER

Bon Dieu, quel Coc-à-l'asne! Répondez-moy catégoriquement : N'avez-vous jamais veu de Feu Saint-Elme?

GENEVOTE

Je ne sçay de quoy tu me parles ; je voudrois seulement que Monsieur Granger *sceut combien j'ayme ce qui vient de luy*[c].

PAQUIER

O la becqueno, male peste qu'elle est rusée. Vous ne sçavez donc pas que vostre fréquentation a remply mon Maistre de Feu sauvage?

a) 1654 : fidèle. — b) je vous prie, laissons-là toutes ces choses, parlons seulement de ce dont mon Maistre m'a commandé de vous entretenir. — c)......

GENEVOTE

Mon pauvre Paquier, si tu m'aimes, je te supplie entretiens-moy d'autre chose ; parle-moy de l'amour que ton Maistre me porte.

PAQUIER

Hé ! que je ne suis pas si sot[a]. Mais à quoy Diable vous sert de tourner ainsi la Truye au foin[1] ? Dites-moy donc, ferez-vous cette année du feu Grégeois à la Saint-Jean ?

GENEVOTE

Plût à Dieu que je pûsse découvrir ma flâme à ton Maistre sans l'offencer, car je brusle pour luy...

PAQUIER

[Ha, bon cela].

GENEVOTE

D'une amour si *violente*[b] que je souhaiterois qu'une moitié de luy devint une moitié de moy-mesme[c] ; [mais la glace de son cœur...]

PAQUIER

Hé bien, ne voilà pas *ma friponne sans cesse m'interrompre pour chanter des sotises*[d] et tout cela de peur que *son*[e] âme ne prenne feu parmy tant d'autres, mais *vous en aurez menti madame la Gueuse*[f]. Il y a trois Feux dans le Monde, Mademoiselle : Le premier est le Feu Central, le second, le Feu Vital ; et le troisième, le Feu Elémentaire. Ce premier en a trois sous soy qui ne difèrent que par les Accidens : le Feu de Collision, le Feu d'Attraction, et le Feu de Position.

GENEVOTE

As-tu fait desscin de continuer tes extravagances jusques au *jour*[g] du Jugement[2] ?

PAQUIER

Mais vous-mesme, avez-vous fait dessein *d'extravaguer*[h] jusques à la fin du Monde ? Vous me venez parler de l'amour que vous portez à mon Maistre : voilà de belles sotises ; ce n'est pas cela qu'on vous demande. Je veux seulement que vous sçachiez que Monsieur Granger n'est qu'un Feu Folet depuis qu'il vous a veuë ; que bien-tost, aussi bien que luy, vous arderez, s'il plaist à Dieu, du Feu S. Antoine[3], et que... Mais où *diantre*[i] pescher de nouveau Feu ? Ha ! par ma foy j'en tiens, Mademoiselle, Feu vostre Père et Feu vostre Mère, avoient-ils fort aimé Feu leurs parens ? car Feu le Père et Feu la Mère de Monsieur Granger avoient chéry pas-

a) 1654 : Ce n'est pas là ce dont j'ay à vous parler. — *b*) Var. de 1661 : étroit — *c*) 1654 : toute cette réplique dans le Ms. fait corps avec la précédente de Genevote. — *d*) tousjours quitter nostre propos ? — *e*) vostre. — *f*) ma foy, il n'en ira pas ainsi. — *g*) bout. — *h*) de me faire enrager. — *i*) Diable.

(1) Expression proverbiale qui signifie : « changer de propos, de discours ». — (2) Il s'agit du Jugement dernier. — (3) Le feu Saint-Antoine avait été la terreur du Moyen-Age, il n'était plus, à cette époque, dit P. Lacroix, qu'une maladie hémorroïdale plus ou moins douloureuse.

sionnément Feu les Trépassez ; et je vous jure que le Feu est une chose si inséparable de mon Maistre, qu'on peut dire de luy (quoy qu'il soit plein de vie) : Feu le pauvre Monsieur Granger, principal du Collége de Beauvais. Or ça il me reste encore *des*[a] Charbons et *des*[a] Traits.

GENEVOTE

Je souhaiterois autant de science *que*[b] ton Maistre, pour répondre à son Disciple.

PAQUIER

O ! Mademoiselle, je vous souhaiterois, non pas autant de science, mais autant de Charbons de peste, et de clous, *qu'il en a. Quoy ! vous en riez ?* Et je vous proteste moy, qu'à force *d'estre parmy le charbon*[c], il s'est tellement noircy le corps, que si vous le voyiez *tout nud*, vous le prendriez plus tost pour un [grand] *Charbonnier*[d] que pour un Docteur. J'en suis maintenant aux Traits.

GENEVOTE

Tu luy pourras témoigner combien je l'aime, si tu l'as compris par mes discours ; et cependant je suis bien asseurée que son affection n'est pas réciproque.

PAQUIER

Pour cette particularité, Mademoiselle, vous avez tort de vous mettre en peine ; car il proteste tout haut de se ressentir des Traits que vous luy joüez ; de reverbérer sur vous les traits dont vous le navrez ; et de peur que par Trait de temps, les Traits de vostre visage ne soient offencez des Traits de la Mort *ou métamorphosez en Traits d'écrivain*, il vous peint avec mille beaux Traits d'esprit dans un livre intitulé : « La très belle, très parfaite, et très accomplie Genevote, par son très humble, très obéissant et très affectionné serviteur, Granger. »

GENEVOTE

Tu diras à ton Maistre que j'estois venuë ici pour le voir, *que je le dispense de la peine de me rendre visite. Je reviendray tantost achever la mienne quand il sera de retour*[e]. Adieu.

SCÈNE X

CHASTEAUFORT, PAQUIER

CHASTEAUFORT

Hé ! mon Dieu, Messieurs, j'ay perdu mon Garde, *mon pauvre Garde*. Personne ne l'a-t-il rencontré ? Sans mentir j'en feray reproche à la Connestablie, d'avoir fié à *l'imprudence d'*un jeune Homme, la garde d'un Diable comme moy[1]. Si j'allois maintenant rencontrer ma partie, que

a) 1654 : les. — *b*) qu'en a. — *c*) de brusler. — *d*) charbon. — *e*) mais que l'arrivée de ce Capitaine m'a fait en aller. Je reviendray bientost.

(1) Quand deux gentilshommes s'étaient provoqués en duel et que les Maréchaux de France, formant le Tribunal de la Connétablie du Palais, en avaient avis, un garde

seroit-ce ? Il faudroit s'égorger comme des bestes farouches. Pour moy, encore que je sois vaillant, je ne suis point brutal. Ce n'est pas que je craigne le combat, au contraire, c'est le pain quotidien que je demande à Dieu tous les jours en me levant. On le verra, on le verra ; car, par la Mort, aussi-tost que j'auray retrouvé ce Garde qui me gardoit, je proteste de désobéir à quiconque, hormis à ce pauvre Garde, me voudroit détourner de tirer l'espée. Hola, Garde-Mulet, ne l'as-tu point veu passer, mon Garde ? C'est un Garde que les Mareschaux de France m'ont envoyé pour m'empescher de faire un Duel, le plus sanglant qui jamais ait rougy l'herbe du Pré aux Clercs[1]. Ventre ! que dira la Noblesse de moy, quand elle sçaura que je n'ay pas eu le soin de bien garder mon Garde ? O ! toy donc, malheureux petit homme, va-t-en signifier à tous les Braves qu'ils ayent à me laisser en patience doresnavant, parce qu'encore que mon Garde ne soit pas icy, je suis sensé comme l'ayant. Je luy donnois deux pistolles par jour ; et si je le puis retrouver, je promets à mon bon Ange un Cierge blanc de dix livres, et [à luy] de luy donner par jour quatre pistolles, au lieu de deux. Enfin je le rendray si content de moy, qu'il ne souffrira pas que je m'échape de luy, ou ce sera le plus ingrat homme du monde.

PAQUIER

Hé bien, Monsieur, qu'importe, puis que vous voulez tuer vostre ennemy, que ce Garde vous ait abandonné ? Vous pouvez à cette heure *au moins* vous batre sans obstacle.

CHASTEAUFORT

O ! Chien de Mirmidon, Chien de Filou, Chien de Gripe-manteau, Chien de Traisne-gibet, que tu es brute en matière de demeslez ! Où sera donc *après* la foy d'un Cavalier ? Quoy, tu te figures que je sois si peu sensible à l'honneur, que de me résoudre à tromper laschement, perfidement, traistreusement, la vigilance d'un honneste homme qui me gardoit, et qui à l'heure que je parle, ne s'attend nullement que je me bate ? Ah ! plustost le Ciel échape à ses liens pour tomber sur ma teste. Moy, aggraver la faute d'un imprudent, par une plus *lourde faute*[a] ! Si je pensois qu'un seul homme se le fut imaginé, pour me vanger d'un Individu sur toute l'Espèce, j'envoyerois défendre au Genre Humain d'estre vivant dans trois jours.

PAQUIER

Adieu, adieu.

CHASTEAUFORT[b]

Va toy-mesme à Dieu, poltron, et luy dis, de ma part, que je luy vais envoyer bien-tost tout ce qui reste d'hommes sur la Terre.

a) 1654 : grande. — *b*) 1654 et le Ms. portent par erreur *Granger*, 1661 a rectifié.

ou exempt de ce Tribunal conciliateur recevait mission de surveiller de près les adversaires et de s'opposer à toute rencontre entre eux. Ils ne sortaient qu'accompagnés du garde de la Connétablie, jusqu'à ce qu'ils eussent promis solennellement de ne pas vider leur différend par la voie des armes. (P. L.). — (1) Le Pré aux Clercs, avait été, sous Louis XIII, le théâtre ordinaire des duels (id.)

ACTE III

SCÈNE PREMIÈRE

GRANGER, PAQUIER

PAQUIER

Car par les Feux je l'ay brûlée, par les Charbons je l'ay entestée, et par les Traits je l'ay percée.

GRANGER

Ha ! Paquier, tu t'es aujourd'hui surpassé toy-même. N'espère pas toutefois de Lauréole condigne à cet exploit, un tel service mérite des Empires, et la Fortune, cette ennemie de la Vertu, ne m'en a pas donné. Mais vien, chez ma Maistresse, me voir entrer dans la Place dont tu m'as ouvert la brèche.

PAQUIER

Ne courez point si viste ; vous cherchez vostre Asne quand vous estes dessus. Ne vous ay-je pas dit qu'elle vous doit venir trouver icy ?

GRANGER

(Il ouvre un grand Bahut, d'où il tire de vieux habits, avec un miroir etc.) Il m'en souvient : Je n'ay donc plus qu'à choisir lequel me siéra le mieux de mes habits Pontificaux. O ! Déesse Paphienne, sois-moy en aide et confort en cette mienne tribulation. Et vous, sacrez haillons de mes Ancestres qui ne gagnez des crotes qu'aux bons jours, vous qui n'avez point veu le jour depuis celui du mariage de mon Bisayeul, qu'il n'y ait sur vostre Texte[1] : tache, trou, balafre, ou déchirure qui ne reçoive *de nous* un sanglot, une larme, et une quérimonie particulière. Amour, flâme folète, qui n'es jamais qu'au bord d'un précipice ; Ardant[2] qui brilles pour nous éblouïr ; Feu qui brusles et *n'éclaire*[a] point ; Guide aveugle qui crèves les yeux à ceux que tu conduis ; Boureau qui fais rire en tuant ; Poison que l'on boit par les yeux ; Assassin que l'Ame introduit *à*[b] sa maison par les fenestres ; Amour, petit Poupar, c'est à tes costez doüillettement frétillars, que je viens pérager les reliques[3] de la journée. Plantons-nous diamétralement devant ce chef-d'œuvre Vénitien[4], et faisons avec un compte *très* exact la reveuë de tous les traits de mon visage. Que le poil de ma barbe qui paroistra hors-d'œuvre soit chastié comme un passe-volant[5]. Essayons quel personnage il nous siéra mieux de représenter devant elle, de Caton, ou de Momus. Je tâche à rire et à pleurer sans intervale, et je n'en puis

a) 1654 : ne consumes. — *b*) dans.

(1) Tissu : équivoque sur les mots latins *textum* et *textus*. (P. L.) — (2) Feu follet. — (3) achever le reste. — (4) Miroir de Venise. — (5) Faux soldat qui se présentait aux revues, pour toucher la paye au profit du capitaine. Le passe-volant était puni du fouet ou de la marque (P. L.).

venir à bout. [Il rit et il pleure en même temps]. Mais que viens-je de voir? Quand je ris, ma mâchoire, ainsi que la muraille d'une Ville batuë en ruine, découvre à costé droit une brèche à passer vingt hommes. C'est pourquoy, mon visage, il vous faut stiler à ne plus rire qu'à gauche; et, pour cet effet, je vais marquer sur mes jouës de petits points que je défens à ma bouche, quand je riray, d'outrepasser. On m'a dit que j'ay la voix un peu cassée, il faut surprendre avec l'oreille mon image en ce Miroir, *auparavant* [a] qu'elle se taise. « Je saluë [très] humblement le Bastion des Grâces, *le Cavalier d'amour* et la Citadelle des Rigueurs de Mademoiselle Genevote. » Ay-je parlé trop haut, ou trop bas? Il seroit bon, ce me semble, d'avoir des Lieux communs tout prests pour chaque Passion que je voudray vestir. Il faudra faire éclater, selon que je seray bien ou mal receu, le Dédain, la Colère ou l'Amour.

Ça *donc* pour le « Dédain » :

« Quoy, tu penserois que tes yeux eussent feru ma poitrine au défaut de la cuirasse? Non, non, tes traits sont si doux qu'ils ne blessent personne. Quoy, je t'aurois aimée, chétif Esgout de concupiscence, Vase de nécessité, Pot de chambre *des affamez* [b]! Hélas, petite gueuse, regarde-moy seulement, *adore* [c] et te tais. »

Pour la « Colère » :

« O! trois et quatre fois, Mégère impitoyable, puisse le Ciel en couroux ébouler sur ton *vertical* [d] des Halebardes au lieu de pluye! Puisses-tu boire autant d'Encre que ton amour m'a fait verser de larmes! Puisses-tu cent fois le jour servir aux Chiens de muraille pour pisser! Enfin, puisse la Destinée tisser la trame de tes jours avec du Crin, des Chardons et des Estoupes. »

Pour l' « Amour » :

« Soleil, principe de ma vie, vous me donnez la mort, et desjà je ne serois plus qu'une Ombre vaine et gémissante qui marqueroit de ses pas la rive blesme de l'Achéron, si je n'eusse redouté de faire périr en moy vostre amour, qui ne doit pas moins vivre que sa cause. Peut-estre, ô belle Tigresse, que mon chef neigeux vous fait peur. Je sçay bien aussi que les jeunes ont dans les yeux plus de feu et moins de rouge que nous; que vous aimez mieux nostre bourse au singulier qu'au plurier; qu'au déduit amoureux une Femme est insatiable; et que si la première nuit « Optat ut exedat digito » [1], la seconde nuit elle en veut « Pede longior uno » [2]. Mais sçachez qu'un jour l'âge, ayant promené sa charruë sur les lys et [sur] les roses ne vostre teint, fera de vostre front un grimoire en Arabe; et que jeunes et vieux sont quotidiennement Epitaphez, à cause que: « Compositum simplexque modo simili gradiuntur » [3].

a) 1654 : avant. — *b*) du Sexe masculin. — *c*) admire. — *d*) chef.

(1) Elle en désire un peu plus long que le doigt. Despautères, lib. II, *regulae generales de regulari nominum declinatione*. — (2) plus d'un pied. — (3) le simple et le composé se déclinent de même.

SCÈNE II (1)

GRANGER, PAQUIER, GENEVOTE

GRANGER

Mademoiselle, soyez-vous venuë autant à la bonne heure que la grâce aux Pendus, quand ils sont sur l'eschelle.

GENEVOTE

Est-ce l'Amour qui vous a rendu criminel ? Vraiment la faute est trop illustre pour ne vous la pas pardonner. Toute la pénitence que je vous *ordonne de vostre faute* [a], c'est de rire avec moy d'un petit Conte que je suis icy venuë pour vous faire. Ce Conte, toutefois, se peut bien appeller une Histoire. car rien ne fut jamais plus véritable. Elle vient d'arriver, il n'y a pas deux heures, au plus facétieux personage de Paris, et vous ne sçauriez croire à quel poinct elle est plaisante. Quoy, vous n'en riez pas ?

GRANGER

Mademoiselle, je croy qu'elle est divertissante au delà de ce qui [le] fut jamais ; *et je le dois croire pour cela seulement que vous le dites,* mais...

GENEVOTE

Mais vous n'en riez pas ?

GRANGER

Ha, a, a, a, a.

GENEVOTE

Il faut, avant que d'entrer en matière, vous anatomiser ce Squelette d'homme et de vestement [aux mesmes termes qu'un Sçavant m'en a tantost fait la description]. Voicy l'heure environ que le Soleil se couche, c'est l'heure aussi, par conséquent, que les lambeaux de son manteau se viennent rafraischir aux Estoilles. Leur Maistre ne les expose jamais au jour, parce qu'il craint que le Soleil, prenant une matière si combustible pour le berceau du Phœnix, ne bruslast et le nid et l'oiseau. Ce manteau donc, cette cape, cette casaque, cette simare, cette robe, cette soutane, *ce pavillon*, ce lange, ou cet habit, (car *je suis* [b] encore à deviner ce que c'est, et *je croy que* le Syndic des Tailleurs y demeureroit « a quia ») *ne fera pas dire aux gausseurs qu'il se moque du monde* [c] en leur montrant la corde. *Il est trop vieux le pénard pour en avoir une seule.* Certains Dogmatistes disent avoir appris par tradition qu'il fut apporté du Caire, où on le trouva dans une vieille cave, à l'entour de je ne sçay quelle Momie, sous les sain-

a) 1654 : en ordonne. — b) on est. — c) fait bien dire aux gausseurs, qu'il fait peur aux larrons.

(1) Molière a imité cette scène dans *Les Fourberies de Scapin*, acte III, scène III, c'est le second emprunt pour cette dernière pièce que notre grand auteur comique a fait à Cyrano.

tes Mazures d'une Piramide éboulée. A la vérité, les figures grotesques que les trous, les pièces, les taches et les filets y composent bizarement, ont beaucoup de rapport avec les [figures] hiéroglifiques des Egyptiens. C'est un plaisir sans pareil de contempler ce Fantosme arresté dans une ruë. Vous y verrez amasser cent Curieux, tous en extase disputer de son origine : l'un soutenir que l'Imprimerie ny le papier n'estant pas encore *inventez*[a], les Doctes y avoient tracé l'Histoire universelle ; et sur cela remontant de Pharamond à César, de Romule à Priam, *de Lycurgue à Deucalion,* de Prométhée au premier homme, il ne laissera pas échaper un filet qui ne soit au moins le Simbole de la décadence d'une Monarchie; un autre voudra que ce soit le Tableau du Cahos ; un autre la Métempsicose de Pitagore ; un autre, divisant ses guenilles par chapitres, y *verra*[b] l'Alcoran divisé par azoares ; un autre *la Sphère*[c] de Copernic ; *un autre le Livre de Salomon ;* un autre enfin jurera que c'est le manteau du Prophète Elie, et que sa sécheresse est une marque qu'il a passé par le feu. Et moy pour vous blasoner cet Escu, je dis qu'il porte de Sable, engreslé sur la bordure, aux Lambeaux sans nombre. *De l'habit je grimperois au chapeau*[d], mais je pense qu'il suffira de dire que chaque pièce de son acoûtrement est un *cabinet d'*antique. *Passons*[e] de l'estoffe à la doublure, de la Châsse au Sainct et de la guaisne à l'espée. Traçons en deux paroles le crayon de nostre ridicule Docteur. Figurez-vous un rejeton de ce fameux Arbre Cocos[1], qui, seul, fournit un païs entier des choses nécessaires à la vie. Premièrement, en ses cheveux on trouve de l'huile, de la graisse et des cordes de Luth ; Sa teste peut fournir de corne les Couteliers, et Son front les Négromanciens, de grimoire à invoquer le Diable ; Son cerveau, d'enclume ; Ses yeux, de cire, de vernis et d'escarlate ; Son visage, de rubis ; Sa gorge, de cloux ; Sa barbe, de décrotoires[2] ; Ses doigts, de fuseaux ; Sa peau, de lime ; Son haleine, de vomitif ; *Sa parole, de ris ;* Ses cotaires, de pois ; Ses dartres, de farine ; Ses oreilles, d'aisles à moulin ; Son derrière, de vent à le faire tourner ; Sa bouche, de four-à-ban[3] ; Et sa personne, d'Asne à porter la Mounée[4]. Pour son Nez, il mérite bien une égratignure particulière. Cet autentique Nez arrive partout un quart d'heure *auparavant*[f] son Maistre : Dix Savetiers, de raisonnable rondeur, vont travailler dessous à couvert de la pluye[5]. Hé bien, Monsieur, ne voilà pas un joly Ganymède ? Et c'est pourtant le Héros de *l'Histoire que je veux conter*[g]. Cet honeste homme régente une classe dans l'Université, [c'est bien] le plus faquin, le plus chiche, le plus avare, le plus sordide, le plus mesquin... Mais riez donc !

a) 1654 : trouvez. — *b*) trouvera. — *c*) le système. — *d*) Du manteau je passerois aux habits. — *e*) Venons. — *f*) devant. — *g*) mon histoire.

(1) le cocotier. — (2) cure-dents. — (3) four banal où l'on cuisait le pain de tout un fief, de tout un quartier, de tout un village (P. L.). — (4) mouture. — (5) Cette bouffonnerie rappelle une épigramme de l'anthologie où il est question d'un certain Antidamas, dont le nez était si long qu'il servit un jour d'échelle à quelqu'un pour s'esquiver par la fenêtre pendant un incendie (Victor Fournel).

GRANGER

Ha, a, a, a, a.

GENEVOTE

Ce vieux rat de Collège a un Fils qui, je pense, est le recéleur des perfections que la Nature a volées au Père, ce Chiche-pénard[1], ce *Radoteux*[a]...

GRANGER

Ah ! malheureux, je suis trahy ! c'est sans doute ma propre histoire qu'elle me conte. Mademoiselle, passez ces épithètes ; il ne faut pas croire tous les mauvais rapports, outre que la vieillesse doit estre respectée.

GENEVOTE

Quoy ! le connoissez-vous ?

GRANGER

Non, en aucune façon.

GENEVOTE

O bien, *bien*, escoutez donc. Ce vieux Bouc *vouloit*[b] envoyer son Fils en je ne sçay quelle Ville, pour s'oster un rival ; et afin de venir à bout de son entreprise, il luy veut faire acroire qu'il est fou. Il le fait lier, et luy fait ainsi promettre tout ce qu'il veut. Mais le Fils n'est pas long-temps créancier de cette fourbe. Comment ! vous ne riez point de ce vieux Bossu de ce Maussadas à triple estage ?

GRANGER

Baste, baste, faites grâce à ce pauvre vieillard !

GENEVOTE

Or, escoutez le plus plaisant. Ce Gouteux, ce Loup-garou, ce Moine-bourru[2]...

GRANGER

Passez outre, cela ne fait rien à l'Histoire,

GENEVOTE

Commanda à son Fils d'acheter quelque bagatelle pour faire un présent à son Oncle le Vénitien ; et son Fils, un quart d'heure après, luy manda qu'il venoit d'estre pris prisonnier par les Pirates Turcs, à l'embouchure du Golphe des Bons-Hommes[3] ; et ce qui n'est pas mal plaisant, c'est que le bonhomme aussi-tost envoya la rançon. Mais il n'a que faire de craindre pour sa pécune, elle ne courra poiut de risque sur la Mer du Levant.

GRANGER

Traistre Corbineli, tu m'as vendu ! mais je te feray donner la Salle[4].

a) 1654 : radoteur. — b) veut.

(1) Vilain avare. — (2) Personnage fantastique qui, dans la croyance des parisiens, courait les rues la nuit, surtout à l'époque de l'Avent, en tordant le cou à ceux qui mettaient le nez à la fenêtre, en maltraitant les passants. — (3) Entre Chaillot et l'île des Cygnes. — (4) Dans les collèges, cette expression proverbiale signifiait *donner le fouet*, parce que l'exécution avait lieu dans une salle à ce destinée (P. L.). — On a

Il est vray, Mademoiselle, que je suis interdit ; mais jugez aussi par le trouble de mon visage de celuy de mon âme. L'image de vostre beauté jouë incessamment dans mon cœur à Remue-ménage. Ce n'est pas toutefois du désordre d'un esprit égaré que *j'attens*[a] ma récompense, *mais de ma seule passion*[b] que je prétens vous prouver par quatre Figures de Rhétorique : les Antithèses, les Métaphores, les Comparaisons et les Argumens. Et pour les déplier, escoutez parler l' « Antithèse » :

« Si » mais je ne dis point si, *car* il est plus véritable que la vérité : « Si », dis-je, l'amère douceur et la douce amertume, le poison médicinal et la médecine empoisonnée, [qui] partent sans sortir de vous, ô Monstre indéfectueux, n'embrasoient mon esprit en le *gluant*[c] et n'y faisoient tantost vivre, tantost mourir, un immortel petit Géant (j'appelle ainsi les flames *invisibles dont ce Dieu nain*[d] m'échauffe et me fait trembler). Ou « si » ces aveugles clair-voyans (je veux dire vos yeux, belle Tigresse, ces innocens coupables, *mais plustost encore le siège et la lice, le repos et l'action, le tout et la partie de l'unité de nos deux âmes*) se publiant, sans dire mot, *les* amis ennemis de l'esclave liberté des hommes, n'avoient contraint volontairement mon génie dans la libre prison de vostre sorcière beauté, luy qui faisoit gloire auparavant d'une fermeté constante en son inconstance ; « Si », dis-je, tout cela n'avoit fait faire et défaire à mes pensées beaucoup de chemin en peu d'espace ; « Si » bref vous ne m'aviez apporté des ténèbres par vos rayons, « Je » n'aurois pas appelé de mon Juge à mon Juge, pour demander ce que je ne veux pas obtenir ; c'est, pitoyable inhumaine, la santé mortelle d'une aigre douce maladie qu'on rendroit incurable si on la guérissoit.

GENEVOTE

Comment appelez-vous cette Figure-là ?

GRANGER

Nos Ancestres jadis la baptisèrent « Antithèse ».

GENEVOTE

Et moy qui la confirme aujourd'huy, je luy change son nom et luy donne celuy de Galimathias.

GRANGER

Voicy la Métaphore et la Comparaison qui viennent à vos pieds demander audience.

GENEVOTE

Faites-les entrer.

a) 1654 : je prétens mériter. — *b*) c'est de la force de ma passion. — *c*) glaçant. — *d*) visibles dont le plus grand et le plus petit des Dieux.

reconnu encore dans cette scène un autre emprunt de Molière, non moins patent que le précédent (la scène des galères), c'est-à-dire la scène 3 de l'acte III des *Fourberies de Scapin* où Zerbinette vient raconter à Géronte lui-même le tour que son fils lui a joué par l'intermédiaire de son valet.

GRANGER

Tout ainsi qu'un neigeux Torrent, fier enfant de l'Olympe, quand son chenu coupeau acravanté d'orages, et courbant sous le faix des froidureux cotons ; franc qu'il se voit de l'estroite Conciergerie [1] où le calme le tenoit serf « Qua data porta ruit » [2], va ravager insolemment le sein fertile des pierreuses campagnes, et déshonorant sans vergogne, par le guéret champestre, la perruque dorée de Cérès aux pasles couleurs, fait brouter ilec le troupeau escaillé, où le coutre tranchant du mesnager Laboureur piéça se promenoit. Ainsi mes *mortes* espérances ne pouvant plus tenir contre l'impétuosité de mon *désespoir* [a], l'Huissier de ma tristesse, tenant en main la baguette de mes soûpirs, a fait place à la *majesté* [b] de mes douleurs ; j'ay débarricadé mes clameurs, lasché la bride à mes sanglots, donné de l'espron à mes larmes, et foüetté mes cris devant moy. Ils feront bon voyage, car il me semble déjà que je voy la Sentinelle avancée de vostre bonté paroistre entre les cresneaux et sur la plate-forme de vos grâces, qui crie à mes soûpirs : « Qui va là » ? Puis, ayant appelé le Coporal de vostre jugement, donné l'alarme au Corps de garde de vos pudicitez, demandé le mot du guet à mes soûpirs, les avoir reconnus pour *confédérez* [c], laissé passer à cause du paquet de persévérance, et bref les articles [de] bonne intention signez de l'Amant et de l'Aimée, voir la Paix universelle entre les deux Estats de nostre Foy matrimoniale régner ès siècles des siècles [3].

GENEVOTE

Amen.

GRANGER

Donc, pour nous y acheminer, soyez comme un Jupiter qui s'appaise *pour* [d] de l'encens ; je seray comme Alexandre à vous en prodiguer. Soyez de mesme que le Lion qui *fleschit aux* [e] larmes ; Je seray de mesme qu'Héraclite à force de pleurer. Soyez tout ainsi que le Naphte auprès du feu ; et je seray tout ainsi que le Mont Ætna, qui ne sçauroit s'esteindre. Soyez ne plus ne moins que le bon Terroir qui rend ce qu'on luy preste ; et je seray ne plus ne moins que Triptolème à vous encemencer. Soyez ainsi que les Abeilles qui changent en miel les *plus amères* fleurs ; et les fleurs de ma Rhétorique, ainsi que celles d'Attique, se chargeront de Mâne. Soyez telle en fermeté que la Remore qui bride la Nef au plus fort de la tempeste ; et je seray tel que le Vaisseau de Caligula qui en fut arresté « Ne multus sim » [4]. Soyez à la façon des Trous qui ne refusent point de mortier ; et je seray à la façon de la Truelle qui bouchera vostre crevasse.

GENEVOTE

Vrayment, Monsieur, quoy que vous soyez incomparable, vous n'estes pas un homme sans comparaison.

a) 1654 : déplaisir. — *b*) grandeur. — *c*) amis. — *d*) par. — *e*) se laisse fléchir par les.

(1) prison. — (2) se rue par la porte ouverte. — (3) Allusion à la formule finale des oremus : *in saecula saeculorum*. — 4) Pour ne pas être bref.

GRANGER

Ce n'est pas par la Métaphore seule, pain quotidien des Scholares, que je prétends capter vostre bénévolence. Voyons si mes argumens trouveront forme à vostre pied ; car si ce contingent Métaphisique avoit couru du « Possibile ad factum » [1], je jure par toutes les Eaux infernales, par les Palus trois fois saincts du Cocite et du Stix, par la Couronne de fer de l'Enfumé Pluton, par l'éternel Cadnas du Silence, par *la fourche et la béquille du Cyclope boiteux* [a], bref par l'Entousiasme prophétique du Tripied Sibilin, de vous rendre en beauté, non point la Déesse Paphienne, mais celle qui fera honte à celle-là. Et pour [en] descendre aux preuves, j'argumente ainsi : Du Monde, la plus belle partie, c'est l'Europe. La plus belle partie de l'Europe, c'est la France, « Secundum Geographos » [2]. La plus belle Ville de France, c'est Paris. Le plus beau Quartier de Paris, c'est l'Université, « Propter Musas » [3]. Le plus beau Collège de l'Université, je soûtiens, à la barbe de Sorbonne, de Navarre et de Harcour, que c'est Beauvais ; et son nom est le respondant de sa beauté, puis qu'on le nomma Beauvais « quasi » beau à voir. La plus belle Chambre de Beauvais est la mienne ; « Atqui » [4] le plus beau de ma Chambre, c'est moy. Ergo [5], je suis le plus beau du monde. « Et hinc infero » [6] que vous, Pucelete Mignardelete, Mignardelete Pucelete, estant encore plus belle que moy, il seroit, je dis « Sole ipso clarius » [7], que vous incorporant au corps de l'Université en vous incorporant au mien, vous seriez plus belle que le plus beau du monde.

GENEVOTE

[Vrayment] si j'avois dormy une nuit auprès de vous, je serois docte comme Hésiode, pour avoir dormy sur le Parnasse.

GRANGER

Mais j'ay d'autres armes encore qui sont toutes neuves à force d'estre vieilles, dont je présume outrepercer vostre tendrelete poitrine. C'est l'éloquence du franc Gaulois [8]. Or oyez.

Et déa Royne de haut parage, Mie de mes pensées, Cresme, Fleur et Parangon des Infantes, vous qui chevauchez par illec du fin feste de cestuy vostre magnifique et moult doucereux palfroy, jouxte lequel gésir souliez en bonne couche ; prenez émoy de ma déconvenuë. Las ! oyez le méchef d'un dolent moribond qui, crevé d'anhan sur un chétif grabat, onques ne sentit au cœur joye. Point ne boutez en sourde oubliance cil à qui piéça Fortune porte guignon. Las ! hélas ! réconfortez un pauvret en

a) 1654 : la béquille de Vulcain.

(1) Du possible au fait. — (2) selon les géographes. — (3) à cause des Muses. — (4) Or. — 5) Donc. — (6) et, de là, j'infère. — (7) plus clair que le jour. — (8) A cette époque les romans à grand style et à grands sentiments avaient complètement détrôné les anciens romans de chevalerie qui ne se lisaient plus... La connaissance de la vieille langue était donc reléguée parmi les défroques de la pédanterie. Ce fut Chapelain qui essaya de remettre en vogue et en honneur la littérature gauloise (P. L.).

4

marisson, à qui il conviendra soy gendarmer contre soy, s'occir, ou se déconfir par quelqu'autre tour de mal engin, se ne vous garmantez de luy donner soulas ; car de finer ainsin piéça ne luy chaut. Or soyez ma Pucelle aux yeux vers[1] comme un Faucon, quant à moy je seray vostre coint Damoisel, qui, par rémunération d'une si grande mercy, se aucune chose avez à besogner de son avoir, à-tout son tranchant glaive il redressera vos torts, et défera vos griefs ; il déconfira des Chevaliers félons ; il hachera des Andriaques ; il fera des Chapelis inénarrables, il martellera des Paladins ores à dextre, ores à senestre ; bref tant et si beau joustera, qu'il n'y aura pièce de fiers, orgueilleux, outrecuidez, et démesurez Géans, lesquels en dépit des armes Fées, et du Haubert de fine trempe, il ne pourfende jus les arçons. Quel ébaudissement de voir adonc issir le sang, à grand randon, du flanc pantois de *l'endamné*[a] Sarasin ; et pour festoyement de cas tant beau, se voir léans guerdoné d'un los de plénière Chevalerie.

GENEVOTE

Monsieur, il est vray, je ne le puis celer, c'est à ce coup que je rends les armes. Enfin je m'abandonne tout à vous ; Usez de *mes desirs*[b] aussi librement que le Chat [fait] de la Souris : Rognez, tranchez, taillez ; faistes-en comme des Choux de vostre jardin.

PAQUIER

Je trouve pourtant bien du « distinguo » entre les Femmes et les Choux ; car des Choux la teste *seule*[c] est bonne, et des Femmes c'est ce qui n'en vaut rien.

GRANGER

Auriez-vous donc agréable, Mademoiselle, lors que la nuit au visage de More, aura, de ses haillons noirs, embéguiné le minois souffreteux de nostre Zénith ; que je transporte mon individu aux Lares domestiques de vostre toit, pour humer à longs traits vostre Eloquence melliflue̤, et faire sur vostre couche un sacrifice à la Déesse tutélaire de Paphos ?

GENEVOTE

Oüy, venez ; mais venez avec une eschelle, et montez par ma fenestre, car mon frère serre tous les jours les clefs de nostre maison sous son chevet.

GRANGER

O ! que ne suis-je maintenant [Julius] César, ou le Pape Grégoire[2], qui firent passer le Soleil sous leur férule ! Je ne le reculerois, ni ne

a) 1654 : l'endemené. — *b*) moy. — *c*) en.

(1) vairs, c'est-à-dire de couleur changeante. — (2) Allusion au calendrier Julien, dressé par Jules César, et au calendrier Grégorien, réformé par le pape Grégoire XIII (P. L.).

l'arresterois en Thieste ou en Josué[1], mais je le contraindrois de marquer minuit à six heures.

SCÈNE III

GENEVOTE, LA TREMBLAYE, GRANGER le jeune, CORBINELI

GENEVOTE

Je pensois aller plus loing vous faire rire, mais je vois bien qu'il me faut décharger icy.

GRANGER le jeune

Aux despens de mon Père ?

GENEVOTE

C'est bien le plus bouffon personage de qui jamais la teste ait dansé les sonnettes[2]; et moy, par contagion, [je] suis devenuë facétieuse, jusques à luy permettre d'escalader ma chambre. A bon entendeur, salut. Il se fait tard ; les machines sont peut-estre déjà en chemin, retirons-nous.

SCÈNE IV

LA TREMBLAYE, CORBINELI

LA TREMBLAYE

[Il heurte à la porte de Manon.] Va donc avertir Mademoiselle Manon. Tout va bien : La beste donnera dans nos panneaux, ou je suis mauvais chasseur.

SCÈNE V

LA TREMBLAYE, MANON, CORBINELI

LA TREMBLAYE

Je m'en vais amasser de mes amis pour m'assister, en cas que son Collège voulust le secourir. Mais une autre difficulté m'embarrasse : C'est que je crains, si je ne suis arrivé assez tost, qu'il n'entre dans la chambre de ma sœur ; et comme enfin elle est fille, qu'elle n'ait de la peine à se dépestrer des poursuites de ce Docteur échauffé ; et qu'au contraire, s'il trouve la fenestre fermée, contre la parole qu'il a reçeuë d'elle, qu'il ne s'en aille, pensant que ce soit une burle[3].

(1) Le Soleil recula devant le forfait d'Atrée, qui fit manger à son frère Thyeste le corps de son propre fils ; Josué, chef du peuple Hébreu, arrête le Soleil, pour achever de poursuivre ses ennemis (P. L.). — (2) La danse des sonnettes était une danse de bouffon (id.). — (3) plaisanterie.

CORBINELI

O ! de cela n'en soyez *pas*[a] en peine, car je l'arresteray en sorte qu'il ne *poura*[b] pas fort viste escalader la chambre, et n'osera pour quelqu'autre raison que je vous tais, retourner en son logis. C'est pourquoy je vais m'habiller pour la Pièce.

LA TREMBLAYE

J'estois venu pour imaginer avec vous un moyen de haster *de* nostre mariage ; mais vostre Père luy-mesme nous en donne un fort bon. [Il luy parle bas à l'oreille]. Il va tout à l'heure assiéger nostre Chasteau pour voir ma sœur, et moy je......

MANON

C'est par là qu'il s'y faut prendre, n'y manquez pas. Adieu.

ACTE IV

SCÊNE PREMIÈRE

GRANGER, PAQUIER, [CORBINELI]

GRANGER

Tout est endormy chez nous d'un somme de fer ; tout y ronfle jusques aux Grillons et aux Crapaux. Paquier, avance ton eschelle : Mais que c'est bien pour moy l'eschelle de Jacob, puis qu'elle me va monter au Paradis d'Amour.

PAQUIER

Je croy que voicy la maison. [Il tombe, ayant appuyé son eschelle sur le dos de Corbineli.] Ah ! je suis mort. C'est ma faute, je ne luy avois pas assez donné de pied.

GRANGER

(Corbineli présente le ventre à l'eschelle.) Monte encore un coup, pour voir si elle est bien appuyée. [Il l'y met encore et monte.]

PAQUIER

Mon eschelle est barbuë.

GRANGER

Tu es fou, tu es fou.

PAQUIER

(Il redonne le dos pour la soutenir). « *Domine* » *nostre eschelle a rasé sa barbe*, j'ay peur d'avoir donné trop de pied. (Il nage des bras dans la nuit pour toucher le mur). Comment je ne rencontre point de mur ? Nostre machine tiendroit-elle bien toute seule ? « Domine », plantez vous-mesme vostre eschelle, je n'y oserois plus toucher, *car j'auroy peur ma foy de trouver encore une barbe, j'aime mieux pour ce coup demeurer ignorant.*

a) 1654 : point. — b) courra.

GRANGER

« Vade retro » mauvaise beste, je l'appliqueray bien moy-mesme. Je pense que j'y suis, voicy la porte ; je la connois aux clous ; sur chacun desquels j'ay composé jadis maintes bonnes Epigrammes. « *Sonde*[a] pour essayer si elle est ferme. »

PAQUIER

[Corbineli transpose l'eschelle d'un costé et d'autre avec tant d'adresse, que Paquier faisant aller sa main à droite et à gauche, frappe tousjours un des costez de l'eschelle sans trouver d'échelons.] Ha ! misérable que je suis, on vient d'arracher les dents à mon eschelle. Miséricorde, mon eschelle vient d'enfanter. Qui l'auroit engrossie ! Seroit-ce point moy, car j'ay monté *sur elle*[b] ? Mais quoy l'enfant est desjà aussi *grand*[c] que la mère.

GRANGER

Tais-toy, Paquier, j'ay veu tout à l'heure passer je ne sçay quoy de noir. C'est peut-estre une de ces Larves au teint blesme, dont nous parlions tantost, qui vient pour m'effrayer.

PAQUIER

(Granger tousse.) « Domine », on dit que pour épouvanter le Diable, il faut témoigner du cœur. Toussez deux ou trois fois, vous vous rasseurerez.

GRANGER

[*Il tousse.*] Qui es-tu ?

PAQUIER

Un peu plus haut.

GRANGER

Qui es-tu ?

PAQUIER

Encore plus fort.

GRANGER

Qui es-tu donc ?

PAQUIER

Chantez un peu pour vous rasseurer. (Granger chante). Bon ; fort. Faites accroire au Spectre que vous ne le craignez point. *Monsieur*[d], c'est un Diable Huguenot, car il ne se soucie point de la Croix. *(Corbineli fait le signe de la Croix).*

GRANGER

Il a peur luy-mesme, car il n'ose parler. Mais, Paquier, seroit-ce point mon Ombre, car elle est vestuë tout *de mesme que*[e] moy ; fait tous mes mesmes gestes ; recule quand j'avance ; avance quand je recule ! Il faut que je m'éclaircisse. (Il donne un coup, et Corbineli le luy rend.) *Quoy ! je frappe une Ombre et une Ombre me frappe !*[f]

PAQUIER

Monsieur, il se peut faire que les Ombres de la Nuit estant plus

a) 1654 : scande (monte). — b) dessus. — c) gros. — d) « Domine ». — e) comme. — f) Nostre-Dame, elle me frappe.

espaisses que celles du jour, sont aussi plus robustes, et qu'ainsi elles pouroient fraper les gens. Entrez, *monsieur,* voilà la porte ouverte. (Corbineli entre vistement avec un passepartout, et Granger court après pour entrer aussi.)

GRANGER

Ma foy l'Ombre est plus habile que moy. Escoutez donc, me voicy, c'est moy.

PAQUIER

Non. vraman-da, ce n'est pas mon Maistre qui est chez vous, ce n'est *rien* que son Ombre. Que Diable, Monsieur, vostre Ombre est-elle folle de marcher devant vous, et d'entrer toute seule en un logis où elle ne connoist personne ? Ho ! asseurément que nous nous sommes trompez, car si c'estoit une Ombre, la Lune *qui luit maintenant* l'auroit faite, cependant la Lune *est toute ronde et l'Ombre est faite comme un Homme, cela ne s'accorde point*[a]. Hélas ! « profecto »[1] ; nous en estions bien loin. Je le viens de trouver. C'est vostre Ame, car ne vous souvient-il pas qu'hier vous la donnastes à Mademoiselle Genevote ? Or n'estant plus à vous, elle vous aura quitté ; cela est bien visible, puis que nons la rencontrons en chemin qui s'y en va. Ah ! perfide Ame, vous ne deviez pas trahir un Docteur de la façon, ce qu'il en avoit dit *n'étant*[b] qu'en riant ; cependant vous l'abandonnez pour une niaiserie ! Je m'en vais *l'essaier*[c], peut-estre qu'en la flattant un peu, elle se repentira de sa faute. Je t'adjure par le grand Dieu vivant, de me dire qui tu es ?

CORBINELLI, par la fenestre

Je suis le grand Diable Vauvert[2]. C'est moy qui fais dire la Patenostre du Loup ; Qui noue l'Esguillette aux nouveaux mariez ; Qui fais tourner le Sas ; Qui pétris le Gasteau triangulaire ; Qui rends invisibles les Frères de la Rose-Croix ; Qui dicte aux Rabins la Cabale et le Talmud ; Qui donne la Main de Gloire[3], le Trèfle à quatre, la Pistole volante, le Guy de l'An-neuf[4], l'Herbe de Fourvoyment[5], la Graine de Fougère, le Parchemain vierge, les Gamahez[6], l'Emplastre magnétique. J'enseigne la composition des Brevets[7], des Sorts, des Charmes, des Sigilles, des Caractères, des Talismans, des Images, des Miroirs, des Figures constellées. Je prestay à Socrate un Démon familier ; je fis voir à Brutus son mauvais Génie ; j'arrestay Drusus à l'Apparition d'un Lutin ; j'envoye les Démons

a) 1654 : ne luit pas. — *b*) n'estoit. — *c*) bien voir si c'est elle, car si ce l'est.

(1) Assurément. — (2) Tout ce couplet n'est qu'un résumé du discours débité par le sorcier Agrippa dans la XIIe des *Lettres Diverses* de Cyrano, *pour les Sorciers*. La plupart de ces superstitions sont expliquées en détail dans le *Dictionnaire infernal* de Collin de Plancy, seconde édition, 1825, 4 vol. in-8.—(3) Racine de mandragore (d'où main de gloire, par corruption) ayant la forme d'un fœtus humain.—(4) Gui de chêne, coupé sur l'arbre, au clair de lune, dans les premières nuits du solstice du printemps. — (5) Herbe magique qui a la propriété d'égarer ceux qui la portent. — (6) Pierres magiques, portant des figures et des signes naturels. — (7) Contrats magiques.

familiers, les Esprits folets, les Martinets, les Gobelins, le Moine-bourru, le Loup-garou, *la Fileuse, la Beste de la grosse Tour*, la Mule ferrée [1], *le Filourdi* [2], le Marcou, le Cochemar, le Roy Hugon [3], le Connestable [4], les *Trépassez*, les Hommes noirs, les Femmes blanches, les Ardans, les Lemures, les Farfadets, les Ogres, les Larves, les Incubes, [les Succubes], les Lamies, les Fées, les Ombres, les Mânes, les Spectres, les Fantosmes. Enfin je suis le Grand Veneur de la Forest de Fontainebleau [5].

GRANGER

Ha ! Paquier, qu'est-ce cy ?

PAQUIER

Voilà un Démon qui n'a pas eu toute sa vie les mains dans ses pochettes.

GRANGER

Qu'augures-tu de cette vision ?

PAQUIER

Que c'est un Diable Femelle, puis qu'il a tant de caquet.

GRANGER

En effet, je croy qu'il n'est pas meschant, car j'ay *pris garde* [a] qu'il ne nous a dit mot, jusques à ce qu'il s'est veu armé d'un Corcelet de pierre [6] *à l'épreuve de nous.*

PAQUIER

Ma foy, Monsieur, ne *croiez* [b] point *de* [c] Diables jusques à ce qu'ils vous emportent. Pour moy, je *n'en puis admettre* [d] que sur les espaules des Femmes.

SCÈNE II

LA TREMBLAYE, GRANGER, PAQUIER, [CHASTEAUFORT]

LA TREMBLAYE

Aux voleurs ! aux voleurs ! Vous serez pendus, coquins ! ce n'est pas

a) 1654 : remarqué. — *b*) craignez. — *c*) les. — *d*) ne les appréhende.

(1) La nuit, on croyait entendre le pas lourd de la Mule qui portait le Diable au sabbat ; on voyait, dans les ténèbres, des étincelles que ses pieds ferrés faisaient jaillir du pavé. De là est venue l'expression proverbiale ferrer la mule. L'argent que les servantes volaient à leurs maitres était censé servir à ferrer la mule du diable qui devait les emporter en Enfer. — (2) Esprit malin qui embrouillait les fuseaux des fileuses et le chanvre des cordeliers. — (3) C'est à Tours que ce fantôme couronné avait le siège de son empire (de Thou : Histoire de son Temps, liv XXIV. — (4) Le connestable qu'on nommait aussi le Porte-Epée, et, par corruption, le Porte-Epaule, est une variante du roi Hugon, qui devait, dit-on, son origine aux terribles souvenirs qu'avait laissés Hugues, comte de Tours, un des douze pairs de Charlemagne. — (5) Le Grand Veneur, qui parcourait la forêt de Fontainebleau avec sa meute infernale, ne se montrait plus depuis sa fameuse apparition du temps de Henri IV, auquel il adressa son interpellation : « Attends-moi ! » Mais on entendait souvent au loin les sons de ses cors et les cris de ses chiens. — (6) C'est-à-dire jusqu'à ce qu'il se soit caché derrière une muraille (P. L.).

d'aujourd'huy que vous vous en meslez. Peuple, vous n'avez qu'à chanter le « Salve », le patient est sur l'eschelle[1].

PAQUIER

En mourra-t-il, Monsieur ?

LA TREMBLAYE

Il s'y peut[a] bien attendre,

PAQUIER

Seigneur, ayez donc pitié de l'âme de feu mon pauvre Maistre Nicolas Granger. Si vous ne le connoissez, Seigneur, c'est ce petit homme qui avoit un chapeau à grand bord, et un haut de chausse à la Culote.

GRANGER

Au secours, Monsieur de Chasteaufort, c'est vostre amy Granger que La Tremblaye veut poignarder.

CHASTEAUFORT, par sa fenestre

Qui sont les Canailles qui font du bruit là-bas ? Si je descends, je lâcheray la bride aux Parques.

LA TREMBLAYE

Soldats ! qu'on leur donne les osselets[2] !

GRANGER

Ah ! Monsieur de *Chasteaufort*[b], *plus fort que cil dont le nom tremble la fièvre,* envoyez, de l'Arsenal de vostre puissance, la foudre craquetante sur la témérité criminelle de ces chétifs mirmidons !

CHASTEAUFORT [descendu sur le Théâtre]

Vous voilà donc, maraults. Hé ! ne sçavez-vous pas qu'à ces heures muettes, j'ordonne à toutes choses de se taire, hormis à ma Renommée ? Ne sçavez-vous pas que mon espée est faite d'une branche des Ciseaux d'Atropos ! Ne sçavez-vous pas que si j'entre, c'est par la brèche ; si je sors, c'est du combat ; si je monte, c'est dans un Thrône ; si je descends, c'est sur le pré ; si je couche, c'est un homme par terre ; si j'avance, ce sont mes conquestes ; si je recule, c'est pour mieux sauter ; si je jouë, c'est au Roy dépoüillé ; si je gagne, c'est une bataille ; si je perds, ce sont mes ennemis ; si *je lis*[c], c'est un cartel ; *si j'escris, c'est avec du sang*[d]. Enfin si je *m'explique*[e], c'est par la bouche d'un canon ? Donc, pendart, tu sçavois ces choses et tu n'as pas redouté mon Tonnerre ? Choisis toy-mesme le genre de ton supplice ; mais dépesche-toy de *partir*[f], car ton heure est venuë.

a) 1654 : Tu t'y peux. — *b*) Chasteau très fort. — *c*) j'escris. — *d*) si je lis, c'est un arrest de mort. — *e*) parle. — *f*) parler.

(1) pour être pendu (R. de G.). — (2) Espèce de torture infligée aux voleurs et aux accusés, pour leur faire avouer la vérité. On leur mettait des os ou des cailloux entre les doigts, que l'on serrait ensuite plus ou moins avec des cordes (P. L.).

LA TREMBLAYE

Ah ! quelle frénésie !

GRANGER

Monsieur [de Chasteaufort], « a minori ad maius »[1]. Si vous traitez de la sorte un malheureux, que feriez-vous à vostre rival ?

CHASTEAUFORT

Mon rival ! Jupiter ne l'oseroit [estre] avec impunité.

GRANGER

Cet Homme *est*[a] donc plus que Jupiter ?

CHASTEAUFORT

Ce grimaut, ce fat, ce farfadet ! Docteur, vous avez grand tort. Je l'allois faire mourir avec douceur ; maintenant que ma bile est échauffée, sans vous mettre au hasard d'estre accablé du Ciel qui tombera de peur, [je ne le sçaurois punir]. N'avez-vous point sceu cet estramaçon dont les siècles ont tant parlé ! Certain fat avoit marché dans mon Ombre ; mon tempérament s'en alluma ; je laissay tomber celuy de mes revers, qu'on nomme l'Archi-épouvantable, avec un tel fracas, que le vent seul de ma Tueuse ayant estoufé mon ennemy, le coup alla foudroyer les Omoplates de la Nature. L'Univers, de frayeur, [de carré qu'il estoit], s'en ramassa tout en une boule ; les Cieux en virent plus de cent mille Estoiles ; la Terre en demeura *paralytique*[b] ; l'Air *en gagna la courte haleine*[c] ; les Nuës en pleurèrent ; Iris en prit l'escharpe ; le Soleil en courut comme un Fou ; la Lune en dressa les cornes ; la Canicule en enragea ; le Silence en mordit ses doigts ; la Sicile *en prit le frisson*[d] ; le Vésuve en jetta feu et flâme ; les Fleuves en gardèrent le lit ; la Nuit en porta le deüil ; *le Jour en déchira le voile de la Nuit ;* les Fols en *prirent la migraine*[e] ; les Chimistes en gagnèrent la pierre[2] ; *les Espées en mirent leur pucelage à l'abandon ;* l'Or en eut la jaunisse ; la Crote en sécha sur pied ; *les Peignes en grincèrent les dents ;* le Tonnerre en gronda ; l'Hiver *en frémit*[f] ; l'Esté en sua ; l'Automne en avorta ; le Vin s'en aigrit ; *les Buissons s'en piquèrent ;* l'Escarlate en rougit ; les Rois en eurent eschec et mat ; les Cordeliers en perdirent leur latin ; les Noms Grecs en vinrent au duel[3], *et tous les Philosophes modernes aux nouvelles de ce vacarme, redoutant un second cahos, se réfugièrent sous l'aile de « verbi gratia ».*

LA TREMBLAYE

Pour éviter un semblable malheur, je vous fais commandement de me suivre. Allons, Monsieur l'Archi-épouvantable, je vous fais prisonnier à la Requeste de l'Univers.

a) 1654 : ose. — *b*) immobile. — *c*) en perdit le Vent. — *d*) en trembla. — *e*) perdirent la raison. — *f*) eut le frisson.

(1) Du plus petit (jugez) du plus grand. — (2) La pierre philosophale. — (3) Cyrano joue sur le mot *duel*, qui est un terme de la grammaire servant à désigner dans les déclinaisons et les conjugaisons grecques deux personnes ou deux choses.

CHASTEAUFORT

Vous voyez, Docteur, pour ne vous pas enveloper dans le désastre de ce coquin, j'ay pû me résoudre à luy pardonner...

SCÈNE III

MANON, GRANGER, [PAQUIER], LA TREMBLAYE, CHASTEAUFORT

MANON

Ah ! Monsieur de La Tremblaye, mon cher Monsieur, donnez la vie à mon Père, et je me donne à vous. Bon Dieu, j'estois dans le Collège attendant qu'il fust arrivé pour fermer les portes de nostre *logis* [a], lors que j'ay entendu un grand bruit dans la ruë. Le cœur *aussi-tost* m'a dit qu'indubitablement il avait eu quelque mauvaise rencontre. Hélas ! mon bon Ange ne m'avertit point à faux. Il est vray, Monsieur, qu'il a mérité la mort d'avoir esté surpris en volant vostre maison ; mais je sçay bien aussi que tous les gentilshommes sont généreux, et tous les généreux, pitoyables. Vous m'avez autrefois tant aimée. Ne puis-je, en devenant vostre Femme, obtenir *de vous* la grâce de mon Père ? Si vous croyez que cecy soit [dit] seulement pour vous amuser, *saisissez-vous de moy tout à l'heure, et tout à l'heure* allons consommer nostre mariage, pourveu qu'auparavant vous me *juriez de ne point égorger mon pauvre Père* [b] : Encore qu'il ne témoigne pas d'y consentir ; excusez-le, Monsieur, c'est qu'il a le cœur un peu haut, et tout homme courageux ne fléchit [pas], *comme vous sçavez, que par contrainte* [c], Mais pour luy sauver la vie, je ferois bien pis qu'une *désobéïssance* [d].

GRANGER

O Dieux ! quelle fourbe ! Sans doute la misérable est d'intelligence avec son traistre d'Amoureux. Non, non, ma Fille, non, vous ne l'épouserez jamais.

MANON

Ah ! Monsieur de La Tremblaye, arrestez. Je connoy, à vos yeux, que vous l'allez tuer. Bon Dieu ! faut-il voir massacrer mon Père devant moy ou mourir ignominieusement par les mains de la Justice *pour un vol, alors qu'il n'avoit pas achevé ?* Donc à l'âge où je suis, il faut que je perde mon Père ? Hé ! pour l'amour de Dieu, mon Père, mon pauvre Père, sauvez, *en vous* [e] sauvant, la vie [et] l'honneur à vos enfants. Vous voyez que La Tremblaye est un brutal qui ne vous pardonnera jamais si vous ne devenez son beau-père. Pensez-vous que vostre mort ne me touche point ! O dame, si est. Sçachez que je ne vous survivrois guères, et que mesme pour vous sauver d'un péril encore moindre que celui-cy, je ne balancerois

a) 1654 : montée. — *b*) promettiez de luy donner la vie. — *c*) facilement. — *d*) que de lui désobéir. — *e*) vous.

point de me prostituer. A plus forte raison pour vous sauver du gibet, n'ayant qu'à devenir la femme d'un brave gentilhomme, pourquoy ne le ferois-je pas ?

GRANGER

« Quo vertam »[1], mes amis, l'Optique de ma veuë et de mes espérances ? C'est à vous, Monsieur de La Tremblaye. « Ne reminiscaris delicta nostra »[2]. Je me reposois sur la protection de Chasteaufort, et je croyois que ce Tranche-montagne...

CHASTEAUFORT

Que diable *veux-tu*[a] que je fasse ? Perdray-je tous les hommes pour un ?

GRANGER

Oserois-je en ce piteux estat vous offrir ma Fille, et demander vostre sœur ? Je sçay que si vous ne détournez les yeux de mes fautes, je cours fortune de rester un pitoyable racourci des Catastrophes humaines.

LA TREMBLAYE

Désirer cela, c'est me le commander. Mais n'oublions pas de punir ce grotesque Rodomond de son impertinence. (La Tremblaye frappe et Chasteaufort compte les coups.)

CHASTEAUFORT

Un, deux, trois, quatre, cinq, six, sept, huit, neuf, dix, onze, douze... Ah ! le rusé, qu'il a fait sagement ! S'il en eust donné treize, il estoit mort.

LA TREMBLAYE

(Il jette Chasteaufort à terre d'un coup de pied.) Voilà pour vous obliger à ce meurtre.

CHASTEAUFORT

Aussi bien, *m'allois-je*[b] coucher.

LA TREMBLAYE

Allons chez nous passer l'accord.

GRANGER

Entrez tousjours, je vous suis. Je demeure icy un moment pour donner ordre que nous ayons de quoy nous ébaudir.

SCÈNE IV

GRANGER, PAQUIER, CORBINELI

GRANGER

Paquier, va-t-en « subito » m'accerser[3] les Confrères d'Orphée[4].

a) 1654 : voulez-vous. — b) me voulois-je.

(1) Où tourner. — (2) Ne vous souvenez pas de nos péchés. — (3) Me chercher. — (4) Les musiciens.

Mais d'abord que tu leur auras parlé, reviens et amène-les ; car c'est un lieu où je te défens de prendre racine ; encore que la viande aërée de ces Messieurs, aussi bien que le chef de Méduse, ait droict de te pétrifier ou t'immobiliser [a] par la mesme force dont usa le violon Thracien [1] pour tenir les bestes penduës à son Harmonie. Pour toy, Corbineli, je te pardonne *en faveur de mon mariage la fourbe dont tu m'as joué* [b].

CORBINELI

Monsieur, c'est aujourd'huy la feste de Sainte Cécile [2]. Si Paquier ne trouve leurs maisons aussi vuides que leurs instrumens, je veux devenir As de pique. Et puis, Monsieur, [le pauvre garçon a bien des affaires, il doit aller en témoignage [c]].

GRANGER

En témoignage, et pourquoi ?

CORBINELI

Un homme de son païs fut hier déchargé de ce fardeau, qui n'est jamais plus léger que quand il pèse beaucoup. Des Coupe-jarets l'attaquèrent ; l'autre cria, mais ses cris ne furent autre chose que l'Oraison funèbre de son argent. Ils luy ostèrent tout, jusques à ne luy laisser pas mesme la hardiesse de les poursuivre. Il soupçonne son Hoste d'avoir esté de la cabale [3]. L'Hoste soustient qu'il n'a point esté volé et prend Paquier à témoin, qui s'est offert à luy.

GRANGER

Hé bien, Paquier, que diras-tu, par ta foy, quand tu seras devant le Juge ?

PAQUIER

Monsieur, diray-je en levant la main, j'entendis, comme je dormois bien fort, du monde dans nostre ruë, criant tout bas tant qu'il pouvoit « Aux voleurs ! » Dame, je me levay sans me groüiller, je mis mon chapeau dans ma teste, j'avallay mon chassis [4], je jettay ma teste dans la ruë, et comme je vis que je ne vis rien, je m'en retournay coucher tout droit. Mais « Domine », au lieu de m'envoyer quérir des Baladins, il seroit bien plus méritoire et plus agréable à Dieu de me faire habiller. Quelle honte *vous* sera-ce qu'on me voye aux noces *de vostre fille* fait comme un gueux, sçachant que je suis à vous ? « In duo veste petrum dic aut vestem induo Petro » [5] ; je m'appelle Pierre, monsieur.

a) 1664 : t'immortaliser, au lieu de : immobiliser. — *b*) 1654 : ta fourbe en faveur de ma conjonction matrimoniale. — *c*) Dans le Ms , on lit ici ce qui est mis un peu plus loin, avec beaucoup plus de raison, dans la bouche de Paquier dont le prénom est Pierre : « il seroit bien plus méritoire et plus agréable à Dieu de me faire habiller. Quelle honte sera-ce qu'on me voye aux noces......

(1) Orphée. — (2) Fête des musiciens. — (3) du complot. — (4) J'abaissai le chassis de la fenestre. — 5) Exemple emprunté à la Syntaxe de Despautères.

GRANGER

Tu peux donc bien te résoudre à rogner un morceau de l'Arc-en-ciel, car je ne sçache point d'autre estoffe payée au marchand pour te vestir. La Lune six fois n'a pas remply son Croissant depuis la maudite journée que je te caparaçonnay de neuf.

PAQUIER

« Domine[a], Saepe quidem docti repetunt bene praeposituram[1] », c'est-à-dire que toute la Nature vous presche, avec Jean Despautère, de m'armer tout *à cru*[b] d'un bon lange de bure.

GRANGER

Va, console-toy, la pitié me surmonte : Je te feray bien-tost habiller comme un Pape. Premièrement, je te donneray un chapeau *d'architecture*[c] une Lesse de Chiens courans, un Pannache de Cocu, un Çolet de Mouton, un Pourpoint de Tripe-madame, un Haut de chausse de Ras en paille, un Manteau de Dévotion, des Bas d'Asne, des Chausses d'Hippocras, des Botes d'Escrime, des Aiguillons de la Chair ; bref une Chemise de Chartre qui te durera long-temps, car je suis asseuré que tu la doubleras d'un Bufle. Cependant Corbineli, tu vois un Pirate d'Amour ; c'est sur cette Mer orageuse et fameuse *en naufrages,* que j'ay besoin pour guide du phare de tes inventions. Certaine voix secrète me menasse au milieu de mes joyes, d'un brisant, d'un banc, ou d'un escueil. Pense-tu que ma Maistresse revoye mon fils, sans rallumer des flâmes qui ne sont pas encore esteintes ? Ah ! c'est une playe *franchement*[d] fermée qu'on ne peut toucher sans *y mettre la mort*[e]. Toy seul peut démesler les sinueux détours d'un si léthifère Dédale ; toy seul peut devenir l'Argus qui me conservera cette Io. Fais donc, je te supplie, *ô présagieuse constellation de mes félicitez de n'estre plus*[f] rétrograde à ma volonté, mais si tu veux que l'Embrion de tes espérances, devenant le plastron de mes libéralitez, fasse métamorphoser ta bource en un Microcosme des richesses, et ta poche en Corne d'Abondance ; fais, dis-je, que mon coquin de fils prenne un verre au colet de si bonne sorte, qu'ils en tombent tous deux sur le cul. Je présage un sinistre succès à mes entreprises, s'il assiste à cette feste : C'est pourquoy enfonce-le dans un Cabaret, où le jus des Tonneaux le puisse entretenir jusques à demain matin. Voicy de l'or, voicy de l'argent ; Regarde si, par un prodige surnaturel, je ne *sçay*[g] pas bien *faire* dans ma poche conjonction du Soleil et de la Lune, sans Eclipse. Prens, ris, bois, mange, et sur-tout fais-le trinquer jusques à l'ourlet ! Qu'il en crève, n'importe, ce ne sera que du vin perdu.

a) 1654 : Monsieur. — *b*) de nouveau. — *c*) de fleurs. — *d*) nouvellement. — *e*) la r'ouvrir. — *f*) toy qui es l'Astre et la Constellation de nos félicitez, que mon Fils ne soit plus. — *g*) fais.

(1) C'est évidemment une citation empruntée à Despautères, mais nous n'avons pas réussi à l'y découvrir. (P. L.)

SCÈNE V

GRANGER le jeune, GRANGER, CORBINELI, PAQUIER

CORBINELI

Le voicy comme si Dieu nous le devoit. Permettez que je luy parle un peu particulièrement, car vostre mine effarouchante ne l'apprivoiseroit pas[1].

GRANGER

Fais à ta fantaisie.

CORBINELI

Je vous allois chercher. Vous ne sçavez pas ? On vient de condamner vostre raison à la mort. En voulez-vous appeller ? J'ay moy-mesme receu les ordres *et les instrumens* de vous enyvrer ; mais si j'en suis crû, vous blesserez vostre ennemi de sa propre espée. Il prétend, le *bon Idiot*[a] faire *ce soir*[b] les nopces de vostre Sœur avec Monsieur de La Tremblaye, et le contract des siennes avec mademoiselle Genevote : Craignant donc que vostre présence n'apportast beaucoup d'obstacles à la perfection de ses desseins, il m'a donné charge de vous saouler *à la Taverne* [c]; et je trouve, moy, que c'est un acheminement, le meilleur du monde, pour l'exécution de ce que je vous ay tantost mandé par *Paquier*[d] [que vous ay envoyé].

GRANGER le jeune

Quoy ! pour contrefaire le mort ?

CORBINELI

Oüy ; car je lui persuaderay que dans l'escume du vin vous aurez pris querelle, et que...... [Il luy parle bas à l'oreille.] Mais viste, allez promptement estudier vos Postures ; nous amuserons cependant, Paquier et moy, vostre Père, pour donner du temps à vostre feinte yvrognerie... Venez icy mesme représenter vostre personnage, et nous luy ferons accroire qu'en suite vostre querelle... [etc.]

SCÈNE VI

GRANGER, CORBINELI, PAQUIER

CORBINELI

O Monsieur, je ne sçay ce que vous avez fait à Dieu, mais il vous aime bien. Vostre Fils sort de la Croix-Blanche[2] avec deux ou trois de vos

a) 1654 : le pauvre homme. — b) tantost. — c) au cabaret. — d) celuy.

(1) Cette réplique dans l'imprimé finit la scène IV, elle commence la scène V dans le Ms. — (2) Fameux cabaret.

Pensionnaires qui le traittent. Il n'aura pas adjousté quatre verres de vin à ceux qu'il a pris, que nous luy verrons la cervelle tournée en Zodiaque.

PAQUIER

Avoüez, Monsieur, que Dieu est bon ; Voilà sans doute la récompense de la Messe que vous fistes *célébrer à son intention*[a] il n'y a que huit jours.

SCÈNE VII

LA TREMBLAYE, GRANGER, CORBINELI, PAQUIER

LA TREMBLAYE

Je vous venois quérir, on n'attend plus que vous.

GRANGER

J'entrois au moment que vous estes sorty. Mais ma foy, mon gendre, *si* nos conviez sont infectez du venin de la Tarentule, ils chercheront pour aujourd'huy d'autres Médecins que les Sectateurs d'Amphion ; et le goulu Saturne eust bien pû dévorer Jupiter, si les Curètes eussent entonné leurs charivaris aussi loin d'Ida, que ces Luthériens égratigneront leurs chanterelles « Procul » de nos Pénates. (*Paquier et Corbineli parlent plus bas.*) Mais au lieu de cet ébat, j'ay pourpensé d'exhiber un Intermède de Muses fort jovial. C'est l'effort le plus argut qu'on se puisse fantasier : Vous verrez mes grimaux scander les eschignes du Parnasse testu, avec des pieds de vers ; tantost à coups d' « Ergo », déchirer le visage aux erreurs populaires ; « Nunc », à Pégase fait litière de *silogismes*[b] ; « Hinc », d'un fendant tiré par l'Examètre sur les jarets du Pantamètre, le rendre boiteux pour sa vie ; « Illinc autem », un de mes Humanistes, avec un boulet d'Etopée, passer au travers des hipocondres de l'ignorance ; celui-cy de la carne d'une Période, fendre au discours démembré le crâne jusqu'aux dents ; un autre « denique »[1], à force de pointes bien aiguës, piquer les Epigrames au cul.

LA TREMBLAYE

Je vous conseille de prendre là dessus le conseil de Corbineli ; il est Italien ; ceux de sa nation jouent la Comédie en naissant ; et s'il est né jumeau, je ne voudrois pas *jurer*[c] qu'il n'ait farcé dans le ventre de sa mère.

CORBINELI

Ou plaide vistement, ou paie moy ce que tu me dois.

PAQUIER

Le temps n'est point préfix auquel je dois plaider.

a) 1654 ; dire. — b) de fleurs de rhétorique. — c) gager.

(1) Enfin.

GRANGER

Qu'est-ce ci mes disciples, les bases, les tripieds, les arboutans et les pilotis de ma chaudière collégiale que vos « deventia cœpit », puis-je estre vostre Juge comme jadis le fut Midas entre Pan le rustique et le mignard Apolon.

CORBINELI

Si dont, comme luy, vous faites un jugement gauche, il ne vous déplaira pas d'adjouster comme luy à vostre teste d'Asne des oreilles de grison ; sçachez donc que nous sommes convenus, Paquier et moy, qu'il me donneroit dix escus quand je lui aurois enseigné le droit si parfaitement qu'il gaignât la première cause qu'il plaideroit ; aujourd'huy pour me frustrer de ce qui m'est dû, il ne veut pas plaider. Je l'ay donc fait appeller par devers vous afin de mettre un terme aux remises de sa dette pour vous faire juger en ma faveur, je n'ay qu'à luy proposer un argument dont je luy fermeray la bouche. N'est-il pas vray, Paquier, que ou tu vas gaigner ta cause ou tu la vas perdre ; si tu gaignes ta cause, tu me dois paier puis que tu t'es obligé de me donner les dix escus en cas que tu gaignasses la première cause que tu plaiderois ; si tu es condamné, le Juge t'oblige de me payer.

PAQUIER

Et c'est par là que je te vas convaincre, car n'est-il pas vray, Corbineli, que je seray absous du paiement ou que j'y seray condamné. Si je suis absous, le jugement me dégage de l'obligation de payer; si je suis condamné, je ne te dois point dix escus, puisque j'auray perdu la première cause que j'ay plaidée.

GRANGER

Je déclare que Paquier n'est aucunement tenu de satisfaire à la dette parce que j'ordonne que Corbineli s'en fasse payer ; et que ledit Corbineli ne peut rien demander à Paquier, attendu que Paquier a perdu sa cause contre Corbineli[1]. Ho, ho, j'aperçois mon fils yvre.

CORBINELI

Hélas, Monsieur, il a tant beu, que je pense qu'il feroit du vin à deux sols, en soufflant dans une esguière d'eau.

SCÈNE VIII

CHASTEAUFORT, GRANGER le jeune, [GRANGER le père,] LA TREMBLAYE, CORBINELI, PAQUIER

GRANGER le jeune

L'Hostesse, je ne vous dois rien, je vous ay tout rendu. Miracle, miracle, je vois *sans Astrolabe* des Estoiles en plein jour. Copernic a dit

(1) Cette scène est la seule avec trois phrases de l'inédit du Ms. de la Bibl. nat., que M. P. Brun a reproduite dans sa thèse !

vray, ce n'est pas le Ciel, en effet, c'est la Terre qui tourne. Ah ! que n'estois-je Gruë depuis la teste *jusqu'aux espaules*[a], j'aurois gousté ce Nectar *autant de temps*[b] qu'il auroit esté à baigner le long tuyau de cette gorge. Corbineli, dis-moy, suis-je bien enluminé à ton avis ? Si mon visage estoit un Calendrier, mon nez rouge y marqueroit bien la double feste que je viens de chommer. Ça, ça, courage, mon Bréviaire est à demy dit ; j'ay commencé à « Gaudeamus », et j'en suis à « Laetatus sum »[1]. Garçon, encore Chopine, et puis plus : Blanc ou clairet... *N'importe ! pourveu*[c] qu'ils demeurent en paix, car à la première querelle, je les mets hors de chez moy. C'est pour s'estre enyvrez de blanc et de clairet que la Rose et le Lis sont Rois des autres Fleurs. Viste donc, haut le coude ; dans la soif où je suis, je te boirois, toy, ton père, et tes ayeuls s'ils estoient dans mon verre. Beuvez tousjours, compagnons, beuvez tousjours ; vous ne sçauriez rien perdre, on donne à la Croix-Blanche [douze rubis] pour [la valeur d'] une pinte de vin. *O ma foy, voilà bien bû, si tu manges de mesme, il n'est pas besoin de vendredis à dégraisser ton pourpoint.*[d] Voyez un peu comme on devient riche à force de boire : Je pençois n'avoir qu'une maison tantost, j'en vois deux maintenant. C'est la vertu du *bon* vin qui fait tous ces prodiges. Sans mentir, Démocrite estoit bien fol de croire que la Vérité fust dans un Puits. N'avoit-il pas oüy dire « In vino veritas » ? Mais luy qui rioit tousjours, [il] pouvoit bien ne l'avoir dit qu'en riant. Nature en sera bernée. Elle, qui nous a donné à chacun deux bras, deux pieds, deux mains, deux oreilles, deux yeux, deux nazeaux, deux rognons et deux fesses, ne nous donne qu'une bouche ? Encore n'est-elle pas tout à fait destinée à boire ? Nous en mangeons, nous en parlons, nous en baisons, nous en crachons, et nous en respirons. Ah ! qu'heureuse entre les Dieux estoit la Renommée pour avoir eu cent bouches, *mais qu'elle estoit infortunée de ne les avoir pleines que de vent,* c'est pour *cela que ma Renommée*[e] ne dit mot, car simpatisant à *l'humeur de son maistre*[f], elle boit [tousjours] sans relâche, et mange tout jusqu'à ses *mots*[g]. La Parque fera bien de me laisser longtemps sur la Terre, car si elle *m'avoit mis dessous*[h], j'y boirois tout le vin avant qu'il fust en grape. Point d'eau, point d'eau, si ce n'est au Moulin ; non plus que de ces vendanges qui se font à coups de baston. La seule pensée m'en fait serrer les espaules : Fy de la Pomme, et des Pommiers !

GRANGER

Une Pomme, en effet, ligua les Dieux l'un contre l'autre; Une Pomme ravit la femme à Ménelas ; Une Pomme d'un grand Empire ne fit qu'un peu de cendres ; Une Pomme fit du Ciel un Hospital d'insensez ; Une

a) 1654 : jusques aux pieds. — b) le long-temps. — c) Il n'importe, mais. — d) En effet. — e) s'en bien servir que la mienne. — f) mon humeur. — g) paroles. — h) me mettoit dedans.

(1) Je me suis réjoui.

Pomme fit à Persée égorger trois pauvres filles ; Une Pomme empescha Proserpine de sortir des Enfers ; Une Pomme mit en feu la maison de Théodose ; *Une Pomme donna la courte haleine au genre humain : Enfin Dieu n'envoia le Déluge que pour oster de dessus la Terre la mémoire des Pommes*[a].

GRANGER le jeune

Que vient faire icy ce Neptune avec sa fourche ? Contente-toy d'avoir par ton Eau rouge attrapé Pharaon. Le bon nigaut surpris par la couleur, te prenant pour du vin, te but, et se noya. Ça, Compère au Trident, c'est trop faire des tiennes ; tu boiras en eau douce, aussi bien que ton Recors de Triton que voilà.

PAQUIER

Voyez-vous, Monsieur l'Yvrogne, je ne suis point recors, je suis homme de bien.

GRANGER le jeune

(Il le frappe) [et Granger le père s'enfuit]. Quoy, tu me répliques, Crapaut de mer ?

PAQUIER

O ma foy, je diray tout.

SCÈNE IX

LA TREMBLAYE, [GRANGER le jeune]

LA TREMBLAYE

Marchez, marchez, il faut bien que la passion éborgne étrangement vostre bon Père, car il estoit bien aisé de juger que ny vos yeux, ny vos gestes, ny vos pensées ne sentoient point le vin. Mais encore je n'ay pas sceu ce que vous prétendez par cette galanterie ?

GRANGER le jeune

Je vous l'apprendray chez vous, *aussi bien que le sujet de la comédie de Corbineli.*

ACTE V

SCÈNE PREMIÈRE

GRANGER, PAQUIER

GRANGER

Quoy, tout ce que j'ay veu.... ?

a) 1654 : Enfin une Pomme a causé le péché de nostre premier Père, et, par conséquent, tous les maux du Genre humain.

PAQUIER

N'est que feinte.

GRANGER

Donc mes yeux, donc mes oreilles....

PAQUIER

Vous ont trompé.

GRANGER

Conte-moy donc la série et la concaténation[1] des projets qu'ils machinent.

PAQUIER

Que diantre, que vous avez la teste dure ! Je vous ay dit que vostre Fils a contrefait l'yvrogne, afin que tantost Corbineli vous persuade plus facilement qu'ayant pris querelle dans les fumées de la débauche, il se sera batu et *resté mort*[a] sur la place.

GRANGER

Mais « cui bono[2] » toute cette machine de fourbes ?

PAQUIER

« Cui bono » ? Je m'en vais vous l'apprendre. C'est qu'estant ainsi trépassé, Mademoiselle Genevote, laquelle a pris langue des conjurez, doit feindre qu'elle avoit promis au défunt de l'espouser vif ou mort, et qu'à moins de s'estre acquitée de sa parole, elle n'ose vous donner la main. Corbineli là-dessus vous conseillera de luy faire épouser le cadavre (au moins de faire toutes les cérémonies qu'on observe dans l'action des espousailles) afin qu'estant [ainsi] libre de sa promesse, elle vous la puisse engager. *Supposé* donc, comme ils s'y attendent bien, *que vous leur fassiez mutuellement*[b] prester la foy conjugale, vostre Fils *mort* doit ressusciter, et, *la tenant entre ses bras*, vous remercier du présent que vous luy aurez fait.

GRANGER

Donc, la mine est éventée, et j'en suis obligé à Paquier mon factotum ? Je ne te donneray point une Couronne Civique à la façon des Romains, quoy que tu ayes sauvé la vie à un Bourgeois, honorable homme, Maistre Mathieu Granger, ayant pignon sur ruë ; mais je te donne un impost sur la pitance de mes Disciples[3]. Voicy l'heure à laquelle ces Pescheurs s'empestreront dans leurs propres filets. Justement, j'apperçois le Fourbe qui vient. Considère à ton aise la tempeste du Port.

a) 1654 : aura esté tué. — b) quand vous leur aurez fait.

(1) Enchainement, en latin *concatenacio*. — (2) « Cui bono » signifie : A quoi bon ? C'est un spécimen du latin familier qui se parlait dans les collèges. — (3) On avait accusé Grangier de malversations au détriment des boursiers de son collège. Il s'est défendu de cette accusation dans un Mémoire sur l'état de ce collège, niant qu'il ait accepté des pots de vin à son profit, etc. (P. L.)

SCÈNE II

GRANGER, PAQUIER, CORBINELI

CORBINELI

Seray-je tousjours Ambassadeur *de Mort, je vous annonce de fascheuses nouvelles, mon pauvre maistre*[a], vostre Fils est mort. Au sortir d'icy, estant comme *avez veu*[b] un peu plus guay que de raison, il a choqué d'une *S* un cavalier qui passoit. L'un et l'autre se sont offencez. Ils ont déguaisné, et presque en mesme temps vostre Fils est tombé mort, traversé de deux grands coups d'espée. J'ay fait porter son corps...

GRANGER

Quoy ! la Fortune réservoit au déclin de mes ans le spectacle d'un revers si lugubre ! Misérable individu, je te plains, non point pour t'estre acquité, de bonne heure, de la debte où nous nous obligeons tous en naissant : Je te plains, ô trois et quatre fois malheureux ! de ce que tu as occumbé d'une mort où l'on ne peut rien dire qui n'ait esté déjà dit. Car de bon cœur je voudrois avoir donné un talent, et que tu eusses esté mangé des Mouches à ces vendanges dernières, j'aurois composé là-dessus une Epitaphe, la plus acute qu'ayent jamais vanté les siècles Pristins.

PAQUIER

A-t-il eu le temps de se reconnoistre ? Est-il bien mort ?

CORBINELI

Si bien mort, qu'il n'en reviendra point.

GRANGER

Corbineli, appelle Mademoiselle Genevote : Elle diminuëra mes douleurs en les partageant. Vrayment oüy, c'est aux Pélerins de S. Michel qu'il faut apporter des coquilles.

SCÈNE III

GENEVOTE, GRANGER, [PAQUIER, CORBINELI]

GRANGER

Mon fils a vescu, Mademoiselle, et je dirois qu'il vit encore si j'avois achevé un Poëme que je médite sur le genre de son trépas. Je *me rétracte toutefois, et loin de vous conseiller les larmes,* je vous avertis que vous seriez sacrilège, si vous lamentiez la fin d'un homme qui, pour une meschante vie et périssable, en recouvre une dans mes Cahiers immortelle et tranquille.

a) 1654 : de mauvaises nouvelles. — *b*) vous sçavez.

GENEVOTE

Quoy ! Monsieur Granger n'est plus ? Nous estions trop bien unis pour estre si tost séparez ! Je veux, comme luy, sortir de la vie, mais d'autant que la Nature qui nous a mis au jour sans nostre consentement ne nous permet pas de *sortir*[a] sans le sien, je veux sortir de la vie, et rester entre les vivans, c'est-à-dire que, dès aujourd'huy, je vais faire dans un cloistre un solemnel sacrifice de moy-mesme. Je n'ignore point, [Monsieur], ce que je dois à vostre affection, mais l'honneur qui me défend de manquer à ma foy ne me défend pas de manquer à mon amour ; et je vous jure que si par [un] impossible ces deux incidens ne souffroient point de répugnance, je me sacrifierois de tout mon cœur à *l'assouvissement de vostre passion*[b].

GRANGER

Oüy, ma Cithérée, oüy, vous pouvez m'espouser et garder vostre parole. Il avoit *parole*[c] d'estre un jour vostre mary, vif ou mort, il faut, pour vous rendre quitte de vostre promesse, que vous l'épousiez mort. Là, nous passerons le Contract, *avec*[d] le reste des cérémonies ; puis quand ainsi vous serez libre de vostre serment, nous procéderons tout à loisir à nostre mariage.

GENEVOTE

Je veux ce que vous voulez.

CORBINELI

Il semble que vous soyez inspirée *d'un*[e] Dieu, tant vous parlez divinement.

GRANGER

Une seule chose m'arreste ; c'est qu'estant un miracle, vous *n'engendriez un miracle*[f] ; que vous ne rendissiez la vie à ceux qui ne sont pas morts ; et que vous ne fissiez arriver céans la Résurrection avant Pasques.

CORBINELI, tout bas

O ! puissant Dieu des Fourbes, ma corde vient de rompre, fais que par ton moyen je la *renoue*[g], en sorte qu'elle vaille mieux qu'une neufve.

GRANGER

Et toy, tu me trahis, fugitif infidèle du parti de mon amour ! Toy que j'avois éleu pour la boiste, l'estuy, le coffre et le garde-manger de toutes mes pensées. Tu m'es Cornélius Tacitus, au lieu de m'estre Cornélius Publius.

PAQUIER

Choisis lequel tu aimes le mieux, d'estre assommé ou pendu !

CORBINELI

J'aime mieux boire.

a) 1654 : le quitter. — b) vostre désir. — c) assurance. — d) et ferons. — e) de. — f) n'en fassiez un. — g) renouvelle.

GRANGER

Ce n'estoit point assez de m'avoir volé au nom des Turcs ; il falloit adjouster une nouvelle trahison ! Et de son corps, donc, menteur infâme, qu'en fis-tu ?

CORBINELI

Ma foy ! là-dessus, je m'esveillay.

GRANGER

Que veux-tu dire, tu t'esveillas ?

CORBINELI

Vrament oüy. Il ne me fut pas possible de dormir davantage, car vostre Fils faisoit un Tonnerre de Diable avec une assiette dont il tambourinoit sur la table.

GRANGER

Quoy, toute ceste mort n'estoit qu'un songe ?

CORBINELI

Hé ! comment donc l'entendiez-vous ?

GRANGER

O Dieux, je pensois, moy, mais vous, mademoiselle, vous ne sçauriez vous laver les mains.

GENEVOTE

Vous le dites, mais il n'en est rien, car sçachez que[a] j'ay fait semblant de croire que vostre Fils estoit mort pour vous faire gouster, quand vous le reverriez *en vie, beaucoup de*[b] contentement, par *un excés*[c] de son contraire.

GRANGER

Ha ![d] Mademoiselle, le fiel importun de mes angoisses n'est que trop adoucy par *l'antidote*[e] sucré d'un si friant discours, *et toy*[f], Corbineli, *tu mérites... tant s'en faut que tu m'aies desservi, mais* il faut avouer, *à propos des Turcs, que tu es*[g] un grand menteur.

CORBINELI

J'ambitionnay[h] pour moy d'estre remarqué par le titre de Grand, sans me soucier que ce soit celuy de Grand Menteur, grand Yvrogne *ou* grand Politique, [grand Cnez, grand Cam, grand Turc, grand Mufti, grand Visir, grand Tephterdat[1], Alexandre le Grand ou grand Pompée]. *N'importe !* pourveu que cette Epithète remarquable m'empesche de passer pour médiocre.

a) 1654 : Et moy. — *b*) un plus pur. — *c*) l'opposition. — *d*) Quoi qu'il en soit. *e*) le miel. — *f*) Mais pour ce fourbe de. — *g*) que c'est. — *h*) J'affecte. — *i*) il ne m'importe.

(1) « C'est une étrange entrée dans le grave XVIIe siècle littéraire que cette soudaine apparition du tsar de Moscovie dans la prose de Cyrano avec une orthographe qui tient quelque peu du Hongrois ; enfin, c'est un étrange héraut d'armes que ce Corbineli qui met sur le même pied le grand Mufti et Alexandre le Grand et place le tzar de Moscovie entre le grand Tephterdat et le grand Cam ». (Abel Mansuy : *Le Monde slave et les classiques français aux* XVI[e] *et* XVII[e] *siècles.*)

GRANGER

Tu t'excuses de si bonne grâce, que je serois presque en colère que tu ne m'eussés point fâché. Je t'ordonne *toutefois*[a], pour pénitence, de nous exhiber le spectacle de quelque intrigue, *en guise de*[b] Comédie. J'avois mis en jeu mon Paranymphe des Muses, mais Monsieur de La Tremblaye n'a pas trouvé bon que rien se passast sur ces matières sans prendre ton advis.

CORBINELI

En effet, vostre déclamation n'eust pas esté bonne, parce qu'elle est trop bonne. Ces doctes antiquitez ne sont pas proportionnées à *la capacité*[c] de ceux qui composent les membres de cette compagnie. J'en sçay une *à l'*Italienne, dont le demeslement est fort agréable : Amenez seulement icy Monsieur de La Tremblaye, vostre Fils et les autres, afin que je distribuë les roolles sur le champ.

GRANGER

« Extemplo » je les vais congréger.

GENEVOTE

L'Arc[d] a manqué, Corbineli[1].

CORBINELI

Mais j'avois plus d'une flesche, mais avouez avec moy qu'on devroit peindre Amour plustost en habit de Berger que de Roy, puisque ceux qu'il protège sont moins hommes qu'ils ne sont bestes ; considérez comme vos yeux ont donné si avant dans la visière de[e] nostre bon Seigneur *qu'ils ont blessé jusques à sa cervelle. Je m'en vais l'engager* dans un Labirinthe où de plus grands Docteurs que luy demeureroient à « quia »[2].

SCÈNE IV

GRANGER, PAQUIER, GENEVOTE, CORBINELI

GRANGER

Au feu ! au feu !

GENEVOTE

Où est-ce ? Où est-ce ?

GRANGER

Dans la plus haute région de l'air, selon l'opinion des Péripatéticiens. Hé bien, *Mademoiselle*, [ne] suis-je pas habile à la riposte ? *Mais j'ay*[f]

a) 1654 : pourtant. — b) de quelque. — c) l'esprit. — d) La corde. — e) Ouy, mais j'en avois plus d'une. Je vais engager. — f) N'ay-je pas.

(1) Cette réplique de Genevote commence la scène IV dans l'éd. orig. de 1654. — (2) Cette réplique de Corbineli finit la scène IV dans l'imprimé, la scène V suit naturellement alors qu'elle est la IVe dans le Ms., cette différence, apparente seulement, d'une scène, en faveur de l'imprimé, se maintiendra jusqu'à la fin du Ve acte.

guéry le mal aussi-tost que je l'ay [eu] fait ? Ma langue est une Vipère, qui porta le venin et le Tériaque tout ensemble, c'est la pique d'Achille, qui seule peut guérir les blessures qu'elle a faites ; et, bien loin de ressembler aux Boureaux de la Faculté de Médecine, qui d'une égratignure font une grande playe, d'une grande playe je fais moins qu'une égratignure.

CORBINELI

Nous perdons autant de temps que si nous ne devions pas aujourd'huy faire la Comédie. Je m'en vais instruire ces gens icy de ce qu'ils auront à dire ; *cependant gardez bien la porte de chez vous, je vous donnerois des préceptes mais vous n'aurez*[a] pas le temps *d'étudier une longue préparation*[b]. Je prendray soin, me tenant derrière *vous*[c], de *vous*[d] souffler ce que *vous aurez à faire*[e]. Vous, Monsieur, vous paroistrez durant toute la pièce, et quoy que d'abord vostre personnage semble sérieux, il n'y en a pas un si bouffon.

GRANGER

Qu'est-ce cy ? Vous m'engagez à soustenir des roolles en vos Bâtelages, et vous ne m'en racontez pas seulement le sujet !

CORBINELI

Je vous en cache la conduite *pour cause*[f] ; si je vous l'expliquois à cette heure, vous auriez bien le plaisir maintenant de voir un beau demeslement, mais non pas celuy d'estre surpris. En vérité, je vous jure que lors [que] vous verrez tantost la péripétie d'un intrigue si bien demeslé, vous confesserez vous-mesme que nous aurions esté des idiots, si nous vous l'avions découvert. Je veux toutefois vous en ébaucher un racourcy. Doncques ce que je désire vous représenter est une véritable histoire, et vous le connoistrez quand la Scène se fermera. Nous la posons à Constantinople, quoy qu'elle se passe autre part. Vous verrez un homme du tiers Estat, riche de deux enfans, et de force quarts d'escus : Le Fils restoit à pourvoir ; il s'affectionne d'une Damoiselle de qualité fort proche parente de son beau-frère ; il aime, il est aimé, mais son père s'oppose à l'achèvement mutuel de leurs desseins. Il entre en désespoir, sa Maistrese de mesme. Enfin les voilà prests, en se tuant, de clore cette Pièce *par une catastrophe.* Mais ce Père, dont le naturel est bon, n'a pas la cruauté de souffrir à ses yeux une si tragique avanture ; il preste son consentement aux volontez du Ciel et fait les cérémonies du mariage, dont l'union *parfaite*[g] de [ces] deux cœurs avoit déjà *accompli*[h] le Sacrement.

GRANGER

Tu viens de rasseoir mon âme dans la chaire pacifique d'où l'avoient culbutée mille appréhensions cornuës. Va paisiblement conférer avec tes

a) 1654 : Je te donnerois bien des préceptes, Paquier, mais tu n'aurois. — *b*) d'apprendre tant de choses par cœur. — *c*) toy. — *d*) te. — *e*) tu auras à dire. — *f*) parce que. — *g*) secrète. — *h*) commencé.

Acteurs ; je te déclare Plénipotentiaire de ce Traitté comique. Toy, Paquier, je te fais le Portier effroyable de l'introïte de mes Lares[1]. Aye cure de les propugner[2] *contre les inondations de ce*[a] Fanfaron, du Bourgeois et du Page, qui, sçachant qu'on fait icy des jeux[3], ne manqueront pas d'y transporter leurs ignares personnes. Je te mets là des monstres en teste qu'il te faut combattre diversement. Tu verras diverses sortes de visages. Les uns t'aborderont froidement, et, si tu les refuses, aussi-tost glaive en l'air, et forceront ta porte avec brutalité. Le moins de résistance que tu feras, c'est le meilleur. Il t'en conviendra voir d'autres, la barbe faite en garde de poignard, aux moustaches rubantées, au crin poudré, au manteau galonné, qui, tout eschauffez, se présenteront à toy. Si tu t'opposes à leur torrent, ils te traitteront de fat, se formaliseront que tu ne les connois *plus*[b]. Dès qu'ils t'auront arraisonné de la sorte, juge qu'ils ont trop bonne mine pour estre bien meschans ; avale toutes leurs injures. Mais si la main entreprend d'officier pour la langue, *sers*[c]-toy de la règle « Mobile pro Fixo[4] », *c'est un baume aussi souverain contre les Rodomonts que l'eau béniste contre les Diables.* D'autres, pour s'introduire, demanderont à parler à quelque Acteur pour affaire d'importance et qui ne se peut remettre ; d'autres auront quelques hardes à leur porter. A tous ceux-là « Nescio vos ». D'autres, comme les Pages, environnez chacun *d'un Clerc*, d'un Escolier, d'un Courtaut et d'une Putain, viendront pour estre admis : *Reçois-en la moitié, chasse l'autre*[d]. Ce n'est pas que cette race de Pigmées puisse [de soy] rien effectuer de terrible ; mais elle iroit congIober un torrent de canailles armées qui déborderoit sur toy, comme un essein de guespes sur une poire molle « Vale, mi care ».

SCÈNE V

PAQUIER, seul

O ma foy ! c'est *une estrange maistrise*[e] que celle de Portier ! Il luy faut autant de testes qu'à celuy des Enfers, pour ne point fléchir ; autant d'yeux qu'à Argus, pour bien *garder*[f] ; autant de bouches qu'à la Renommée, pour parler à *tant de monde*[g] ; autant de mains qu'à Briarée, pour se défendre de tant de gens ; autant d'âmes qu'à l'Hydre, pour réparer tant de vies qu'on luy oste ; et autant de pieds qu'à un Cloporte, pour fuir tant de coups.

a) 1654 : de l'introïte du. — *b*) pas. — *c*) souviens. — *d*) Reçois-les. — *e*) un estrange mestier. — *f*) veiller. — *g*) tout le monde.

(1) Entrée de ma maison ; en latin, *larium introïbus*. — (2) Défendre, en latin, *propugnare*. — (3) C'est l'ancien terme emprunté au latin (*ludus, ludi*) qui servait à désigner une représentation scénique en général. — (4) Encore une règle de la Syntaxe de Despautères. (P. L.)

SCÈNE VI

PAQUIER, CHASTEAUFORT

PAQUIER

Voicy mon coup d'essay. Courage, j'en vais faire un chef-d'œuvre.

CHASTEAUFORT

Bourgeois, ho ! Hola, ho ! Bourgeois. Vous autres malheureux, ne représentez-vous pas aujourd'huy céans quelques coyonneries et jolivetez ?

PAQUIER

« Salva pace », Monsieur, mon Maistre n'appelle pas cela comme cela.

CHASTEAUFORT

Quelque *Momerie* [a], quelque Fadaize ? Viste, viste, ouvre-moy.

PAQUIER

Je pense qu'il ne vous faut pas ouvrir, car vous avez la barbe faite en garde de poignard ; vous ne m'avez pas abordé froidement ; vous n'avez pas déguaisné, ny vous n'estes pas Page.

CHASTEAUFORT

Ah ! vertubleu, poltron, dépesche-toy ; je ne suis icy que par curiosité.

PAQUIER

Vous ne faites point du tout comme il faut.

CHASTEAUFORT

Mardieu [b] ! mon Camarade, de grâce, laisse-moy passer !

PAQUIER

Hé, vous faites encore pis ; vraiment, il ne faut pas prier.

CHASTEAUFORT

Sçavez-vous ce qu'il y a, petit godelureau ?... Je veux estre fricassé comme Judas, si je me soucie ny de vous, ny de vostre Collège ; car, après tout, j'ay encore une centaine de Maisons, Chasteaux s'entend, dont la moindre... Mais je ne suis point discoureur. Ouvre-moy viste, si tu ne me veux obliger de croire qu'il n'entre céans que des coquins, puis qu'on m'en refuse l'abord. *Cape-de-Diou* [c], et que pense-tu que je sois ? un nigaut ? Mardi, j'entens le jargon et le galimatias. Il est vray que j'ay sur moy une mauvaise cappe, mais, en récompense, je porte au costé une bonne tueuse, qui fera venir sur le pré le plus *hupé* [d] de la Troupe.

PAQUIER

Vous raisonnez là tout comme ceux qui ne doivent point entrer.

a) 1654 : Momie, par erreur. — *b*) Marbleu. — *c*) Cap de Biou. — *d*) résolu.

CHASTEAUFORT

De grâce, pauvre homme, que j'aille du moins dire à ton Maistre *de me renvoyer un mien goujat qui s'est enfui de chez moy sans mon congé* [a].

PAQUIER

Il en viendra d'autres qui désireront parler à quelque Acteur pour affaire d'importance *et qui ne se peut remettre*. Je ne sçay plus comme il faut dire à ceux-là. Ha ! Monsieur, à propos, vous ne devez pas entrer.

CHASTEAUFORT

Ventre ! je vous dis encore que je ne suis icy que par promenade. Pense-tu donc, veillaque, qu'un Gentilhomme de *ma* qualité [b] *aille loger quelque part que son bagage ne passe devant ?*

PAQUIER

« Domine, Domine, accede celeriter. » Vous ne m'avez point dit ce qu'il falloit répondre à ceux qui parlent de *bagage* [c].

SCÈNE VII

GAREAU, PAQUIER, CHASTEAUFORT

GAREAU

O parguene sfesmon, vela bian débuté. Et pensé vous don que ce set un parsenage comme les autres, à bâtons rompus ? Dame nanain. C'est eun homme qui sçait peu et prou. Comment, oul dit d'or, et s'oul n'a pas le bec jaune. C'est le Garçon de cet homme qui en sçait tant. *Ardé*, vela le Maistre tout craché, vela tout fin dret son armanbrance.

CHASTEAUFORT

J'aurois déjà fait un crible du ventre de ce coquin *et jetté sa carcasse aux corbeaux*, mais [j'ay] la crainte de faillir contre les règles de la Comédie, si j'ensanglantois la Scène.

GAREAU

Vartigné, qu'ous estes considérant, vous avez mangé de la soupe à neuf heures [1].

CHASTEAUFORT

J'enrage de servir ainsi de borne dans une ruë.

GAREAU

O ma foy, ous estes bian délicat en harbes, ous n'aimez ny la ruë ny la patiance.

a) 1654 : que je suis icy, et qu'il me rende un mien Goujat qui s'est enfuy sans congé. — *b*) .... — *c*) promenade.

(1) Locution proverbiale, signifiant : Vous avez de bonne heure pris vos précautions.

SCÈNE VIII

GRANGER, GAREAU, [CHASTEAUFORT, PAQUIER]

GRANGER

Quel climat sont allés habiter nos Rosciens ? L'Antipode, ou nostre Zenit ? Je vous décoche le bonjour, Chevalier du grand Revers ; et vous l'Homme à l'héritage, salut et dilection !

GAREAU

Parguene, je sis venu nonobstant pour vous défrincher ma sussion encore une petite escousse. Excusez l'importunance-da ; car c'est la mainagère de mon Onque qui ne feset que huyer environ moy que je venis. Que velez-vous que je vous dise ? ol feset la guieblesse. « He ! vramant. *disoit-elle*[a] à part soy, *Mathieu*[b] Granger, pis qu'il set tout, c'est à ly à sçavoir ça. Va-t-en, va, Jean, il te dorra un consille là dessus. » Dame, j'y sis venu.

GRANGER

O ! mon cher amy, par Apollon claire-face qui communique sa lumière aux choses les plus obscures, ne nous veüille rejetter dedans le creux manoir spelonque généalogique.

GAREAU

Parguene, Monsieu, sacoutez don eun tantet, et vous orez, si je ne vous la boute pas aussi à *jour*[c] qu'un cribe.

GRANGER

Ma parole est aussi tenable qu'un décret du Destin.

GAREAU

(Il luy présente une fressure de veau penduë au bout d'un baston.) O bian, comme dit Pilatre, « quod scrisi, quod scrisi », n'importe, n'importe, ce nianmoins, tanquia, qu'odon [comme dit l'autre], vela une petite douceur que nostre Mère-grand vous envoye.

GRANGER

Va, cher amy, je ne suis pas Jurisconsulte mercenaire.

GAREAU

Là, là, prenez tousjours ; vaut mieux un tian, que deux tu l'auras.

GRANGER

Je te dis encore un coup que je te remercie.

GAREAU

Prenez, vous dis-je, vous ne sçavez pas qui vous prendra.

a) 1654 : ce feset-elle. — b) Monsieu. — c) clair.

GRANGER

Et fi! champestre Etérogène, prens-tu mes vestemens pour la marmite de ta maison ?

GAREAU

Ho, ho, tredinse, il ne sera pas dit que j'usions d'obliviance ; cor que je siomes petits, je ne sommes pas vilains.

GRANGER

Veux-tu donc me diffamer « à capite ad calcem » ?

GAREAU

Bonnefy, vous le prendrais. Je sçay bien, comme dit l'autre, que je ne sis pas digne d'estre capabe ; mais stampandant oul n'y a rian qui ressembe si bien à eun chat qu'eune chate. Bonnefy, vous le prendrais da, car on me huiret ; et pis, vous en garderiais de la rancœur encontre moy.

GRANGER

O vénérable confrère de Pan, des Faunes, des Silvains, des Satyres et des Driades, cesse enfin par un excès de *miséricorde* [a] de diffamer mes ornemens, et je te permets, par rémunération, de rester spectateur d'une invention théâtrale [la plus hilarieuse du monde].

CHASTEAUFORT

J'y entre aussi, et, pour récompense, je te permets, en cas d'alarme, de te mettre à couvert sous le bouclier impénétrable de mon terrible nom.

GRANGER

J'en suis d'accord, car que sçauroit refuser un mary le jour de ses nopces ?

PAQUIER, à Chasteaufort

Mais, Monsieur, je voudrois bien sçavoir qui vous estes, vous qui vouliez entrer.

CHASTEAUFORT

Je suis le Fils du Tonnerre ; le Frère aisné de la Foudre ; le Cousin de l'Esclair ; l'Oncle du Tintamarre ; le Neveu de Caron ; le Gendre des Furies ; le Mary de la Parque ; le Ruffien de la Mort ; le Père, l'Ancestre et le Bisayeul des Esclaircissemens.

PAQUIER

Voyez si j'avois tort de luy refuser l'entrée. *Jamais* [b] un si grand Homme *auroit-il pu passer par un si petit passage* [c] *?* Monsieur, on vous souffre, à condition que vous laisserez vos parens *à la porte*, car avec le Bruit, le Tonnerre, et le Tintamarre, *nous n'aurions pas de silence* [d].

CHASTEAUFORT

Garde-toy bien une autre fois de te méprendre. D'abord que quel-

a) 1654 : bonne volonté. — *b*) Comment. — *c*) pourroit-il passer par une si petite porte. — *d*) on ne pourroit rien entendre.

qu'un viendra s'offrir, demande-luy son nom, car s'il s'appelle *la Pierre,* la Montagne, la Tour, la Roche, la Bute, [Fortchasteau], Chasteaufort, ou de quelqu'autre titre inébranlable, tu peux t'asseurer que c'est moy.

PAQUIER

Vous portez plusieurs noms, *parce*[a] que vous avez plusieurs Pères (Ils entrent).

SCÈNE IX[1]

CORBINELI, GRANGER, CHASTEAUFORT, PAQUIER, GAREAU, LA TREMBLAYE, GRANGER le jeune, MANON, GENEVOTE

CORBINELI, à Granger

Toutes choses sont prestes. Faites seulement apporter un siège, et vous y colloquez, *ayant*[b] à paroistre pendant toute la Pièce. *Il n'est pas besoin que vous sortiez d'icy, mais souvenez-vous bien de parler quand je vous souffleray.*

PAQUIER, [à Chasteaufort]

Pour vous, ô seigneur de vaste Estenduë, plongez-vous dans celle-cy ; mais gardez d'ébouler sur la compagnie, car nos reins ne sont pas à l'épreuve des Pierres, des Montagnes, des Tours, des *Roches*[c], des Butes, et des Chasteaux.

GRANGER

Ça donc, que chaçun s'habille. Hé quoy ! je ne vois point de préparatifs ? Où sont donc les masques des Satyres ? les chapelets et les barbes d'Hermites ? les trousses des Cupidons ? les flambeaux poiraisins[2] des Furies ? *la filasse de Cloton ?* Je ne vois rien de tout cela.

GENEVOTE

Nostre action n'a pas besoin de toutes ces simagrées. Comme ce n'est pas une fiction, nous n'y meslons rien de feint ; nous ne changeons point d'habit. Cette place nous servira de Théâtre ; et vous verrez toutefois que la Comédie n'en sera pas moins divertissante.

GRANGER

Je conduis la ficelle de mes désirs au niveau de vostre volonté. Mais desjà le feu des *yeux*[d] fait place à nos chandelles. Ça, qui de vous le premier estropiera le silence ?

a) 1654 : pour ce. — *b*) car vous avez. — *c*) rochers. — *d*) gueux, (le feux des gueux, le Soleil).

(1) Cette scène (X de l'imprimé) parait à la fois avoir inspiré à Molière le passage du *Malade Imaginaire* où Angélique et Cléante se chantent leur amour devant Argan, sous prétexte de répéter une leçon de musique, et surtout le dénoûment bien connu de *L'Amour Médecin* (*Victor Fournel : La litterature indépendante... 1862*). — (2) De poix et de résine.

Commencement de la Comédie

GRANGER le jeune, GENEVOTE

GENEVOTE

Enfin, qu'est devenu mon Serviteur ?

GRANGER le jeune

Il est si bien perdu, qu'il ne souhaite pas de se retrouver.

GENEVOTE

Je n'ay point encore sceu le lieu *et le temps qui conspirèrent à la naissance de*[a] vostre passion.

GRANGER le jeune

Hélas ! ce fut aux Carmes, un jour que vous estiez au Sermon...

GRANGER [le père, en interrompant]

Soleil, *clair*[b] Soleil, qui [tous] les matins faites rougir de honte la céleste Lanterne, ce fut en mesme lieu que vous donnastes échec et mat à ma pauvre liberté. Vos yeux, toutefois, ne m'égorgèrent pas du premier coup *de couteau,* [mais] cela provint de ce que je ne sentois que de loin l'influence porte-trait de vostre rayonnant visage, car ma *rechigneuse*[c] destinée m'avoit colloqué superficiellement à l'ourlet de la sphère de vostre activité.

CORBINELI

Je pense, ma foy, que vous estes fol de les interrompre : Ne voyez-vous pas bien que tout cela est de leur personnage ?

GRANGER le jeune

Toutes les Espèces de vostre beauté vinrent en gros assiéger ma raison ; mais il ne me fut pas possible d'haïr mes ennemis, après que je les eus considérez.

GRANGER le père, en interrompant

Allons, ma Nimphelette, allons, il est vergogneux aux filles *pudibondes* de coloquiser « diu et privatim »[1] avec tant vert Jouvenceau. Encore si c'estoy avec moy, ma barbe jure de ma sagesse, mais avec un petit cajoleur !

CORBINELI

Que Diable ! laissez-les parler si vous voulez, ou bien nous donnerons vostre roolle à quelqu'un qui s'en acquitera mieux que vous.

GENEVOTE, à Granger le jeune

Je devine et je croy tout ce que vous souhaitez dire sur cette matière, souffrez donc que je ne rabatte rien de la haute estime que vous avez conceue de moy, car je craindrois de rabattre le prix d'une chose que vous aimez,

a) 1654 : ny le temps où commença. — b) mon. — c) rechignante.

(1) Longtemps et en tête à tête.

mais je m'estonne donc que vous ne travaillez plus courageusement aux moyens de posséder *un trésor*[a] pour qui vous avez tant de passion.

GRANGER le jeune

Mademoiselle, *je ne suis ny désespéré ny téméraire,* tout ce qui dépend d'un bras plus fort que le mien, je le souhaite, et ne le promets pas. [Mais] au moins suis-je asseuré de vous faire paroistre mon amour par mon combat, si je ne puis vous témoigner ma bonne fortune par ma victoire. Je me suis aujourd'huy jetté plusieurs fois aux genoux de mon Père, le conjurant d'avoir pitié des maux que je souffre ; [et] je m'en vay sçavoir de mon valet s'il luy a dit la résolution que j'avois prise de luy désobéïr, car je l'en avois chargé. Viença, Paquier, as-tu dit à mon Père que j'estois résolu, malgré son commandement, de passer outre ?

PAQUIER

Corbineli, souffle-moy.

CORBINELI, tout bas

Non, Monsieur, je ne m'en suis pas souvenu.

PAQUIER

Non, Monsieur, je ne m'en suis pas souvenu

GRANGER le jeune

(Il tire l'épée sur Paquier.) Ha ! marault, ton sang me vengera de ta perfidie !

CORBINELI

Fuis-t'en donc, de peur qu'il ne te frappe[1].

PAQUIER

[Cela est-il de mon roolle] ?

CORBINELI

[Ouy.]

PAQUIER

[Fuis-t'en donc, de peur qu'il ne te frappe[2].]

GRANGER le jeune

Je sçay qu'à moins d'une Couronne sur la teste, je ne sçaurois seconder vostre mérite.

GENEVOTE

Les Roys, pour estre Roys, ne cessent point d'estre hommes, pensez-vous que......

GRANGER [le père, interrompant]

En effet, les mesmes appétits qui agitent un Ciron agitent un Eléphant. Ce qui nous pousse à batre un support de marmite, fait à un Roy

a) 1654 : une chose.

(1) N'est-ce pas ici le germe de la scène du souffleur dans *Les Plaideurs* de Racine ? (V. Fournel). — (2) La réplique de Paquier, la réponse de Corbineli et le même avis donné par Paquier ne sont pas dans le Ms.

détruire une Province. L'ambition allume une querelle entre deux Comédiens, la mesme ambition allume une guerre entre deux Potentats. Ils veulent de mesme que nous, mais ils peuvent plus que nous.

CORBINELI

Ma foy, je vous enchaisneray.

GRANGER le jeune

Pour moy, mon humeur et mon sort m'ont logé dans le monde à l'étage du milieu. Je ne suis point de ces sçavants qui abandonnent à leurs escrits le soin de les faire vivre après la mort.

GENEVOTE

Mais, en récompense, vous n'estes point de ces scolares qui portent le Collége partout, qui n'ont pas secoué le portefeuille avec la toque et dont les honnestes gens ne sçauroient approcher tant ils puent encore l'épistre familière.

GRANGER le jeune

On croira...

GENEVOTE

Suffise *que je*[a] croye toutes choses à vostre avantage. A quoy bon me faire tant de protestations *d'un amour que je suis bien aise de croire*[b] *?* Il voudroit bien mieux estre *maintenant* pendus au col de vostre Père et, à force de larmes et de prières, arracher son consentement pour nostre mariage.

GRANGER le jeune

Allons-y donc, Monsieur, je viens *me conjouyr avec vous de ma bonne fortune et partager le bonheur d'une si précieuse conqueste*[c].

GENEVOTE

Et moy, vous témoigner *l'aise*[d] que j'ay de vous faire bien-tost grand Père.

GRANGER

Comment, grand Père ? Je veux bien tirer de vous une propagation de petits individus ; mais j'en veux estre cause prochaine, et non pas cause éloignée.

CORBINELI

Ne vous tairez-vous pas ?

GRANGER

Cœur bas et ravalé, n'as-tu point de honte de consumer l'avril de tes jours à cajoler une fille ?

CORBINELI

Ne voyez-vous pas que l'ordre de la Pièce demande qu'ils disent tout cela ?

a) 1654 : qu'on. — *b*) d'une amitié dont je ne doute pas ? — *c*) vous conjurer d'avoir pitié de moy, et... — *d*) l'envie.

GRANGER

Quoy! je souffriray que mon Fils aille espouser, que sçay-je, qui ? peut-estre une gueuse[a] *?*

GENEVOTE

Non, non, Monsieur, je suis d'une condition qui vous défend d'appréhender la pauvreté *pour vos petits*. Je souhaiterois seulement que vous eussiez [veu] une Terre que nous avons à huit lieuës d'icy : la solitude agréable des Bois, le vert émaillé des Prairies, le murmure des Fontaines, l'harmonie des Oiseaux, tout cela repeintureroit de noir vostre poil desjà blanc.

PAQUIER

Mademoiselle, ne passez pas outre, voilà tout ce qu'il faut à Charlot *Granger*. Il ne sçauroit mourir de faim, s'il a des Bois, des Prez, des Oiseaux, et des Fontaines ; car les arbres luy serviront à se guarir du mal des mouches ; les Prez luy fourniront de quoy paistre, et les Oiseaux prendront le soin de chiffler quand il ira boire à la Fontaine.

GRANGER

Ah ! sirénique laronnesse des cœurs ! Je voy bien que vous guettez ma raison au coin d'un Bois, que vous la voulez égorger sur le Pré, ou bien l'ayant submergée à la Fontaine, *donner son cadavre*[b] à manger aux Oiseaux.

GRANGER le jeune

Aussi n'espérois-je pas que la raison vous fit paroistre ce que l'amour vous commandoit de refuser, c'est pourquoy je suis venu...

PAQUIER

J'ay veu, j'ay vaincu, dit César, au retour des Gaules.

GRANGER le jeune

Vous conjurer...

PAQUIER

Dieu vous fasse bien, Monsieur l'Exorciste, mon Maistre n'est pas Démoniaque.

GRANGER le jeune

Par les services que je vous ay faits...

PAQUIER

Et par celuy des morts qu'il voudroit bien vous avoir fait [faire].

GRANGER le jeune

De reprendre la vie que vous m'avez prestée.

PAQUIER

Il estoit bien fol de vous prester une chose dont on n'a jamais assez.

a) 1654 : Ils n'ont pas assez de bien l'un pour l'autre, je ne souffriray jamais... — *b*) la donner.

GRANGER le jeune

Mais parce que chacun de nos esprits anime réciproquement ce qu'il ayme que le coup qui me sera funeste sera mortel à celle qui vit en moy et que nous désunir, c'est nous destruire. (Il tire un poignard.) Prenez ce poignard, Père dénaturé, faites deux homicides par un meurtre, escrivez le destin de ma Maistresse avec mon sang, et ne permettez pas que la moitié d'un si beau couple expire *de douleur sur le tombeau de son autre moitié*[a]. [Mais à quoy bon tant de discours ?] Frappez ! Qu'attendez-vous ?

PAQUIER

J'attends que la vache soit pleine pour tuer le taureau.

CORBINELI

Le Diable t'emporte, coquin !

PAQUIER

Et rapporte, il n'y a au marché que ce que l'on y met.

CORBINELI

Un baston quelque jour reconnoistra tous ces bons offices.

PAQUIER

Cicéron dans les siens dit que tout ce qui est honneste est vertueux.

GENEVOTE

Quoy, Monsieur, vous ne dites mot, est-ce l'appréhension de voir tirer vostre sang de nos veines qui vous a gelé la parole ? Non, non, ne craignez rien. Mille fois déjà nos Ames seroient sorties par nos blessures, mais nos jours sont nombrez et la Providence qui en tient le compte s'offenseroit avec raison si nostre désespoir contredisoit son calcul.

CORBINELI

Répondez donc, si vous voulez. Qu'est-ce ? Estes-vous trépassé ?

GRANGER

Ah ! que tu viens de m'arracher une belle pensée. [Je resvois quelle est la plus belle figure, de l'Antithèse ou de l'Interrogation[b].] Je ruminois [encore] à ces Spéculateurs qui tant de fois ont fait faire à leurs resveries le plongeon dans la Mer, pour découvrir l'origine de [son Flux et de] son Reflux, *et de son amertume* ; mais pas un à mon goust n'a frappé dans la visière. *Toutes leurs*[c] raisons salées me semblent si fades, que je *connus*[d] qu'infailliblement....

CORBINELI

Ce n'est pas de ces matières-là[e] dont il est question. Nous parlons de marier Mademoiselle *à*[f] vostre Fils, et vous nous embarquez sur la Mer !

GRANGER

Que[g] parlez-vous de mariage avec cet houbereau ? Estes-vous orbe

a) 1654 : de... — *b*) Cette réplique est coupée par cet « a parte » de *Corbineli. Ce n'est pas cela dont il est question.* — *c*) Ces. — *d*) conclus. — *e*) vous dit-on. — *f*) et. — *g*) Quoy.

de [la] faculté intellectuelle ? Estes-vous hétéroclite d'entendement ou le Microcosme parfait d'une continuité de chimères abstractives ?

CORBINELI

A force de *bien* représenter une Fable, la prenez-vous pas pour une *Histoire* [a] *?* Ce que vous avez inventé vous fait-il peur ? *de mesme les enfans des grimaux dont ils ont eux-mesmes barbouillé les compagnons* . [Ne voyez-vous pas que l'ordre de la pièce veut que vous donniez vostre consentement ?]

GRANGER le jeune

Paquier, surtout maintenant, garde-toy bien de parler, car il paroist ici un muet que tu représentes.

CORBINELI

Dépeschez-vous [b] donc d'accorder *ceste fille* [c] à vostre fils, mariez-les [d].

GRANGER

Comment, marier ? c'est une Comédie ?

CORBINELI

Hé bien, ne sçavez-vous pas que la conclusion des Poèmes Comiques est tousjours un mariage ?

GRANGER

Oüy, mais comment seroit-ce [icy] la fin, il n'y a pas encore un acte [e].

CORBINELI

Nous avons uny tous les cinq en un, de peur de confusion. Cela s'appelle Pièce à la Polonoise [1].

GRANGER

Ha bon, comme cela je te permets de prendre Mademoiselle pour légitime Espouse.

LA TREMBLAYE

Et moy j'y consens.

GRANGER

Dressons les articles que je les signe.

GENEVOTE

(Un notaire escrit le contrat.) Bon, bon, voilà un notaire tout à propos [f].

PAQUIER

J'enrage d'estre muet, car *je dirois quelque chose de beau* [g].

[Fin de la comédie.]

a) 1654 : vérité. — *b*) Là donc, despeschez-vous. — *c*) mademoiselle. — *d*) Cette dernière réplique de Corbineli et celle de Granger *le jeune* font corps avec la précédente de Granger *père*. — *e*) de fait. — *f*) Vous plaist-il de signer les Articles, voilà le Notaire tout prest, *à la suite* : Granger : [Il signe] « Sic ita sane » très volontiers. — *g*) je l'avertirois.

(1) Nouvelle allusion au mariage de Marie de Gonzague et la rapidité avec laquelle il avait été conclu.

CORBINELI

Tu peux parler maintenant, il n'y a plus de danger.

PAQUIER

Il faut avouer qu'Alexandre le Grand estoit un vaillant homme; un jour....

CORBINELI

Un jour tu seras juge, quand tu auras pris de l'ellébore.

GRANGER

[On donne congé au notaire.] Hé bien, Mademoiselle, que dites-vous de nostre Comédie?

GENEVOTE

Elle est belle, mais apprenez qu'elle est de celles qui durent autant que la vie[1]. Nous vous en avons tantost fait le récit comme d'une Histoire arrivée, mais elle devoit arriver. Au reste, vous n'avez pas sujet de vous plaindre, car vous-mesme nous avez mariez; vous-mesme vous avez signé les articles du Contract. Accusez-vous seulement d'avoir enseigné le premier à fourber. Vous fistes accroire aux parens de vostre Fils qu'il estoit fol, quand vous vistes qu'il ne vouloit point entendre au voyage de Venise. Cette insigne fausseté luy montra le chemin de celle-cy. Il crût qu'il ne pouvoit faillir en imitant un si bon Père.

CORBINELI

Enfin, c'est une pilule qu'il vous faut avaler.

LA TREMBLAYE

Oüy, vous l'avalerez, ou, par la mort...

GAREAU

Ah! par ma fy, je sommes logez à l'Enseigne de « J'en tenons ». Parmanda, j'en avouas queuque souleur, que cette petite Ravodière-là ly grimoneret queuque Trogédie. Hé bian, ne vela pas nostre putain de mainagère toute revenuë? *Néanmoins, comme nan dit, Jesu Maria et durôt sont deux biaux mots,* feue la pauvre défunte, devant gnieu set son âme da, m'en baillit eun jour d'une belle vrédée. Par ma fiquette, ol me boutit à Cornuaille en tout bian et tout honneur. Stampandant la bonne chienne qu'ol estet.... Aga hé! ous estes don *itou* de ces saintes sucrées-là? *Par massure*[a], je le voyas bian, qu'ous aviais le nez torné à la friandise. Or un jour qu'il plut tant: « Jaquelaine, ce ly fis-je tout en gaussant, il fait cette nuit clair de l'Eune, il fera demain clair de l'Autre. » Enfin tanquia, qu'Odon,

a) 1654 : Bonnefy.

(1) Molière a encore doublement imité cette scène, d'une manière moins directe sans doute mais non moins évidente que les deux précédentes, d'une part dans *Le Malade Imaginaire*, acte II, scène 6, et dans le dénouement de *L'Amour Médecin* (*V. Fournel*).

ce nonobstant, après ça, ô dame éclaircissez-moy à dire : Tanquia que je m'en revenis tout épouvanté tintamarer à nostre huis. A la parfin je me couchis tout fin nu auprès de nostre bonne femme. Un tantet après que je me fussis rabougry tout en eun petit tapon, je sentis queuque chose [là] qui groüillet. « Jaquelaine, ce ly fis-je, je pense qu'il y a là queuqu'un couché. — Oüy, ce me fit-elle, je t'en répons, et que guiantre y auret-il ? » Eune bonne escousse après, je sacoute encore frétiller. « Han ! Jaquelaine, il y a là queuqu'un. » J'allongis ma main, je tâtis. « Houay ! ce fis-je, èune teste, deux testes » ; pis frougonnant entre les draps : « deux jambes, quatre jambes ; Han ! Jaquelaine, il y a là queuqu'un. — Hé, Piarre, que tu es fou, ce me dit-elle, tu comptes mes jambes deux fouas ! » Parguene, je ne me contentis point ; je me levis. Dame, je découvris le pot aux roses. « Ho ! Ho ! vilaine, ce ly fis-je, qu'est-ce que ça ? « Fili Davi » ! ton ribaut sera étripé ! — Vramant Jean, ce me fit-elle, garde t'en bian : C'est ce pauvre Maistre Loüis, le barbier. qui venet de seigner eun malade [de] tout là-bas. Il estet tout rede de fred, et avet encore bian de vilain chemain à passer. Il m'exhorsiset d'alumer du feu ; dame, comme tu sçais, le bois est char ; je ly ay dit qu'il se venist pustôt réchaufer environ moy. Il ne feset que de s'y bouter quand tu es venu. — Allons, allons, ce ly fis-je, Maistre Loüis, on vous appranra de venir coucher avec les femmes des gens. » Dame, je ne fus ny fou, ny estourdy, je le claquis bel et bian et le portis sur mes espaules jusqu'à moiquié chemain de sa maison : « Mais n'y revenez pas eune autre fouas ! car parguene, s'il vous arrive, je vous porteray encore eune escousse aussi loin. » Et bian, regardez, il ne faut qu'eun malheur. Cette petite devargondée m'en eust peut-estre fait autant. C'est pourquoy bon jour et bon soir, c'est pour deux fouas.

CORBINELI

C'est maintenant à vous, Monsieur, pour combler la félicité de ces nouveaux Mariez, d'augmenter leur revenu de celuy d'un Empire. Il vous sera bien-aisé, puis que vous faites chanceler la Couronne d'un Monarque en la regardant.

CHASTEAUFORT

Je donne assez, quand je n'oste rien ; et je leur ay fait beaucoup de bien, de ne leur avoir point fait *beaucoup* de mal.

GRANGER le jeune

Mon petit cœur, il est fort tard, allons nous mettre au lit.

PAQUIER

Je n'ay donc plus qu'à faire venir la Sage-Femme, car vous allez entrer en travail d'enfant.

LA TREMBLAYE

Je n'oserois quasi prendre la hardiesse de vous consoler.

GRANGER

N'en prenez pas la peine, je me consoleray bien moy-mesme[a]. *Je sens déjà mon âme s'endurcir aux afflictions, aussi Nature quand elle me bastit avoit gagé contre la Fortune et la Mort qu'elle pétriroit un Homme qui luy feroit perdre escrime, aussi je me sens nay tout propre à faire radoter cette Damoiselle aux yeux clos. Je la vis, ce me semble, une nuit travestie en Médecin, elle s'approchoit de mon chevet et ne pensant pas estre connuë pour un Docteur de la Faculté, elle me demanda quand la fièvre m'avoit prise. « Trop tost, luy répliquay-je. — Mais encore où vous tient le mal ? » Je luy répondis qu'il me tenoit entre deux draps. Elle adjousta, « Si je ne pouvois avaler mes jambes. » Je l'assuray que je n'avalois plus rien sans mascher, « Mais, reprit-elle, vous raillez et cependant vous voilà déjà bien bas. — Il ne s'en faut que le lit que je ne touche à terre. — Hé, mon ami, dit-elle, pour conclusion, recommandez-vous à Dieu. — Quelqu'un y va-t-il, luy répartis-je. — Vous-mesme tout à l'heure, dit-elle. » Je l'asseuray que je ferois donc bien mes recommandations moy-mesme. Alors s'appercevant que je l'avois reconnuë : « Hé bien, me dit-elle, il est vray, je suis la Mort, je viens icy pour t'avertir que tu mourras. — Il le faut bien puisque j'ay vescu », luy répondis-je effrontément. — Mais « bientost », dit-elle. — J'en seray plustost quitte. — Tu laisseras ta teste sur un échafaut. — Il ne m'importe de mourir d'estoc ou de taille, mais afin de vous oster la peine de tant de menasses je vais, pour vous soulager, tascher de m'effrayer moy-mesme : « Donc, ô mon corps, je t'avertis qu'avant de rendre l'âme, tu souffriras plusieurs coups de la main d'un bourreau. — N'importe, il n'y en sçauroit avoir qu'un qui fasse mourir. — Ce sera en païs étranger. — Il n'y a qu'un chemin pour descendre aux Enfers. — Tu resteras sans sépulture. — Le Ciel me couvrira. — Tu seras affligé d'une fièvre bien longue. — Je ne mourray donc pas subitement. — Tu seras chassé de ta patrie. — Ma patrie est tous les lieux où je me trouve bien. — Tu perdras les yeux. — J'en dormiray davantage — Tu ne verras rien de beau ni rien de laid. Tu deviendras manchot. — Je ne seray pas au hazard d'estre accusé d'homicide. Voilà seiche et décharnée Damoiselle les coups que j'imagine les plus sensibles, toutefois ils ne m'étonnent point. Si vous en sçavez d'autres, chantez. » Cette orgueilleuse Pelée se trouva si camuse de voir ainsi chiffonner sa tyrannie qu'elle me pardonna comme je luy pardonne !*

---

a) 1654 : « O Tempora ! ô Mores ! » *Fin du Pédant joué.*

LA MORT D'AGRIPPINE

TRAGÉDIE

La tragédie *La Mort d'Agrippine* a été représentée dans les derniers mois de 1653 ou au commencement de l'année 1654, probablement à l'Hôtel de Bourgogne ; elle n'a dû avoir que quelques représentations. Le public s'est ému, non des passages vraiment osés qu'elle renferme, mais en entendant certains mots qu'il a mal interprétés, tel que celui d'*hostie* dans la réplique : « Frappons, voilà l'hostie » (1). Cette pièce a-t-elle été interdite, comme l'a écrit l'avocat Gabriel Guéret ? (2) C'est probable ; aucune preuve cependant n'en existe à notre connaissance. En tout cas, à défaut de succès à la scène, elle en aurait eu en librairie (3).

Nous ne donnerons pas ici l'analyse de cette tragédie qui s'apparente à celles de : *Horace, Cinna, La Mort de Pompée* de Corneille, *La Mort de Sénèque* de Tristan L'Hermite, etc., etc. ; elle a pour sujet la conspiration de Séjanus, favori de Tibère, contre cet empereur avec la complicité d'Agrippine. On trouvera cette analyse, avec force commentaires, dans l'ouvrage de M. P. Brun : *Savinien Cyrano de Bergerac, sa vie et ses œuvres. 1893*. Cyrano a pris de grandes libertés avec l'histoire ; il serait absurde de l'en blâmer.

MM. Monval et P. Brun ont tenté de rétablir la distribution primitive des rôles à la première de l'Hôtel de Bourgogne. Voici le résultat auquel ils sont arrivés :

Tibère..........	MM.	Baron père.
Séjanus.........		Floridor.
Nerva..........		de Villiers.
Térentius.......		Beauchasteau.
Agrippine.......	Mmes	Valliot.
Livilla		Beauchasteau de Villiers.

(1) Voir la notice biographique, T. I, p. XC.

(2) *La Guerre des Auteurs anciens et modernes ;* Paris 1671, voir la notice, p. CI.

(3) Voir notice biographique, p. XC, note 1.

Deux cent dix-huit ans après, le 10 novembre 1872, *La Mort d'Agrippine* a eu les honneurs d'une unique représentation, précédée d'une conférence de Vitu, au *Théâtre de la Gaîté*.

Les rôles étaient ainsi distribués :

Tibère.........	MM.	Chatelin, du Théâtre Montmartre.
Séjanus........		Dupont-Vernon, du Conservatoire.
Nerva.........		Monval, du Conservatoire.
Terentius......		Amaury-Socquet, du Conservatoire.
Agrippine......	Mmes	Karoly.
Cornélie.......		Derouet.
Livilla........		Jeanne Pazat, du Conservatoire.
Furnie........		Clemance.
Gardes........		Hénicle et autres.

MM. Camille Doucet, directeur de l'Académie française, et Patin, son secrétaire perpétuel, assistaient à cette représentation.

D'après un article de journal (1), « le public tout entier écouta la tragédie avec des sentiments très divers, qui variaient de la surprise à l'admiration. Si la pièce parut imparfaite au point de vue scénique, elle a des scènes d'une grande beauté et des suites de vers où l'on sent le souffle d'un grand poète ». Mademoiselle Karoly — depuis Madame Maubant — eut beau oublier au *magasin des Accessoires* le poignard qu'elle doit, dans sa grande scène, jeter aux pieds de Tibère, l'impression n'en fut pas moins très profonde ; Mademoiselle Pazat — depuis Madame Montluis — et M. Dupont-Vernon, de la Comédie-Française, furent très applaudis. M. Monval a gardé le souvenir de l'immense effet produit par la tragique brièveté de la scène dernière sur des spectateurs habitués au grand récit final des tragédies. Tous étaient d'avis — et c'est aussi l'opinion de M. Mounet-Sully — que Cyrano méritait à son époque, comme auteur tragique, une place d'honneur à côté de Corneille et que la reprise d'une pièce de n'importe lequel de ses contemporains n'aurait obtenu pareil succès (2).

---

(1) Le *Figaro* du 13 Novembre 1872.

(2) P. Brun. Cyrano de Bergerac, 1893.

LA MORT D'AGRIPPINE

TRAGÉDIE

Par M. de Cyrano Bergerac.

Texte de l'édition originale : Paris, Charles de Sercy, 1654.

CYRANO de BERGERAC
Auteur et Poete francois, Gentilhomme
né en Gascogne il mourut à
Paris en 1655 âgé de
fecit
Telle est la vive resemblance
Du vray favory de Pallas,
Sa valeur le guidoit au milieu des combats
Et dans le cabinet il avoit sa Science

A Monseigneur le Duc d'Arpajon (1).

Monseigneur,

Quoy qu'Agrippine soit sortie du sang de ces Princes qui naissoient seulement pour commander aux hommes, et qui ne mouroient que pour estre appellez au rang des Dieux, ses disgrâces l'ont renduë encore plus célèbre que la gloire de son berceau. Il semble qu'elle n'ait eu le grand Auguste pour Ayeul qu'afin de sentir avec plus d'affection le regret de se voir dérober l'Empire, son légitime patrimoine : César ne l'avoit honorée de l'alliance de Tibère que pour l'attacher de plus près à son Tyran, et ne luy avoit donné pour mary le plus grand Héros de son siècle que pour en faire la plus affligée et la plus inconsolable de toutes les veufves ; de sorte qu'ayant tousjours vescu dans la douleur et la persécution, il est certain qu'elle préfèreroit le repos du tombeau à cette seconde vie que je luy donne si, voulant l'exposer au jour, je luy cherchois un moindre Protecteur que celuy qui dans la conservation de Malthe l'a esté de toute l'Europe. Quelque maligne que soit la Planète qui domine au sort de mon Héroyne, je ne croy pas qu'elle puisse luy susciter des ennemis qu'impuissans, quand elle aura le secours de Vostre Grandeur. Vous, Monseigneur, que l'Univers regarde comme le Chef d'un Corps qui n'est composé que de parties nobles, qui avez fait trembler jusques dans Constantinople le Tyran d'une moitié de la Terre, et qui avez empesché que son Croissant, dont il se vantoit d'enfermer le reste du Globe, ne partageast la souveraineté de la Mer avec celuy de la Lune : mais tant de glorieux succez ne sont point des miracles pour une Personne dont la profonde sagesse éblouyt les plus grands Génies, et en faveur de qui Dieu semble avoir dit par la bouche de ses Prophètes (2), que le Sage auroit droict de commander aux Astres. Agrippine, Monseigneur, qui pendant le cours de sa vie les a sans relasche expérimenté contraires, effarouchée encore aujourd'huy de la cruauté des Empereurs qui ont poursuivy son Ombre jusques chez les morts : Entre les bras de qui se pouvoit-elle jetter avec plus de confiance, qu'entre ceux d'un redoutable Capitaine, dont le seul bruit des armes a garanty et rasseuré Venise, cette puissante République, où la liberté Romaine s'est conservée jusqu'en nos jours. Recevez-là donc, s'il vous plaist, Monseigneur, favorablement ; accordez un azile à cette Princesse, qu'elle n'a pû trouver dans un Empire qui luy appartenoit. Je sçay que faisant profession d'une inviolable fidélité pour nostre Monarque, vous la blasmerez peut-estre d'avoir conspiré contre son Sou-

(1) Paul Lacroix a écrit et M. Pierre Brun a répété que cette dédicace ne figure que dans l'édition originale de 1654; l'assertion est erronée, voir notice biographique, p. LXXXIX, note 2.

(2) En marge : Vir sapiens dominatibur Astris.

verain, quoy qu'elle n'ait poursuivy la mort de Tibère que pour vanger celle de Germanicus, et n'ait esté infidelle Sujette, que pour estre fidelle à son Espoux : mais en faveur de sa vertu, elle espère cette grâce de vostre bonté, dont elle ne sera pas ingrate ; car elle m'a promis que sa reconnoissance publiera par tout les merveilleux éloges de vostre vertu, qui donne plus d'éclat à vostre sang (1) qu'elle n'en a receu de luy, encore que la source en soit Royalle. Ceux de vostre prudence dans les négotiations les plus importantes de l'Estat, que l'on nous propose comme un portrait achevé de la Sagesse : Ceux de vostre valeur dans les combats dont elle règle les évènements, au préjudice du pouvoir absolu que la Fortune s'en est réservé ; et ceux enfin, Monseigneur, de vostre courage qui n'a jamais veu de péril qu'au dessous de luy. Ces considérations me font espérer que la généreuse Agrippine ayant esté présente à toutes les victoires de son Héros, elle n'ignore pas en quels termes elle doit parler des vostres, et je suis mesme certain qu'elle leur rendra justice, sans qu'on l'accuse de flaterie ; car si vous estes d'un mérite à ne pouvoir estre flaté, elle est aussi d'un rang à ne pouvoir flater. Mais, Monseigneur, que pourroit-elle dire qui ne soit connu de toute la Terre ; vous l'avez veuë presqu'entière en victorieux (2), et par un prodige inouy vostre visage mesme n'y est guères moins connu que son nom. Souffrez donc que je vous offre cette Princesse, sans vous rien promettre d'elle que cet adveu public qu'elle vient vous faire, qu'enfin elle a trouvé un Héros plus grand que Germanicus. Au reste, elle cessera de déplorer ses malheurs, si par le tableau de sa pitoyable avanture, elle vous donne au moins quelque estime de sa constance, et moy je me croiray trop bien récompensé du présent que je luy fais de cette seconde vie si, n'estant plus que mémoire, elle vous fait souvenir que je suis,

Monseigneur,

Vostre très-humble, très-obéyssant et très-passionné serviteur,

De Cyrano Bergerac.

Privilège du Roy.

Louis par la grâce de Dieu, Roy de France et de Navarre : A nos amez et feaux Conseillers les Gens tenans nos Cours de Parlement, Maistres des Requestes ordinaires de nostre Hostel, Baillifs, Seneschaux, Prevosts, leurs Lieutenans, et à tous autres nos Justiciers et Officiers qu'il appartiendra, Salut. Nostre cher et bien amé le Sieur de Bergerac nous a fait remonstrer qu'il a composé une Piece de Theatre intitulée *La Mort*

(1) En marge : Les Roy d'Arragon et les Comtes de Thoulouze, dont quelquesuns ont régné en Jerusalem.

(2) En marge : Monseigneur L. D. d'Arpajon a commandé en France, en Alsace, Flandres, Lorraine, Italie, Roussillon, Malthe, Venise, Pologne, etc.

d'Agrippine, Veufve de Germanicus, laquelle il desireroit faire imprimer, s'il avoit nos Lettres à ce nécessaires, lesquelles il nous a supplié de luy vouloir accorder. A ces causes, voulans gratifier l'Exposant, Nous luy avons permis et permettons par ces Presentes, de faire imprimer, vendre et debiter en tous les lieux de nostre obeïssance, par tel Imprimeur ou Libraire qu'il voudra choïsir, ladite Piece de Theatre, en telles marges, en tels caracteres, et autant de fois que bon luy semblera, durant l'espace de neuf ans, à compter du jour que ladite Piece sera achevée d'imprimer pour la première fois. Pendant lequel temps nous faisons defenses à tous Imprimeurs, Libraires, et autres, d'imprimer, vendre, ny debiter ladite Piece, sans le consentement de l'Exposant, ou de ceux qui auront droict de luy, en vertu des Presentes, sur peine aux contrevenans de trois mil livres d'amende, applicable un tiers à Nous, un tiers à l'Hostel-Dieu de nostredite Ville de Paris, et l'autre tiers audit Exposant, confiscation des exemplaires contrefaits, et de tous despens, dommages et interests, à condition qu'il sera mis deux exemplaires de ladite Piece en nostre Bibliothèque publique, et un en celle de nostre très cher et feal le Sieur Molé, Chevalier, Garde des Sceaux de France, avant que de l'exposer en vente ; et à la charge aussi que ces Presentes seront registrées aux Registres de la Communauté des Libraires de nostre bonne Ville de Paris, suivant l'Arrest de nostre Cour de Parlement du ... Juillet dernier, à peine de nullité. Si vous mandons que du contenu en cesdites Presentes vous fassiez joüir et user pleinement et paisiblement ledit Exposant, ou ceux qui auront droict de luy ; faisans cesser tous troubles et empeschemens au contraire. Voulons aussi qu'en mettant au commencement ou à la fin de ladite Piece un extrait des Presentes, elles soient tenuës pour deuëment signifiées ; et que foy soit adjoustée comme au present original aux coppies deuëment collationnées par l'un de nos amez et feaux Conseillers et Secrétaires. Mandons en outre au premier nostre Huissier ou Sergent sur ce requis, de faire pour l'exécution des Presentes tous exploits necessaires, sans demander autre permission, nonobstant Clameur de Haro, Charte Normande, prise à partie, et autres Lettres à ce contraires. Car tel est nostre plaisir. Donné à Paris le 30e jour de Décembre, l'an de grâce mil six cens cinquante-trois, et de nostre règne le Unzième. Signé, par le Roy en son Conseil, Gallonye.

Registré sur le Livre de la Communauté le 8 Janvier 1654, conformément à l'Arrest du Parlement du 9 Avril 1653. Ballard.

Ledit Sieur De Bergerac a cedé et transporté son Privilege à Charles de Sercy, Marchand Libraire, pour en joüir suivant l'accord fait entr'eux (1).

(1) L'édition originale ne contient qu'un extrait de ce privilège, sig. : Galongé (sic), le texte ci-dessus est en tête de la seconde édition, 1657, in-12.

ACTEURS

TIBÈRE, Empereur de Rome.

SÉJANUS, Favori de Tibère.

NERVA, Sénateur, Confident de l'Empereur.

TÉRENTIUS, Confident de Séjanus.

AGRIPPINE, Veufve de Germanicus.

CORNÉLIE, sa Confidente.

LIVILLA, Sœur de Germanicus et Bru de l'Empereur.

FURNIE, sa Confidente.

Trouppe de Gardes.

[La Scène est à Rome, dans une Salle du Palais de Tibère.]

LA MORT D'AGRIPPINE

VEUFVE DE GERMANICUS

Tragédie.

ACTE PREMIER

SCÈNE PREMIÈRE

AGRIPPINE, CORNÉLIE

AGRIPPINE

Je te vais retracer le tableau de sa gloire,
Mais feins encor après d'ignorer son histoire,
Et pour me rendre heureuse une seconde fois,
Presse-moy de nouveau de conter ses exploits :
Il doit estre en ma bouche aussi bien qu'en mon âme,
Pour devoir chaque instant un triomphe à sa femme.
Mais ne te fais-je point de discours superflus ?
Je t'en parle sans cesse.

CORNÉLIE

Il ne m'en souvient plus.
Et j'attens.....

AGRIPPINE

Apprens donc comme ce jeune Alcide
Fut des Géans du Rhin le superbe homicide,
Et comme à ses costez faisant marcher la Mort,
Il eschauffa de sang les rivières du Nort.
Mais pour voir les dangers où dans cette conqueste
La grandeur de son âme abandonna sa teste,
Pour voir ce que son nom en emprunta d'esclat,
Escoute le récit de son dernier combat :
Desjà nostre Aygle en l'air balançoit le tonnerre
Dont il devoit brusler la moitié de la terre,
Quand on vint rapporter au grand Germanicus
Qu'on voyoit l'Allemand, sous de vastes escus,
Marcher par un chemin couvert de nuicts sans nombre :
« L'esclat de nostre acier en dissipera l'ombre ! »

(Dit-il), et pour la charge il lève le signal ;
Sa voix donne la vie à des corps de métal.
Le Romain par torrens se respand dans la plaine,
Le Colosse du Nort se soustient à grand'peine,
Son énorme grandeur ne luy sert seulement
Qu'à montrer à la Parque un plus grand logement ;
Et tandis qu'on heurtoit ces murailles humaines,
Pour espargner le sang des légions Romaines,
Mon Héros, ennuyé du combat qui traisnoit,
Se cachoit presqu'entier dans les coups qu'il donnoit ;
Là des bras emportez, là des testes brisées,
Des troupes en tombant sous d'autres escrasées,
Font frémir la campagne au choc des combattans,
Comme si l'Univers trembloit pour ses enfans.
De leurs traits assemblez l'effroyable descente
Forme entr'eux et la nuë une voûte volante,
Sous qui ces fiers Titans, honteux d'un sort pareil,
Semblent vouloir cacher leur deffaite au Soleil.
Germanicus y fit ce qu'un Dieu pouvoit faire,
Et Mars en le suivant creut estre téméraire.
Ayant fait du Germain la sanglante moisson,
Il prit sur leurs Autels leurs Dieux mesme à rançon,
Afin qu'on sceut un jour par des exploits si braves,
Qu'un Romain dans le Ciel peut avoir des esclaves.
O ! quel plaisir de voir sur des monceaux de corps,
Qui marquoient du combat les tragiques efforts,
Dans un livre d'airain la superbe Victoire
Graver Germanicus aux fastes de la Gloire !

CORNÉLIE

Vostre Espoux, soumettant les Germains à ses loys,
Ne voulut que leur nom pour prix de ses exploits.

AGRIPPINE

Du Couchant à l'Aurore ayant porté la guerre,
Nostre Héros parut aux deux bouts de la Terre,
En un clein d'œil si prompt qu'on peut dire aujourd'huy
Qu'il devança le jour qui couroit devant luy ;
On crût que pour deffendre en tous lieux nostre Empire,
Ce Jupiter sauveur se vouloit reproduire,
Et passant comme un traict tant de divers climats,
Que d'un degré dù Pôle il ne faisoit qu'un pas.
Dans ces Pays bruslez où l'arène volante
Sous la marche des siens estoit étincelante,

De cadavres pourris il infecta les airs,
Il engraissa de sang leurs stériles déserts,
Afin que la moisson pouvant naistre en ces plaines
Fournist de nourriture aux légions Romaines ;
Que par cet aliment nostre peuple orgueilleux
Succast avec leur sang quelque amitié pour eux,
Et qu'un jour le succez d'un combat si tragique
Pût réconcilier l'Europe avec l'Affrique ;
Enfin tout l'Univers il se seroit soumis,
Mais il eut le mal-heur de manquer d'ennemis !
Mon cher Germanicus estoit donc sur la terre
Le souverain Arbitre et de paix et de guerre,
Et se trouvoit si haut par dessus les humains,
Que son pied se posoit sur le front des Romains,
Alors qu'en Orient terminant sa carrière,
Dans la source du jour il perdit la lumière,
Et pour un lict superbe à son dernier sommeil,
Il s'alla reposer au berceau du Soleil.
Voilà comme il vescut, et je te veus encore
Peindre dans son couchant cet Astre que j'adore,
Afin que le mal-heur de mon illustre Espoux
Par ces tristes tableaux réveille mon courroux,
Et que par les horreurs de la fin de sa vie,
Je m'excite à haïr ceux qui l'ont poursuivie.

CORNÉLIE

C'est accroistre vos maux.

AGRIPPINE

Ne me refuse pas
D'escouter le récit d'un si sanglant trespas,
Où mon cœur deschiré de bourreaux invisibles,
En iroit émouvoir les rochers insensibles.
Tibère, qui voyoit les pleurs de l'Univers
Conjurer mon Espoux de le tirer des fers,
Et qui sçavoit assez qu'au milieu des batailles
Ses Amis luy seroient de vivantes murailles ;
Comme un acier tranchant, comme un bruslant tison,
Du filet de ses jours, il approcha Pison :
Pison part, il s'avance, et, dans chaque Province,
Qu'il oyoit retentir des armes de mon Prince,
Par des coups non sanglants, des meurtres de la voix,
Ce lasche ternissoit l'éclat de ses exploits.
Mais semblable au rocher, qui battu de l'orage,
De la mer qui le bat semble estre le naufrage,

Le nom de mon Héros par le choc affermi,
Réfléchissoit les coups dessus son ennemy.
Il arrive, et mon Prince ignorant sa malice,
D'un véritable amour payoit son artifice.
Quand nous vismes tomber ce demy-Dieu Romain
Sous l'invisible coup d'une invisible main,
Une bruslante fièvre allume ses entrailles ;
Il contemple vivant ses propres funérailles.
Ses artères enflés d'un sang noir et pourry,
Regorgent du poison dont son cœur est nourry :
A qui le considère, il semble que ses veines
D'une liqueur de feu sont les chaudes fontaines,
Des serpens enlacez qui rampent sur son corps
Ou des chemins voûtez qui meinent chez les morts ;
La Terre en trembla mesme, afin que l'on pût dire
Que sa fièvre causoit des frissons à l'Empire.

CORNÉLIE

Jamais la Mort ne vint d'un pas si diligent.

AGRIPPINE

Et Pison toutefois le treuve encor trop lent ;
Pour le précipiter, joignant le sortilége,
Du poison sans horreur il monte au sacrilége,
Et donne à terracer par des charmes couvers
Le Démon des Romains au Démon des Enfers.
Ainsi l'Enfer, les Cieux, la Nature, et l'Envie,
Unirent leurs fureurs contre une seule vie.

CORNÉLIE

Ha ! ne condamnez point la lascheté du sort !
Pour perdre un si grand homme il faut plus d'une mort.

AGRIPPINE

D'un rouge ténébreux sa chair ensanglantée,
Fut le triste tesmoin, que Nature irritée
Produisit du poison, afin de se purger
Du crime dont à Rome on eût pû la charger.

CORNÉLIE

Les Autheurs de sa mort méritoient ses suplices.

AGRIPPINE

Je sçauray les punir avecque leurs complices,
Pison est desjà mort, et bien-tost l'Empereur,
Livilla, Séjanus, sentiront ma fureur :
Ce couple criminel, qu'un adultère assemble,
S'estans joints pour le perdre expireront ensemble :

Ils suivront mon Espoux, ces lâches ennemis,
Qui de tous mes enfans ne m'ont laissé qu'un fils !

SCÈNE II

SÉJANUS, AGRIPPINE, CORNÉLIE

SÉJANUS

Madame, la nouvelle en est trop asseurée ;
L'Empereur ce matin est sorty de Caprée,
Il marche droit à Rome accompagné des siens,
Des Soldats Allemans, et des Prétoriens ;
Et l'on croit que demain, nous verrons à nos portes
Trois de ses Légions, et cinquante Cohortes.

AGRIPPINE

C'est un sujet de joye, et non pas de douleur :
Ennuyé de l'attendre il court à son malheur,
Et n'approche de Rome en homme de courage,
Que pour nous espargner la peine du voyage ;
Voy comme aveuglement il vient chercher l'Autel.
Frappons ! cette victime attend le coup mortel :
Mais gardons qu'échappant au couteau du Ministre
Sa fuitte ne devienne un présage sinistre.

SÉJANUS

Sans avancer nos jours, pour avancer sa mort,
Regardons son naufrage à couvert dans le port ;
Et gauchissons de sorte en montant à l'Empire,
Que selon le succès nous puissions nous dédire.
L'Empereur qui connoist tous vos desseins formez,
Ignore que je trempe à ce que vous tramez ;
Il m'escrit qu'il espère, assisté de ma brigue,
Joindre avec le Sénat tout le peuple à sa Ligue.
Ce traict de confiance est un gage asseuré
Qu'il ne soupçonne point que j'aye conjuré :
Ainsi, quoy que d'affreux son courroux entreprenne,
Je vous tiendray tousjours à couvert de sa haine :
Prononcez son arrest irrévocablement ;
Mais parmy tant d'écueils, hastons-nous lentement.

AGRIPPINE

Conduis ma destinée ! Aussi bien la Fortune,
Triomphans, ou vaincus, nous doit estre commune :
Mais sçache, si de moy tu prétens disposer,
Que le Thrône est le Temple où je dois t'espouser.

Informe Livilla du retour de Tibère,
De peur que sa surprise effarouche son Père :
Moy j'iray cependant solliciter nos Dieux,
Ils me doivent secours, puis qu'ils sont mes Ayeux.

SCÈNE III

AGRIPPINE, CORNELIE

AGRIPPINE

Qu'en dis-tu, Cornélie ? Enfin...

CORNÉLIE

Enfin, Madame,
Du traistre Séjanus deviendrez-vous la femme ?
Faut-il que l'Assassin de vostre cher Espous,
Se trace par son crime un chemin jusqu'à vous ?
Que dans son meurtrier vostre Mary se treuve,
Et vienne se sauver dans le lict de la Veufve ?
Quoy ! n'entendez-vous point le grand Germanicus,
Porté sur un monceau de cadavres vaincus,
S'écrier des Enfers : « Femme ingratte et perfide,
Tu vas joindre ma race avec mon homicide ! »
Voylà comme il se plaint, ce Héros outragé,
Que sa Veufve en dix ans n'a pas encor vengé.

AGRIPPINE

Moy, de mes ennemis je deviendrois la Mère !
Moy qui les dois punir du crime de leur Père !
Rouge encor de mon sang, il viendroit l'Assassin,
En qualité d'Espoux me présenter la main !
Donc mes Fils en mes flancs ne pourroient treuver place,
Sans augmenter le nom du Bourreau de ma race !
Donc avec eux naistroit, malgré tout mon amour,
L'exécrable devoir de les priver du jour !
Donc ces infortunez, sans le pouvoir connestre,
Seroient mes ennemis avant mesme que d'estre !
Deviendroient criminels entre les mains du Sort,
Et pour avoir vescu mériteroient la mort !
Du plus vil des Romains je me ferois un Maistre !
Et veufve d'un Héros j'espouserois un Traistre !
Ha ! ne m'accuse point de tant de lascheté,
Et pénètre un peu mieux dans mon cœur irrité.
Voy jusqu'où doit aller le courroux d'Agrippine,
Qui l'oblige à flatter l'autheur de sa ruine ;

Et combien il est grand, puis que pour l'occuper
Estant ce que je suis, je m'abbaisse à tromper :
Oüy, j'abhorre ce Monstre ; après l'avoir ravie,
Pour le tuer encor je luy rendrois la vie ;
Et je voudrois qu'il pût, sans tout à fait périr,
Et sans cesse renaistre, et sans cesse mourir.
Mais, hélas ! je ne puis me venger de Tibère,
Que par la seule main de mon lasche adversaire :
Car Séjanus vainqueur luy percera le flanc,
Ou Séjanus vaincu payera de son sang.
Si Tibère y demeure, alors je suis vengée ;
Si contre Séjanus la Fortune est rangée,
Je verray satisfaite entrer au monument
De mon Espoux meurtry le premier instrument.
Mais Livilla paroist... J'évite sa présence,
Elle hayt ma rencontre, et la sienne m'offence.

SCÈNE IV

LIVILLA, SÉJANUS, TÉRENTIUS

LIVILLA

J'ay beau voir en Triomphe un Empereur Romain,
S'avancer contre nous le tonnerre à la main,
Ce n'est pas l'ennemy que je crains davantage.

SÉJANUS

Ha ! dites-moy son nom. Cette longueur m'outrage ;
Vous le plaindrez plutost que vous ne le craindrez,
Et j'attens, pour agir, ce que vous résoudrez.

LIVILLA

Escoute ! Auparavant qu'un refus m'ait blessée,
Sur tout ce que tu crains applique ta pensée,
Propose-toy le fer, la flame et le poison,
Fais jusque dans ton cœur descendre ta raison,
Et t'informe de luy, quoy que je te demande,
S'il est prest d'accorder tout ce qu'il appréhende.

SÉJANUS

Il est tout prest, Madame, à remplir vos souhaits.

LIVILLA

Encore un coup, prens garde à ce que tu promets ;
Ce que je veux sera peut-estre ta ruine.

SÉJANUS

N'importe, parlez, c'est ?...

LIVILLA

C'est la mort d'Agrippine.

SÉJANUS

D'Agrippine ? Madame, hélas ! y pensez-vous ?

LIVILLA

D'Agrippine, ma sœur, qui conspire avec nous ;
Mon mary sous ma haine est tombé pour victime,
Mon cœur après cela ne connoist plus de crime ;
Jeune encor, et timide en mon timide sein,
Il osa me pousser à ce noble dessein :
Et toy, perfide Amant, dont l'amour me diffame....

SÉJANUS

Tremperay-je ma main dans le sang d'une femme ?

LIVILLA

Je fais, pour m'animer, à ce coup plein d'effroy,
Des efforts bien plus grands que tu n'en fais sur toy ;
J'entends de toutes part le sexe et la Nature,
Qui me font de ce meurtre une horrible peinture :
Mais, femme, je pourray voir du sang sans horreur,
Et, parente, souffrir qu'on égorge ma sœur !
Je l'ay trop offensée, et la mort qui m'effraye
Est le seul appareil qui peut fermer sa playe.
On voit fumer encor de ses plus chers Parens,
Sur la route d'Enfer les vestiges sanglans ;
Rien qu'un cercueil ne couvre un acte de la sorte,
Et pour elle ou pour moy, c'est la fatale porte,
Par qui le Sort douteux d'un ou d'autre costé,
Mettra l'un des partis en pleine liberté.
Encor si mon trespas satisfaisoit sa haine !
Mais de ta mort, peut-estre, elle fera ma peine,
Puis qu'elle a descouvert au gré de son courroux,
A l'éclat de ma flamme un passage à ses coups ;
Donc pour me conserver, conservant ta personne,
Sauve-moy des frayeurs que sa rage me donne.

SÉJANUS

Non, non, détrompez-vous de ces vaines frayeurs,
Elle croit l'Empereur cause de ses malheurs ;
Je l'ay persuadée.

LIVILLA

Elle feint de le croire ;
Pour un temps sur sa haine elle endort sa mémoire,

Mais crains-la d'autant plus qu'elle craint de s'ouvrir,
C'est pour elle trop peu de te faire mourir :
Si par ta mort toy-mesme assouvissant sa rage,
Tu n'en es l'instrument, et n'en hastes l'ouvrage.
Quoy ! je t'ay de mon Frère immolé jusqu'au nom !
Sur son fameux débris eslevé ton renom,
Et chassé, pour complaire à toy seul où j'aspire,
De mon lict et du jour l'héritier de l'Empire !
Je semblois un Lyon sur le Thrône enchaisné,
Qui t'en gardoit l'abord comme à toy destiné ;
J'ay fait à ton amour au péril de la tombe,
Des Héros de ma race un funeste hécatombe ;
Et ne préjugeant pas obtenir les souhaits
D'un si grand criminel que par de grands forfaits :
On m'a veû promener encor jeune, encor fille,
Le fer et le poison par toute ma famille,
Et rompre tous les nœuds de mon sang, de ma foy,
Pour n'estre plus liée à personne qu'à toy ;
Chaque instant de ma vie est coupable d'un crime !...
Paye au moins tant de sang du sang d'une victime !
Je n'en brusle de soif qu'afin de te sauver
Du bras qu'à ton malheur ce sang fera lever ;
Ose donc, ou permets quand on joindra nostre âme,
Que je soye ton mary, si tu n'es que ma femme.

SÉJANUS

Du précipice affreux prest à nous engloutir,
Agrippine et son rang nous peuvent garantir ;
Prodiguons sa puissance à terracer Tibère ;
Quand elle aura sans nous destruit nostre Adversaire.
Nous trouverons par elle un Thrône dans le port,
Et serons en estat de songer à sa mort.

LIVILLA

Tu m'en donnes parole ? Hé bien, je suis contente,
L'espoir que j'en auray flattera mon attente ;
A Jupiter vengeur je vais offrir des vœux,
Si pourtant d'un tel coup j'ose parler aux Dieux ;
Car le crime est bien grand de massacrer Tibère.

SÉJANUS

Tibère, ce Tyran qui fit mourir ton Père.

LIVILLA

Ha ! le Traistre en mourra ! Fais, fais-moy souvenir,
Quand d'injustes remords viendront m'entretenir,

Afin de s'opposer au meurtre de Tibère,
Que Tibère est celuy qui fit mourir mon Père.

SCÈNE V

SÉJANUS, TÉRENTIUS

TÉRENTIUS

Immoler Agrippine à l'objet de ton feu !
La victime sera plus noble que le Dieu.

SÉJANUS

Que vous connoissez mal le sujet qui m'enflame !

TÉRENTIUS

Quoy ! Livilla n'est point....

SÉJANUS

Non, je la hay dans l'âme ;
Et quoy qu'elle m'adore, et qu'elle ait à mes vœux
Immolé son Espoux, son frère et ses neveux,
Je la trouve effroyable ; et plus sa main sanglante
Exécute pour moy, plus elle m'épouvante ;
Je ne puis à sa flamme apprivoiser mon cœur,
Et jusqu'à ses bienfaits me donnent de l'horreur ;
Mais j'ayme sa Rivale avec une Couronne,
Et je brusle du feu que son éclat luy donne ;
De ce bandeau Royal les rayons glorieux
Augmentent la beauté des rayons de ses yeux ;
Et si l'âge flestrit l'éclat de son visage,
L'éclat de sa Couronne en répare l'outrage.
Enfin pour exprimer tous ses charmes divers,
Sa foy me peut en dot apporter l'Univers.
Quoy que de son Espoux ma seule jalousie
Par les mains de Pison ayt terminé sa vie,
Elle a tousjours pensé que des raisons d'Estat
Ont poussé l'Empereur à ce lasche attentat.
Ainsi, Térentius, un royal hyménée
Doit bien-tost à son sort unir ma destinée,
Un Diadème au front en sera le lien.

TÉRENTIUS

Le cœur d'une Amazone estoit digne du tien.

SÉJANUS

Tel jaloux de mon rang tenteroit ma ruine,
Qui n'osera choquer un Espoux d'Agrippine ;

Ce nœud m'affermira dans le Thrône usurpé ;
Et son Fils qui me hait, dans sa fureur trompé,
Au profond de son âme, arrestant sa colère,
Craindra de s'attaquer au Mary de sa Mère,
Ou forcé de le perdre, avec moins de courroux
Elle en pardonnera le meurtre à son Espoux.
Mais allons préparer, dans la pompe célèbre
Du retour de Tibère, une pompe funèbre.

ACTE II

SCÈNE PREMIÈRE

TIBÈRE, NERVA

TIBÈRE

Oüy, la Couronne enferme et cache beaucoup plus
De pointes sous le front qu'il n'en paroist dessus !
De ma triste grandeur j'ay veu Rome idolastre :
Mais que j'ay pour régner d'ennemis à combatre !

NERVA

C'est trop te défier de ton noble destin ;
Agrippine te hait, mais elle est femme enfin.

TIBÈRE

Que de justes frayeurs s'emparent de mon âme !
Le grand Germanicus me combat dans sa femme !
De ce Prince au tombeau, le nom ressuscité
Semble accourir aux vœux qui l'ont sollicité ;
Sous mon Thrône abbatu, ce nouvel Encelade
Du profond des Enfers à ma Cour rétrograde,
Et jette un cry si haut, que du bruit effrayé
Je doute s'il foudroye ou s'il est foudroyé.
Par un souffle bruslant que sa rage respire,
Il esmeut la resvolte au sein de mon Empire,
Et le perfide encor pour braver mes desseins,
Me combat à couvert dans le cœur des Romains.

NERVA

D'un tout si dangereux pers le dangereux reste !

TIBÈRE

Je sçay bien qu'Agrippine à mes jours est funeste :
Mais si, sans l'achever, ma haine l'entreprend,
Le courroux qui l'anime en deviendra plus grand,

Et si dans le Sénat on la treuve innocente,
Je la force à venger cette injure sanglante.

NERVA

Que me dis-tu, Seigneur ? elle est coupable ?

TIBÈRE

En quoy ?

NERVA

D'estre, ou d'avoir esté plus puissante que toy.
Elle rameine au choc les bandes allarmées,
Casse ou nomme à son gré les Empereurs d'Armées[1],
Montre en Caligula son Ayeul renaissant,
Intimide le foible, achepte le puissant,
Emplit ton cabinet de ses pensionnaires :
Enfin jusqu'à ta Garde et tes Légionnaires,
Falut-il se noircir d'une lâche action,
Sont généralement à sa dévotion.
Elle est ambitieuse, elle te croit coupable...
Crains qu'elle ne corrompe un serviteur de table ;
Rarement un grand Roy que l'on peut envier
Eschappe du poison donné par l'héritier.

TIBÈRE

O Ciel ! si tu veux perdre un Empereur de Rome,
Que son trespas au moins soit l'ouvrage d'un homme !

NERVA

César, pour prévenir ses desseins furieux,..
Elle est dans ton Palais... Qu'on l'égorge à tes yeux !

TIBÈRE

L'équité nous oblige à plus de retenuë,
On ne l'a qu'accusée, et non pas convaincuë.

NERVA

Le Sceptre qu'en tes mains dispute son renom,
Dans tes mains esbranlé ne tient plus qu'à ton nom ;
Cours le prix d'une gloire en gloire sans seconde,
Au bout de la carriére est le Thrône du monde ;
Mais encor qu'il puisse estre à tous deux destine,
Qui l'atteindra plustost y sera couronné.
En partant le premier devance donc sa course,
Et coupe les ruisseaux du torrent dès la source :

(1) Les armées romaines décernaient souvent le titre d'*imperator* à leurs généraux (P. L.).

Quoy ? supporteras-tu, sans honte ou sans effroy,
Que l'Empire balance entre une femme et toy ?
Pers, pers cette Orgueilleuse avant qu'elle connoisse
De ton règne esbranlé la mortelle foiblesse.
Un soupçon de révolte, à l'apparence joint,
Est un crime d'Estat qu'on ne pardonne point :
César, il la faut perdre.

TIBÈRE

Oüy. Nerva, je la donne
Sans rien examiner au bien de ma Couronne,
Elle mourra !

NERVA

César...

TIBÈRE

Elle mourra... Mais Dieux !
Comment me desrober au peuple furieux ?
Car si de ce combat j'emporte la victoire,
Son sang pour la venger peut jaillir sur ma gloire ;
C'est un foudre grondant, suspendu, prest à cheoir,
Qu'au dessus de ma teste il ne faut pas mouvoir.

NERVA

Non, Seigneur, non, sa perte est et seure et facille.

TIBÈRE

Il faut donc l'engager à sortir de la ville...

NERVA

Elle iroit, la Superbe, en cent climats divers
Promener la révolte au bout de l'Univers,
Et jettant du discord la semence féconde,
Armeroit contre toy les deux moytiez du Monde;
Elle uniroit les bras de tout le Genre Humain,
Joindroit les deux Soleils du Parthe et du Germain,
Provoqueroit la Paix à te faire la guerre,
Et sur toy seul enfin renverseroit la Terre.

TIBÈRE

Pour l'empescher d'agir, il faut la rasseurer ;
Si son crime paroist, feindre de l'ignorer ;
Et puis, quand nous aurons le secours que j'espère,
La mienne à découvert bravera sa colère.
Mais la voici... N'importe ! il faut la régaler
D une offre dont l'esclat suffit pour l'aveugler.

Voy comme son front cache et montre sa vengeance,
Et dans quelle fierté la Superbe s'avance !
Pour me tromper encor elle vient en ces lieux ;
Mais escoute-nous feindre à qui feindra le mieux.

SCÈNE II

TIBÈRE, AGRIPPINE, SÉJANUS, NERVA, TÉRENTIUS

AGRIPPINE

Ton retour imprévu, tes gardes redoublées,
Trois fortes légions près de Rome assemblées,
M'ont fait avec raison craindre quelque attentat
Ou contre ta Personne, ou contre ton Estat ;
C'est pourquoy dans un temps suspect à ma Patrie,
Où le Romain troublé s'atroupe, s'arme et crie,
J'ameine à ton secours mes proches, mes amis,
Et tous ceux que mon rang me peut avoir soumis.

TIBÈRE, *bas à Nerva.*

L'impudente, Nerva !... *(haut)* Généreuse Princesse,
Je ne puis par ma bouche exprimer ma tendresse :
Car un moindre présent que le Thrône d'un Roy
Ne sçauroit m'acquiter de ce que je te doy ;
De Rome à ce dessein j'approche mon Armée,
Pour forcer cette Esclave au joug accoustumée,
D'adorer, dans ton Fils, ce Prince bien-aymé,
L'Image d'un Héros qu'elle a tant estimé :
Oüy, je viens sur son front déposer ma Couronne,
Et quiconque osera choquer ce que j'ordonne,
C'est un traistre, un mutin, qu'en vassal plein de cœur,
J'immoleray moy-mesme au nouvel Empereur.

AGRIPPINE

Qui renonce à sa gloire en offrant sa Couronne,
Il en acquiert, César, plus qu'il n'en abandonne ;
Tu m'estimes beaucoup de me la présenter,
Mais je m'estime trop pour pouvoir l'accepter ;
C'est en la refusant qu'on s'en doit rendre digne,
Je veux que l'Univers en juge par ce signe.

TIBÈRE

Auguste, ton Ayeul, contre les droicts du sang,
M'adopta pour monter après luy dans son rang ;

Quoy qu'avecque ton sexe il connut ton audace,
Il n'osa te choisir pour occuper sa place ;
Il eust peur, connoissant combien, sans se flater,
La Machine du Monde est pesante à porter,
Que d'un poids inégal à la grandeur de l'âme,
Cet énorme fardeau tombât sur une femme,
Et qu'un Sceptre, appuyé d'une si foible main,
Soustint mal la grandeur de l'Empire Romain.
Mais quoy que sa prudence, en bravant la Nature,
T'ayt ravy la Couronne avec beaucoup d'injure,
Puis qu'aujourd'huy son sang en tes bras affoibli
A dans ceux de ton Fils ses forces restabli [1],
Je le veux eslever par droict héréditaire,
Après un interrègne au Thrône de son Père.

AGRIPPINE

Fille du grand César que je dois imiter,
Je le cède au Héros qu'il crût le mériter,
Pour montrer par un chois aussi grand, aussi juste,
Que je suis et du sang et dans l'esprit d'Auguste.

TIBÈRE

Et par cette raison son esprit et son sang
Sont des droicts à ton Fils pour monter à mon rang ;
J'en ay le Diadème, et d'une foy sincère
Je le veux rendre au Fils, l'ayant receu du Père.

AGRIPPINE

Avec un Diadème, on n'attache pas bien
Un cœur tout généreux qui veut aymer pour rien.

TIBÈRE

Pour te la conserver, j'ay receu la Couronne ;
Je te la rends, Princesse.

AGRIPPINE

Et moy je te la donne.

TIBÈRE

Mais comme j'en dispose au gré de tes parens,
C'est moy qui te la donne.

AGRIPPINE

Et moy je te la rends.

(1) Il y a dans l'édition originale de 1654 *affoiblys* et *restablyes*, ce qui rend ces vers inintelligibles ; dans l'édition de 1710, la correction a été malheureuse : *A dans ceux de son fils tous ses droits rétablis*, ce vers ne se rapportant plus au précédent (P. L.).

As-tu droict d'espérer que cette âme hautaine
En générosité succombe sous la tienne ?

TIBÈRE

Escoute dans ton sein ton cœur te démentir.

AGRIPPINE

Qui choisit par raison ne peut se repentir.

TIBÈRE

Tu me hays, et tu veux éteindre par envie
La plus belle action dont éclate ma vie ;
Ah ! pardonne à l'honneur du Monarque des Rois,
Ou de ton Père en nous respecte au moins le chois !

AGRIPPINE

Aux siècles à venir quelque jour à ta gloire,
Nos Neveus estonnez apprendront dans l'Histoire
Qu'un Roy de sa Couronne a despoüillé son front ;
Et ces mesmes Neveus, à ma gloire, apprendront
Que ce Prince en fit l'offre à la seule personne
Qui pouvoit refuser l'esclat d'une Couronne,
Et que l'ordre des Dieux luy voulut désigner,
De peur qu'un si bon Roy ne cessât de régner.

TIBÈRE

Règne, je te l'ordonne, et, régnant, fais connestre
Que tu sçays m'obéïr encor comme à ton Maistre.

AGRIPPINE

Règne, je te l'ordonne, et respectant ma loy,
Obéys, pour montrer que tu n'es plus mon Roy ;
Règne, et puis que tu veux me rendre Souveraine,
Montre en m'obéyssant que je suis desjà Reyne ;
Reprends donc ta Couronne ; aussi bien couronner
Celle qui te commande est ne luy rien donner.

TIBÈRE

Tasche, mon Séjanus, d'esbranler sa constance,
Toy qui lis dans mon cœur, et vois ce que je pense,
Tu luy découvriras les secrets de mon cœur,
Et les vastes desseins que j'ay pour sa Grandeur.

SCÈNE III

SÉJANUS, AGRIPPINE, TÉRENTIUS

SÉJANUS

Lors que contre soy-mesme avec nous il conspire,
Quelle raison vous meut à refuser l'Empire ?

AGRIPPINE

Alors que dans ton sein mon Portraict fut tracé,
Le Portraict de Tibère en fût-il effacé ?
Ou des-accoustumé du visage d'un Traistre,
L'as-tu veu sans le voir et sans le reconnoistre ?
Je t'excuse pourtant! Non, tu ne l'as point veu,
Il estoit trop masqué pour estre reconnu !
Un homme franc, ouvert, sans haine, sans colère,
Incapable de peur, ce n'est point là Tibère ;
Dans tout ce qu'il paroist, Tibère n'est point là :
Mais Tibère est caché derrière tout cela ;
De monter à son Thrône il ne m'a poursuivie
Qu'à dessein d'espier s'il me faisoit envie;
Et pour peu qu'à son offre il m'eût veu balancer,
Conclure aveuglement que je l'en veus chasser :
Mais quand il agiroit d'une amitié sincère,
Quand le ressentiment des bienfaits de mon Père,
Ou quand son repentir eust mon chois appellé
A la possession du bien qu'il m'a vollé,
Sçache que je préfère à l'or d'une Couronne
Le plaisir furieux que la vengeance donne ;
Point de Sceptre aux despens d'un si noble courroux,
Et du vœu qui me lie à venger mon Espoux.
Mais bien loin qu'acceptant la suprême Puissance
Je perde le motif d'une juste vengeance :
Je veux qu'il la retienne, afin de maintenir
Agrippine et sa race au droict de le punir ;
Si je l'eusse accepté, ma vengeance assouvie
N'auroit peu sans reproche attenter sur sa vie,
Et je veux que le rang qu'il me retient à tort
Me conserve tousjours un motif pour sa mort.
D'ailleurs, c'est à mon Fils qu'il remettoit l'Empire ;
Est-ce au nom de sujet où ton grand cœur aspire ?
Penses-y meurement; quel que soit ton dessein,
Tu ne m'espouseras que le Sceptre à la main.
Mais adieu. Va sonder où tend tout ce mystère,
Et confirme tousjours mon refus à Tibère.

SCÈNE IV

SÉJANUS, TÉRENTIUS

TÉRENTIUS

Par les cuisans soucis où flotte l'Empereur,
Du péril où tu cours mesure la grandeur,

Crains que dans le complot, comme un sage Interprette,
De la moitié connuë il passe à la secrette ;
Car je veux que le Ciel secondant tes souhaits,
Tu meine ta Victoire où tendent tes projets :
D'une marche du Thrône Agrippine approchée,
La soif de se venger non encor estanchée,
Et par un si grand coup ne redoutant plus rien,
Elle voudra du sang, et peut-estre le tien ;
Peut-estre qu'en ton lict aux bras de l'Hyménée,
Le fer de son Espoux attend ta destinée ;
Que sa douleur secrette espère, en te tuant,
Venger son mary mort sur son mary vivant,
Et qu'à ce cher Espoux qui règle sa colère,
Elle veut immoler le vainqueur de Tibère ?
Donc pour sauver ta teste abandonne la Cour ;
Tu connois la Fortune et son funeste amour.

SÉJANUS

Mettre les voilles bas n'ayant point perdu l'Ourse,
Je suis trop esbranlé pour retenir ma course ;
Je veux monter au Thrône, ou m'en voir accabler :
Car je ne puis si tard commencer à trembler.

TÉRENTIUS

Superbe, ta naissance y met un tel obstacle,
Que pour monter au Thrône il te faut un miracle.

SÉJANUS

Mon sang n'est point Royal, mais l'héritier d'un Roy
Porte-t-il un visage autrement fait que moy ?
Encor qu'un toict de chaume eût couvert ma naissance
Et qu'un Palais de marbre eût logé son enfance,
Qu'il fût né d'un grand Roy, moy d'un simple Pasteur,
Son sang auprès du mien est-il d'autre couleur ?
Mon nom seroit au rang des Héros qu'on renomme
Si mes prédécesseurs avoient saccagé Rome :
Mais je suis regardé comme un homme de rien ;
Car mes prédécesseurs se nommoient gens de bien :
Un César cependant n'a guères bonne veuë,
Dix degrez sur sa teste en bornent l'estenduë,
Il ne sçauroit au plus faire monter ses yeux
Que depuis son berceau jusques à dix Ayeux ;
Mais moy je rétrograde aux cabanes de Rome,
Et depuis Séjanus jusques au premier homme ;
Là n'estant point borné du nombre ny du chois,
Pour quatre Dictateurs j'y rencontre cent Rois.

TÉRENTIUS

Mais le crime est affreux de massacrer son Maistre?

SÉJANUS

Mais on devient au moins un magnifique traistre;
Quel plaisir sous ses pieds de tenir aux abois
Celuy qui sous les siens fait gémir tant de Rois!
Fouler impunément des testes couronnées,
Faire du Genre Humain toutes les destinées;
Mettre aux fers un César, et penser dans son cœur:
« Cet Esclave jadis estoit mon Empereur. »

TÉRENTIUS

Peut-estre en l'abatant tomberas-tu toy-mesme.

SÉJANUS

Pourveu que je l'entraisne avec son diadème,
Je mourray satisfait, me voyant terracé
Sous le pompeux débris d'un Thrône renversé:
Et puis mourir n'est rien, c'est achever de naistre!
Un Esclave hier mourut pour divertir son Maistre:
Aux malheurs de la vie on n'est point enchaisné,
Et l'âme est dans la main du plus infortuné.

TÉRENTIUS

Mais n'as-tu point d'horreur pour un tel parricide?

SÉJANUS

Je marche sur les pas d'Alexandre et d'Alcide,
Penses-tu qu'un vain nom de traistre, de voleur,
Aux hommes demy-Dieux doive abatre le cœur?

TÉRENTIUS

Mais d'un coup si douteux peux-tu prévoir l'issuë?

SÉJANUS

De courage et d'esprit cette trame est tissuë:
Si César massacré, quelques nouveaux Titans
Eslevez par mon crime au Thrône où je prétens,
Songent à s'emparer du pouvoir Monarchique,
J'appelleray pour lors le peuple en République,
Et je luy feray voir que par des coups si grans
Rome n'a point perdu, mais changé ses Tyrans.

TÉRENTIUS

Tu connois cependant que Rome est Monarchique,
Qu'elle ne peut durer dans l'Aristocratique,
Et que l'Aigle Romaine aura peine à monter,

Quand elle aura sur soy plus d'un homme à porter.
Respecte et crains des Dieux l'effroyable tonnerre !

SÉJANUS

Il ne tombe jamais en Hyver sur la terre :
J'ay six mois pour le moins à me moquer des Dieux,
En suitte je feray ma paix avec les Cieux.

TÉRENTIUS

Ces Dieux renverseront tout ce que tu proposes.

SÉJANUS

Un peu d'Encens bruslé rajuste bien des choses.

TÉRENTIUS

Qui les craint, ne craint rien.

SÉJANUS

Ces enfans de l'effroy,
Ces beaux riens qu'on adore, et sans sçavoir pourquoy,
Ces altérez du sang des bestes qu'on assomme,
Ces Dieux que l'homme a faicts, et qui n'ont point faict l'homme,
Des plus fermes Estats ce fantasque soustien,
Va, va, Térentius, qui les craint, ne craint rien.

TÉRENTIUS

Mais s'il n'en estoit point ! cette Machine ronde...

SÉJANUS

Oüy, mais s'il en estoit, serois-je encor au monde ?

SCÈNE V

SÉJANUS, TÉRENTIUS, LIVILLA

LIVILLA

Quoy ! tu restes à Rome, et le Foudre grondant
Ne pourra t'éveiller, si ce n'est en tombant ?
Fuy, fuy, tout est perdu.

SÉJANUS

L'Empereur sçait la trame ?

LIVILLA

Tout est perdu, te dis-je !

SÉJANUS

Ah ! poursuivez, Madame !

LIVILLA

Tu n'as plus qu'un moment.

SÉJANUS

Mais de grâce, pourquoy ?
Tibère...

LIVILLA

Au nom des Dieux, Séjanus, sauve-toy !

SÉJANUS

Apprenez-nous au moins qui vous rend si troublée ?

LIVILLA

J'ay honte de l'effroy dont je suis accablée ;
Mais on peut bien trembler quand le Ciel tremble aussi !
Escoute donc sur quoy je m'épouvente ainsi.
Des poings du Victimaire aujourd'huy nos hosties,
Le cousteau dans la gorge en fureur sont parties ;
L'Aruspice a treuvé le cœur défectueux,
Les poulmons tous flestris, et le sang tout bourbeux ;
La chair du Sacrifice au brazier pétillante,
Distilloit sur l'Autel une liqueur puante ;
Le bœuf n'a pas esté mortellement atteint ;
L'encensoir allumé par trois fois s'est esteint ;
Il est sorty de terre une vaine figure ;
On n'a point veu manger les oyseaux de l'Augure ;
Le Sacrificateur est cheû mort en riant ;
Le Temple s'est fermé du costé d'Orient ;
Il n'a tonné qu'à droite, et durant cet extase
J'ay veu nos Dieux foyers renversez de leur baze.

SÉJANUS

Quoy ! ces présages vains estonnent ton courrous ?
Ils sont contre Tibère, et non pas contre nous.
Si les Dieux aux mortels découvroient leurs mystères,
On en liroit au Ciel les brillans caractères :
Mais quoy qu'il en puisse estre, il sera glorieux
D'avoir fait quelque chose en dépit de nos Dieux !
Car si nostre fureur succombe à la Fortune,
Au moins dans les transports d'une rage commune
Nous poursuivrons Tibère avec tant de courrous,
Que l'on verra suër le Destin contre nous.

LIVILLA

Le Destin grave tout sur des tables de cuivre,
On ne deschire pas les feüillets d'un tel Livre.

SÉJANUS

Achevons donc le crime où ce Dieu nous astraint,
C'est luy qui le commet, puis qu'il nous y contraint.

LIVILLA

Mon esprit est remis, et ton noble courage,
Quoy qu'annonce le Ciel, est un heureux présage.
Allons de cent Argus Tibère environner,
Arrestons les avis qu'on luy pourroit donner;
Et puis qu'il ne tient pas tout le secret encore,
Coupons vers nostre bout la moitié qu'il ignore.

ACTE III

SCÈNE PREMIÈRE

AGRIPPINE, CORNÉLIE

AGRIPPINE

Sanglante Ombre qui passe et repasse à mes yeux,
Fantosme dont le vol me poursuit en tous lieux,
Tes travaux, ton trespas, ta lamentable histoire
Reviendront-ils sans cesse offenser ma mémoire?
Ah! trève, cher Espoux! Si tu veux m'affliger,
Preste-moy pour le moins le temps de te venger.

CORNÉLIE

Il vient vous consoler de sa cruelle absence.

AGRIPPINE

Il vient, il vient plutôt me demander vengeance;
Te souvient-il du temps qu'au fort de ses douleurs,
Couronné dans son lict de ses amis en pleurs,
Il crioit : « O Romains, cachez-moi cette offrande!
C'est un bras, non des yeux, que mon sort vous demande :
Mes plus grands ennemis n'ont rien tant désiré
Que de me voir un jour digne d'estre pleuré.
A de plus hauts pensers eslevez donc vostre âme;
Pleurer Germanicus, c'est le venger en femme.
On me plaindra par tout où je suis renommé;
Mais pour vous, vengez-moy si vous m'avez aymé!
Car, comme il est honteux à qui porte une espée
D'avoir l'âme à pleurer mollement occupée,
Si du sang respandu sont les pleurs d'un Romain,

J'espère que vos yeux seront dans vostre main ;
Forcez donc mes bourreaux de souspirer ma perte,
C'est la seule douleur qui me doit estre offerte,
Oüy, cherchez, poursuivez jusqu'à la terre ouvrir,
La terre parlera pour vous les descouvrir.
Que par les yeux sanglans de cent mille blessures,
Leurs corps défigurez pleurent mes avantures,
Et que Pison le traistre... » A ce mot de Pison,
Son âme abandonna sa mortelle prison,
Et s'envola meslée au nom de ce perfide,
Comme pour s'attacher avec son homicide ;
Enfin, je l'ay veû pasle et mort entre mes bras ;
Il demanda vengeance et ne l'obtiendroit pas !
Un si lasche refus...

CORNÉLIE

L'aymez-vous ?

AGRIPPINE

Je l'adore.

CORNÉLIE

Madame, cependant Tibère vit encore.

AGRIPPINE

Attens encor un peu, mon déplorable Espoux !
Tu le verras bien-tost expirant sous mes coups,
Et ravy par le sort aux mains de la Nature,
Son sang à gros boüillons croistre chaque blessure !
Son esprit par le fer, dans son siége espuisé,
Pour sentir tout son mal en tous lieux divisé,
Entre cent mil éclairs de l'acier qui flamboye,
Gémissant de douleur, me voir pasmer de joye,
Et n'entendre, percé de cent glaives aigus,
Que l'effroyable nom du grand Germanicus !...
Qu'il est doux au milieu des traicts qu'on nous décoche
De croire estre offensé quand la vengeance approche !
Il semble que la joye au milieu de mes sens
Reproduise mon cœur par tout où je la sens ;
Pour former du Tyran l'image plus horrible,
Chaque endroit de mon corps devient intelligible,
Afin que toute entière en cet accez fatal,
Je renferme, je sente et comprenne son mal ;
Usurpant les devoirs de son mauvais génie,
Je l'attache aux douleurs d'une lente agonie ;
Je compte ses sanglots, et j'assemble en mon sein

Les pires accidens de son cruel destin ;
Je le voy qui paslit ; je voy son âme errante
Couler dessus les flots d'une écume sanglante ;
L'estomac enfoncé de cent coups de poignard,
N'avoir pas un amy qui luy jette un regard,
S'il pense de sa main boucher une blessure,
Son âme s'échaper par une autre ouverture ;
Enfin, ne pouvant pas m'exprimer à moitié,
Je le conçois réduit à me faire pitié.
Voy quels transports au sein d'une femme offensée
Cause le souvenir d'une injure passée !
Si la Fortune instruite à me désobliger
M'ostoit tous les moyens de me pouvoir venger,
Plutôt que me résoudre à vaincre ma colère,
Je m'irois poignarder dans les bras de Tibère,
Afin que soupçonné de ce tragique effort,
Il attirast sur luy la peine de ma mort ;
Au moins dans les Enfers j'emporterois la gloire
De laisser, quoi que femme, un grand nom dans l'Histoire ;
Mais le discours sied mal à qui cherche du sang.

CORNÉLIE

Vous !

AGRIPPINE

Oüy, moy, de César je veux percer le flanc,
Et jusques sur son Thrône hérissé d'halebardes,
Je veux, le massacrant au milieu de ses Gardes,
Voir couler par ruisseaux de son cœur expirant
Tout le sang corrompu dont se forme un Tyran !

SCÈNE II

TIBERE, AGRIPPINE, CORNÉLIE,
TROUPE DE GARDES

TIBÈRE, la surprenant.

Poursuivez...

AGRIPPINE

Quoy, Seigneur ?

TIBÈRE

Le propos détestable
Où je vous ay surprise.

AGRIPPINE

Ah ! ce propos damnable
D'une si grande horreur tous mes sens travailla,
Que l'objet du fantosme en sursaut m'esveilla.

TIBÈRE

Quoy ! cela n'est qu'un songe, et l'horrible blasphème
Qui chocque des Césars la Majesté suprême
Ne fut dit qu'en dormant ?

AGRIPPINE

Non, César, qu'en dormant ;
Mais les Dieux qui, pour lors, nous parlent clairement,
Par de certains effets, dont ils meuvent les causes,
En nous fermant les yeux nous font voir toutes choses ;
Escoute donc, Seigneur, le songe que j'ay fait,
Afin que le récit en détourne l'effet :
Je réclamois des Dieux la sagesse profonde
De régir par tes mains les affaires du monde,
Quand les sacrez Pavots qui nous tombent des Cieux,
D'un sommeil prophétique ont attaché mes yeux.
Après mille embarras d'espèces mal formées
Que la chaleur vitale entretient de fumées,
Je ne sçay quoy de blesme et qui marchoit vers moy,
A crié par trois fois : « César, prens garde à toy ! »
Un grand bruict aussi-tost m'a fait tourner visage,
Et j'ay veu de César la pâlissante Image,
Qui couroit hors d'haleine en me tendant les bras...
Oüy, César, je t'ay veu menacé du trespas.
Mais comme à ton secours je vollois, ce me semble,
Nombre de meurtriers qui couroient tous ensemble
T'ont percé sur mon sein ; Brutus les conduisoit,
Qui loing de s'estonner du grand coup qu'il osoit,
« Sur son Thrône, a-t-il dit, hérissé d'halebardes,
Je veux, le massacrant au milieu de ses Gardes,
Voir couler par ruisseaux de son cœur expirant
Tout le sang corrompu dont se forme un Tyran ! »
J'en estois là, Seigneur, quand tu m'as entenduë.

TIBÈRE

La réponse est d'esprit et n'est pas mal conceuë.

AGRIPPINE

Ha ! César, il n'est plus d'azyle en ta maison.
Quoy ! tu tiens pour suspects de fer et de poison
Jusques à tes parens, avec qui la Nature

T'attache par des nœuds d'immortelle tissure ;
Connois mieux Agrippine, et cesse d'opprimer,
Avec ceux que ton sang oblige de t'aymer
Ceux que soustient ton rang... Séjanus par exemple,
Superbe, sanguinaire, homme à brusler un Temple,
Mais qui pour ton salut accepteroit la mort,
Ne peut estre accusé ny soupçonné qu'à tort !
Et cependant, César, un fourbe, un lasche, un traistre,
Pour gaigner en flateur l'oreille de son Maistre,
Peut te dire aujourd'huy......

(Séjanus entre sans estre veu d'Agrippine ny de Tibère.)

SCÈNE III

TIBERE, AGRIPPINE, SÉJANUS

AGRIPPINE *continuë sans voir Séjanus*

Séjanus te trahit,
Il empiète à pas lents ton Thrône, et l'envahit,
Il gaigne à son party les Familles puissantes,
Il se porte héritier des maisons opulentes,
Il brigue contre toy la faveur du Sénat.

SÉJANUS *bas*

O Dieux ! elle m'accuse !

AGRIPPINE

Il renverse l'Estat,
Il sème de l'argent parmy la populace.

SÉJANUS *bas à Agrippine en se jettant aux pieds de l'Empereur*

Nous périrons, Madame, et sans implorer grâce !
Oüy, Seigneur, il est vray, j'ay conjuré !

TIBÈRE

Qui ? toy !

AGRIPPINE

On peut te dire pis encor de luy, de moy...
Mais à de tels rapports il est d'un Prince sage
De ne pas escouter un foible tesmoignage.

SÉJANUS *bas*

Imprudent ! qu'ay-je fait ? Tout est désespéré !

TIBÈRE

Mais enfin, Séjanus luy-mesme a conjuré ?
Il l'advouë ?

SÉJANUS

Oüy, Seigneur.

TIBÈRE

L'eussiez-vous creu, Princesse ?

SÉJANUS

J'ay conjuré cent fois ta profonde sagesse,
De ne point escouter ces lasches ennemis
Qui te rendent suspects Agrippine et son Fils.
Ne souffre pas, Seigneur, qu'une âme desloyale
Desgorge son venin sur la maison Royale ;
Tout le Palais desjà frémit de cet affront,
Et ta Couronne mesme en tremble sur ton front ;
Rome en est offensée, et le Peuple en murmure,
Préviens de grands malheurs, César, je t'en conjure !
Je t'en conjure encor par l'amour des Romains,
Et par ces tristes pleurs dont je moüille tes mains !

TIBÈRE

Comment ?

SÉJANUS

Tes Légions qui s'approchent de Rome
Réveillent en sursaut la Ville d'un grand somme ;
Elle croit que tu veux abreuver ses rempars
De ce qui reste encor du sang de nos Césars,
Et qu'après tant de sang que ta soif se destine,
Tu viens pour te baigner dans celuy d'Agrippine.
Le Peuple en tous ses bras commence à se mouvoir,
Il faict aux plus sensez tout craindre et tout prévoir :
Pour te l'oster de force il résout cent carnages,
Autour de ton Palais il porte ses images,
Il brave, il court, il crie, et presque à ton aspect,
Menace insolemment de perdre tout respect.
Estouffe en son berceau la révolte naissante.

TIBÈRE, *il arreste Agrippine qui veut sortir.*

Agrippine arrestez ! Si le désordre augmente
Un désaveu public aux yeux de ces mutins,
En vous justifiant, calmera nos destins ;
Vos efforts feront voir si le ver qui vous ronge,
Méditoit le récit d'un complot ou d'un songe :
Esteignez au plus tost le feu que je prévoy,
Ou bien résolvez-vous de périr avec moy ;

Se tournant vers Séjanus

C'est pour l'intimider, les rayons de ma veuë,
Comme ceux du Soleil, résoudront cette nuë.

SÉJANUS

Il seroit à propos qu'on te vit escorté :
De grands desseins par là souvent ont avorté.

SCÈNE IV

SÉJANUS, AGRIPPINE. CORNÉLIE

SÉJANUS

Que vous m'avez faict peur !

AGRIPPINE

Que vous m'avez troublée !
Je sens mon âme encor de surprise accablée !
Confesser au Tyran la conjuration !

SÉJANUS

Mais vous, luy révéler la conspiration !
J'ay creu que vostre cœur vous prenoit pour un autre ;
J'en ay senty mon front rougir au lieu du vostre,
Et j'appellois desjà la Mort avec fierté,
Pour espargner ma honte à votre lascheté,
Pour en perdre au tombeau la funeste mémoire,
Et pour ne pas enfin survivre à vostre gloire :
Oüy, j'allois sans lascher ny souspir ny sanglot,
Moy seul, pour mourir seul, m'accuser du complot,
Et vous justifiant, quoy que mon ennemie,
Combler par mon trespas vostre nom d'infamie !

AGRIPPINE

Vous m'offensez cruel, par cet emportement,
Mon amour en dépost vous tient lieu de serment,
Puis que c'est une loy du Dieu qui nous assemble,
Que si vous périssez, nous périssions ensemble.

SÉJANUS

Si j'ay de grands soupçons, ce n'est pas sans sujet :
Ce que j'espère est grand, et mon sort est abjet !
Vous faites relever le bonheur de ma vie
D'un bien que l'Univers regarde avec envie ;
Et c'est pourquoy je tremble au front de l'Univers,
Quand dessus mon thrésor je voy tant d'yeux ouvers ;
Oüy, j'ay peur qu'Agrippine icy-bas sans seconde,
Eslevée au sommet de l'Empire du monde
Comme un prix de Héros, comme une autre Toyson,

Ne reschauffe le sang de quelqu'autre Jason,
Et cette peur, hélas! doit bien estre soufferte
En celuy que menasse une si grande perte.

AGRIPPINE

Non, croyez, Séjanus, avec tous les humains,
Que je ne puis sans vous achever mes desseins,
Et que vous connoistrez dans peu comme moy-mesme
Si véritablement Agrippine vous aime[1].

SÉJANUS

Enfin, quoy que César puisse faire aujourd'huy,
La peur dont j'ay tremblé retombera sur luy.
Il faut que je me rende auprès de sa personne,
De peur qu'un entretien si secret ne l'estonne;
Vous, sortez en public pour tromper le Tyran,
Et guérissez un mal qui n'est pas assez grand :
Contre trois Légions qui frapent à nos portes,
Tous les Prétoriens, et cinquante Cohortes,
Nos gens espouventez ne feroient que du bruict
Et n'en recueilleroient que la mort pour tout fruict.
Attendons que l'aspect d'un Astre moins contraire
Dedans son Isle infâme entraisne encor Tibère.

SCÈNE V

AGRIPPINE, CORNÉLIE, LIVILLA

LIVILLA

La Discorde, allumant son tragique flambeau,
Vous consacre, Madame, un spectacle assez beau,
Et je viens comme Sœur, prendre part à la joye
Que lassé de vos maux le Destin vous envoye;
Le Peuple soulevé pour un Exploict si grand,
Vous tient comme en ses bras à couvert du Tyran,
Et ce transport subit, aveugle et plein de zèle,
Tesmoigne que les Dieux sont de vostre querelle...

AGRIPPINE

Les Dieux sont obligez de venger mon Espoux,
Si les Dieux icy-bas doivent justice à tous;
Deux partis ont chargé leur balance équitable :
Agrippine outragée, et Tibère coupable.

(1) En marge de ces 4 vers, on lit dans 1654, « vers équivoques ».

LIVILLA

Pour se bien acquitter, ils vous couronneront.

AGRIPPINE

Ils s'acquitteront bien quand ils me vengeront ;
C'est la mort que je veux, non le rang du Monarque.

LIVILLA

Se joindre à Séjanus n'en est pas une marque !

AGRIPPINE

Je fais encore pis : je me joins avec vous.

LIVILLA

Vous nous aviez long-temps caché vostre courroux !

AGRIPPINE

Je règle à mon devoir les transports de mon âme.

LIVILLA

Au devoir, en effet, vous réglez vostre flamme :
Car comme l'amour seul est le prix de l'amour,
Séjanus vous aymant, vous l'aymez à son tour.

AGRIPPINE

Il vous sied mieux qu'à moy d'aymer un adultère,
Après l'assassinat d'un Espoux et d'un Frère.

LIVILLA

Sont-ils ressuscitez pour vous le révéler ?

AGRIPPINE

S'ils sortoient du cercueil, ils vous feroient trembler !

LIVILLA

Cette ardeur dont j'embrasse, et presse leur vengeance,
De l'Envie et de vous sauve mon innocence.

AGRIPPINE

Si sans exception vostre main les vengeoit,
Vous verseriez du sang qui vous affoibliroit :
Mais quand vous vengerez leurs Ombres magnanimes.
Vous leur desroberez tout au moins deux Victimes.

LIVILLA

Vous pourriez m'attendrir par de telles douleurs,
Qu'enfin j'accorderois Séjanus à vos pleurs.

AGRIPPINE

Si m'en faisant le don, vous faites un miracle,
J'en promets à vos yeux le tragique spectacle !

Mais il vous est utile, et vous le garderez
Pour le premier Espoux, dont vous vous lasserez.

LIVILLA

Quiconque ose inventer ce crime abominable,
Du crime qu'il invente il a l'esprit capable !...

AGRIPPINE

Vostre langue s'emporte ! apaisez sa fureur...
Ce n'est pas le moyen d'acquérir un vainqueur
Que vous dites m'aymer avec tant de constance,
Car s'il m'ayme, il reçoit la moitié de l'offence.

LIVILLA

Séjanus vaut beaucoup ! Vous devez l'estimer ?

AGRIPPINE

Son mérite est trop grand pour pouvoir m'exprimer :
Mais Tibère estant mort, que nous avons en butte,
Séjanus à son tour sera nostre dispute :
Il doit estre immolé pour victime, entre nous,
Ou bien de vostre Frère, ou bien de mon Espoux.
Adieu donc, et de peur que dans la solitude
Vostre jaloux soupçon n'ait de l'inquiétude,
J'engage à ma parole un solemnel serment,
Que je sors sans dessein d'aller voir vostre Amant...

SCÈNE VI

LIVILLA, *seule.*

Dites, dites le vostre, Agrippine infidelle,
Qui de Germanicus oubliant la querelle,
Devenez sans respect des droicts de l'amitié
De son lasche Assassin l'exécrable moitié !
Femme indigne du nom qui soustient vostre race,
Et qui du grand Auguste avez perdu la trace,
Rougissez, en voyant vostre Espoux au tombeau,
D'estouffer sa mémoire au lict de son Bourreau !...
Mais que dis-je, insensée ? Ah ! mon trouble est extrême !
Ce reproche honteux rejaillit sur moy-mesme,
Puis que de rang égal, et filles d'Empereurs,
Nous tombons, elle et moy, dans les mesmes erreurs.
Elle ayme ce que j'ayme, et quoy que je contemple
De lasche dans son cœur, son cœur suit mon exemple ;
Et puis il s'est donné... Mais le Traistre est-il sien ?

M'ayant faict sa maistresse, a-t-il droict sur mon bien !
Non ; si par son Hymen ma naissance j'affronte,
J'en cueilleray la gloire ayant semé la honte,
Pour me le conserver je hazarderay tout,
Je n'entreprendray rien que je ne pousse à bout.
Rien, par qui dans sa mort mon bras ne se signale,
Si je puis descouvrir qu'il serve ma Rivale.
Qu'il y pense, ou bien-tost des effets inhumains
Feront de son suplice un exemple aux Romains ;
Oüy, par les Dieux vengeurs, lasche, je te proteste,
Si ton manque de foy me paroist manifeste,
Qu'avant que le Soleil ait son char remonté,
Tu seras comme ceux qui n'ont jamais esté !

ACTE IV

SCÈNE PREMIÈRE

TIBÈRE, SÉJANUS

TIBÈRE

Enfin Rome est soumise, et mes Troupes logées
Sont autour du Palais en bataille rangées,
Et je puis foudroyer d'un bras victorieux
Ces superbes Titans qui s'osent prendre aux Dieux ;
Je dois par Agrippine ouvrir leurs sépultures,
Sa mort décidera toutes nos avantures.

SÉJANUS

Seigneur, daigne en son sang le tien considérer !

TIBÈRE

Quand j'ay de mauvais sang, je me le fais tirer.

SÉJANUS

Prens garde aussi de perdre Agrippine innocente !
D'un coup si dangereux la suitte m'épouvante ;
Rome publie à faux, par de si prompts effets,
Que pour t'abandonner à de plus grands forfaits,
Tu chasse le tesmoin de qui l'aspect t'affronte,
Et punis la vertu dont l'esclat te fait honte.

TIBÈRE

Quoy ! la craindre, et n'oser mettre un terme à ses jours !
Ou bien la laisser vivre, et la craindre tousjours !

L'un m'est trop dangereux, l'autre m'est impossible.

SÉJANUS

Seigneur, comme elle rend son abord accessible,
Qu'un Espion fidèle évente ses secrets :
Je m'offre à cet employ.

TIBÈRE

Je l'ay mandée exprez.
Ce langage muet des yeux avecque l'âme
Me pourra découvrir le complot qu'elle trame ;
Je feindray de sçavoir qu'elle en veut à mes jours,
Afin que si son front paslit à ce discours,
Il soit, pour la convaincre, un indice contr'elle ;
Ou si plein de fierté son front ne la décelle,
Me croyant en secret du complot adverty,
Elle abandonne au moins l'intérest du party.
Brisons là, Séjanus, je la voy qui s'avance...
A la faire parler observe ma prudence.

SCÈNE II

TIBÉRE, SÉJANUS, AGRIPPINE, CORNÉLIE

TIBÈRE

Quoy, barbare ! vouloir ton Père assassiner
Au moment glorieux qu'il te va couronner ?
N'appréhende-tu point, âme fière, âme ingrate,
Qu'au feu de mon amour ta lascheté n'éclate,
Et qu'en l'air cette main qui m'assassinera
Ne rencontre la main qui te couronnera ?

AGRIPPINE

Moy, Seigneur ?

TIBÈRE

Toy, perfide !

AGRIPPINE

Enfin, qui le dépose ?

TIBÈRE

Demande à Séjanus, il en sçait quelque chose.

SÉJANUS

J'estois présent, Madame, à ce triste rapport.

TIBÈRE

D'où vient qu'à ce discours tu te troubles si fort ?

AGRIPPINE

Pour paroistre innocente, il faut estre coupable :
D'une prompte réplique on est bien plus capable,
Parce que l'on apporte au complot déclaré,
Contre l'accusateur un esprit préparé.

TIBÈRE

Deffends, deffends-toy mieux.

AGRIPPINE

Je pourrois l'entreprendre :
Mais je t'offenserois si j'osois me deffendre ;
Ce seroit une preuve à la Postérité
Que ta mort estoit juste et pleine d'équité,
Si ton cœur tesmoignoit par la moindre surprise
Soupçonner ma vertu de l'avoir entreprise.
Je veux donc à ta gloire espargner cet affront,
Tu vois mon innocence et la lis sur mon front ;
Agrippine, César ! attenter sur ta vie !
Non, tu ne le crois pas ! Mais ce Monstre d'Envie,
Dont le soufle ternit la candeur de ma foy,
A sans doute aposté des tesmoins contre moy ;
Car tout Rome connoist qu'il veut par ma ruine
Eslever sa maison sur celle d'Agrippine.

TIBÈRE

Tout ce déguisement ne te peut garantir ;
Ton jour est arrivé, Superbe, il faut partir,
Et l'Estat en péril a besoin de ta teste.

AGRIPPINE

Faut-il tendre le col ? Qu'on frappe, je suis preste !
Tibère estant icy, je voy l'Exécuteur...
Mais apprens-moy mon crime et mon Accusateur ?

TIBÈRE

Tu desbausches le peuple à force de largesses,
Tu gagnes dans le Camp mes Soldats par promesses,
Tu parois en public, tu montes au Senat,
Tu brigues pour les tiens les Charges de l'Estat.

AGRIPPINE

Tibère ne reproche à mon âme Royale
Que d'estre généreuse, affable et libérale,
Et comme criminelle, à mort il me poursuit !

TIBÈRE

La Vertu devient crime en faisant trop de bruit.

AGRIPPINE

Elle passe du moins pour cela sous ton règne.

TIBÈRE

Mon amour Paternel à tes Fils le tesmoigne.

AGRIPPINE

Cet amour Paternel les a tous gloriéux
Eslevez de ta table à la table des Dieux ;
Et si de beaux festins tu régales les nostres,
Qu'après ceux de Tibère ils n'en goustent plus d'autres !

TIBÈRE

Romains, j'ay la bonté d'estre le Protecteur
De celle qui me tient pour un empoisonneur ;
Je suis enfant d'Auguste.

AGRIPPINE

Il m'en souvient, Tibère !
Tu nacquis en ce temps qu'à mon bienheureux Père
Toute chose à l'envi succédant à la fois,
Fortune luy donnoit des enfans à trois mois.

TIBÈRE

Si je ne tiens de luy le jour que je respire,
Au moins, comme à son Fils, il m'a laissé l'Empire,
Et ce sage Empereur nous rendit par son choix,
Toy l'Esclave sousmise, moy le Maistre des Loix.

AGRIPPINE

Ne fais point vanité d'un choix illégitime ;
Son orgueil te choisit, et non pas son estime ;
Il te donna l'Empire, afin que l'Univers
Regrettast le malheur d'avoir changé ses fers.

TIBÈRE

Parricide, ton Père esprouve ton audace.

AGRIPPINE

Tu respectes mon Père en destruisant sa race,
Tu luy bastis un Temple, et consacrant ce lieu,
Tu n'y fais immoler que les Parens du Dieu ;
Ce n'est pas dans le tronc d'une Idole müette
Que repose son âme et sa forme secrette,
C'est dans moy, c'est dans ceux qui sortent de mon flanc,
Et qui s'y sont formez de son céleste sang ;
Ne crois pas mes douleurs de criminelles fautes
Que pousse le regret du Sceptre que tu m'ostes ;

Mais escoute, Tyran : La cause de mon deüil,
C'est d'entendre gémir l'Echo d'un vain cercueil,
Une Ombre désolée, une Image parlante
Qui me tire la robbe avec sa main tremblante ;
Un Fantosme tracé dans l'horreur de la nuict
Que j'entens sangloter au chevet de mon lict,
Le grand Germanicus, dont les Mânes plaintives
M'appellent pour le suivre aux infernales rives,
Et de qui, quand je dors, d'un pas remply d'effroy,
Le Spectre souspirant vient passer devant moy.
Je te suis, mon Espoux, mais j'attens pour descendre
Que j'aye réchauffé de sang ta froide cendre,
Aux pieds de ta Statue immolé ton Bourreau ;
Et de son corps sanglant remply ton vain tombeau.
Que si le Ciel injuste est sourd à ma requeste...

TIBÈRE

Ton bras, à son défaut, attaquera ma teste?

AGRIPPINE

Qui m'empesche, Tyran, si c'estoit mon dessein,
De plonger tout à l'heure un poignard dans ton sein ?

Elle tire un poignard qu'elle jette aux pieds de l'Empereur.

Mais vis en seureté, la Veufve d'un Alcide
Rougiroit de combattre un Monstre si timide.

TIBÈRE

En découvrant ainsi ta noire intention,
Et travaillant toy-mesme à ta conviction,
Tu t'espargnes la géhenne.

AGRIPPINE

Ah ! si je suis blasmable,
Mon Orgueil, non pas moy, de mon crime est coupable !
Et mon cœur eschauffé de ce sang glorieux,
Qui se souvient encor d'estre sorty des Dieux,
Au nom de parricide, ardent et plein de flame,
Tasche par son transport d'en repousser le blasme ;
Et sans voir que mon Prince est mon accusateur
Il révolte ma voix contre mon Empereur.

TIBÈRE

Ah ! si mon sang t'émeut, il mérite ta grâce.
L'Orgueil n'est pas un crime aux Enfans de ma race ;
Mais comme d'un soupçon la noirceur s'effaçant
Laisse encor quelque tache au nom de l'Innocent,
De peur que trop de jour dessillant ma paupière
Dans mon cœur malgré moy jette trop de lumière,

J'abandonne des lieux où je crains de trop voir...
Reste icy par mon ordre avecque plein pouvoir.
Pour ton Fils je l'emmeine, il sera dans Caprée
De nostre intelligence une chaisne asseurée ;
La mollesse de Rome énerve un jeune esprit,
Et sa fleur sans esclorre en bouton s'y flestrit.

SCÈNE III

AGRIPPINE, SÉJANUS, CORNÉLIE

AGRIPPINE

O ! qu'il est à propos de sçavoir se contraindre !
Mais comment se forcer, quand on ne sçauroit craindre ?
Dans mon abaissement incapable d'effroy,
César me semble encor bien au dessous de moy ;
Le nom de mon Mary, mon rang et ma naissance,
Enflent tous mes discours d'une masle asseurance.
La Terre a beau plier sous cet Usurpateur,
Mon sang me fait régner sur ce lasche Empereur ;
Encor qu'insolemment le Superbe me brave,
Je ne puis m'abaisser à flatter mon Esclave.
Quoy ! mon Fils à Caprée !

SÉJANUS

O Ciel !

AGRIPPINE

Ah ! Séjanus !
La fureur me saisit, je ne me connois plus...
Vois-tu pas son dessein ?

SÉJANUS

Ce rusé Politique
Le cache aux yeux de Rome et de la République ;
Son amitié travaille à le faire oublier :
De l'azile qu'il donne il se fait le Geolier,
Et vous des-unissant à faux tiltre de Père,
Oste la Mère au Fils et le Fils à la Mère.
Ah ! Madame, il est temps de faire agir la main
Dont le coup doit un Maistre à l'Empire Romain.
Allez descendre au Camp, mutinez les Gensdarmes,
Faites-les souvenir d'avoir porté les armes,
D'avoir en cent climats planté nos pavillons
Et fauché par la mort tant d'affreux Bataillons,

Sans qu'il reste à pas un pour vingt ans de services,
Que des cheveux blanchis, de larges cicatrices,
Des cadavres entez dessus des membres morts,
Et des troncs survivans la moitié de leurs corps.
Pour les picquer d'honneur, vous direz de leurs Pères,
Que vous les avez veus parmy nos adversaires,
Pesle-mesle entassez, et sanglants qu'ils estoient,
S'enterrer sous le poids des corps qu'ils abatoient,
Percer des escadrons les murailles serrées,
Faire avec un bras seul plus que deux Briarées,
Et qu'au lict de la mort ces vaincus triomphans
Vous ont recommandé leurs malheureux enfans ;
Que c'est bien la raison que vous serviez de Mère
A ceux dont vostre Espoux estoit jadis le Père,
Que tout son patrimoine il leur avoit laissé,
Mais que le Testament par César fut cassé.
Allez, cela finy, de rang en rang paroistre,
Flater chaque soldat, feindre de le connoistre,
Et jettant à la foule une somme d'argent,
Protestez qu'au Palais d'un œil si diligent,
On veille vos discours, vos pensers, vostre vie,
Qu'un don plus généreux attireroit l'envie ;
Mais qu'en un grand dessein, s'ils vous veulent ayder,
Et vous mettre en estat de pouvoir commander,
Vous leur restituerez ce fameux héritage
Que leur Père mourant leur laissoit en partage.

CORNÉLIE

Si leur âme en suspens semble encor hésiter,
Vous sçaurez par ces mots leur courage exciter.
« Quoy vous, mes compagnons, dont l'ardente colère
Fit trembler autrefois le Thrône de Tibère,
Qui dispensiez la vie et la mort aux humains,
Qui portiez des combats la Fortune en vos mains,
Qui vouliez au Tyran arracher la Couronne
Pour des crimes légers dont le couvroit son Thrône,
Vous semblez l'adorer dessus son Thrône assis,
Quand il est devenu le bourreau de ses Fils ?
Où s'en est donc allé cette noble furie,
Et ce feu qui veilloit au bien de la Patrie ?
Le Ciel d'un coup de foudre épargneroit vos mains,
S'il osoit usurper la charge des Romains.
Marchez donc sans trembler sur les pas d'une femme !
Espuisez d'un Vieillard ce qui luy reste d'âme ;

Que si d'un esprit foible en cet illustre employ
Vous craignez le péril, ne frappez qu'après moy ! »
Ce discours achevé, du haut de leur Tribune,
Avec un front égal attendez la Fortune.

AGRIPPINE, *à Séjanus*

Mais sans que de l'Estat nous déchirions le flanc,
Que le sang de Tibère espargne tant de sang !
Laisse-moy l'attaquer seule en face de Rome,
Il ne mérite pas de tomber sous un homme.

SÉJANUS

Madame, en ma faveur, ne vous exposez point !
Attendons au party le Soldat qui se joint ;
Du plus seur au plus prompt ne faites point d'eschange.

AGRIPPINE

Périsse l'Univers, pourveu que je me venge !

SÉJANUS

Oüy, vous serez vengée, oüy, Madame, et bien-tost !
Vostre Ayeul, dans le Ciel, le demande assez haut,
Et du fond des Enfers vostre Espoux vous le crie :
Mais pour un malheureux conservez vostre vie,
Vous me l'avez promis !

AGRIPPINE

Oüy, va, je m'en souviens !
Mais une Ombre qui crie empesche nos liens.

SÉJANUS

Hé quoy ! Germanicus peut-il trouver estrange
Que sa Veufve se donne à celuy qui le venge ?

AGRIPPINE

Non, sa Veufve à son gré te fera son Espoux,
Tu seras son Rival sans qu'il en soit jaloux ;
Il joindra de son nom la force à ton audace,
Pourveu qu'en le vengeant tu mérites sa place.
A ces conditions que je passe avec toy,
Dessous le sceau d'Hymen je t'engage ma foy.
[*Vers qui cachent un autre sens*]
Mais il faut, si tu veux que le contract s'observe,
Vengeant Germanicus, le venger sans réserve ;
Et quand ton bras aura ses Mânes consolez,
Et tous ses meurtriers à son Ombre immolez,
Mes faveurs envers toy pour lors seront si grandes,
Que je t'espouseray si tu me le demandes.

SÉJANUS

Quoy ! vous m'aymez, Madame, et je l'aprens de vous !
Quoy ! je puis espérer d'estre un jour vostre Espoux !
Et l'excez du plaisir dont mes sens sont la proye
Ne me sçauroit encor faire expirer de joye !
Si le Sort ne veut pas que je meure d'amour,
Ny que sans vostre aveu je sois privé du jour,
Du moins je vous diray jusqu'au souspir extrême :
Voyez mourir d'amour Séjanus qui vous ayme !

AGRIPPINE

Adieu ! ma sœur approche, oste-luy les soupçons
Qu'elle pourroit avoir que nous la trahissons.

SÉJANUS

Ah ! Madame, elle peut nous avoir escoutée,
Elle marche à grands pas et paroist transportée.

SCÈNE IV

SÉJANUS, LIVILLA

LIVILLA

Si le Sort ne veut pas que je meure d'amour,
Ny que sans vostre aveu je sois privé du jour,
Du moins je vous diray jusqu'au souspir extrême :
Voyez mourir d'amour Séjanus qui vous ayme !
Mais toy, me hais-tu, lasche, autant que je te hays,
Et que veut ma fureur te hayr désormais ?
Tu l'as prise pour moy, cette aymable Princesse ?
Tu pensois me parler et me faire caresse ?
Comme je suis pour toy de fort mauvaise humeur,
Tu prenois des leçons à fléchir ma rigueur ?
Ingrat, tu punis bien ce que fit mon courage,
Quand je sacrifiay mon Espoux à ta rage !
Est-ce trop peu de chose, et pour te mériter,
A des crimes plus grands faut-il encor monter ?
J'ay tué mes Neveux, j'ay fait périr mon Frère,
Et je suis sur le poinct d'égorger mon Beau-père ;
Du creux de ton néant sors, Séjanus, et voy
Le Thrône où mes forfaits t'ont eslevé, sans toy !
Si pour des coups si grands, tu te sens trop timide,
Rends-moy l'Assassinat, rends-moy le Parricide,

Et pour me rendre un crime encor plus desplaisant,
Traistre, rends-moy l'amour dont je t'ay fait présent !

SÉJANUS

Comment agir, Madame, avec une Princesse
Dont il faut mesnager l'esprit avec adresse ?
A qui tous nos desseins paroistroient furieux,
Sans le bandeau d'Amour qui luy couvre les yeux ?
Hélas ! si dans mon sein vous voyez la contrainte ;
Dont deschire mon cœur cette cruelle feinte ;
Quand la haine me force à trahir l'amitié,
Peut-estre en cet estat vous ferois-je pitié ?
Les larmes dont je feins vouloir prendre son âme,
Luy montrent ma douleur bien plutost que ma flamme.

LIVILLA

O Dieux ! qu'on a de peine à prononcer l'arrest,
Quand on veut condamner un ennemy qui plaist !
Je t'abhorre, je t'ayme, et ma raison confuse,
Comme un Juge irrité soy-mesme se récuse ;
Ton crime parle en vain, je n'ose l'escouter !
J'ay peur qu'il ne me force à n'en pouvoir douter :
Quoy que sensiblement ta trahison m'offense,
Je me la cache afin d'arrester ma vengeance,
Ou si plus clairement il me faut exprimer,
Je me la cache afin de te pouvoir aymer !...
C'en est trop, Séjanus, ma douleur est contente,
La plus foible raison suffit pour une Amante,
Et malgré mon soupçon contre toy si puissant,
Parce que je t'aymay je te crois innocent.
Adieu ! voy l'Empereur, assiége sa Personne,
Qu'en tous lieux ton aspect l'espouvente et l'estonne.

SÉJANUS

Je sçay que l'Empereur ne peut estre adverty
Du nom des conjurez qui forment le party,
Cependant plus ma course approche la barrière,
Plus mon âme recule et me tire en arrière.

LIVILLA

Va, va, ne tremble point ! Aucun ne te trahit.

SÉJANUS

Une secrette horreur tout mon sang envahit :
Je ne sçay quoy me parle, et je ne puis l'entendre,
Ma raison dans mon cœur s'efforce de descendre ;

Mais encor que ce bruict soit un bruict mal distinct,
Je sens que ma raison le cède à mon instinct ;
Cette raison pourtant redevient la Maistresse,
Frappons, voylà l'hostie[1], et l'occasion presse !
Aussi bien quand le coup me pourroit accabler,
Séjanus peut mourir, mais il ne peut trembler.

SCÈNE V

LIVILLA

L'Intrigue est découvert, les lasches m'ont trahie !
Ils m'en ont fait l'affront, ils en perdront la vie ;
D'un esprit satisfait je les verray mourir,
Et périray contente en les faisant périr.
O vous, mes chers Nepveux, mon Espoux, et mon Frère,
Ma fureur a trouvé le moyen de vous plaire ;
Pour vous rendre le faix du tombeau plus léger,
De tous vos assassins, elle va vous venger ;
Et par des coups si grands, si pleins, si légitimes,
Que je seray comprise au nombre des victimes !
Mais le temps que ma bouche employe à soûpirer,
Preste à nos criminels, celuy de respirer.
Hastons-nous, car enfin du jour qu'ils me trahissent,
Ils me l'ont dérobé cet air dont ils joüissent !

ACTE V

SCÈNE PREMIÈRE

TIBÈRE, LIVILLA, FURNIE

TIBÈRE

Un homme qu'en dormant la Fortune éleva...

LIVILLA

Que de l'obscurité ton amitié sauva...

TIBÈRE

Séjanus, dont la teste, unie à ma personne,
Emplissoit avec moy le rond de ma Couronne,
En vouloir à mes jours ! Il en mourra l'ingrat !

LIVILLA

Par sa punition, assure ton Estat.

(1) Dans le sens de « victime ».

TIBÈRE

Je veux qu'en son trespas la Parque s'étudie
A prolonger sa peine au delà de sa vie ;
Qu'il meure et qu'un sanglot ne lui soit point permis,
Qu'il arreste les yeux de tous ses Ennemis !
Et qu'il soit trop peu d'un pour la douleur entière
Dont il doit servir seul d'espace et de matière !

LIVILLA

A quelque extrémité qu'aille son chastiment,
Tu te venges d'un traistre encor trop doucement :
Mais ! Seigneur, sans péril le pourras-tu détruire,
Et n'est-il plus, le lasche, en estat de te nuire ?

TIBÈRE

Il est pris le Superbe, on instruit son procez,
Et je le voy trembler de son dernier accez ;
Aussi-tost que ta bouche à l'estat secourable,
M'eut découvert l'Autheur de ce crime exécrable,
Pour l'éloigner des siens avecque moins d'esclat,
J'ay fait dans mon Palais assembler le Sénat ;
Mais c'est avec dessein d'attirer ce perfide,
Et pouvoir en ses yeux lire son parricide.
Les convocquez sont gens à ma dévotion,
Le Consul est instruit de mon intention ;
On fait garde par tout, et par tout sous les armes
Le Soldat tient la Ville et le peuple en allarmes :
Cependant au Palais le coupable arresté,
Et du rang de Tribun par ma bouche flatté,
Vient d'entrer au Sénat pour sortir au suplice ;
Il n'a plus d'autres lieux à voir qu'un précipice [1].

LIVILLA

Seigneur, et d'Agrippine en a-t-on résolu ?
Tu dois l'exterminer de pouvoir absolu :
Cet esprit insolent d'un trop heureux mensonge,
Croit t'avoir sur son crime endormy par un songe.

TIBÈRE

Ce songe fabuleux ne m'a point endormy,
Au dessein de la perdre, il m'a plus affermy ;
De l'attentat qui trouble une âme embarassée,
La parole est tousjours auprès de la pensée ;
Et le cœur agité par quelque grand dessein,

(1) Allusion à la Roche Tarpéïenne, du haut de laquelle on précipitait les criminels d'Etat. (P. L.)

Esbranle malgré soy la bouche avec le sein.
Non, ma Fille, elle court à son heure dernière,
Et sans qu'elle le sçache, on la tient prisonnière :
J'ay corrompu ses gens, dont l'escorte sans foy
La garde jour et nuict non de moy, mais pour moy ;
Et ses plus confidents que mon espargne[1] arreste,
A mes pieds, si je veux, apporteront sa teste ;
Mais je la flatte afin que son Arrest fatal,
Qand il la surprendra, luy fasse plus de mal.

SCÈNE II

NERVA, TIBERE, LIVILLA

NERVA

Seigneur, il est jugé ; quand on a leu ta lettre,
Sans que pour luy personne ayt osé s'entremettre,
Comme si son mal-heur estoit contagieux,
Chacun de son visage a détourné les yeux ;
Ce puissant Séjanus, si grand, si craint n'aguière,
Cette Divinité du noble et du vulgaire,
A qui le peuple au Temple appendoit des Tableaux,
A qui l'on décernoit des triomphes nouveaux,
Qu'on regardoit au Thrône avec idolâtrie,
Nommé par le Sénat, *Père de la Patrie*,
Dans un Corps où pour tel chacun l'avoit tenu,
N'a pas trouvé d'enfans qui l'ayent reconnu ;
Ils l'ont condamné tous d'une voix unanime,
Au supplice du roc pour expier son crime :
Ce coupable est desjà dans la court descendu,
Où par l'Exécuteur ton ordre est attendu.

LIVILLA

César, au nom des Dieux, commande qu'on l'ameine !
Il importe à ta vie, il importe à ma haine,
Qu'avant le coup fatal nous puissions nous parler ;
Car j'ay d'autres secrets encor à révéler

TIBÈRE

Fais qu'il monte, Nerva.

(1) Les officiers du souverain étaient pensionnés ou payés sur son *épargne*, ou sur ses revenus particuliers. Il y avait alors, en France, des Trésoriers de l'Epargne du roi. (P. L)

SCÈNE III

TIBERE, LIVILLA

LIVILLA

Cette haute indulgence
Me surprend et m'oblige à la reconnoissance ;
Ainsi donc que César demeure satisfait,
Et que ma courtoisie esgale son bienfait,
Je luy veux découvrir le plus grand des complices.

TIBÈRE

Par son nom, Livilla, couronne tes services.

LIVILLA

Ouvre les yeux sur moy, Tyran, c'est Livilla !

TIBÈRE

La fureur de ma Bru passeroit jusques-là !

LIVILLA

Appelles-tu fureur un acte de Justice ?

TIBÈRE

Donc de mon assassin, ma Fille est la complice ?

LIVILLA

Non, je ne la suis pas, Tibère, il est le mien ;
J'ay formé l'attentat, mais le mal-heur est sien,
Du massacre d'un Monstre il sort assez d'estime,
Pour disputer l'honneur d'en avoir fait le crime :
Oüy, ce fut moy, Tyran, qui l'armay contre toy !

TIBÈRE

La Femme de mon Fils conspirer contre moy !

LIVILLA

Moy Femme de ton Fils, moy Fille de ton Frère,
J'allois te poignarder, toy mon Oncle et mon Père,
Par cent crimes en un, me donner le renom
De commettre un forfait qui n'eut point eu de nom !
Moy ta Niepce, ta Bru, ta Cousine, ta Fille,
Moy qu'attachent par tout les nœuds de ta famille,
Je menois en triomphe à ce coup inhumain
Chacun de tes parens t'esgorger par ma main !
Je voulois prophaner du coup de ma vengeance
Tous les degrez du sang, et ceux de l'alliance,
Violer dans ton sein la Nature et la Loy :
Moy seule révolter tout ton sang contre toy ;

Et montrer qu'un Tyran dans sa propre famille,
Peut trouver un Bourreau, quoy qu'il n'ait qu'une Fille,
J'ai tué mon Espoux, mais j'eusse encor fait pis,
Afin de n'estre plus la Femme de ton Fils;
Car j'avois dans ma couche à ton Fils donné place,
Pour estre en mes Enfans maistresse de ta race,
Et pouvoir à mon gré respandre tout ton sang,
Lors qu'il seroit contraint de passer par mon flanc :
Si je t'ay découvert la révolte secrette,
Dont ce couple maudit complottoit ta défaite,
C'est que mon cœur jaloux de leurs contentemens
N'a peu que par le fer désunir ces Amans :
Et dans mon désespoir, si je m'accuse encore,
C'est pour suivre au tombeau Séjanus que j'adore;
Oze donc, oze donc quelque chose de grand,
Je brusle de mourir par les mains d'un Tyran.

TIBÈRE

Oüy, tu mourras Perfide; Et quoy que je t'immolle,
Pour punir ta fureur, je te tiendray parole;
Tu verras son supplice, il accroistra ton deüil,
Tes regards estonnez le suivront au cercueil :
Il faut que par tes yeux son désastre te tuë,
Et que toute sa mort se loge dans ta veuë :
Observez-là, Soldats, faites garde en ces lieux;
Et pendant les transports de leurs tristes adieux,
Qu'on la traisne à la mort, afin que sa tendresse
Ne pouvant s'assouvir, augmente sa tristesse.

SCÈNE IV

LIVILLA, FURNIE

LIVILLA

Hé! bien, Furnie, hé bien? Le voilà ce grand jour,
Dont la lumière esteinte esteindra mon amour;
Mais elle m'abandonne et n'ozeroit m'entendre,
Déjà de mon destin chacun se veut déprendre,
Et comme si des morts j'avois suby la Loy,
Les vivans ont horreur de s'approcher de moy.

SCÈNE V

LIVILLA, SÉJANUS, NERVA

LIVILLA

Enfin, sur le penchant de ta proche ruine,
Ny l'amour de César, ny l'amour d'Agrippine,
Ny pour tes intérests tout le Peuple assemblé,
Ny l'effort du party dont nostre Aigle a tremblé,
Ne peuvent rachepter ny garentir ta teste
Du Tonnerre grondant que ma vengeance appreste ;
Ton trespas est juré, Livilla l'entreprend,
Et la main d'une femme a fait un coup si grand.

SÉJANUS

Nous devant assembler sous la loy d'Hyménée,
Me pouvois-je promettre une autre destinée ?
Vous estes trop sçavante à perdre vos Espous!...
On se joint à la mort, quand on se joint à vous.

LIVILLA

Ton amour m'enseigna ce crime abominable ;
Peut-on estre innocent, lors qu'on ayme un coupable ?
J'eus recours aux forfaits pour t'atacher à moy!...
Tu n'espouseras point Livilla malgré toy ;
Mais Agrippine aussi ne sera point ta femme.
Ne pouvant estouffer cette ardeur qui t'enflame,
Sans t'arracher la vie, où loge ton amour,
J'ay mieux aymé, barbare, en te privant du jour,
Précipiter le vol de mon heure fatalle,
Que de te voir heureux aux bras de ma rivalle.

SÉJANUS

La mort, dont vous pensez croistre mon désespoir,
Délivrera mes yeux de l'horreur de vous voir :
Nous serons séparez, est-ce un mal dont je tremble !

LIVILLA

Tu te trompes encor, nous partirons ensemble !
La Parque au lieu de rompre allongera nos fers ;
Je t'accompagneray jusques dans les Enfers ;
C'est dans cette demeure à la pitié cachée
Que mon Ombre, sans cesse à ton Ombre attachée,
De son vol éternel fatiguera tes yeux,
Et se rencontrera pour ta peine en tous lieux ;
Nous partirons ensemble, et d'une esgale course

Mon sang avec le tien ne fera qu'une source
Dont les ruisseaux de feu, par un reflus commun
Pesle-mesle assemblez et confondus en un,
Se joindront chez les morts d'une ardeur si commune,
Que la Parque y prendra nos deux âmes pour une.
Mais Agrippine vient, ses redoutables yeux
Ainsi que de ton cœur me chassent de ces lieux.

SCÈNE VI

AGRIPPINE, SÉJANUS, NERVA

AGRIPPINE

Demeure, Séjanus ! on te l'ordonne, arreste :
Je te vien annoncer qu'il faut perdre la teste ;
Rome en foule desjà court au lieu de ta mort.

SÉJANUS

D'un courage au dessus des injures du Sort,
Je tiens qu'il est si beau de choir pour vostre cause,
Qu'un si noble mal-heur borne tout ce que j'ose ;
Et desjà mes travaux sont trop bien reconnus,
S'il est vray qu'Agrippine ait pleuré Séjanus.

AGRIPPINE

Moy pleurer Séjanus ? Moy te pleurer, Perfide ?
Je verray d'un œil sec la mort d'un Parricide.
Je voulois, Séjanus, quand tu t'offris à moy,
T'esgorger par Tibère, ou Tibère par toy ;
Et feignant tous les jours de t'engager mon âme,
Tous les jours en secret je dévidois ta trame...

SÉJANUS

Il est d'un grand courage et d'un cœur généreux,
De ne point insulter au sort d'un malheureux :
Mais j'en sçay le motif ; pour effacer la trace
Des soupçons qui pourroient vous joindre à ma disgrâce,
Vous bravez mes mal-heurs, encor qu'avec regret,
Afin de vous purger d'estre de mon secret ;
Madame, ce n'est pas connoistre mon génie,
Car j'aurois fort bien sceu mourir sans compagnie.

AGRIPPINE

Ne t'imagines pas que par un feint discours
Je tasche vainement à prolonger mes jours !
Car puis qu'à l'Empereur ta trame est découverte,
Il a sceu mon complot et résolu ma perte ;

Aussi j'en soustiendray le coup sans reculer,
Mais je veux de ta mort pleinement me soûler
Et gouster à longs traits l'orgueilleuse malice
D'avoir par ma présence augmenté ton suplice.

SÉJANUS

De ma mortalité je suis fort convaincu ;
Hé ! bien, je dois mourir, parce que j'ay vescu.

AGRIPPINE

Mais as-tu de la mort contemplé le visage ?
Conçois-tu bien l'horreur de cet affreux passage ?
Connois-tu le désordre où tombent leurs accords,
Quand l'âme se déprend des attaches du corps ?
L'image du tombeau qui nous tient compagnie,
Qui trouble de nos sens la paisible harmonie,
Et ces derniers sanglots dont avec tant de bruit
La Nature espouvante une âme qui s'enfuit ?
Voilà de ton destin le terme espouvantable.

SÉJANUS

Puis qu'il en est le terme, il n'a rien d'effroyable.
La mort rend insensible à ses propres horreurs.

AGRIPPINE

Mais une mort honteuse estonne les grands cœurs !

SÉJANUS

Mais la mort nous guérit de ces vaines chimères !

AGRIPPINE

Mais ta mort pour le moins passera les vulgaires :
Escoute les mal-heurs de ton dernier Soleil :
Car je sçay de ta fin le terrible appareil ;
De joye et de fureur la populace esmeuë
Va pour aigrir tes maux, en repaistre sa veuë.
Tu vas sentir chez toy la mort s'insinuer
Par tout où la douleur se peut distribuer ;
Tu vas voir les Enfans te demander leurs Pères,
Les Femmes leurs Maris et les Frères leurs Frères,
Qui pour se consoler en foule s'estouffans,
Iront voir à leur rage immoler tes Enfans :
Ton Fils, ton héritier, à la haine de Rome,
Va tomber, quoy qu'enfant, du suplice d'un homme,
Et te perçant du coup qui percera son flanc,
Il esteindra ta race et ton nom dans son sang ;

Ta Fille devant toy, par le Bourreau forcée[1],
Des plus abandonnez blessera la pensée,
Et de ton dernier coup la Nature en suspens
Promènera ta mort en chacun de tes sens :
D'un si triste spectacle es-tu donc à l'espreuve ?

SÉJANUS

Cela n'est que la mort et n'a rien qui m'esmeuve !

AGRIPPINE

Et cette incertitude où meine le trespas ?

SÉJANUS

Estois-je malheureux, lors que je n'estois pas ?
Une heure après la mort, nostre âme évanoüie
Sera ce qu'elle estoit une heure avant la vie.

AGRIPPINE

Mais il faut, t'annonçant ce que tu vas souffrir,
Que tu meures cent fois avant que de mourir.

SÉJANUS

J'ay beau plonger mon âme et mes regards funèbres
Dans ce vaste néant et ces longues ténèbres,
J'y rencontre par tout un estat sans douleur,
Qui n'eslève à mon front ny trouble ny terreur ;
Car puisque l'on ne reste après ce grand passage
Que le songe léger d'une légère image,
Et que le coup fatal ne fait ny mal ny bien,
Vivant parce qu'on est, mort parce qu'on est rien ;
Pourquoy perdre à regret la lumière receuë,
Qu'on ne peut regretter après qu'elle est perduë ?
Pensez-vous m'estonner par ce foible moyen,
Par l'horreur du tableau d'un Estre qui n'est rien ?
Non, quand ma mort au Ciel luiroit dans un Comette,
Elle me trouvera dans une ferme assiette,
Sur celle des Catons je m'en vais enchérir,
Et si vous en doutez, venez me voir mourir.
Marchez, Gardes !

AGRIPPINE

Marchez ! Je te rends grâce, ô Rome !
D'avoir d'un si grand cœur partagé ce grand Homme ;
Car je suis seure, au moins, d'avoir vengé le sort
Du grand Germanicus par une grande mort.

(1) Selon la loi romaine, une fille vierge ayant, en quelque sorte, un caractère sacré, ne pouvait être mise à mort ; le bourreau la violait avant de l'exécuter (P. L.).

SCÈNE VII

TIBÈRE, AGRIPPINE

TIBÈRE

Je vous cherche, Madame, avec impatience,
Et viens vous faire part du fruit de ma vengeance :
Séjanus par sa mort vous va faire raison,
Et venger hautement vostre illustre Maison.

AGRIPPINE

César, je te rends grâce et te suis obligée,
Du traistre Séjanus enfin tu m'as vengée !
Tu payes mon Espoux de ce que je luy doy :
Mais quel bras aujourd'huy me vengera de toy ?
La suite de ta mort m'asseurant de la sienne,
Ma vengeance voloit toute entière à la tienne ;
Mais dans ce grand projet dont j'attendois mon bien,
Son trespas impréveu n'a point causé le tien.
Où sera mon recours ? Ma famille outragée,
Sur le tombeau d'un seul n'est qu'à demy-vengée.
Si je veux donc m'en faire une entière raison,
Ta teste pour victime est deuë à ma Maison.
Oüy, je dois t'arracher et l'Empire et la vie,
Par cent coups redoublez contenter mon envie ;
Séjanus abbattu, renverser son appuy,
Te noyer dans son sang, t'immoler dessus luy,
Et d'une main cruelle en desserrant ta veuë,
Te contraindre de voir que c'est moy qui te tuë !

TIBÈRE

Ha ! c'est trop, Agrippine !

AGRIPPINE

Ah ! c'est encor trop peu !
Il faut que ton esprit aveuglé de son feu,
Tombant pour me punir dans un transport infâme,
Comble tes laschetez du meurtre d'une femme.

TIBÈRE

Mais je t'ai convaincuë, et ton crime avéré
Rend ton Arrest sans tache et mon front asseuré !

AGRIPPINE

Comme je sçay, Tyran, ce que ton cœur estime,
Que le crime te plaist à cause qu'il est crime,

Si le trespas m'est deü j'empesche ton transport
De gouster le plaisir d'en commettre à ma mort.

TIBÈRE

Moy ! te donner la mort ! J'admire ton audace !
Depuis quand avec nous es-tu rentrée en grâce ?
Pour allonger tes maux, je te veux voir nourrir
Un trespas éternel dans la peur de mourir.

AGRIPPINE

Enfin, lasche Empereur, j'apperçois ta foiblesse
A travers l'espaisseur de toute ta sagesse,
Et du déguisement dont fait ta vanité
Un spécieux prétexte à ta timidité :
Quoy ! Tyran, tu pâlis ? Ton bras en l'air s'arreste
Lors que d'un front sans peur je t'apporte ma teste ?
Prens garde, mon Bourreau, de ne te point troubler !
Tu manqueras ton coup, car je te fais trembler !
Que d'un sang bien plus chaud, et d'un bras bien plus ferme,
De tes derniers Soleils j'accourcirois le terme !
Avec combien de joye et combien de vigueur
Je te ferois descendre un poignard dans le cœur !
En tout cas si je tombe au deçà de l'ouvrage,
Je laisse encor un Fils héritier de ma rage,
Qui fera, pour venger les maux que j'ay souffers,
Rejaillir jusqu'à moy ton sang dans les Enfers !

TIBÈRE

Qu'on l'oste de mes yeux, cette ingrate vipère !

AGRIPPINE

On te nommoit ainsi, quand tu perdis ton Père !

TIBÈRE

Enfin persécuté de mes proches parens,
Et dedans ma famille au milieu des serpens,
J'imiteray, Superbe, Hercule en ce rencontre.

AGRIPPINE

O ! le digne rapport d'Hercule avec un Monstre !

TIBÈRE

Qu'on esgorge les siens, hormis Caligula !

AGRIPPINE

Pour ta perte, il suffit de sauver celuy-là.

SCÈNE VIII

TIBÈRE

D'Elle et de Séjanus, les âmes déloyales
Arriveront ensemble aux plaines infernales ;
Mais pour Térentius, à l'un et l'autre uny,
Perdant tout ce qu'il ayme, il est assez puny.

SCÈNE DERNIÈRE

TIBÈRE, NERVA

NERVA

César !

TIBÈRE

Hé bien, Nerva ?

NERVA

J'ay veu la catastrophe
D'une Femme sans peur, d'un Soldat philosophe ;
Séjanus a d'un cœur qui ne s'est point soûmis,
Maintenu hautement ce qu'il avoit promis ;
Et Livilla de mesme, esclatante de gloire,
N'a pas d'un seul soûpir offensé sa mémoire.
Enfin plus les Bourreaux qui les ont menassez...

TIBÈRE

Sont-ils morts l'un et l'autre ?

NERVA

Ils sont morts.

TIBÈRE

C'est assez.

LES LETTRES DE CYRANO DE BERGERAC

Nous ne donnons ici des *Lettres de Çyrano de Bergerac* que celles particulièrement intéressantes et où se rencontrent des passages franchement libertins. Elles n'ont de valeur, si elles valent quelque chose, qu'au point de vue littéraire ; on n'y trouvera ni un sentiment vrai, ni un atome de réalité. Par contre, lues dans le texte original et avec l'indication des corrections que Cyrano leur a fait subir pour l'impression, elles apparaissent, au point de vue de son intellectualité, d'un prix inestimable. Notre libertin s'y montre sans voile. Son animosité contre la Bible et le Christianisme se manifeste sans rime ni raison par des plaisanteries dépourvues de tout sel ; blasphémer est chez lui une habitude, une habitude invétérée à laquelle il n'essaie pas de se soustraire. Cyrano laisse voir une sécheresse de cœur et une hostilité vraiment incompréhensibles à l'égard de ses amis ; les griefs dont il les charge sont imaginaires ; il en invente à plaisir dans l'intention de se grandir à leurs dépens et pour avoir l'occasion d'en disserter avec plus ou moins d'esprit. Assez maltraité de la Nature, il est féroce sur les tares physiques d'autrui ; on ne peut se montrer plus odieux qu'il ne l'a été envers Dassoucy, son intime de la veille, envers Montfleury, le comédien, et envers le « Malade de la Reine », Scarron. Si le lecteur veut prendre la peine de parcourir les lettres en question, il verra que nous ne forçons pas la note.

Le manuscrit de la Bibliothèque nationale contient quarante-et-une lettres dont 39 (1) se retrouvent plus ou moins remaniées, quelques-unes mêmes refaites entièrement : trente-trois dans les *Œuvres diverses, 1654,* et six dans les *Nouvelles Œuvres, 1662.*

Nous avons reproduit intégralement ou en partie 33 lettres seulement sur les cinquante-huit qui forment le bagage épistolaire de Cyrano : vingt-huit (dont trois extraits) du Ms. de la Bibl. nat., et cinq (2) des *Œuvres diverses*, *1654*, qui ne sont pas dans ledit Ms.

Voici la liste des lettres que nous avons écartées :

Douze du *Ms. de la Bibl. Nat.*

f. 95, Sur l'Hyver (*Œuvres diverses*, p. 3).
f. 99, L'Esté (*Œuvres diverses*, p. 15).
f. 103v, Le Printemps (*Œuvres diverses*, p. 10).
f. 115v, Lettre d'amour (*Nouvelles Œuvres*, p. 48).
f. 117, id. (*Œuvres diverses*, p. 276).
f. 150, Sur un Hypocondre héroïque de roman (*Œuvres diverses*, p. 194).
f. 165, Description d'une tempeste (*Œuvres diverses*, p. 46).
f. 173, Des Miracles de rivière (*Œuvres diverses*, p. 39).
f. 177v, A M. le Chancelier Seguier, inédite.
f. 179, Le Poltron (*Œuvres diverses*, p. 111).
f. 187v, Lettre d'amour (*Nouvelles Œuvres*, p. 34).
f. 207, Le Cyprez (*Œuvres diverses*, p. 43).

Dix des *Œuvres diverses, 1654.*

p. 28, Description de l'Aqueduc d'Arcueil (1re lettre).
p. 125, Lettre (contre un ingrat).
p. 188, Pour Mademoiselle. A M. Le Coq.
p. 207, Contre un faux-brave.
p. 210, D'un songe.
p. 254, Thésée à Hercule.
p. 259, Sur une Enigme.

(1) La lettre d'amour, f. 118 du Ms., reproduite p. 278 des *Œuvres diverses, 1654*, est encore refaite dans les *Nouvelles Œuvres, 1662*, p. 26.

(2) En y ajoutant la *Lettre contre les Frondeurs* imprimée ici avec les *Mazarinades*.

p. 269, A Madame, lettre I des Lettres amoureuses.
p. 273, id. id. II id.
p. 291, id. id. VIII id.

Trois des *Nouvelles Œuvres, 1662.*

p. 12, Lettre d'amour.
p. 16, id.
p. 52, Sur le blocus d'une ville.

Voici l'avis publié au verso du titre de l'édition originale de *La Mort d'Agrippine*, *1654*, qui annonce la publication des *Lettres* :

Le libraire au lecteur,

« Mon cher Lecteur, après vous avoir donné l'impression d'un si bel ouvrage, j'ay crû vous devoir un volume des *Lettres* du mesme Autheur, pour satisfaire entièrement vostre curiosité. Il y en a qui contiennent des Descriptions : Il y en a de Satiriques : Il y en a de Burlesques : Il y en a d'Amoureuses, et toutes sont dans leur genre si excellentes et si propres à leurs sujets, que l'Autheur paroist aussi merveilleux en Prose qu'en Vers. C'est un jugement que vous en ferez, non pas avec moy, mais avec tous les hommes d'esprit qui connoissent la beauté du sien. Je fais rouler la Presse avec autant de diligence qu'il m'est possible pour vous en donner le contentement, et à moy celuy de vous faire advouer que je vous ay dit la vérité. »

LETTRES DE CYRANO DE BERGERAC

(texte du manuscrit de la Bibliothèque nationale)

1° LETTRES SATYRIQUES

2° LETTRES DIVERSES

Nous n'avons pas toujours imprimé en note, pour les *lettres* qui se trouvent dans le manuscrit de la Bibliothèque nationale, les simples corrections de style de l'édition de 1654 *(Œuvres diverses)*, mais simplement les variantes importantes. Les passages en italique sont ceux du Ms. supprimés ou modifiés pour l'impression par Cyrano lui-même. Les additions de 1654 ont été mises entre crochets ou en note.

La terre me fut importune,
Ie pris mon essort vers les Cieux,
I'y vis le soleil, et la lune,
Et maintenant I'y vois les Dieux.

I. — LETTRES SATYRIQUES

CONTRE LE CARESME (1)

Monsieur, vous avez beau canoniser le Caresme, c'est une Feste que je ne suis pas en dévotion de chômer. Je me le représente comme une large ouverture dans le corps de l'année par où la mort s'introduit, ou comme un Canibale qui ne vit que de chair humaine, pendant que nous ne vivons que de racines. Le cruel a si peur de manquer à nous détruire, qu'ayant sceu que nous devons périr par feu dès le premier jour de son règne, il met tout le monde en cendre ; et pour exterminer par un déluge les restes d'un embrasement, il fait ensuite déborder la Marée jusques dans nos Villes. Ce Turc qui racontoit au Grand Seigneur que tous les François devenoient foux à certain jour [de l'année], et qu'un peu de certaine poudre appliquée sur le front les faisoit rentrer dans leur bon sens, n'estoit point de mon opinion ; car je soûtiens qu'ils ne sont jamais plus sages que cette journée[2] ! Et si l'on m'objecte leurs Mascarades, je réponds qu'ils se déguisent, afin que le Caresme qui les cherche ne les puisse trouver. En effet, il ne les attrape jamais que le lendemain au lict, lorsqu'ils sont démasquez. Les Saincts qui, pour avoir l'esprit de Dieu, sont plus prudens que nous, se déguisent aussi ; mais ils ne se démasquent que le jour de Pasques, quand l'ennemy[3] s'en est allé. Ce n'est pas que le Barbare ait pitié de nous, il se retire seulement, parce qu'alors nous sommes si changez, que luy-mesme ne nous reconnoissant plus, il croit nous avoir pris ponr d'autres. Vous voyez que desjà nos bras se décharnent, nos joües tombent, nos mentons s'éguisent, nos yeux se creusent, *Montfleury*[4] le ventru [que vous connoissez] commence à voir ses genoux, la Nature humaine est effroyable. Bref, jusque dans les Eglises, nos Saincts feroient peur, s'ils ne se cachoient. Et puis, doutez qu'il soit réchapé des martyrs de la rouë, de la fournaise et de l'huile boüillante, lors que dans six sepmaines nous verrons tant de gens se bien porter, après avoir essuyé la furie de quarante [six] Bourreaux[5] ! Leur présence seule est terrible. Aussi je me figure Caresme-Prenant[6], ce grand jour des Métamorphoses, un riche aisné qui se crève, cependant que quarante [six] *pauvres* cadets meurent de faim. Ce n'est pas que la loy du jeûne ne soit un stratagème bien inventé pour exterminer tous les *sots*[a] d'une République, mais je trouve que *l'Eglise a tort de tuer*[b] tant de veaux en une saison où *elle ne permet pas d'en manger.*

a) Var. de 1654 : fols. — *b*) les jours maigres ont tort de tuer.

(1) Ms. f. 202. — Dans les *Œuvres diverses, 1654 :* Lettres satyriques, XIII, p. 182. — Cette lettre est une des rares qui se retrouvent dans l'imprimé sans avoir été corrigée, à l'exception, bien entendu, des passages en italique. — (2) Le mercredi des cendres, premier jour du carême. — (3) Le carême. — (4) Voir plus loin la lettre contre Montfleury. — (5) Le carême comprend quarante-six jours. — (6) Le mardi-gras.

Vous me répondrez que Saint-Pierre fut contraint d'establir les jours maigres parce qu'estant pêcheur, il n'eust pas débité son poisson, s'il n'eust deffendu la viande. Mais vous ne m'empescherez pas de croire, si jamais un boucher devient Pape, que pour avoir débit de sa viande, il ne deffende le poisson : Ce sera pour lors qu'il ne souffrira plus en Mars [a], du costé de Rome, tant de vens de Marée si malins, qu'ils nous empeschent de manger à demy. Hé ! quoy, Monsieur, il n'y a pas un Chrestien dont le ventre ne soit une mare à grenoüilles, ou un jardin potager, *et* je pense que sur le cadavre d'un homme trespassé en Caresme, on voit germer des betteraves, des chervis, des navets et des carotes. Encore il semble, à oüyr nos Prédicateurs, que nous ne devrions pas mesme estre de chair en ce temps ! *mais*[b] il ne suffit pas à ce maigre impitoyable de nous ruiner le corps s'il ne s'efforce de corrompre nostre Ame ! Il a tellement perverty les bonnes mœurs qu'aujourd'huy nous communiquons aux femmes nos tentations de la chair, sans qu'elles s'en offensent ! N'est-ce pas là des crimes pour lesquels on le devroit chasser d'un Estat bien policé ? Mais ce n'est pas d'aujourd'huy qu'il *règne* [c] avec tant d'insolence, puisque nostre Seigneur mourut sous le premier an de son règne. *Il peut bien l'avoir fait mourir de faim*, la machine entière du monde pensa s'en évanoüir, et le Soleil, qui n'estoit pas accoustumé à ces longues diettes, tomba le mesme jour en défaillance et ne seroit jamais revenu de sa foiblesse si l'on n'eut promptement cessé le Caresme. O ! trois et quatre fois heureux, celuy qui meurt un Mardy-gras ! il est quasi le seul qui puisse se vanter d'avoir vécu une année sans Caresme. Oüy, Monsieur, si j'estois asseuré d'abjurer l'hérésie tous les Samedys Saincts, je me ferois Huguenot tous les Mercredys des Cendres. Ma foy, *les harangères* [d] doivent bien demander à Dieu que jamais le Pape ne soit mon prisonnier de guerre, *ou bien il restituera* [e] pour sa rançon tous les jours gras qu'il nous a pris ! Je l'obligerois encore à dégrader du nombre des douze *pairs* [f] de l'année, *le mois* [g] de mars, comme estant le Ganelon [1] qui nous trahit. Il ne sert à rien de répondre qu'il n'est pas tousjours tout à fait contre nous, puisque des pieds ou de la teste, il trempe tousjours dans la purée ; qu'il ne se sauve de la migraine qu'avec la crampe ; et qu'enfin le Caresme est son gibet, où tous les ans il se trouve pendu par les pieds ou par le col. Il est donc la principale cause des maux que nos ennemis nous font, parce que c'est luy qui les loge pendant qu'ils nous persécutent, et ces persécutions ne sont pas imaginaires. Si la terre que les morts ont sur la bouche ne les empeschoit point de parler, ils en sçauroient bien que dire. Aussi je pense

a) 1654 : ils ne permettent pas qu'on en mange, et d'endurer que le mois de mars soufle. — *b*) comment. — *c*) gouverne. — *d*) nos Pères réformez (2). — *e*) car encore que je sois assez bon Catholique (!), je ne le mettrois point en liberté, qu'il n'eut restitué. — *f*) mois. — *g*) celuy.

(1) Traitre dans les anciens romans du Cycle de Charlemagne. — (2) C'était l'époque, dit Paul Lacroix, de la réformation des ordres religieux, la plupart des couvents de Paris avaient été réformés, en vertu des Bulles du Pape.

qu'on a placé Pasques tout exprès à la fin du Caresme, à cause qu'il ne falloit pas moins à des personnes que le Caresme a tuez qu'une feste de la Résurrection ! Ne vous estonnez donc pas que tant de monde l'extermine ; car après avoir tué tant de monde, il mérite bien d'estre rompu. Cependant, Monsieur, vous faites le Panégyrique du Caresme, vous loüez celuy qui m'empesche de vivre et je le souffre sans murmurer ; il faut bien que je sois, [Monsieur], vostre serviteur, D. B.

CONTRE UNE FEMME INTÉRESSÉE (1)

Madame, si *chacun*[a] estoit obligé comme moy, pour faciliter la lecture de ses *Œuvres de donner*[b] de l'argent, les Balzacs n'auroient jamais escrit et les aveugles sçauroient lire. Mais quoy, si *mes lettres*[c] ne sont esclairées *de la réverbération de quelque écu d'or, quand*[d] je les aurois prises dans « Polexandre »[2], je suis asseuré d'avoir pour vous escrit en Hébreu. *Chez vous*, ouvrir *simplement* la bouche *ne sert qu'à la prononciation*[e] de l'arabe *et du margajat*[3] ; pour vous parler François, il faut ouvrir la main. *Aussi j'ay dans mon coffre le secret de vous esclaircir*[f] la « Bible » et *de* vous rendre les « Centuries de Nostradamus » *plus intelligibles*[g] que le « Pater ». [Enfin, Mademoiselle], c'est de vous [seule] qu'on peut dire [avec vérité], point d'argent, point de Suisse, *mais d'un autre côté,* je me console *en ce que, quand vous auriez combattu dix ans mes services, mes larmes et mon désespoir, je suis asseuré avec la Croix d'un Louis de chasser de vostre corps ces Diables de refus. Jamais les malfaicteurs de Judée n'ont tant tombé sous la Croix que vous. Vous croiez qu'un*[h] Juste ne vous sçauroit rien demander injustement, et que *des intentions qui sont accompagnées d'un métal pur comme l'or ne sçauroient estre que très pures. J'aurois grand tort après cela de dire que vostre avarice est égale à celle de Judas,*

a) 1654 : tout le monde. — *b*) Lettres d'envoyer. — *c*) les miennes. — *d*) par la réflexion de l'or, de quelques Louys, vous n'y voyez que du noir de Grimoire ; et quand mesme. — *e*) et mouvoir les lèvres en toutes les façons nécessaires à l'expression de nostre Langue, ne vous fait entendre que. — *f*) ainsi ma bourse devient chez moy le seul organe par lequel je vous puis esclaircir les difficultez de. — *g*) aussi faciles. — *h*) toutefois aisément de vostre humeur, parce que tant que vous ne changerez point, je suis asseuré d'estre en puissance avec la Croix, de quelques pistoles, de chasser de vostre corps plus facilement qu'avec l'Eau béniste, et l'exorcisme, le Démon d'avarice : mais j'ay tort de vous reprocher une si grande bassesse, ce sont, au contraire, des motifs de vertu qui vous font agir de la sorte ; car si vous tombez plus souvent sous la Croix, que les malfaicteurs de Judée, c'est parce que vous croyez pieusement que les......

(1) Ms. f. 148. — *Œuvres diverses, 1654 :* Lettres satyriques, III, A Mademoiselle ***, p. 121. Nous donnons exceptionnellement toutes les variantes de cette lettre pour montrer les corrections apportées par Cyrano au texte original. — (2) Ce roman de Marin Le Roy de Gomberville avait été ébauché par lui en 1629 sous le titre *L'Exil de Polexandre,* il le publia remanié et augmenté de 1632 à 1638, en V parties sous le titre : *Polexandre.* Il eut un grand et légitime succès — (3) Margajat, indien.

luy qui vendit un Juste, et vous vous vendez pour un Juste. Le Palais-Royal vous a accoustumée à porter tant de respect aux Princes que vous vous abaissez sous tous ceux qui portent leurs images, et quelqu'un adjouste que vous estes tellement circonspecte[a] à la distribution de vos faveurs, que vous *pesez*[b] davantage sur les baisers *d'un quart d'écu que sur ceux d'un teston*[c]. Cette *façon d'*œconomie ne me déplaist pas *tout à fait, car quand je tiendray vingt sols dans une main, je suis certain que je tiendray*[d] vostre cœur dans l'autre. Tout ce qui me fasche, c'est *que vous mettez mon image*[e] hors de chez vous par les espaules, *dès*[f] qu'elle y a demeuré trois jours sans payer son giste, *qu'il semble que la définition de mon estre soit de donner, et qu'aussitost*[g] que je cesse de foüiller à ma *pochette je cesse d'estre animal raisonnable*[h] ; corrigez [je vous prie] cette humeur *avare*[i], car il vous est honteux d'estre à mes gages, Moy qui suis, vostre serviteur.

CONTRE UN MÉDISANT (1)

Monsieur, je sçay bien qu'une âme basse, comme la vostre, ne sçauroit naturellement s'empescher de mesdire, aussi n'est-ce pas une abstinence que je veuille condamner. La seule courtoisie que j'implore de vous, c'est de me deschirer si doucement que je puisse faire semblant de ne le pas sentir. Vous pouvez connoistre par là que l'on m'envoye souvent la « Gazette du Pays Latin ». Remerciez Dieu *que je ne croye pas tout le monde, parce*[j] que tout le monde peut dire toutes choses, autrement j'aurois appliqué à *ma douleur*[k] un plus solide [et plus puissant] antidote que *celuy de la plume*[l]. Ce n'est pas que j'aye jamais attendu de fort doux traictemens d'une personne qui sortoit de l'humanité, mais j'avois de la peine à m'imaginer que vostre cervelle eut si généralement eschoüé contre les bancs de la *première*[m], que vous eussiez porté en Philosophie un homme sans teste.

a) 1654 : et que l'or, ce symbole de la pureté, ne vous sçauroit estre donné qu'avec des intentions très pures. Je pense mesme, comme vous estes, aussi bien que bonne Chrestienne, encore meilleure Françoise, que vous vous abaissez devant tous ceux qui vous présentent les images de nos Roys (2), et que mesme, comme vous estes, d'une probité exemplaire, qui ne veut faire tort à personne, vous estes tellement scrupuleuse. — *b*) appuyez. — *c*) de dix pistoles, que sur ceux de neuf. — *d*) car je suis asseuré, tenant ma bourse dans une main, de tenir. — *e*) de ce que cette chère Image, que vous juriez autresfois avoir imprimée fort avant dans vostre cœur, vous la mettez. — *f*) si tost. — *g*) Pour moy, je pense que vous avez oublié la définition de l'homme, car toutes vos actions me prouveat que vous ne me prenez que pour un animal donnant. Cependant, je croyois estre par l'opinion d'Aristote un animal raisonnable, mais je voy bien qu'il me faut résoudre à cesser d'estre ce que je suis, du moment. — *h*) poche... — *i*) qui convient fort mal à vostre jeunesse, et à cette générosité dont vous vous faites toute blanche. — *j*) de ce qu'il m'a donné une âme assez raisonnable pour ne pas croire tout le monde de toutes choses à cause. — *k*) à vos maux de rate. — *l*) le discours. — *m*) Réthorique.

(1) Ms., f. 111v. — *Œuvres diverses, 1654* : Lettres satyriques, II, p. 117. — (2) C'est-à-dire les testons ou pièces de monnaie à l'effigie royale (P. L.).

A la vérité, le hazard auroit esté grand qu'un petit esprit ne se fut pas perdu dans un grand corps comme le vostre, aussi ne l'a-t-il pas fait longue, maintenant prenez congé du Soleil quand il vous plaira. Si le trespas accompagné de miracle exige canonisation, je vous réponds d'une ligne dans nos Litanies, *car tout Paris tesmoignera* [a] que vous estes mort sans rendre l'esprit. Consolez-vous toutefois, vous n'en durerez pas moins pour cela. Les Cerfs et les Corbeaux vivent quatre cens ans, *qui raisonnent aussi peu que vous* [b], et *je vous asseure que si ce défaut* [c] est la cause de leur durée, vous devez estre celuy qui fera l'Epitaphe *de l'Antechrist* [d]. *Pourquoy donc m'estonneroy-je qu'aucune des beautez qui vous environne ne vous ait pû blesser, vous estes éternellement à couvert d'un bufle naturel qui soustient tous les jours (sans lession) l'effort de leurs petites flesches. J'ay bien de la peine toutefois à m'imaginer comment ces Atlas peuvent faire pour ne vous pas porter, eux qui portent tout le monde. N'en faites point la petite bouche, vous ne leur feriez que ce que vous seriez bien aise qu'ils vous fissent. J'ay de la peine à croire que depuis le temps que vous logez sur le devant, vous n'ayez pas encore visité le derrière. Cependant, vous feignez de ne voir personne, d'estre cloué dans vostre chambre et de vous contenter de l'amour en tableau, comme s'il estoit croyable que vous eussiez esté perclus depuis tant de jours que vous estes sur un devant ; mais vous estes un fourbe, un hypocrite, un parjure, capable de diviser la plus belle société. Messieurs les Chats-fourrez, tous Chats-fourrez qu'ils sont, en ont fait le mesme jugement. A peine leur fûtes-vous présenté qu'aussitost ils vous mirent à la porte. Tout ce considéré, je vous exhorte, Monsieur, de vous guérir ou de vous taire ; c'est, à mon avis, le plus salutaire conseil qui vous puisse estre donné* [e], car quoy que je sois patient à l'injure, je suis sévère à la *vengeance* [f] ; rien n'empescheroit la vertu *de l'* [g] élébore *que j'appliquerois à vos maux de teste, et enfin* [h], je vous chastierois avec si peu d'animosité que le chapeau dans une main, et dans l'autre un baston dont je vous briserois les os, je dirois que je suis vostre serviteur.

a) 1654 : quand le Consistoire apprendra. — *b*) dont l'esprit est taillé à la mesure du vostre. — *c*) si le manque de génie. — *d*) du genre humain. — *e*) C'est, sans doute, en conséquence de ce brutal instinct de vostre nature ; que vous choisissez l'or et les pierres précieuses pour répandre dessus votre venin. Souffrez donc, encore vous prétendiez vous soustraire de l'empire que Dieu a donné aux hommes sur les bestes, que je vous commande de vomir sur quelque chose de plus sale que mon nom, et de vous ressouvenir (car je croy que les animaux comme vous ont quelque réminiscence) que le Créateur n'a donné à ceux de vostre espèce une langue que pour avaler, et non pas pour parler, souvenez-vous en donc, c'est le meilleur conseil que vous puissiez prendre ; car quoy que vostre foiblesse fasse pitié, celle des poux et des puces qui nous importunent, ne nous obligent pas à leur pardonner : Enfin cessez de mordre, simulacre de l'envie. — *f*) punir. — *g*) d'un. — *h*) qu'on appelle en françois Tricot (1), duquel pour vous monstrer que je suis Philosophe (ce que vous ne croyez pas).

(1) Qu'on devrait écrire *triquot*, puisqu'on écrit *trique*... Ce mot, qui signifiait, alors comme à présent, un bâton court en bois solide, dérive du bas latin *trica*, parce qu'il désignait d'abord une *tresse* d'osier ou de jonc (P. L.).

APOTHÉOSE D'UN ECCLÉSIASTIQUE BOUFFON (1)

Messire Jean, je m'estonne fort que sur la Chaire de vérité vous dressiez un Théâtre de Charlatan, *et que vous fassiez réciter des fables de Peau d'Asne à Jésus-Christ, dont vous joüez le personnage en ce monde. A voir les passe-passe dont vous tabarinez cette Eglise, les épanouissemens de rate qui vous font tressaillir, les contes gras que vous dégobillez, nous sommes contraints — quelle abomination — de nous ramentevoir les cérémonies qu'on*[a] faisoit à Priape, de qui le Prestre estoit le Maquereau[b]. Vous devriez *traiter nostre Dieu avec plus de respect, quand vous ne lui seriez obligé que des soupes renforcées qu'il octroie à vostre cuisine. Ha! Messire Jean, faites au moins semblant de croire, pour nous en faire accroire*[c] *!* Permettez que nous puissions nous *engeoler*[d] et nous crever les yeux [de la raison] pour ne pas voir que vous *estes un impie, ou, puisque vous voulez ribon ribaine débiter nostre foy*[e] comme une farce, *servez-vous, au lieu de cloches, de tabourins*[f] de Biscaye, mettez gambader une guenon sur vos espaules ; puis, pour achever la momerie en toutes ses mesures, passez la main dans vostre chemise, vous y trouverez Godenot dans sa gibeciaire. *On ne s'estomaquera point contre vous, puisqu'on ne se choque point de voir des Bâteleurs. Là, vous pourrez calculer*[g] les vertus de vostre Mitridate[3], *vous débiterez*[h] des chapelets de bausme, des savonetes pour la galle, des pomades odoriférantes, *et mesme, si vous avez le talent de suspendre par un bon mot de gueule l'action visive des nigos*[4] *sur leur pochette, comme deux jours avant qu'estre élevé au Ciel faisoit encore le pauvre défunt, je vous donne parole de la part des Narquois de deux habits bien venans par année ; vous pourrez aussi très prudemment*[i] faire provision d'onguent pour la brûlure, car les Sorciers de ce pays *jurent avoir lû dans vostre Cédule*[j] que le terme

a) 1654 : qu'au lieu de prescher l'Evangile à vos paroissiens, vous repaissiez leurs oreilles de cent contes pour rire ; que vous ayez l'insolence de réciter des choses que Trivelin (2) rougiroit sous son masque de prononcer ; Que profanant la dignité de vostre caractère, vous décriviez les plus sales plaisirs de la débauche, sous ombre de les reprendre avec des circonstances si particulières que vous nous faites souvenir (quelle abomination) des sacrifices qu'autrefois on. — *b*) Certes, messire Jean. — *c*) exercer vostre charge avec moins de scandale, quand vous ne luy auriez aucune autre obligation que celle de vous avoir appellé du fumier où l'on vous a veu naistre à l'estat Ecclésiastique ; car si vous n'avez pas assez de force pour résister à vostre bouffon d'ascendant, du moins dissimulez ; Et quand vostre devoir vous obligera d'annoncer l'Evangile pour nous en faire accroire, faites semblant de la croire ! — *d*) tromper. — *e*) sentez le fagot ; et puisqu'en dépit du Loup-garou, vous estes résolu de débiter nos mystères. — *f*) ne faites donc pas sonner les cloches pour appeller le peuple à vostre Sermon, descendez de la Chaire de Vérité, et montez sur une borne au coin du Carrefour, servez-vous d'un tambourin. — *g*) Alors, on ne se scandalisera point que vous divertissiez le Badault, vous pourrez comme un Bâteleur raconter. — *h*) débiter. — *i*) Vous pourrez mesme. — *j*) m'ont juré avoir leu dans la cédule que vous avez donnée (vous sçavez bien à qui).

(1) Ms. f. 131. — Dans les *Œuvres diverses, 1654 :* Lettres satyriques, XI. A messire Jean, p. 170. — (2) Bouffon de la Comédie italienne qui donnait des représentations au théâtre de l'Hôtel de Bourgogne. — (3) Antidote, remède contre les poisons. — (4) Nigaud, sot.

[en] expire à Noël. *Cependant vous protestez qu'il n'y eut jamais de véritables possessions. Si est-ce qu'à voir*[a] les contorsions dont vous agitez les pendants de vostre guesne corporelle, *personne icy ne doute que vous n'ayez*[b] le Diable au corps ; mais *je voy bien ce que c'est, vous taschez de ne point croire ce que vous appréhendez, et voulez*[c] vous guérir du mal d'Enfer par une forte imagination, *mais, par ma foy, soyez damné ! soyez sauvé ! Il ne m'importe : Tous coups vaillent, pourveu que dans les couvens où vous bâtelez*[d] vous n'accrochiez que des vieilles [ou des stérilles], parce que la venue de l'Antéchrist nous fait peur [et vous sçavez la prophétie] ! [Mais] vous riez, messire Jean, *de m'entendre ainsi raisonner, vous chez qui l'Apocalypse et la Mithologie sont en mesme rang*[e]. L'Enfer est un petit conte pour *faire peur aux*[f] hommes, *ainsi qu'on menasse les enfans du charbonnier. J'avouë que pour la manutention des Estats, il y a beaucoup de choses vraies qu'il faut que le Peuple ignore, beaucoup de fausses que nécessairement il faut qu'il croie, mais nostre religion n'est pas establie sur cette maxime : une conjoncture encore quasi miraculeuse en vous, c'est que vous estes ensemble impie et superstitieux, composant des filets de vostre vie une toile d'athéisme et de sortilége, cela marque bien que vous mourrez en dansant les sonnettes, si l'Elébore ou Saint Mathurin ne vous guérissent. Mon Dieu, quel plaisir me chatoüille, quand je considère à plains yeux la symétrie de vostre humaine remembrance*[g] : vos cheveux plus droits que vostre conscience, un front coupé de sillons (c'est-à-dire taillé sur le modèle des campagnes de Beausse), où le *temps*[h] marque *l'âge aussi justement que les heures au cadran de la Samaritaine*[i] ; vos yeux, *à l'ombre*[j] de vos sourcils toufus, qui ressemblent à deux précipices au bord d'un bois, *ou à deux pruneaux noirs bouillans tous seuls dans deux marmites séparées. Ils* sont tellement enfoncez, qu'à vivre encore un mois, vous nous regarderez par *derrière*[k]. *Quelques-uns pensent à les voir habillez de rouge, que ce sont deux comettes où*[l] j'y trouve *de l'apparence*[m], puisque plus haut dans vos sourcils il se découvre des Estoiles fixes, *que les médisans appellent morpions et puis*[n] vostre visage est *anarché*[o] d'un nez, dont l'infection *punaise* est cause que vous *avez tousjours vécu*[p] en fort mauvaise odeur ; *vos joues sont de maroquin*

a) 1654 : Vous avez beau mesme ne pas croire aux Possédez, on voit assez par. — *b*) que vous avez. — *c*) vous avez beau tascher à. — *d*) et courir les lieux de débauche, il ne nous importe, pourveu que. — *e*) vous qui croyez à l'Apocalypse comme à la Mithologie, et qui dites que. — *f*) épouvanter les. — *g*) de mesme que pour effrayer les enfans, on les menasse de les faire manger à la Lune. Avoüez, avoüez, que vous estes l'incomparable ! car expliquez-moy, je vous conjure, comment vous pouvez estre impie et bigot tout ensemble, et composer avec les filets du tissu de vostre vie, une toile meslée de superstition et d'athéisme. Ha ! Messire Jean, mon amy, vous mourrez en dansant les sonnettes ; Et en vérité, il n'est pas besoin de consulter un Oracle pour en jurer : car aussi tost qu'on regarde les pièces de rapport qui composent l'assemblage et la simétrie de vos membres, on en demeure assez instruit. — *h*) Soleil. — *i*) vostre plage à l'ombre de vos rides, aussi juste qu'il marque l'heure sur un Cadran. — *j*) à l'abry. — *k*) le derrière de la teste. — *l*) On se persuade (habillez de rouge comme ils sont) voir deux Comettes sanglantes ; et. — *m*) du vraysemblable. — *n*) que quelques-uns n'appellent pas ainsi. — *o*) à l'ombre. — *p*) estes par tout.

de Levant[a], les plus déliez poils de vos moustaches fournissent charitablement de barbe aux goupillons [du Benestier] de vostre Eglise. [Voilà, je pense, à peu près l'image en hyérogliphe qui constitue votre horoscope.] Je passerois plus *avant, mais j'ay peur d'estre englouti par cette exhalaison de bouquin que respire vostre chemise, et je serois marri que cet air empesté me suffoquât auparavant qu'on pût sçavoir que celuy qui composa cette Apothéose*[b] *est de B.*

AU RÉGENT DE LA RHÉTORIQUE DES JÉSUITES (1)

Père indigne[c], je m'estonne qu'une bûche comme vous, qui semblez avec vostre habit n'estre devenu qu'un grand charbon[2], n'ait pas encore pû rougir du feu *que vous jetez. Songez*[d] au moins quand *le Diable vous agite*[e] contre moy, *que le salpestre n'est pas cher, que ma main est assez proche*[f] de ma teste, et que jusqu'à présent, vostre *seule* foiblesse et ma générosité vous ont garanty ; quoy *qu'un pou soit*[g] méprisable, *on s'en délivre quand il est*[h] incommode ; ne me contraignez donc pas à me souvenir que vous estes au monde. *J'ay aussi à vous prier de ne me plus faire la matière de vos catéchismes privez*[i], mon nom remplit mal une période, et *vostre révérence carrée*[j] la pourroit mieux fermer ! Vous faites le César quand *vous voyez*[k] gémir, sous un sceptre de bois, vostre petite *République*[l] ; mais prenez garde *que vostre insolence ne fasse naistre*[m] un Brutus ; car quoy que vous soyez l'espace de quatre heures sur la teste des Empereurs[3], *vous en estes vingt sous les pieds de la populace et* vostre *Monarchie*[n] n'est point si *forte*[o] qu'un coup de cloche ne la destruise deux fois par jour[4] ! Contentez-vous de faire eschoüer l'esprit de la jeunesse de Paris contre les bancs de vostre classe, sans vouloir régenter celuy qui ne reconnoist l'empire ny du Monet[5] ny du « Thesaurus »[6]. Cependant, vous me heurtez

a) 1654 : et mon Cordonnier m'asseura un jour qu'il avoit pris vos jouës pour une peau de Maroquin noir ; mesme je me suis laissé dire que. — *b*) loing, mais comme j'attends visite, je craindrois de perdre l'occasion de vous mander à la fin de ma Lettre, ce que l'on n'y mande pas ordinairement, c'est que je ne suis et ne seray jamais Messire Jean V. S. (vostre serviteur). — *c*) Monsieur. — *d*) dont vous brûlez ? Pensez. — *e*) vostre mauvais Ange vous révolte. — *f*) que mon bras n'est pas loin. — *g*) que tout vostre composé soit quelque chose de fort. — *h*) je m'en délivreray s'il me semble. — *i*) Et si vous voulez vivre plus d'un jour, rappellez souvent en vostre mémoire, que je vous ay deffendu de ne me plus faire la matière de vos médisances. — *j*) l'espaisseur de vostre masse carrée. — *k*) du feste de vostre Tribune, pédagogue et bourreau de cent Escoliers ! vous regardez. — *l*) Monarchie. — *m*) qu'un Tyran n'excite. — *n*) vostre domination. — *o*) fortement établie.

(1) Ms. f. 200. — *Œuvres diverses, 1654 :* Contre un pédant, XI (pour XII) p. 175. — (2) Les maîtres ès arts et les professeurs ou régents vêtus d'une toge de laine noire (P. L.). — (3) Dans les classes des anciens collèges, tout élève qui méritait d'être mis au premier rang pour chaque composition obtenait le titre *d'empereur* (*imperator*), et le conservait pendant la durée de la classe, laquelle durait deux heures, comme nous l'apprend Cyrano. — (4) L'imprimé contient ici un très long passage que nous reproduisons à la suite de cette lettre. — (5) *L'Inventaire de la langue françoise et latine* de Philibert Monet. — (6) *Thesaurus linguae latinae* de Robert Estienne.

à corne émouluë, *vous récitez au premier venu vos jeunes friponneries sous mon nom; mais sçachez qu'elles sont assez criminelles pour estre obligé de les confesser autrement que par procureur* [a]. Ceux qui vous veulent excuser *disent que la Nature est plus coupable de vos fautes que vous-mesme ; qu'elle* [b] vous a fait naistre d'un pays où la bestise est le premier patrimoine, et d'une race dont les sept péchez mortels ont composé l'Histoire. Véritablement après cela, j'ay tort de me fascher que vous *m'imposiez les imaginations impies et débordées de vostre maison* [c], puisque vous estes en aage de donner vostre bien, *vous preniez mesme tant de part aux offenses publiques, et vous estes* [d] quelquefois si transporté de joye en supputant les débordez du siècle que vous [y] oubliez jusqu'à vostre nom. *Personne ne m'a dit ny cecy, ny cela, ny vos bons tours avec Mademoiselle D..., mais vous esbahissez-vous que je les sçache ? Vous qui beuglez si haut dans vostre throsne, que vous vous faites entendre d'Orient jusqu'en Occident, et puis, j'attendois du repos après la mort, aujourd'huy qu'un homme qui n'est plus au monde vient mesme troubler la paix des vivans* [e]. Je vous conseille toutefois, Maistre picard, de changer désormais de texte à vos Harangues, car je ne veux plus ny vous voir, ny vous *ouyr* [f], ny vous escrire. Et la raison, [de cela] c'est que Dieu, qui possible est aux termes de me *remettre mes crimes* [g], ne me pardonneroit pas *celuy* [h] d'avoir eu affaire à une beste. *Adieu donc, Vostre Serviteur.*

Voicy le passage ajouté dans l'imprimé :

« On dit que par tout, vous vantez d'exposer et vostre conscience et vostre salut. Je croy cela de vostre piété. Mais de risquer vostre vie à cette intention, je sçay que vous estes trop lasche, et que vous ne la voudriez pas joüer contre la Monarchie du monde ! Vous conseillez et concertez ma ruine, mais ce sont des morceaux que vous taillez pour d'autres ! Vous seriez fort aise de contempler seurement de la rive un naufrage en haute mer ; et cependant je suis dévoué au pistolet par un Pédant bigot. Un Pédant « in sacris » qui devroit, pour l'exemple, si l'image d'un pistolet avoit pris place en sa pensée, se faire exhorciser : Barbare maistre d'Escole ! Quel sujet vous ais-je donné de me tant vouloir de mal, vous feüilletez peut-estre tous les crimes dont vous estes capable, et pour lors il vous souvint de m'accuser de l'impiété que vous reproche vostre mémoire ; mais sçachez que je connois une chose que vous ne connoissez point, que cette chose est Dieu, et que l'un des plus forts arguments, après ceux de la Foy, qui m'ont convaincu de sa véritable existence, c'est d'avoir consi-

a) 1654 : et ressuscitant en vostre souvenir la mémoire de vostre épouvantable, vous en composez un Roman dont vous me faites le Héros. — *b*) en rejettent la cause sur la Nature qui. — *c*) essayez de m'attribuer tous vos crimes. — *d*) et que vous paroissiez. — *e*) Il n'est pas nécessaire de demander qui peut m'avoir appris cette stupide ignorance que vous pensiez secrète, vous qui tenez à gloire de la publier, et qui la beuglez si haut dans vostre Classe que vous la faites oüyr d'Orient jusqu'en Occident. — *f*) entendre. — *g*) pardonner mes fautes. — *h*) celle.

déré que sans une première et souveraine bonté qui règne dans l'Univers, foible et meschant comme vous estes, vous n'auriez pas vécu si longtemps impuny. Au reste, j'ay appris que quelques petits ouvrages, un peu plus eslevez que les vostres, ont causé à vostre timide courage tous les emportemens dont vous avez fulminé contre moy. Mais, Monsieur, en vérité, je suis en querelle avec ma pensée de ce qu'elle a rendu ma Satyre plus piquante que la vostre, quoy que la vostre soit le fruict de la sueur des plus beaux Génies de l'Antiquité ; vous devez vous en prendre à la Nature et non pas à moy qui n'en puis mais ; car pouvois-je deviner que d'avoir de l'esprit estoit vous offenser ? Vous sçavez, de plus, que je n'estois pas au ventre de la jument qui vous conceut pour disposer à l'humanité les organes et la complexion qui concouroient à vous faire cheval. Je ne prétends point, toutesfois, que les véritez que je vous presche rejaillissent sur le Corps de l'Université (cette glorieuse Mère des Sciences), de laquelle si vous composez quelques membres, vous n'en estes que les parties honteuses ! Y a-t-il rien dans vous qui ne soit très difforme ; vostre âme mesme est noire, à cause qu'elle porte le deüil du trespas de vostre conscience ; et vostre habit garde la mesme couleur pour servir de petite oye [1] à vostre âme. A la vérité, je confesse qu'un chétif hypocondre comme vous ne peut obscurcir l'estime des gens doctes de vostre profession ; et qu'encore qu'un ridicule orgueil vous persuade que vous estes habile par dessus les autres Régents de l'Université, je vous proteste, mon cher Amy, que si vous estes le plus grand homme en l'Académie des Muses, vous ne devez cette grandeur qu'à celle de vos membres, et que vous estes le plus grand personnage de vostre Collège, par le mesme tiltre que sainct Christophle est le plus grand sainct de Nostre-Dame [2] ; ce n'est pas que quand la Fortune et la Justice seront bien ensemble, vous ne méritiez fort d'estre le Principal de quatre cens asnes qu'on instruit à vostre Collège. Oüy, certes, vous le méritez, et je ne sçache aucun Maistre des hautes œuvres à qui le fouët sied bien comme à vous, ny personne à qui il appartienne plus justement. Aussi de ce grand nombre j'en sçay tel qui, pour dix pistoles, voudroit vous avoir escorché ; mais si vous m'en croyez vous le prendrez au mot, car dix pistoles sont plus que ne sçauroit valoir la peau d'une beste à cornes. De tout cela, et de toutes les autres choses que je vous mandé l'autre jour, vous devez conclure, ô petit Docteur, que les destins vous ordonnent par une Lettre que vous vous contentiez de faire eschouer...

Cette lettre n'est autre que la suivante, dans laquelle on a peine à la retrouver :

(1) On appelait ainsi les nœuds de ruban, plus ou moins abondants, qui accompagnaient l'habit d'un homme de qualité (P. L.). — (2) Cette statue colossale de saint Christophle (28 pieds de haut) adossée au premier pilier de la nef, à l'entrée de l'église de Notre-Dame, à Paris, avait été érigée en 1413, elle fut détruite en 1785. (P. L.).

CONTRE UN JÉSUITE ASSASSIN ET MÉDISANT (1)

Cette lettre très importante, première version de la précédente, dévoile un aspect de la mentalité de Cyrano dont nous avons dit un mot dans notre *Préface*. Avant de la reproduire, mettons en pleine lumière l'incident auquel elle se rattache indirectement ; nous l'empruntons aux *Mémoires de Godefroi Hermant* (2), le janséniste. On verra avec quelle habileté notre libertin s'est mis en scène dans l'intention d'apparaître à la Postérité comme une victime des Jésuites !

« Il y avait en ce temps-là dans le collège de Clermont un professeur en théologie morale nommé le P. Héreau, qui, ayant été peu connu jusqu'alors, se signala en enseignant une doctrine capable de troubler la société publique, et de justifier les meurtres, les assassinats et les crimes les plus horribles.

» M. Martin Grandin [3], docteur de la société de Sorbonne, et qui y enseignait aussi les cas de conscience depuis la mort de M. Le Clerc, ancien principal du collège de Calvy, fut celui qui découvrit le premier l'excès de ce jésuite, dont les écrits lui étaient tombés entre les mains dès l'année précédente, 1643. Nous aurons occasion de parler plus d'une fois de ce docteur, qui, étant de Saint-Quentin en Vermandois, pays de M. Lescot, évêque de Chartres, s'était fort attaché à sa personne, et ayant été tiré du collège du cardinal Le Moine, dont il était boursier, pour être reçu en Sorbonne, y a rempli depuis ce temps-là successivement trois différentes chaires de professeur, selon qu'elles lui ont paru ou plus commodes ou plus utiles.

» Comme il n'avait pas dessein d'attaquer directement les Jésuites de peur de les irriter, il se contenta d'avertir directement M. de Saint-Amour, qui était encore recteur de l'Université quand il lui donna cet avis de ces écrits du P. Héreau ; mais il ne le fit qu'avec toutes les précautions d'un homme qui tremble de peur et qui ne veut pas s'attirer la haine d'une compagnie vindicative, avec laquelle nous lui verrons prendre à l'avenir une liaison fort étroite.

» M. de Saint-Amour, étant convaincu d'une part de l'importance de la chose et connaissant de l'autre l'esprit des Jésuites, qui ont des tours et des détours pour nier les faits les plus constants et se mettre à couvert de tout par leurs artifices et par leurs intrigues, crut que pour rendre le fait incontestable, il fallait l'autoriser par une information juridique. Et,

(1) Cette lettre ne figure pas dans les *Œuvres diverses, 1654*, elle se lit dans le manuscrit de la Bibliothèque nationale. — (2) *Mémoires de Godefroi Hermant, docteur de Sorbonne, chanoine de Beauvais, ancien recteur de l'Université sur l'histoire ecclésiastique du* XVIIe *siècle (1630-1663), Paris, 1905*. B. N., 8° Ld3 476. — (3) Martin Grandin, docteur de Sorbonne, où il enseigna durant cinquante années.

pour cet effet, ayant su que quelques religieux de l'ordre de Saint-Augustin, qui demeuraient au collège du Mans, avaient pris les leçons du P. Héreau et avaient encore les écrits dont M. Grandin lui venait de fournir les extraits, il prit la résolution d'y faire une visite dans les formes, et après une requête répondue par M. le lieutenant civil, il s'y fit assister le 20 août 1643 par le même commissaire Charles, qui l'avait déjà accompagné dans la visite du collège de Marmoutiers.

» Ayant trouvé dans ce collège un religieux nommé le P. Vallée, chanoine régulier de la congrégation du Sauveur, en Lorraine, de qui M. de Saint-Amour avait emprunté un cahier des écrits qu'il avait pris sous le P. Héreau, ce recteur lui dit qu'il y avait trouvé des propositions bien hardies et difficiles à soutenir, mais le P. Vallée maintint que cette doctrine était bonne et recevable, apporta mesme des instances pour la soutenir, et dit que ceux qui l'avaient dictée ne l'avaient pas fait sans avoir de bonnes raisons pour la défendre. Il avoua les avoir écrites sous le P. Héreau, qui enseignait les cas de conscience dans le collège de Clermont, et qu'il y avait deux ans qu'il avait dicté ce traité. Il s'engagea à écrire à son compagnon sur la difficulté d'un mot qui était dans ce cahier, qu'il déclara aimer mieux perdre que de signer ce procès-verbal, ayant intérêt qu'il ne fût pas parlé de lui à cause qu'il y avait grande communion entre les Jésuites et ceux de son ordre, en son pays de Lorraine ; que c'étaient eux qui enseignaient ses confrères, et que comme ils étaient dans les mêmes sentiments, il ne les voulait pas trahir. Il ajoutait à cette considération que quand les Jésuites sauraient en Lorraine qu'il les aurait trahis et découverts, non seulement sa personne, mais tous ses confrères et son ordre en pâtiraient, et qu'ils ne pourraient pas se garantir des mauvais traitements que les Jésuites seraient capables de leur faire. Mais que pour y remédier, s'il lui faisait le déplaisir de parler de lui, il s'en irait excuser à un des Pères jésuites à qui il exposerait de quelle manière il aurait été surpris et comment on l'aurait engagé malgré lui à les découvrir.

» Les deux articles du P. Héreau contenus dans ce procès-verbal portaient ce qui suit dans la version française qui en fut faite en ce temps-là :

« 8. Savoir si tu tâches de détracter de mon nom, par fausses accusations vers un prince ou un juge, ou des gens d'honneur, et que je ne puisse en aucune façon détourner cette perte de ma renommée, sinon en te tuant en cachette, si je le puis faire licitement ? — Bannès [1] l'assure p. 64, art. 7, doute 4, ajoutant qu'il faut dire le même quand le crime serait véritable, pourvu qu'il fut caché, de telle sorte qu'il ne le pût découvrir selon la justice légale. Sa raison est : parce que si tu veux offenser mon honneur ou ma réputation avec un bâton ou en me donnant un soufflet, je le puis empêcher par les armes. Donc il en est de même si tu tâches de m'offenser par la langue et que je ne le puisse autrement [empêcher], sinon en te

(1) Dominique Bannès ou Banez (1572-1604), dominicain espagnol, fut quelques années le confesseur de sainte Thérèse.

tuant, cela importe peu ce semble, vu que tu me nuirais également de la langue comme d'un autre instrument. Et après [1], le droit de se défendre s'étend à tout ce qui est nécessaire à un homme pour se garantir de toute injure. Il faudrait toutefois avertir auparavant le détracteur de cesser, et s'il ne le voulait pas à cause du scandale, il ne le faudrait pas tuer ouvertement, mais en cachette. »

« 9. Savoir s'il est permis à chacun de tuer celui qui a l'autorité légitime de régner mais qui en abuse à la ruine du peuple ? — Je réponds que non, et qui assurerait opiniatrément le contraire serait hérétique, comme il est porté en la session 15 du Concile de Constance qui condamne cette proposition : Un tyran peut être tué licitement et méritoirement par quelque vassal que ce soit et par embûches secrètes, et par cajoleries et flatteries subtiles, nonobstant quelque serment de fidélité qu'on lui ait prêté, et quelque confédération qu'on ait faite avec lui sans attendre aucune sentence.

» La raison est qu'il est permis de tuer ceux qui font du mal, en tant seulement qu'on juge qu'il est expédient et convenable au bien public. Donc, il appartient seulement à celui à qui le soin du bien commun a été commis et par conséquent à celui-là seulement qui a autorité publique, tel que n'est pas chaque particulier. »

« M. de Saint-Amour ayant recouvré un autre exemplaire des leçons du P. Héreau, qui avaient été écrites par un nommé M. Lavale, prêtre, demeurant à Saint-Sulpice, il fit venir en Sorbonne le même M. Michel Charles, commissaire et examinateur enquêteur au Châtelet de Paris et en dressa un second procès-verbal, tant de la conformité de ce cahier avec celui du P. de La Vallée, chanoine régulier de Saint-Augustin, après les avoir confrontés ensemble, que de plusieurs autres propositions pernicieuses qui y étaient contenues et qu'il voulait mettre entre les mains de M. Du Moustier, recteur de l'Université, afin qu'il en empêchât le cours autant qu'il lui serait possible, ce qui fut exécuté le même jour. Ensuite de quoy M. de Saint-Amour s'étant transporté par l'ordre de M[r] le recteur en la communauté des prêtres de Saint-Sulpice, le sieur Lavale reconnut son cahier et signa qu'il l'avait écrit sous le P. Héreau, ajoutant qu'après tout ce Père était un très bon jésuite ; qu'il était véritablement un peu large dans ses résolutions, mais qu'il n'était point superbe ni orgueilleux, et que plusieurs fois dans sa classe, notamment en dictant et expliquant les propositions ci-dessus extraites, il leur avait dit qu'il y avait beaucoup de personnes qui les trouvaient étranges, mais que pour lui il ne proposait pas tant ses sentiments comme il était l'interprète de ceux des autres, et qu'il avait toujours des auteurs pour ses garants.

» Lorsqu'on eut établi la vérité de ce fait par des preuves si authentiques, l'Université de Paris eut horreur de voir que les Jésuites renou-

(1) Et après, c'est-à-dire en conséquence.

velaient encore en nos jours cette doctrine parricide qui avait coûté la vie à deux de nos rois et que leur professeur en théologie eût enseigné en 1641 et 1642, par une affectation criminelle des sentiments qui ne tendaient qu'à justifier les meurtres et les assassinats des particuliers sous un vain prétexte d'honneur et par un renversement scandaleux de toutes les règles de l'équité naturelle et de toutes les maximes de l'Evangile.

» Comme ces écrits étaient encore remplis de propositions horribles, M. Du Moustier, recteur de l'Université de Paris, en porta ses plaintes au Parlement par une requête qu'il présenta à la Cour, en son nom et en celui des doyens, procureurs et suppôts de la même Université.......

» Toute la France, qui avait été frappée du scandale que la doctrine du P. Héreau venait d'exciter par la découverte de ses cruelles maximes, attendait avec impatience quel en serait le châtiment et ce que le Parlement prononcerait sur la requête que l'Université venait de lui présenter. On se souvenait de l'ancienne vigueur de cet auguste Sénat contre les Jésuites et leurs disciples, qui n'avaient pratiqué qu'avec trop d'exactitude les leçons qu'ils avaient apprises de leurs maîtres. Mais la face de la Cour était changée, et les personnes qui avaient entre les mains la souveraine autorité craignaient qu'une affaire de cette nature n'allât trop loin si le Parlement, qui en était saisi, en faisait la décision. On aimait donc mieux la régler au Conseil du roi, selon le train qu'on avait pris d'y porter toutes les affaires publiques, et cette résolution fit commencer les Jésuites à respirer, car jusqu'alors ils avaient tremblé de peur que le Parlement, qui était instruit de leurs anciennes maximes, ne prît connaissance de ce nouvel excès et n'opposât toute l'autorité de la justice pour le réprimer par un châtiment proportionné à l'énormité du crime.

» La reine régente ayant mandé leurs supérieurs pour leur faire rendre compte de cette doctrine qui avait été enseignée par un de leurs professeurs dans leur collège de Clermont, ils firent ce qu'ils purent pour le justifier, et le P. Le Méra entreprit de le défendre, en citant quelques auteurs étrangers, qu'il disait l'avoir longtemps soutenue avant le P. Héreau. Mais feu M. le prince Henri de Bourbon, quelque favorable qu'il leur fût d'ailleurs, leur ferma la bouche en disant qu'il n'y avait pas d'autre défense pour eux en cette rencontre que de condamner hautement ces pernicieuses opinions,

» Il fallut donc satisfaire le public et faire voir qu'un crime de cette nature n'était pas du nombre de ceux qui peuvent espérer l'impunité. Les Jésuites en eurent la confusion, et quelques efforts qu'ils fissent pour s'en garantir, ils furent humiliés par cet arrêt donné au Conseil du roi le 3 mai 1644 :

« Sur ce qui a été représenté au roi étant en son Conseil, la reine régente sa mère présente, que le P. Héreau, de la Société de Jésus, préposé par ses supérieurs pour faire la lecture des cas de conscience dans le collège de Clermont à Paris, avait traité en public diverses propositions et maximes dont la connaissance était très dangereuse et pouvait faire de très mauvais effets, le P. provincial et les supérieurs des trois maisons auraient été mandés et ensuite entendus audit Conseil, après que Sa Majesté, la reine régente sa mère présente, leur a fait entendre le mécontentement qu'elle avait des propositions faites par ledit P. Héreau en faisant ses leçons ; qu'il y avait beaucoup de faute de la part des supérieurs d'avoir permis ou toléré que telles maximes fussent mises en avant qui ne pouvaient être d'aucune utilité au public, et au contraire que la connaissance en était très dangereuse, donnant des ouvertures d'exercer plutôt les passions que de les régler ; que Sa Majesté désirait que les supérieurs de leur ordre fussent à l'avenir plus soigneux de s'informer de la doctrine qui sera écrite ou enseignée en leurs maisons dans ce royaume ; qu'elle ne recevra pas pour excuse qu'ils aient ignoré les mauvaises maximes qui se traiteront par leurs Pères, et qu'elle se prendra à eux des fautes qui se feront à l'avenir. Sur quoi lesdits Pères Jésuites ont témoigné avoir un extrême déplaisir que Sa Majesté ait eu sujet de se plaindre de la conduite d'un de leurs Pères ; qu'ils reconnaissent qu'il avait failli de traiter publiquement telles questions dont l'on se plaint, lesquelles ils désavouent et déclarent qu'en général et en particulier ils les désapprouvent, jugeant qu'il était très dangereux de les enseigner et de les écrire, et qu'à l'avenir, sachant les intentions de Sa Majesté, ils tiendront la main à ce qu'en tous leurs collèges il ne se propose aucune matière qui puisse être préjudiciable. Vu les dites propositions, Sa Majesté étant en son Conseil, et de l'avis de la reine régente sa mère, a fait et fait très expresses inhibitions et défenses aux dits Pères de la Société de Jésus et à tous autres, de plus à l'avenir traiter dans les leçons publiques ou autrement pareilles propositions. Enjoint Sa Majesté aux supérieurs de ladite Société de veiller exactement à ce qu'en toutes leurs maisons l'on ne traite telles matières, soit dans les leçons, soit dans les livres. Ordonne que ledit P. Héreau demeurera en arrêt en la maison de leur collège de Clermont jusqu'à ce qu'autrement par Sa Majesté en ait été ordonné. Fait au Conseil d'Etat du roi, Sa Majesté y étant, la reine régente sa mère présente, tenu à Paris le troisième jour de mai 1644. — Signé *De Guénégaud*[1], avec paraphe. »

» Voilà à quoi aboutit une des plus grandes affaires de notre siècle à l'égard des Jésuites. La conjoncture du temps leur fut favorable pour n'être point poussés à bout, et si ce désordre leur fût arrivé dans une autre circonstance que celle de la minorité du roi, il eût été malaisé de n'en pas venir aux extrémités contre toute leur Compagnie.

» On vit bien dès lors que ceux qui les voulaient ménager par des considérations politiqnes ne les rendraient pas plus sages ; que l'indulgence dont Sa Majesté usait envers eux ne servirait qu'à leur inspirer une

(1) Henri de Guénégaud, seigneur du Plessis (1609-1676), secrétaire d'Etat, puis garde des sceaux, disgracié en 1669.

plus grande hardiesse pour l'avenir, et que cette modération ne changerait rien dans leur esprit et dans leur cœur. Et, en effet, dans le temps même que le P. Héreau devait être couvert de confusion et pénétré d'un profond et très sensible regret pour le scandale qu'il venait d'exciter dans toute l'Eglise, les Jésuites, ses confrères, relevaient son grand mérite par des éloges. Car le P. Caussin[1] écrivit de lui : « qu'il l'avait connu dès son enfance, qu'il était d'une vie très innocente et se comportait en fort bon religieux, qu'il vivait dans Paris comme s'il était dans un désert, plongé dans l'oraison et dans l'étude ; cependant qu'à voir le livre de l'Université, on dirait que ce Père serait quelque vieux meurtrier qui n'aurait d'autre métier que d'aiguiser des couteaux et de détremper des poisons pour tuer les hommes ». Voilà ce que l'on peut attendre de la sincérité des Jésuites et à quoi se terminent leurs plus solennelles rétractations. »

Voici maintenant la lettre « académique » de Cyrano (2) :

Père criminel. Assurément vous me preniez pour un Roy quand vous preschiez vos Disciples de m'assassiner, mais ce n'est pas de toute farine que se font les Chatels et les Ravaillacs ; on a purgé vos Collèges de ce mauvais sang, et le souvenir de la Pyramide[3] empesche que le massacre ne passe de vostre bouche dans les mains de ceux qui vous escoutent. Vous ne laissez pas cependant, du faiste de vostre Tribune (pédagogue et bourreau de huit cens escoliers) de leur prescher ma mort comme une croisade, mais des enfans sont trop tendres pour estre exhortez au poignard. Vous cajoleriez plus aysément la conscience d'un brutal déjà fait au meurtre, comme celuy qui ne manqua mon sort que d'une journée. Il estoit homme d'exécution celuy-là, vous luy aviez très bien prouvé qu'un assassinat estoit la seule voie de se réconcilier avec Dieu ; il vous avoit très bien crû, et si une pistole dont vous fustes chiche, au lieu des indulgences et des médailles dont vous le chargeates, eût secondé son courage, l'embuscade prolongée de vingt-quatre heures rougissoit le pavé de mon sang, et puis vous estes de la Compagnie de Jésus ! O ! Dieu, Jésus avoit il en sa Compagnie des personnes qui conseillassent l'homicide ? Non, vous n'en estes point, ou bien vous estes de celle qu'il eut en croix, avec deux meurtriers. Si vous jugez ma mort une œuvre méritoire, que n'y employez-vous vostre main ; si elle ne l'est pas, pourquoy la conseillez-vous ? Dieu souffrit autrefois que les Juifs l'appellassent fourbe, séducteur, magicien, et qu'ils ruinassent l'opinion de sa divinité par un infâme supplice ; et Me Nicolas B...., plus passionné que Jésus-Christ pour le salut des hommes, plus entendu à l'establissement du Christianisme que Dieu,

(1) Nicolas Caussin, jésuite (1583-1651), il fut confesseur de Louis XIII, mais disgracié et exilé par Richelieu. — (2) Ms. f. 137. Inédite. — (3) La Pyramide élevée devant le Palais de Justice de Paris, pour perpétuer le souvenir de l'attentat de Jean Chatel sur Henri IV (27 décembre 1594), abattue en 1604 sur l'ordre du roi qui voulait être agréable à la Compagnie de Jésus.

veut me perdre ! dût-il lui en coûter son âme. Je dis son âme, car pour sa vie, il ne la voudroit pas jouer contre la Monarchie du Monde. Il conseille et concerte ma ruine, mais ce sont des morceaux qu'il taille pour d'autres. Le poltron qu'il est seroit bien ayse de contempler surement de la rive un naufragé en haute mer, cependant, je suis dévoüé au pistolet par un Moine, un Moine qui devroit (si l'idée d'un pistolet avoit pris place en son imagination) se faire exorciser. Barbare maistre d'école, quel sujet avez-vous de me tant vouloir de mal ? Vous feuilletez possible tous les crimes dont vous estes capable, et sur cela vous concluez que je suis Athée ; mais Père écervelé, me croyez-vous si stupide de me figurer que le Monde soit né comme un champignon, que les Astres ayent pris feu et se soient arrangez par hazard, qu'une matière morte, de telle ou telle façon disposée, ayt pu faire raisonner un homme, sentir une beste, végéter un arbre ; pensez-vous que je ne reconnaisse pas la Providence de Dieu, quand je vous regarde sous un chapeau dont le sacré circuit vous met à couvert de la foudre, quand je vous regarde dans une Compagnie dont la sainte réputation purge la vostre, enfin, quand je vous regarde si foible et si meschant. Non, non, le véritable sujet de la hayne que vous me portez, c'est l'envie, et la ridicule imagination que vous avez euë de vous rendre recommandable en me choquant. Comme ce fut la mesme quinte qui conduisit à l'hospital l'esprit et le corps du Père Garasse[1], pardonnez-moy donc, je vous supplie, car je ne sçavois pas que de venir au monde avec de l'esprit estoit vous offenser, ny, comme vous sçavez, je n'estois point au ventre de la jument qui vous conceut pour disposer à l'humanité les organes et la complexion qui concouroient à vous faire cheval. J'ay tort, à la vérité, de donner à vostre naissance une cause si basse ; je crois que vostre origine est à tous très remarquable, vous autres dont les gestes ont pour monumens les monumens de nos Rois : ce n'est pas que j'impute au dérèglement de tout un corps la corruption d'un membre, car on sçait bien que si de ce corps vous composez quelque chose, vous en estes les parties honteuses, que vostre âme est noire à cause qu'elle porte le deüil du trespas de vostre conscience, et que vostre habit garde la mesme couleur pour servir de petite oye à vostre âme. O ! Dieux, faut-il qu'un chétif hypocondre comme vous soit la condamnation de toute la Société, que vous fassiez éclipser mille Soleils en vostre Compagnie par la seule interposition de vostre espaisse révérence, et que Saint-Ignace, depuis un siècle qu'il est au Ciel, boîte encore en vous tous les jours. Cependant vous vous imaginez estre habile et sçavant par dessus tous ceux de vostre Ordre. Hélas ! mon grand Amy, si vous estes le plus grand homme des Jésuites, vous ne devez cette

(1) François Garassus, jésuite, né à Angoulême en 1584, mort à Poitiers le 14 juin 1631 en soignant les pestiférés, est l'auteur de « La Doctrine curieuse » ; c'est lui qui fut l'instigateur ou plutôt l'auxiliaire du procureur général Mathieu Molé dans la lutte ouverte par le Parlement de Paris contre le libertinage, voir *Le Procès du poète Théophile de Viau (1623-1625), publication des pièces inédites des Archives nationales*, 2 vol. in-8.

grandeur qu'à celle de vos membres, et vous estes le plus grand personnage de vostre couvent comme Saint Christophle est le plus grand Saint de Nostre-Dame. A la vérité, vous estes plus grand qu'eux en fourbes, en lâchetez, en trahisons, et par vous Dieu s'est trouvé, depuis Judas, plus d'une fois entre les mains d'un traistre, mais je ne crains point vos conspirations, tandis que nous aurons une Régente sous qui les Régens comme vous sont grimaux. Ce n'est pas que vous ne méritiez (quand la Fortune et la Justice seront bien ensemble) que de trois ou quatre milles asnes qui establent à vostre Collège, on vous déclare le principal. Oüy, certes, vous le méritez, car je ne sçache personne à qui le fouet appartienne justement comme à vous ; vous le sçavez manier de si bonne grâce, que vous achetez l'affection des Pères par le supplice de leurs enfans : vous pendez les cœurs à vos verges et vous vous introduisez dans leur esprit par la porte de derrière ; ce n'est pas que je n'en sçache tel qui voudroit pour dix pistoles vous avoir escorché ; mais si vous me croyez, vous le prendrez au mot pour l'attraper, car dix pistoles sont plus que ne sçauroit valoir la peau d'une beste à corne. Je ne suis pas vostre serviteur.

LETTRE SATIRIQUE CONTRE LE SIEUR DU TAGE (1)

Monsieur, Tant de caresses de la Fortune que j'ay perdües, en perdant vostre amitié, m'obligent enfin de me réconcilier avec vous. Je confesse donc que je devois plus soigneusement conserver le fruit de vostre connoissance, car puisque vous faites passer ceux qui vous visitent pour des Barons et des Marquis, et que vous estes père de force Comtes qui ne vous sont point parens, moy, que vous juriez d'aymer, j'aurois possible gaigné à ce jour-là une Principauté. Quelques-uns blâment cette humeur prodigue, mais ils ne sçavent pas que ce qui vous engage à ces magnificences, est l'amour que vous avez pour la *conservation* [a] de la Noblesse, et que ne pouvant faire de gentilshommes selon la chair, vous en voulez au moins engendrer spirituellement. Les auteurs *de roman* [b] que vous connoissez donnent bien des Empires à qui souvent n'a pas ou deux arpens de terre ; pourquoy n'useriez-vous pas des mesmes privilèges ? Ces Messieurs les Escrivains ne parlent pas mieux que vous, puisque vous parlez tout comme eux, et qu'à tout moment vous vomissez et *Cléopâtre* [2] et *Cassandre* [c], si crües, qu'on void quasi dans vostre bouche le papier dessous les paroles. Des

a) 1654 : multiplication. — b) romanesques. — c) Cassandre et Polexandre (3).

(1) Ms. f. 162v. — *Œuvres diverses, 1654 :* Lettres satyriques, VI. A monsieur de V..., p. 134. — Cette lettre, au point de vue du style, a été si complètement refaite par Cyrano que nous ne donnons ici que les principales variantes de l'imprimé. — (2) *Cassandre* et *Cléopâtre* sont les titres de deux romans de Gautier de Coste de La Calprenède. Le premier a paru de 1642 à 1644 en 10 vol. in-8 ; le second de 1647 à 1658 en 12 vol. in-8 ; ils ont été tout deux réimprimés. — (3) Sur *Polexandre*, roman de Le Roy de Gomberville, voir p. 163, note 2.

critiques *malicieux diroient qu'un grand babil*[a] n'est pas la marque d'un grand esprit, que les *tonneaux vides font plus de bruit que les pleins*[b] et que possible à cause *des concavitez de vostre teste, il se fait un écho dans vostre bouche de tout ce que disent les Héros romanesques : mais je me moque d'eux ; car quand vous ne seriez pas un grand cerveau*[c], vous estes toutefois un grand homme. Comment! vous estes capable de noircir de vostre ombre un jeu de paume entier ; personne n'entend parler de *vous*[d] qu'il ne croye qu'on fait l'histoire d'un Cèdre ou d'un Sapin ; d'autres voians que vous n'avez rien d'humain que le langage, asseurent[e] que vous estes un Chesne transplanté de la forest de Dodone[1], mais ceux qui raisonnent avec plus de jugement protestent qu'il s'en faut de beaucoup que vous soyez aussi grand qu'un Chesne, puisque vous n'estes qu'une Bûche ; et moy qui vous connois mieux que tous ces mocqueurs, *et qui prens tousjours vostre querelle*, j'ay soustenu *à leur nez* que vous n'estiez point un arbre, *et que l'immobile gravité de vos giganteries procédoit de ce qu'une âme ne pouvant informer qu'un quart de vostre embrion, la Nature avoit esté contrainte d'en laisser plus de la moitié en friche*[f]. Et, en effet, y a-t-il au monde quelqu'un qui ne sçache que quand *le Ciel anima vostre colosse, il eut beau tirailler vostre esprit, il*[g] ne le pût jamais faire venir jusqu'à vostre cervelle. Vos membres sont si puissans qu'on diroit que vous avez deux *hommes*[h] au bas du ventre pendus à la place de vos cuisses ; et vous avez la *poitrine*[i] si large que j'apréhende quelquefois que vostre teste tombe *dans vostre corps*[j]. Pour moy, *si on vouloit m'obliger*[k] de croire que vous fussiez tout entier animé, je soutiendrois, *en platonicien*, qu'il a donc fallu vous informer l'âme universelle du monde. Il faut, en effet, que vous soyez quelque chose de bien grand puisque la Communauté tout entière des Fripiers est occupée à vous vestir. *Quelques médisans (à la vérité) asseurent que quand ces Messieurs les Juifs ont reconnu qu'ils ne pouvoient*[l] amener toutes les Ruës de Paris à la Halle, ils ont chargé sur vous leurs *plus riches hardes*[m] afin de faire *marcher*[n] les Halles par tout Paris ; *mais à qui les*

a) 1654 : murmurent que le grand bruit dont vous esclatez. — *b*) vaisseaux vuides en excitent plus que ceux qui sont pleins. — *c*) du concave de vostre cerveau remply de rien, vostre bouche, à l'exemple des cavernes, fait un écho mal distinct de tous les sons qui la frappent ; mais quoy il faut se consoler, celuy-là est encore à naistre, qui a sceu le moyen d'empescher l'envie de mordre la vertu ; car je veux mesme, comme ils le disent, que vous ne fussiez pas un grand génie. — *d*) vostre taille. — *e*) qu'ils ont appris par tradition. — *f*) car encor que cette partie supérieure de vostre tout (qu'à cause du lieu de sa situation on appelle vostre teste) ne fasse aucune fonction raisonnable ny mesme sensitive ; je ne me persuade pas pourtant qu'elle soit de bois, mais je m'imagine qu'elle a esté privée de l'usage des sens, à cause qu'une âme humaine n'estant pas assez grande pour animer de bout en bout un si vaste colosse, la Nature s'est trouvée contrainte de laisser en friche la région d'en-haut : — *g*) elle logea ce qu'en d'autres on nomme l'esprit dans vostre corps demesuré, elle eut beau le tirer et l'allonger, elle. — *h*) géants. — *i*) bouche. — *j*) dedans. — *k*) s'il estoit de la Foy. — *l*) ou bien que ces gens-là qui cherchent le débit, ne pouvant. — *m*) guenilles, — *n*) promener.

(1) Dans la Fable les chênes de la forêt de Dodone parlaient et rendaient des Oracles.

croiroit ils en diroient bien d'autres... Il est vray que vous estes une personne publique, et ce n'est pas pourtant à cause que vous estes habillé aux despens du public, assez d'autres titres vous doivent faire considérer pour tel. Je dis sans mettre en compte *ce que dix mille navaux asseurent de vous, lorsqu'ils protestent que la chair cruë vous en fait manger de cuite,* que comme de la vaze du Nil demeurée par les champs, les Egyptiens connoissent jusqu'où ce fleuve s'est débordé, tout de mesme de l'espaisseur de vostre graisse, on peut juger du nombre des embrassemens illégitimes qui se sont faits en *cette ville* [a]. Et enfin à propos *de Chesne* [b] à qui je vous comparois tantost, que vous estes un arbre si *merveilleux* [c] qu'il n'y a quasi point de jour que vous ne produisiez ; *tout cela sont d'estables pleines de calomnies, qu'ils* [d] n'eussent osé vous soustenir en face [e] du temps que la troisième peinture des cartes [1] estoit vostre portrait, vous portiez alors une *espée* [f] qui vous auroit vengé de tous ces coquins, et ils ne vous eussent pas *au moins convaincu* [g] d'effronterie en un estat où vous changiez si souvent de couleur. Ce sont là, Monsieur, à peu près les peaux d'asne [2] dont ils persécutent vostre réputation. J'en ferois l'apologie un peu plus longue, mais la fin du papier m'oblige de finir. Permettez donc que je prenne congé de vous, sans les cérémonies ordinaires, *car on m'estimeroit* [h] valet du valet des *tambours* [i] si je me disois, Monsieurs, vostre serviteur.

CONTRE LE GRAS MONTFLEURY, MAUVAIS AUTEUR ET COMÉDIEN (4)

Gras Montfleury [j]. Enfin, je vous ay vu. Mes prunelles ont achevé sur vous de grands voyages ; et le jour que vous éboulâtes corporellement jusqu'à moy, j'eus le temps de parcourir vostre hémisphère, ou pour parler plus véritablement, d'en découvrir quelques cantons. Mais comme je ne suis pas tout seul les yeux de tout le monde, permettez que je donne vostre portraict à la postérité, qui sera *sans doute* [k] bien-aise de sçavoir un jour comment vous estiez fait. On sçaura donc, en premier lieu, que la Nature qui vous ficha une teste sur la poitrine ne voulut pas expressément y mettre de col, afin de le dérober aux malignitez de vostre horoscope ; que

a) 1654 : vostre Faux-bourg. — *b*) d'arbre. — *c*) fertile. — *d*) mais je sçay bien que ces sortes d'injures passent fort loin de vous, et que vos calomniateurs. — *e*) tant d'injures. — *f*) brette. — *g*) accusé comme aujourd'huy. — *h*) parce que ces Messieurs qui vous méprisent fort, et dont je fais beaucoup d'estime, penseroient que je suis le. — *i*) tambourineux (3). — *j*) Enfin, gros homme. — *k*) un jour.

(1) Le valet, qui est la troisième figure. — (2) Contes ridicules. — (3) C'est-à-dire de la plus misérable condition. Le tambourineux c'était le crieur public qui tambourinait les objets perdus. — (4) Ms. f. 127. — Dans les *Œuvres diverses, 1654 :* Lettre satyrique, X (IX par erreur) p. 153. Contre un gros homme. Il s'agit de Zacharie Jacob, dit Montfleury, comédien et auteur dramatique, né en 1600, mort en décembre 1667. M. P. Brun a cru qu'il s'agissait de son fils, Antoine Jacob, dit Montfleury, et cependant aucune équivoque n'est possible, puisque le texte du Ms. de la Bibl. nat. cite *La Mort d'Asdrubal*, tragédie de Zacharie Jacob, publiée en 1647. La même erreur a été commise par P. Lacroix.

vostre âme est si grosse, qu'elle serviroit bien de corps à une personne un peu déliée ; que vous avez ce qu'aux hommes on appelle la face, si fort au-dessous des espaules, et ce qu'on appelle les espaules si fort au-dessus de la face, que vous semblez un sainct Denys portant son chef entre ses mains. Encore je ne dis que la moitié de ce que je voy, car si je descends mes regards jusqu'à vostre bedaine, je m'imagine voir aux Limbes tous les Fidèles dans le sein d'Abraham, Saincte Ursule qui porte les unze mille Vierges enveloppées dans son manteau, ou le cheval de Troye farcy de quarante mille hommes. Mais je me trompe, vous *paroissez*[a] quelque chose *encore* de plus gros *et de plus vilain,* ma raison trouve bien plus d'apparence à croire que vous estes une *apostume*[b] de la Nature qui rend la Terre jumelle. Hé ! quoy, vous n'ouvrez jamais la bouche qu'on ne se souvienne de la fable de Phaëton où le Globe de la Terre parle[1] ; oüy, le Globe de la Terre. Et si la Terre est un animal, vous voyant *(comme asseurent quelques Philosophes)* aussi rond et aussi large qu'elle, je soustiens que vous estes son masle, et qu'elle a depuis peu accouché de l'Amérique, dont vous l'avez engrossée. Hé ! bien, qu'en dites-vous, le portraict est-il ressemblant, pour n'y avoir donné qu'une touche ? *Par l'expression de vostre rontondité vénérable, n'ay-je pas adroictement fait connoistre que l'interposition d'un Globe si grand et si opaque doit faire éclipser les Soleils dont toutes vos Comédies sont éclairées. N'ay-je pas en arrondissant l'espaisseur de vostre masse*[c] appris à nos nepveux que vous n'estes point fourbe, puis que vous marchez rondement ? Pouvois-je mieux convaincre de mensonge ceux qui vous menassent de pauvreté, qu'en leur faisant voir à l'œil que vous roulerez tousjours. Et enfin estoit-il possible d'enseigner plus intelligiblement que vous estes un miracle, puisque *l'embonpoint de vostre chair inanimée*[d] vous fait prendre par vos spectateurs pour une longe de veau qui se promène sur ses lardons ? Je me doute bien que vous m'objecterez qu'une Boule, qu'un Globe, ny qu'un morceau de chair ne font pas des ouvrages *de théâtre et que le grand Asdrubal*[2] *est sorti de vos mains*[e]. Mais entre vous et moy, vous en connoissez l'encloüeure ; il n'y a personne en *France*[f] qui ne sçache que cette tragédie est la Corneille d'Esope, *qu'elle a esté construite d'un impôt par vous establi sur tous les poëtes de ce temps,* que vous l'avez sceuë par cœur auparavant que de l'avoir *imaginée*

a) 1654 : estes. — *b*) une loupe aux entrailles. — *c*) par la description de vostre sphère de chair, dont tous les membres sont si ronds, que chacun fait un cercle, et par l'arondissement universel de vostre espaisse masse, n'ay-je pas. — *d*) vostre gras embonpoint. — *e*) et que la belle Sidon vous a fait triompher sur les Théâtres de Venise (3). — *f*) en Italie.

(1) Ovide, dans ses *Métamorphoses.* — (2) *La mort d'Asdrubal, tragédie du sieur de Montfleury, comédien de la troupe royale. A Paris, chez Toussaint Quinet, au Palais, sous la montée de la Cour des Aydes, 1647,* in-4 (avec le portrait de Montfleury). — (3) Voir T. I, p. LI, note 1. *L'Ambiga comique, ou les Amours de Didon et d'Ænée, 1673,* in-12, tel est le titre de la pièce du fils de Montfleury, auquel Cyrano aurait fait allusion, suivant P. Lacroix ; or Antoine Jacob était né en 1640 !

qu'estant tirée de toutes les autres [a], on la peut appeller la Pièce des pièces, et que vous seriez non seulement un Globe, une Boule et un morceau de chair, mais encore un miroir qui prend tout ce qu'on luy montre, n'estoit que vous représentez trop mal [b]. *Confessez donc la dette* [c], je n'en parleray point; au contraire, pour vous excuser, je diray à tout le monde que vostre Reyne de Carthage doit estre un corps composé de toutes les natures, parce qu'estant d'Afrique, c'est de là que viennent les Monstres. Et j'adjoûteray mesme que cette pièce *fut trouvée si belle, qu'à mesure que vous la jouiez* [d] tout le monde la joüoit. Quelques ignorans peut-estre conclueront, à cause de la stérilité de pensées qu'on y trouve, que vous ne pensiez à rien quand vous la fistes; mais tous les habiles sçavent qu'afin d'éviter l'obscurité, vous y avez mis les bonnes choses fort claires, et quand mesme ils auroient prouvé que depuis l'ortie jusqu'au sapin, c'est-à-dire depuis *Scarron* [e] jusqu'à Corneille, tous les Poëtes ont accouché de vostre enfant, ils ne pourroient rien inférer, sinon qu'une âme ordinaire n'estant pas assez grande pour vivifier vostre masse de bout en bout, vous fustes animé de celle du monde, et qu'aujourd'huy c'est ce qui est cause que vous imaginez par le cerveau de tous les hommes. Mais encore *ces stupides* [f] sont bien esloignez d'avoüer que vous imaginez; ils soustiennent mesme qu'il n'est pas possible que vous puissiez parler, ou que, si vous parlez, c'est comme jadis l'Antre de la Sibille, qui parloit sans le sçavoir. *Hier, pourtant je les contraignis de confesser, malgré l'assoupissement de vostre âme qu'ils m'alléguèrent que vous estes donc au moins* [g] la Caverne des Sept Dormans, qui ronflent par vostre bouche. Mais, bons Dieux! qu'est-ce qne je voy? *Montfleury* [h] plus enflé qu'à l'ordinaire! Est-ce donc le couroux qui vous sert de Seringue? Desjà vos jambes et vostre teste se sont [tellement] unies par leur extension à la circonférence de vostre Globe, [que] vous n'estes plus qu'un balon; *c'est pourquoy je vous prie de ne pas approcher de mes pointes, de peur que je ne vous crève.* Vous vous figurez peut-estre que je me mocque; par ma foy, vous avez deviné; *aussi* [i] le miracle n'est pas grand qu'une boule ait frapé au but. Je vous puis mesme asseurer que si les coups de baston s'envoyoient par escrit, vous liriez ma Lettre des espaules. Et ne vous estonnez pas de mon procédé, car la vaste estenduë de vostre rondeur me fait croire si fermement que vous estes une terre, *que je veux planter* [j] du bois sur vous pour voir comment il s'y porteroit! Pensez-vous donc, à cause qu'un homme ne vous sçauroit battre

a) 1654 : inventée, estant tirée de l'*Aminte*, du *Pastor Fido* de Guarini, du cavalier Marin (1), et de cent autres. — *b*) la dette. — *c*) Sus donc, confessez. — *d*) parut si belle aux Nobles de cette République, qu'à l'exemple des Acteurs qui la joüoient. — *e*) Le Tasse. — *f*) ils. — *g*) Mais encore que les fumées qui sortent de vostre bouche, je voulois dire de vostre bondon, soient aussi capables d'enyvrer que celles qui s'exhaloient de cette grote, je n'y voy rien d'aussi prophétique; c'est pourquoy j'estime quevous n'estes au plus que. — *h*) vous me semblez encore. — *i*) et. — *j*) que de bon cœur je planterois.

(1) *L'Aminte* du Tasse; *Le Coloandre fidèle*, de Marini, traduit par Scudéry.

tout entier en vingt-quatre heures, et qu'il ne sçauroit en un jour eschigner qu'une de vos omoplates, que je me veuille reposer de vostre mort sur le Bourreau ? Non, non, je seray moy-mesme vostre Parque, et *je vous eusse dès l'autrefois escrasé sur vostre Théâtre, si je n'eusse appréhendé d'aller contre vos règles, qui deffendent d'ensanglanter la scène. Adjoustez à cela que je ne suis pas encore* [a] bien délivré d'un mal de rate pour la guérison duquel les Médecins m'ont ordonné encore quatre ou cinq prises de vos impertinences ; mais si-tost que j'auray fait banqueroute aux divertissemens et que je seray *saoul* [b] de rire, tenez par tout asseuré que je vous envoyeray deffendre de vous compter entre les choses qui vivent. Adieu, c'est fait. J'eusse bien finy ma Lettre à l'ordinaire, mais vous n'eussiez pas crû pour cela que je fusse vostre très humble, très obéissant et très affectionné. C'est pourquoy, *Montfleury* [c], Serviteur à la paillasse.

POUR SOUCIDAS (DASSOUCY), CONTRE UN PARTISAN QUI AVOIT REFUSÉ DE LUY PRESTER DE L'ARGENT (1)

Monsieur. Vous me le deviez l'argent que je vous demandois ; car ne pensez pas qu'à moins de quarante pistoles j'eusse voulu salir ma réputation en prostituant ma compagnie à vos promenades, et que je me fusse tant de fois donné la peine de protester, contre ma conscience, que vous estiez le plus honneste Homme du Monde. Enfin, je n'eusse pas risqué sans cela, comme j'ay fait, les avives ou le farcin [2]. Je voy bien maintenant que le symptôme de toutes les fièvres n'est pas semblable, puisque devant ny après celle de Saint-Mathurin [3] on ne baille pas. Mais ce que je trouve de plus pernicieux en vos émotions c'est que, pour un Homme qui n'est pas fort en garde, vous estes un peu trop bilieux. Si le jour que je receus vostre Lettre je n'eusse pris de la rhubarbe, possible aurois-je fait ma plume d'un baston, mais la République est trop intéressée à vostre conservation, car on ne sçauroit vous entamer sans répandre le sang du Peuple dont vous estes plein. Observez toutefois doresnavant un procédé moins furieux. Je me figurois jadis (parce que, vostre Père et vous aviez fait dégénérer la chaude-pisse de nos bourses en gonorrhée) que chaque coffre de vostre Maison fût une aposthume d'or ; mais je connois aujourd'huy que de vos pièces la plus pesante est vostre teste. Volez donc mieux désormais, si vous me croyez, car si vous ne prenez l'essor un peu plus haut, vous courez hazard d'estre arrêté à quatre pieds de terre ; et à vostre physionomie, je connois que la filasse est plus antipathique à vostre tempérament que l'arsenic. Si donc vous avez peur d'estre léger, évitez au moins de vous faire peser en Grève, c'est l'advis seul que peut donner à vos maux de rate, Vostre Médecin...

a) 1654 : ce seroit desjà fait de vous, si j'estois. — *b*) las. — *c*) Gros Crevé.

(1) Ms., f. 176. — *Nouvelles œuvres, 1662*, p. 19. — (2) Deux maladies du cheval. — (3) La folie dont Saint-Mathurin guérissoit.

SATIRE CONTRE SOUCIDAS (DASSOUCY) (1)

Monsieur le Viédaze [a], Hé ! par la mort, je trouve que vous estes bien impudent de demeurer en vie, après m'avoir offensé ! Vous qui ne tenez lieu de rien au monde ou qui n'estes, au plus, *qu'une gale* [b] aux fesses de la Nature ; vous qui tomberez si bas, si je cesse de vous soustenir, qu'une puce en laischant la terre ne vous distinguera pas du pavé ; vous enfin, si sale et si *bougre* [c] qu'on doute (en vous voyant) si vostre mère n'a point accouché de vous par le *cul* [d] ; encores si vous m'eussiez envoyé demander *permission de vivre, je vous eusse permis peut-estre de pleurer en mourant* [e]. Mais sans vous enquester si je trouve bon que voyez encore demain, ou que vous mouriez dès aujourd'huy, vous avez l'impudence de boire et de manger comme si vous n'estiez pas mort. Ha ! je vous proteste de renverser sur vous un si long anéantissement, *que vous n'aurez pas mesme* [f] jamais vécu. Vous espérez sans doute m'attendrir par la dédicasse de quelque *nouveau* [g] Burlesque. Point, point, je suis inexorable, je veux que vous mouriez tout présentement, puis selon que *mon tempérament* [h] me rendra miséricordieux, je vous ressusciteray pour lire ma Lettre. *J'avois néanmoins quasi résolu d'attendre l'offrande de vos plaisans vers, sçachant par vous* [i] que tout ce qui *estoit* [j] sot ne faisoit pas rire. *Toutefois j'ay songé depuis* [k] que pour faire quelque chose de bien ridicule, vous *n'aviez* [l] qu'à parler sérieusement, *c'est pourquoy je n'ay pas voulu risquer le choc. Avez-vous, en effet, jamais rien achevé de tolérable que vostre poëme burlesque ? Cependant, ny les vers ny la conduite ne vous ont guères fait brusler de chandelle, et selon ma pensée, vous deviez l'intituler « Le Jugement de Pâris et de Blandin* [2] *», car si vous l'avez transcrit, vous savez bien qui l'a composé. J'entendois l'autre jour le libraire se plaindre de ce qu'il n'avoit pas de débit, mais il se consola quand je luy répondis que Soucidas estoit un juge incorruptible, de qui on ne sçauroit acheter le jugement ; ce n'est point de luy* [m] seul que j'ay appris que vous rimassiez. Je m'en doutois déjà bien, parce que c'eût esté un grand miracle si les vers ne s'estoient

a) 1654 : — Monsieur le Coquin. — *b*) qu'un clou. — *c*) puant. — *d*) derrière. — *e*) le temps d'un « Peccavi ! ». — *f*) qu'il ne sera pas vray de dire que vous ayez. — *g*) ennuyeux. — *h*) ma belle humeur. — *i*) aussi bien quand pour regagner mes bonnes grâces, vous me dédieriez une Farce, je sçay. — *j*) est. — *k*) Et qu'encore. — *l*) n'ayez. — *m*) vostre Poësie est trop des Halles ; et je pense que c'est la raison pourquoy vostre « Jugement de Pâris » n'a point de débit : Donc, si vous m'en croyez, sauvez-vous au Barreau des ruades de Pégase, vous y serez sans doute un Juge incorruptible, puisque vostre jugement ne se peut achepter. Au reste, ce n'est point de vostre libraire.

(1) Ms., f. 157. — *Œuvres diverses, 1654*. Lettres satyriques, V, contre Soucidas, p. 128. — Cette lettre doit avoir été écrite dans le second semestre de 1650 après sa rupture avec Dassoucy. — (2) Blandin doit être un nom forgé par Cyrano, car nous n'avons pas trouvé trace de cet écrivain. — Il ne faut pas oublier que Cyrano est l'auteur de l'épître burlesque « Au sot lecteur et non au sage » placée en tête du *Jugement de Pâris* et qu'il a signée : de Bergerac.

pas mis dans un homme si corrompu. Vostre haleine seule suffit à faire croire que vous estes d'intelligence avec la Mort pour ne respirer que la peste, et les muscadins [1] ne sçauroient empescher que vous ne soyez par tout le monde en fort mauvaise odeur. Je ne m'irrite point contre cette putréfaction, c'est un crime de vos pères [ladres] *mêlé au sang de qui vous trempez innocemment.* Vostre chair mesme n'est autre chose que de la terre crevassée par le Soleil, et tellement fumée que, si tout ce qu'on y a semé avoit pris racine, vous auriez maintenant sur les espaules un grand bois de haute fustaye. Après cela, je ne m'estonne plus de ce que vous prônez qu'on ne vous a point encore connû. Il s'en faut, en effet, plus de quatre pieds de crote qu'on ne vous puisse voir. Vous estes ensevely sous le fumier avec tant de grâce que, s'il ne vous manquoit un pot cassé pour vous grater, vous seriez un Job acomply. Ma foy, vous donnez un beau démenty à ces Philosophes qui se mocquent de la Création. S'il s'en trouve encore, je souhaitte qu'ils vous *voyent, car je m'asseure que le plus aheurté d'entre eux vous ayant contemplé ne doutera point que l'Homme puisse* [a] avoir esté fait de bouë. Ils vous prescheront et se serviront de vous-mesme pour vous retirer de ce malheureux Athéisme où vous croupissez. Vous sçavez que je ne parle point par cœur : *combien de fois vous a-t-on* [b] entendu prier Dieu qu'il vous fit la grâce de ne point croire en luy [2] ! *Il n'oseroit* [c] avoir laissé fermer une porte quand vous fuyez le baston, qu'il ne soit par vous anéanty, et vous ne *le reproduisez* [d] que pour avoir contre qui jurer *si le dé rafle vostre magot* [e]. J'advouë que vostre sort n'est pas de ceux qui sçavent patiemment porter *les pertes, car vous n'avez presque rien* [f] et à peine le chaos entier suffiroit-il à vous rassasier : c'est ce qui vous a obligé d'affronter tant de monde. Il n'y a plus [de] moyen que vous trouviez pour marcher en cette Ville une ruë non créancière, à moins que le Roy fasse bâtir un Paris en l'air. L'autre jour, au Conseil de guerre, on donna avis à Monsieur *le Prince* [g] [3] de vous mettre dans un mortier pour vous faire sauter comme une bombe dans *les villes de Flandres, parce qu'en moins de trois jours la faim contraindroit* [h] les habitants de se rendre. Je pense *pour moy* [i] que ce stratagesme-là *eût réussi* [j], puisque vostre nez, qui n'a pas l'usage de raison, ce pauvre nez, le reposoir et le paradis des

a) 1654 : rencontrent, car je suis asseuré qu'après vostre veuë, ils croiront aisément que l'Homme peut. — *b*) et que je ne suis pas le seul qui vous a. — *c*) Comment, petit Impie, Dieu n'oseroit. — *d*) commencez à le recroire. — *e*) quand vos dés escamotez répondent mal à vostre avarice. — *f*) la perte, car vous estes gueux comme un Diogène. — *g*) de Turenne. — *h*) saincte Menehou (4) pour contraindre en moins de trois jours, par la faim. — *i*) en vérité. — *j*) réussiroit.

(1) Bonbons musqués pour parfumer l'haleine (P. L.). — (2) Point n'est besoin d'insister sur l'odieux d'une pareille insinuation au XVIIe siècle. — (3) Le prince de Condé, on voit que dans l'imprimé de 1654, Cyrano a mis Turenne. Ce changement tient simplement à ce que, dans l'intervalle, il avait retourné sa veste : de frondeur, il était passé mazarin. — (4) Sainte-Menehould, dont les espagnols s'étaient emparés en 1652, fut prise d'assaut le 27 novembre 1653 par Turenne. On voit que Cyrano a *corrigé* cette lettre à la fin de l'année 1653 en vue de son impression.

Chiquenaudes, semble ne s'estre retroussé que pour s'esloigner de vostre bouche affamée. Vos dents ? mais bons Dieux ! où m'embarrassay-je, elles sont plus à craindre qne vos bras. *Je leur crie merci*[a], aussi bien quelqu'un me reprochera que c'est trop berner un homme qui *m'aime comme son âme*[b], Donc, ô *brave Soucidas*[c] [ô Marionnette incarnée], cela seroit-il possible ; *ma foy, je pense que si je suis vostre cœur, c'est à cause que vous n'en avez point ; de mesme que Chapelle est vostre mémoire, Blandin vostre imagination, et Tristan (L'Hermite) vostre jugement. Mais je ne blasme point cette industrie, car puisque la Nature et la Fortune ne vous ont filé qu'une trame de gueux, il estoit bien raisonnable que chacun se cotisast pour subvenir à vostre nécessité. Vous vous plaindrez, possible, que je vous traite à la rigueur de vous faire perdre l'esprit. Hélas ! bon Dieu, comment vous octroyer ce que vous n'eustes jamais ? Demandez pour voir*[d] ce que vous estes à tout le monde, et vous verrez si tout le monde ne dit pas que vous n'avez rien d'homme que la ressemblance *de Singe*[e]. Ce n'est pas pourtant (quoy que je vous compare à *un Singe*[f1]) que je pense que vous *raisonnez*[g]. Quand je vous contemple si descharné, je m'imagine que vos nerfs sont assez secs et assez préparez pour exciter, en vous remuant, ce bruit que vous appelez *langage*[h] ; c'est infailliblement ce qui est cause que vous jazez et frétillez sans intervalle. Mais puisque parler y a, apprenez-moy *donc*, de grâce, si vous parlez à force de remuer, ou si vous remuez à force de parler ? Ce qui fait soupçonner que tout le tintamarre que vous faites ne vient pas de vostre langue, c'est qu'une langue seule ne sçauroit dire le quart de ce que vous dites, et que la pluspart de vos discours sont tellement esloignez de la raison, qu'on void bien que vous parlez par un endroit qui n'est pas fort près du cerveau. Enfin, mon petit *Monsieur*[i], il est si vray que vous estes tout langue, que s'il n'y avoit point d'impiété d'adapter les choses sainctes aux prophanes, je croirois que Sainct-Jean prophétisoit de vous, quand il écrivit que la parole s'estoit faite chair. Et en effet, s'il me falloit écrire autant que vous parlez, j'aurois besoin de devenir plume ; mais puis que cela ne se peut, vous me permettrez de vous dire adieu. Adieu donc, mon camarade, sans compliment ; aussi bien seriez-vous trop mal obéy si *vous aviez pour*[j] vostre serviteur

De Bergerac.

a) 1654 : Leur chancre et leur longueur m'épouvante. — *b*) dit m'estimer beauconp. — *c*) plaisant petit Singe. — *d*) mais je voy que vous vous cabrez de ce glorieux sobriquet ! Hélas demandez. — *e*) d'un Magot. — *f*) ce petit homme à quatre pattes, ny. — *g*) raisonniez aussi bien qu'un Singe ? Non, non, messer Gambade ; car. — *h*) parole. — *i*) gentil Godenot (2). — *j*) j'estois.

(1) Quand Dassoucy a eu connaissance de cette lettre, en 1654 (?) seulement, avait-il composé l'aventure du singe Fagotin, son combat avec Cyrano ? Si oui, ce récit aurait été inventé de toutes pièces. Ce serait la vengeance de Dassoucy. — (2) Marmouset, grotesque, dans le sens de Priape *Phallus* (P. L.).

CONTRE CHAPELLE, BRIGAND DE PENSÉES (1)

Monsieur. Après avoir eschauffé contre nous cet homme qui n'est que flegme, n'appréhendons-nous point qu'on nous accuse un de ces jours d'avoir bruslé la rivière ? *Il parlera luy seul autant que tous les livres, s'il ne meurt désormais au bout de sa mémoire*[a]. Il n'ouvre jamais la bouche que nous n'y trouvions un larcin, *et lors mesme qu'il ne dit mot, il dérobe*[b] cela aux muets ! Nous sommes pourtant de faux braves, et nous partageons *mal*[c] les avantages du combat, nostre esprit ayant trois facultez de l'opposer au sien, qui n'en a qu'une ; c'est pourquoy s'il a dans la teste beaucoup de [ce] vuide, on luy doit pardonner, *car comment eut-il pû*[d] la remplir avec le tiers d'une âme raisonnable ; en récompense, il ne la laisse pas *en friche. Il s'en sert à piller tous les anciens*[e], et ces grands Philosophes qui croyoient s'estre mis par la pauvreté [qu'ils professoient] à couvert [d'impôts et] *de* contributions, luy doivent [par jour], jusqu'au plus misérable, chacun une rente de dix pensées, et ce Maltotier de conceptions *les taxe tous aux aisez*[2] *selon leurs richesses, et croyez qu'il les met bien à la raison, car il*[f] les fait bien parler françois ; encore ont-ils souvent le regret de voir *à leurs nez* confisquer leurs œuvres *pour n'avoir pas le moyen de payer le traducteur. Il sçait bien aussy, le finet*[g], que la Grèce et l'Italie relevant d'autres Princes que du nostre, *on ne le recherchera pas*[h] en France des larcins qu'il aura faits *aux peuples de ces païs-là, et possible mesme qu'il croit*[i], à cause que les Payens sont nos ennemis, ne pouvoir rien butiner sur eux qui ne soit pris de bonne guerre[3]. *A tout le moins devroit-il épargner leurs chétives comparaisons, car c'est marque d'avoir bien de la pente au vol, de desrober jusques à des guenilles. Il ne doit donc plus attendre de*

a) 1654 : cet esprit aquatique murmure continuellement comme les fontaines, sans que l'on puisse entendre ce qu'il dit. Ha ! Monsieur, que cet homme me fait prévoir à la fin des siècles une estrange avanture, et c'est que s'il ne meurt au bout de sa mémoire, les Trompettes de la Résurrection n'auront pas de silence ; cette seule faculté dans luy ne laisse point de place aux autres ; et il est un si grand persécuteur du sens commun qu'il me fait soupçonner que le Jugement universel n'a esté promis que pour en faire avoir aux personnes comme luy, qui n'en ont point eu de particulier. Et à vous parler ingénuement, quiconque le fera sortir du monde aura grand tort, puisqu'il l'en fera sortir sans raison ; mais cependant il parle autant que tous les Livres, et tous les Livres semblent n'avoir parlé que pour luy. — *b*) et il est si accoustumé à ne mettre au jour son pillage, que mesme quand il ne dit mot, c'est pour dérober. — *c*) avec injustice. — *d*) puisqu'il n'a pas esté possible à la Nature de. — *e*) dormir, il la tient sans cesse occupée à dépoüiller quelqu'un. — *f*) n'en laisse pas eschaper un qu'il ne taxe aux aisez selon l'estendue de son revenu, ils ont beau se cacher dans l'obscurité, il les sçait bien trouver, et. — *g*) tout entières quand ils n'ont pas le moyen de payer leur taxe ; mais il continue ces brigandages en sureté car il sçait. — *h*) il ne sera pas recherché. — *i*) chez eux. Je croy mesme qu'il pense.

(1) Ms., f. 125. — Dans les *Œuvres diverses, 1654*. Lettres satyriques, VII (pour IX), p. 147. Autre (lettre) sur le mesme sujet. (Contre un pilleur de pensée). — (2) Expédient en matière de finances dont on usait assez fréquemment. — (3) Nous donnons à la suite de cette lettre une addition considérable faite par Cyrano pour l'édition originale de 1654 et insérée à cette place.

moy que je l'appelle, fut-ce en matière de brigandage, le Phœnix de nostre temps, s'il ne devient escrivain sans comparaison[a]. Comment la foudre n'est pas assez loing de ses mains dans la moyenne région [de l'air], ny les torrens de Thrace assez rapides pour empescher qu'il ne les détourne jusques en ce Royaume. *Il les marie*[b] par force à ses *similitudes*[c]. Je ne vois *point cependant la raison*[d] de ce mauvais butin, si ce n'est que ce flegmatique, *au lieu*[e] de laisser croupir ses aquatiques pensées, essaie d'en former *un torrent, de peur*[f] qu'elles ne se corrompent, *et vueille*[g] eschauffer ses froides rencontres avec le feu des esclairs et des tonnerres. *Encore s'il glanoit sur les bons auteurs, je luy pardonnerois, mais il n'exprime que les sentiments des sots. Toutefois quand j'y songe, je ne m'en estonne plus; c'est l'ordinaire de La Chapelle de ne tirer l'esprit que des simples, et pour vous montrer qu'il affecte de desrober les gueux et de les despouiller des*[h] pieds jusqu'à la teste, *c'est*[i] que je vous feray voir dans toutes ses lettres le commencement et la fin des miennes. Monsieur, vostre serviteur.

Voici l'amplification faite par Cyrano et reproduite dans l'édition originale de 1654 :

« Voilà, Monsieur, ce qui est cause que nous voyons chaque page de ses Epistres estre le cymetière des vivants et des morts ; ne doutez point, après cela, que si, au jour de la consommation des siècles, chacun reprend ce qui luy appartient, le partage de ses escrits sera la dernière querelle des hommes. Après avoir esté dans nos conversations cinq ou six jours à l'affust aux pensées, plus chargé de pointes qu'un Porc-espic, il les vient ficher dans ses Epigrames et dans ses sonnets comme des éguilles dans un ploton. Cependant, il se vante qu'il n'y a rien dans ses escrits qui ne luy appartienne aussi justement que le papier et l'encre qu'il a payez ; que les vingt-quatre lettres de l'Alphabet sont à luy comme à nous et à la disposition par conséquent ; et qu'Aristote estant mort, il peut bien s'emparer de ses Livres, puisque ses terres, qui sont des immeubles, ne sont pas aujourd'huy sans Maistres ; mais après tout cela, quelquesfois quand on luy trouve le manteau sur les espaules, il l'adopte pour sien et proteste de n'avoir jamais logé dans sa mémoire que ses propres imaginations ; pour

a) 1654 : Tenez donc, je vous supplie pour asseuré que tout ce que je semble avoir reproché cy-dessus à sa mendicité, est seulement pour le prier qu'il espargne ses ridicules comparaisons de nos pères, car ce n'est pas le moyen de devenir, comme il l'espère, Escrivain sans comparaison, puisque c'est une marque d'avoir bien de la pente au larcin, de dérober jusqu'à des guenilles, et de n'avoir pour toute finesse de bien dire, que des *comme*, des *de mesmes*, ou des *tout ainsi !* — *b*) pour les marier. — *c*) comparaisons. — *d*) pas le motif. — *e*) de peur. — *f*) des torrents craignant. — *g*) ou qu'il veut. — *h*) Mais puisqu'enfin pour tout ce que je luy sçaurois dire, il ne vainquera pas les tyranniques malignitez de sa Planette, et puisque cette inclination de Filou le gourmande avec tant d'empire, qu'il glane au moins sur les bons Autheurs ; car quel butin prétend-il faire sur un misérable comme moy, il ne se chargera que de vétilles. Cependant il consomme et les nuicts et les jours à me dépouiller depuis les. — *i*) et cela est si vray.

cela, il se peut faire, ses escrits estant l'Hospital où il retire les miennes ! Si maintenant vous me demandez la définition de cet homme, je vous respondray que c'est un Echo qui s'est fait panser de la courte haleine [1] et qui auroit esté muet si je n'avois jamais parlé ! Pour moy, je suis un misérable père qui pleure la perte de mes enfans. Il est vray que de ses richesses il en use fort généreusement, car elles sont plus à moy qu'à luy. Et il est encores vray que si l'on y mettoit le feu, en y jettant de l'eau je ne sauverois que mon bien ; c'est pourquoy je me rétracte de tout ce que je luy ay reproché ! De quelle faute, en effet, puis-je accuser un innocent qui n'a rien fait, ou qui (quoy qu'il ait fait) ne l'a fait enfin qu'après moy. Je ne l'accuse donc plus, nous sommes trop bons amis, et j'ay tousjours esté si joint à luy, qu'on ne peut pas dire qu'il ait jamais travaillé à quelque chose où je n'aye esté attenttif. Ses ouvrages estoient mes seules pensées, et quand je m'occupois à imaginer, je songeois à ce qu'il devoit escrire. »

A MONSIEUR CHAPELLE

POUR LE CONSOLER SUR L'ÉTERNITÉ DE SON BEAU-PÈRE (2)

Monsieur. *Un bourreau* [a] (bien mieux que moy) vous *consoleroit* [b] de la vie de ce personnage ; *mais tout au pis laissez faire à la Faculté* [c], elle a des bras dont personne ne pare les coups. *Ne me dites point* [d] qu'il a passé déjà plus de dix fois le temps de mourir, que la Parque ne s'est pas souvenüe de luy et que maintenant qu'elle a tant marché depuis, elle sera honteuse et paresseuse de le revenir prendre si loin. *Songez pour vostre allégement que les médecins d'aujourd'huy sont pensionnaires des fossoyeurs, et qu'à la fin de leurs ordonnances on y trouve tousjours un « libera » ; mais en tout cas, si la vie est à l'épreuve des récipez, mettez en usage pour vous guérir les remédes du Ciel, puisqu'une messe du Saint-Esprit est fort souveraine à la fièvre de Saint-Mathurin* [3]. *Je pense que pour le tuer une messe de la Passion ne seroit pas mauvaise. Enfin parlez, criez, tonnez* [e], faites en sorte qu'il se despite contre le jour ; n'est-il pas temps aussi bien qu'il fasse place

a) 1654 : La Faculté. — *b*) mettra quelque jour à couvert. — *c*) laissez-la donc faire. — *d*) Vous me répondrez sans doute. — *e*) Non, non, Monsieur, espérez tousjours jusqu'à ce qu'il ait passé neuf cens ans, l'âge de Mathusalem ; mais enfin parlez luy sans cesse en grondant ; criez, pestez, tonnez dans sa maison, croïssez partout à ses yeux et.

(1) L'asthme — (2) Ms., f. 120v. — *Œuvres diverses, 1654*. Lettres satyriques, VI (pour VII), p. 140. — Consolation pour un de ses amys, sur l'éternité de son beau-père. — Claude-Emmanuel Luillier, dit Chapelle ne s'est pas marié et, comme il était enfant naturel, il ne pouvait avoir de beau-père. S'il s'agissait du mari de sa mère (Marie Chanut, sœur de l'ambassadeur de France en Suède), Cyrano viserait Hector Musnier, sieur de Saint-Laurans, conseiller et secrétaire du roi et de ses finances en 1643. Mais il est probable que notre libertin n'a eu aucune personnalité en vue ; ses lettres, nous ne saurions trop le répéter, ne sont que des exercices de rhétorique auxquels il a donné des titres fallacieux pour en augmenter l'intérêt aux yeux de la postérité. — (3) Patron des fous.

à d'autres ; comment *Mathusalem*, Artephius[1] et la Sibille Cumée[2], *auprès*[a] de luy, n'ont fait que semblant de vivre. Il nâquit auparavant que la Mort fut faite, et la Mort *pour*[b] cela n'oseroit *le frapper à cause*[c] qu'elle craint de tuer son père, *mais quand ce doute*[d] ne l'empescheroit pas, elle le *juge*[e] si foible de vieillesse, *quand le tuant elle seroit contrainte de le porter, parce* qu'il n'auroit pas la force de marcher jusqu'en l'Autre Monde. Et je pense qu'une autre *chose*[f] encore le fait demeurer debout *en dépit de la destinée*, c'est que *n'estant qu'une statuë, la Mort pense que c'est au Temps (non pas à elle) de le faire tomber. Encore n'a-t-il garde, le poltron, de tomber sous sa faux. Il ne va jamais sur le pré*[g]. Je m'estonne fort après cela que *vous l'appeliez enfant : car je ne sçaurois*[h] pas mesme m'imaginer qu'il l'ayt jamais esté. Quoy ? luy, petit garçon ? — Non, non, *M****, il ne le fut jamais, ou Moïse s'est trompé au calcul [qu'il a fait] de la création du Monde. *Si toutefois la stupidité se peut travestir du nom d'enfance, en ce cas, je vous donne les mains. Je dis bien plus, mesme je proteste que si le genre humain périssoit à luy près, il seroit faux de dire qu'il restât encore un homme*[i] Il faut, en effet, qu'il soit plus ignorant *qu'un chesne*[j] de ne sçavoir pas mourir, chose que tout ce qui a vie sçait faire sans Précepteur. O ! que n'a-t-il esté connu d'Aristote, *il eut bien empesché ce dogmatiste pédant de définir*[k] l'Homme, animal raisonnable, *Les Philosophes qui montrent que les bestes raciocinent*[l] doivent excepter celle-là encore, s'il estoit bien vray qu'il fût beste, *je luy conseillerois (comme au haire*[3]*) de se tenir à l'escart ;* mais, hélas, dans l'ordre des *choses*[m] animées, il est seulement un peu plus qu'un Artichault et un peu moins qu'une Huistre à l'escaille, de sorte que j'aurois crû *(s'il n'estoit ladre*[n]*)* qu'il est [ce qu'on appelle] la plante sensitive. *Ainsi*[o] vous avez tort de vous ennuyer de sa vie ; il n'a point encore vécu, il n'a que dormy ; attendez au moins qu'il ait achevé un somme ; estes-vous asseuré *qu'il ne sçache pas*[p] que le Sommeil et la Mort sont *jumeaux*. *Il n'ose peut-estre*[q] (ayant bonne conscience) après avoir joüy *du frère*[r], avoir affaire à *la sœur*[s]. N'inférez pas, *Monsieur*[t], que je vueille prouver par cette *lâchée d'hyperboles*[u] que le per-

a) 1654 : au prix. — *b*) à cause de. — *c*) tirer sur luy parce — *d*) et puis mesme quand cette considération. — *e*) void. — *f*) raison. — *g*) la Mort qui ne luy voit faire aucune action de vie, le prenant plustost pour une statuë que pour un vivant, pense qu'il est du devoir, ou du Temps, ou de la Fortune, de le faire tomber. — *h*) vous disiez qu'estant prest de fermer le cercle de ses jours et arrivant au premier point dont il est party, il redevienne enfant : Ha ! vous vous mocquez et pour moy je ne sçaurois. — *i*) S'il est permis toutefois de nommer ainsi tout ce qui peut à peine faire les fonctions d'un enfant, je vous donne les mains, car. — *j*) qu'une plante mesme. — *k*) ce Philosophe n'eust pas définy. — *l*) Ceux de la secte d'Epicure, qui démontrent que les bestes usent bien de la raison en. — *m*) estres. — *n*) si ce n'estoit que vous le soupçonnez de ladrerie. — *o*) Avouez donc que. — *p*) qu'on ne luy ait pas dit. — *q*) frères ; il fait peut-estre scrupule — *r*) de l'une d'. — *s*) à l'autre. — *t*) cependant, en suite de cela. — *u*) enfilade.

(1) Philosophe hermétique, juif ou arabe, qui vivait au XIIe siècle et qui passait pour avoir vécu bien longtemps auparavant, grâce à la pierre philosophale. — (2) La sibylle Cumée avait obtenu des Dieux le privilège de vivre autant d'années que sa main pourrait contenir de grains de sable (P. L.). — (3) Haire, cancre, terme de mépris.

sonnage dont nous parlons soit un *grand* sot[a]. *Quand j'en jurerois, je ne serois pas crû, à cause que pour estre sot, il faudroit qu'il fût homme, ce qui ne peut estre imaginé*[b]. Car *encore*[c] qu'il nous ressemble par le Baptesme, c'est un privilège dont jouyssent aussi bien que luy les Cloches de sa Paroisse, *et je vous proteste que quand il mourra il sortira de ce monde sans sçavoir ce qu'il y estoit venu faire.* Je parlerois de cette vie jusqu'à la mort à fin de soulager vostre *douleur*[d], mais le Sommeil commence à causer à ma *plume*[e] de si grandes foiblesses *qu'au lieu de vous consoler, je vous ferois moy-mesme pitié. C'est pourquoy je voy bien qu'il me faut icy finir ma légende. Déjà mes yeux ferment boutique, mon menton vient baiser ma poitrine, Morphée a logé un trompette dans mon nez qui sonne la retraite*[f], ma teste *tombe sur le chevet et*[g], par ma foy, je ne sçay *pas*[h] ce que j'escris. A Dieu, bonsoir, *Monsieur*, vostre serviteur.

CONTRE LA MOTHE, BRIGAND DE PENSÉES (1)

Monsieur. Puisque nostre amy butine nos pensées, c'est une marque qu'il nous estime, il ne les prendroit pas s'il ne les croyoit bonnes, et nous avons tort de nous estomaquer que n'ayant point d'enfans, il adopte les nostres. *Ce qui me fasche, c'est*[i] qu'il attribuë à son ingrate imagination les bons services que luy rend sa mémoire et qu'il se dise le Père de mille [hautes] conceptions dont il n'a esté au plus que la Sage-femme. Allons, [Monsieur], nous vanter après cela d'escrire mieux que luy, lors qu'il escrit tout comme nous, et *faschons-nous*[j] qu'à son âge il ait encore un Escrivain chez luy, *puisque nos œuvres en seront*[k] plus lisibles ; nous devrions, au contraire, recevoir *les advertissemens moraux qu'il nous débite avec respect*[l] et n'en douter, non plus que de l'Evangile ; car *on peut bien penser*[m] que ce ne sont pas des choses *inventées* qu'il ait inventées. A la vérité, c'est entretenir une imprimerie à bon marché que d'avoir un amy de la sorte. Pour moy, je m'imagine, *à la barbe*[n] de tous ces *beaux*[o] manuscrits, que si quelque jour *à l'agonie je fais restitution du bien d'autrui, nous trouverons après*

a) 1654 : homme. — *b*) point du tout, il n'est rien moins qu'homme. — *c*) outre. — *d*) ennuy. — *e*) main. — *f*) que. — *g*) par compagnie, tombe sur mon oreille. Ha ! — *h*) plus. — *i*) Pour moy, ce qui m'offense en mon particulier (car vous sçavez que j'ay un esprit vengeur de torts, et fort enclin à la justice distributive) c'est de voir. — *j*) tournons en ridicule. — *k*) puisqu'il ne nous fait point en cela d'autre mal que de rendre nos œuvres. — *l*) avec respect tant de sages advertissemens moraux dont il tasche de réprimer les emportemens de nostre jeunesse. Ouy, certes, nous devrions y adjouster plus de foy. — *m*) tout le monde sçait. — *n*) en dépit. — *o*) grands.

(1) Ms., f. 123v. — *Œuvres diverses, 1654.* Lettres satyriques, VII (pour VIII) : Contre un pilleur de pensées, p. 144. — Qui est ce La Mothe ? Ce serait son ami La Mothe Le Vayer, le fils du Philosophe. Il l'accuserait de plagiat comme il en a accusé Chapelle, Dassoucy, etc , et cela tout simplement pour se donner quelque relief ! — Richelet dans son *Recueil des plus belles lettres françoises (1698)* a fait subir au texte de Cyrano plusieurs changements pour satisfaire son inimitié contre Dassoucy : « Vous avez tort, Monsieur, de vous estomaquer que le bon Dassoucy pille vos sentiments...... »

sa mort [a] une bibliothèque de papier blanc. *Je trouve pourtant qu'il prouve mal la noblesse* [b] de ses pensées de n'en tirer l'antiquité que d'un homme qui vit encore ; mais *possible* veut-il par là conclure à la Métempsicose, et montrer que quaud il se serviroit des imaginations de Socrate, il ne les voleroit point pour ce qu'il a esté ce Socrate qui les imagina ; et puis n'a-t-il pas assez de mémoire pour estre riche de ce bien-là seul? Comment! il l'a si grande qu'il se souvient de ce qu'on a dit trente siècles auparavant qu'il fut au monde. Quant à moy qui suis un peu moins souffrant que les morts, obtenez de luy qu'il me permette de dater mes pensées, afin que ma postérité ne soit point douteuse. Il y eut jadis une Déesse Echo, *mais je crois qu'il en est le Dieu, car* [c] il ne dit *comme elle* [d] que ce que les autres ont dit et le répète si mot à mot, que transcrivant [l'autre jour] une de mes Lettres [il appelle cela composer], *il a de la peine* [e] de mettre vostre serviteur *de La Mothe* [f], parce qu'il y *void* [g] au bas, Vostre Serviteur, de Bergerac.

CONTRE SCARRON, POËTE BURLESQUE (1)

Monsieur. Vous me demandez *ce que je pense de ce poète Renard, qui trouve les mûres trop vertes où il ne sçauroit atteindre, je vous réponds* [h] que je n'ay jamais veu de ridicule plus sérieux, ny de sérieux plus ridicule que le sien. Le peuple l'approuve ; après cela, concluez ! Ce n'est pas [toutefois] que je n'estime son jugement d'avoir choisi pour escrire un style mocqueur, puisqu'*en vérité* escrire comme il fait, c'est se mocquer du monde, *car de m'objecter* [i] qu'il travaille d'une façon où il n'a personne pour guide, je *vous l'advoue, mais aussi, par vostre foy* [j], n'est-il pas plus aysé de faire « L'Enéide » de Virgile comme Scarron, que de faire « L'Enéide » de Scarron comme Virgile ? *A la vérité, je n'ay jamais entendu grenouille mieux coasser dans les Marais. Je sçay bien que* [k] vous me repro-

a) 1654 : après la mort, on inventorie le Cabinet de ses Livres, c'est-à-dire de ceux qui sont sortis de son génie, tous ses ouvrages ensemble, ostant ce qui n'est pas de luy, composeront. — *b*) Il ne laisse pas de vouloir s'attribuer les dépouïlles des morts, et de croire inventer ce dont il se souvient ; mais de cette façon il prouve mal la noble extraction. — *c*) celuy-cy sans doute en doit estre le Dieu, car de mesme qu'elle,. — *d*) jamais. — *e*) il eut toutes les peines du monde à s'empescher. — *f*) Beaulieu. — *g*) avoit. — *h*) quel jugement je fais de ce Renard, à qui semblent trop vertes les mûres où il ne peut atteindre; je pense que, comme on arrive à la connoissance d'une cause par ses effets, qu'ainsi pour connoistre la force ou la foiblesse de l'esprit de ce personnage, il ne faut que jetter la veuë sur ses productions : Mais je parle fort mal de dire ses productions, il n'a jamais sceu que détruire, tesmoin le Dieu des Poëtes de Rome qu'il fait encore aujourd'huy radoter. Je vous advoüeray donc, au sujet sur lequel vous désirez avoir mon sentiment. — *i*) Ses Partisans ont beau crier pour eslever sa gloire. — *j*) leur confesse ; mais qu'ils mettent la main sur leur conscience! En vérité. — *k*) Pour moy, je m'imagine, quand il se mesle de profaner le sainct art d'Apollon, entendre une grenoüille faschée coasser au pied du Parnasse.

(1) Ms., f. 191. — *Œuvres diverses, 1654*. Lettres satyriques, X (pour XI), p. 160. Dans les éditions postérieures : Contre Ronscar.

cherez [peut-estre] que je traite un peu mal *ce Monsieur*[a] de le réduire à l'insecte, mais *sçachez que je ne le dessine que sur le rapport de ses familiers, qui protestent que ce n'est pas un vray homme, que ce n'est que façon, et*[b], en effet, à quoy le reconnoistrions-nous ? Il marche à rebours du sens commun et il en est venu à ce point de bestialité que de banir les pointes [et les pensées] de la composition *quand il en trouve quelque part*[c], on diroit à *le voir*[d] qu'il soit tombé des yeux sur un basilic, ou *du pied*[e] sur un aspic. *O que je suis fasché que toutes celles des beaux esprits ne soient en chardons, peut-estre ne luy desplairoient-elles pas à jeun*[f], car entre vous et moy, lors qu'il fait semblant [de sentir] qu'une pointe le pique, je ne me puis empescher de croire que c'est *pour se justifier de ladrerie, et il se pourroit bien faire, mais enfin*[g] ladre ou non, je le lairois en patience s'il *ne se mesloit point d'ériger*[h] des trophées à la stupidité, en l'appuyant de son exemple. Comment ! ce bon Seigneur veut qu'on n'escrive que ce qu'on a leu, comme si nous ne parlions aujourd'huy françois qu'à cause que jadis on a parlé latin, et comme si on n'estoit raisonnable que quand on est moulé. *Nous devons donc bien remercier Dieu de ce qu'il ne l'a*[i] pas fait naistre le premier homme, car *asseurément*[j] il n'eut jamais parlé s'il eust entendu braire auparavant. Il est vray *qu'il se sert d'un tiercelet*[k] d'idiome qui *donne tousjours à admirer*[l] comment les vingt-quatre lettres de l'alphabet se peuvent assembler en tant de façons sans rien dire ! Après cela, vous me demanderez le jugement que je fais de *ce grand causeur*[m]. Hélas ! Monsieur, aucun, sinon qu'il faut que *sa vérole*[n] soit bien enracinée de n'en estre pas encore guéry depuis plus de *huit*[o] ans qu'il a le flus de bouche ! Mais à propos de *sa vérole, on dit*[p] qu'il n'a de l'esprit que depuis qu'il en est malade, que sans *qu'elle a désordonné*[q] l'œconomie de son tempérament, *Nature l'avoit*[r] taillé pour estre un grand sot, et que rien n'est capable d'effacer l'encre dont il a barboüillé son nom au front de *l'Immortalité qu'une once de mercure. On adjoûte*[s] à cela qu'il ne vit qu'à force de mourir, parce que cette *meselerie que le bordel ne luy a pas donnée pour rien*[t], il la revend tous les jours *à Quinet*[1]. *Mais ce sont des mocqueurs, car je*

a) 1654 : cet Autheur. — *b*) ne l'ayant jamais veu, puisque vous m'obligez à faire son Tableau, je ne sçaurois, pour le peindre, agir d'autre façon, que de suivre l'idée que j'en ay receue de tous ses amis. Il n'y en a pas un qui ne tombe d'accord que, sans mourir, il a cessé d'estre homme, et n'est plus que façon. Mais. — *c*) des ouvrages. Quand par malheur en lisant, il tombe sur quelqu'une. — *d*) l'horreur dont il est surpris. — *e*) qu'il a marché. — *f*) Si la terre n'avoit jamais connu d'autres pointes que celles des chardons, la Nature l'a formé de sorte qu'il ne les auroit pas trouvées mauvaises. — *g*) afin de nous persuader qu'il n'est pas ladre, mais. — *h*) n'érigeoit point. — *i*) nous sommes donc beaucoup obligez à la Nature de ne l'avoir. — *j*) indubitablement. — *k*) que pour faire entendre ses pensées, il employe une espèce. — *l*) force tout le monde à s'estonner. — *m*) cet homme qui, sans rien dire, parle sans cesse ? — *n*) son mal. — *o*) quinze. — *p*) son infirmité, on croit, comme un miracle de ce sainct homme. — *q*) la maladie a troublé. — *r*) il estoit. — *s*) la Mémoire, puisque le Mercure et l'Archet n'en ont pû venir à bout. Les railleurs adjoûtent. — *t*) drogue de Naples (2) qui lui a cousté bonne, et qui l'a fait monter au nombre des Autheurs.

(1) Toussainct Quinet, libr., 1625-1650. — (2) Le mal de Naples, la syphilis.

sçay bien que[a], pourveu que rien ne manque à sa chaire, *qu'il roulera tousjours le beau Sire, avec ce pot pourri de proverbes qu'il a pour tout potage, il doit supplier Dieu dévotement qu'il ne prenne jamais envie à Denise au grand chaperon d'introduire de nouvelles sentences à la place des vieilles : car on ne sçauroit plus dans*[b] quatre mois en quelle langue il auroit escrit. Mais, hélas, en ce terrestre séjour, qui peut répondre de son *immortalité*[c] quand elle dépend de la *colère des harangères. Cette réflexion me*[d] fait juger *nonobstant des oppositions qu'il auroit besoin de pointes pour haster sa Renommée, autrement si elle marche quand et luy, elle n'ira pas loin*[e]. Comment, les Grecs ont *moins esté*[f] de temps au siège de Troye qu'il *n'y en a*[g] qu'il est sur le sien ! A le voir sans bras et sans jambes, on le prendroit (si sa *bouche*[h] estoit immobile) pour un Terme *attaché au portail*[i] du Temple de la Mort ! *Mais toutefois je trouve qu'*il fait bien de parler, on ne *croyroit pas*[j], sans cela, qu'il fust en vie. *N'apréhende-t-il point de faire penser aux rieurs que, veu le temps qu'il y a qu'il dure*[k] sous l'Archet[2], *il doit estre*[l] un bon violon. Ne vous imaginez pas, Monsieur, que je *dise cecy*[m] pour m'escrimer de l'équivoque, *point du tout.* Violon ou autre, à [curieusement] considérer le *cadavre sec et coroié*[n] de cette momie, je vous puis asseurer que si jamais *la mort fait*[o] Sarabande, elle prendra à chaque main une couple de Scarrons au lieu de Castagnètes ; ou tout au moins elle se passera leurs langues entre les doigts pour *en faire*[p] des cliquettes de ladre[3]. Ma foy, puisque nous *y*[q] sommes [arrivez jusques-là], il vaut autant achever son portraict. Je m'imagine donc (car *je ne l'ay jamais veu*[r]) que si ses pensées *sont*[s] au moule de sa teste, il a la teste fort plate ; que ses yeux sont des plus grands, *s'ils bouchent les coups de hache dont*

a) 1654 : aux Libraires. Mais quoy qu'ils disent, il ne mourra jamais de faim, car. — *b*) je suis fort asseuré qu'il roulera jusqu'à la mort : S'il avoit mis ses Poesmes autant à couvert de la fureur de l'oubly, ils ne seroient pas en danger, comme ils sont, d'estre bientost inhumez en papier bleu (1). Aussi n'y a-t-il guères d'apparence que ce pot-pourri de Peaux d'asnes et de contes de ma Mère-L'oye, fasse vivre Scarron autant de Siècles que l'Histoire d'Enée a fait durer Virgile. Il me semble, au contraire, qu'il feroit mieux d'obtenir un Arrest de la Cour qui portant commandement aux Harangères de parler tousjours un mesme jargon, de peur qu'introduisant de nouveaux rébus à la place des vieux, on ne doute avant. — *c*) éternité dans la mémoire des hommes. — *d*) vicissitude de leurs proverbes. Je vous asseure que cette pensée m'a. — *e*) plusieurs fois, que les chevaux qui traisnent le char de la Renommée auroient besoin qu'il se servit de pointes pour la faire avancer ; autrement elle porte la mine, si elle marche aussi lentement que luy, de ne pas faire un long voyage. — *f*) demeuré moins. — *g*) ne s'en est passé depuis. — *h*) langue. — *i*) planté au Parvis. — *j*) pourroit pas croire. — *k*) et je me trompe fort, si tout le monde ne disoit de luy, après l'avoir oüy tant crier. — *l*) que c'est — *m*) le boure ainsi. — *n*) squelette. — *o*) il prenoit envie à la Parque de danser une. — *p*) s'en servir, comme on se sert. — *q*) en. — *r*) il faut bien se figurer les animaux que l'on ne montre pas pour de l'argent. — *s*) se forment.

(1) Les livres se vendaient alors reliés, et les brochures couvertes de papier bleu. — (2) On appelait *archet* un appareil sudorifique dans lequel on enfermait le malade condamné au *grand remède*. — (3) Les ladres, pour obéir aux ordonnances de police, annonçaient leur approche, en agitant des cliquettes entre leurs doigs, afin que tout le monde eût le temps de s'éloigner d'eux, de leur contact, de leur haleine et même de leur regard, qu'on croyait contagieux (P. L.).

Nature [a] a feslé *son* [b] cerveau. On *dit* [c] qu'il y a plus *d'un an* [d] que la Parque luy a tordu le Col sans le pouvoir estrangler, *et que personne aujourd'huy ne le regarde, courbé comme il est, qui ne croye qu'il se penche petit à petit pour tomber doucement en l'Autre Monde,* et ces jours passez un de *mes* [e] amis m'asseura qu'après avoir contemplé ses bras tortus et pétrifiez sur ses hanches, il avoit pris *ce* [f] corps pour un gibet où le Diable avoit pendu une âme, *ou qu'animant ce cadavre infect et pourry, le Ciel avoit voulu jetter une* [g] âme à la voirie. *Il ne doit pas s'offenser de ces saillies d'imagination, car quand je le ferois passer pour un monstre, depuis le temps que les apothicaires* [h] sont occupez à *ratisser le dedans de* [i] sa carcasse, ce doit estre un homme bien vuidé. *Et puis* [j], que sçait-on si Dieu ne le punit point de la haine qu'il porte *aux pensées, veu que sa maladie n'est incurable que de ce qu'il n'a jamais pû souffrir personne qui sceut bien panser. Je me figure que c'est aussi pour cela qu'il me hait avec si peu de raison : car on a remarqué qu'il ne se donna pas le loisir de lire une page de mes œuvres, qu'il conclud qu'elles puoient le portefeuille. Mais* [k] comment *les eut-il regardées* [l] de bon œil, luy qui ne sçauroit mesme regarder le Ciel que de travers [1] ? *Adjoutez à cela qu'estant poivré comme il est, il n'avoit garde qu'il ne me trouvast fade, et pour vous parler franchement, je croy que c'estoit une nourriture trop forte pour son estomach indigeste. Ce n'est pas que je ne fusse bien aise quelque jour de m'abaisser jusqu'à luy, mais j'aurois peur, si le pied me manquoit, de tomber de trop haut ou qu'il fallut me servir du langage d'Esope pour luy expliquer le françois. Voilà tout ce que j'avois à vous mander. Il ne me reste qu'à siner* [m] le « Je suis » en le faisant tomber mal

a) 1654 : si la Nature les lui a fendus de la longueur, dont le coup de hache qui lui. — *b*) le. — *c*) adjoûte à sa description. — *d*) dix ans. — *e*) ses. — *f*) son. — *g*) et se persuada mesme qu'il pouvoit estre arrivé que le Ciel, animant ce cadavre infecté et pourry, avoit voulu pour le punir des crimes qu'il n'avoit pas commis encore, jetter par avance son — *h*) Au reste, Monsieur, vous l'exhorterez de ma part, s'il vous plaist, de ne se point emporter pour toutes ses galanteries, par lesquelles je tasche de dérober sa pensée aux cruelles douleurs qui le tourmentent; ce n'est point à dessein d'augmenter son affliction ! Mais quoy ! il n'est pas facile de contraindre en son cœur toutes les véritez qui se pressent, et puis pour avoir peint le tableau de son visage mal basty, n'est-il pas manifeste à chacun que depuis le temps que les médecins. — *i*) curer. — *j*) Outre cela. — *k*) à ceux qui sçavent bien penser quand nous voyons sa maladie devenuë incurable pour avoir différé trop longtemps de se mettre entre les mains d'une personne qui sçeut bien penser ? Je me persuade que c'est aussi en conséquence de cela que ce Cerbère enragé vomit son venin sur tout le monde : car j'ay appris que quelqu'un luy dépliant un Sonnet qu'il disoit (n'en estant pas bien informé) estre de moy, il tourna sur lui des yeux qui l'obligèrent de le replier sans le lire : mais son caprice ne m'estonne guères, car. — *l*) eut-il pû voir cet ouvrage. — *m*) Vous jugez donc bien à présent que son mespris m'importe comme rien, et que ç'auroit esté un petit miracle si mon Sonnet qui passe pour assez doux, n'avoit pas semblé fade à un homme poivré. Mais je m'apperçoy que je vous traite un peu familièrement, de vous entretenir d'un sujet si bas. Au reste, je vous conseille de vous passer de l'aymable Comédie que vous vous donneriez en luy montrant ma Lettre, ou bien faites-vous instruire de la langue qu'entendoit Esope pour luy expliquer le François. Voilà une partie de ce que j'avois à vous mander; l'autre consiste à signer.

(1) Ici Cyrano a introduit dans l'imprimé un éloge enthousiaste du cardinal Mazarin. On le trouvera à la suite de cette lettre.

à propos, *car il est* [a] tellement ennemy des pensées que *s'il attrape ma lettre, il dira* [b] que je l'auray mal concluë *lorsqu'il trouvera* [c] que je n'auray pas mis [à la fin] sans y *bien* penser, [je suis] Monsieur, vostre serviteur.

Voici le paragraphe sur Mazarin ajouté dans l'imprimé de 1654, c'est un éloge dithyrambique du Cardinal. Cet éloge, postérieur à 1651 ou tout au moins aux derniers mois de 1650, étant donné la date du manuscrit de la Bibliothèque nationale, est en contradiction absolue avec les mazarinades écrites par Cyrano au début de 1648, et confirme notre hypothèse, appuyée sur sa *Lettre contre les Frondeurs*, que notre libertin est passé dans le courant de 1651 (ou en 1652) aux gages de Mazarin :

« Luy (Scarron) qui, persécuté de trois fléaux, ne reste sur la terre que pour estre aux hommes un spectacle continuel de la vengeance de Dieu ; luy dont la calomnie et la rage ont osé répandre leur escume sur la pourpre d'un Prince de l'Eglise (Mazarin) et tasché d'en faire rejaillir la honte sur la face d'un Héros qui conduit heureusement sous les auspices de Louys le premier Estat de la Chrestienté ! Enfin tout ce qui est noble, auguste, grand, et sacré, irrite à tel point ce monstre que, semblable ou Codinde aussi bien en sa difformité qu'en son courroux, il ne peut supporter la vuë d'un Chapeau d'escarlate sans entrer en fureur, quoy que sous ce Chapeau la France glorieuse repose à couvert de ses ennemis. »

A UN COMTE DE BAS ALOY (1)
(Charles Griveau, sieur de Luroy)

Monsieur, je ne sçay quelle bonne humeur de la Fortune ait voulu qu'au mesme temps que vous lisiez mes informations, on me faisoit voir les vostres, où il est avéré, par tesmoins irréprochables, *que Charles Griveau, sieur de Luroy* [d], Comte depuis trois jours, Comte fait à plaisir, Comte pour rire, enfin si petit Comte qu'il ne l'est point du tout, vouloit s'ériger en brave, malgré les salutaires conseils de son tempérament pacifique ; qu'il s'estoit si fort aguerry à la bataille des manchettes que, s'estant imaginé qu'un duel n'aboutissoit au plus qu'à la consommation d'une demie-aulne de toile, il croyoit avoir trouvé dans le linge de sa femme la matière de mille combats ; qu'il n'avoit jamais esté sur le pré que pour paistre ; [et enfin] qu'il n'avoit reçu le baptesme qu'en conséquence de celuy que l'on donne aux cloches. *Et à fin d'exprimer en deux mots les conclusions du procès-verbal de Charles Griveau, qu'il estoit un faquin, un sot et un lasche. Sus donc, efforcez-vous, mon pauvre petit monsieur* [e], grincez les

a) 1654 : parce qu'il est. — b) si quelque jour cette lettre tomboit entre ses mains, il prescheroit partout. — c) si après qu'il auroit trouvé. — d) qu'un. — e) Sus donc, efforcez-vons, beau Damoisel, aux armes fées.

(1) Ms., f. 198v *Œuvres diverses, 1654*. Lettres satyriques, XV (pour XVI), p. 191.

dents, mordez vos doigts, tapez du pied, jurez un « par la mort » et taschez de devenir courageux ! Je ne vous conseille pas, toutefois, de rien hasarder que vous ne soyez asseuré qu'il vous soit venu du cœur ; tastez-vous bien auparavant, afin que, selon qu'il vous en dira, vous présentiez la poitrine à l'espée ou le dos au baston ; mais vous vous soumettrez au dernier, je le voy bien [a]. Il ne tuë que fort rarement, et puis il n'est pas vraysemblable que *madame de Pont-Courlay* [b], qui vous a fait l'honneur d'ériger vostre fief en Comté et qui dit tant de bien de vous, ait fait de vous un méchant Comte. Je suis fasché que vous n'entendiez mieux le françois : vous jugeriez à ce compliment qu'on vous coupe du bois ; et, par ma foy ! vous auriez deviné, car je vous proteste, si les coups de baston pouvoient s'envoyer par escrit, que vous liriez ma Lettre des espaules et que vous y verriez un homme, armé d'un tricot, sortir visiblement de la place où j'ay accoustumé de mettre, [Monsieur], vostre [serviteur], S. D. B.

CONTRE LES MÉDECINS (1)

Monsieur,

Puis que je suis condamné (mais ce n'est que du Médecin, dont j'appelleray plus aisément que d'un Arrest Prévostal), vous voulez bien que, de mesme que les Criminels qui preschent le peuple quand ils sont sur l'eschelle, moy qui suis entre les mains du Bourreau, je fasse aussi des remontrances à la jeunesse. La fièvre et le drogueur me tiennent le poignard sur la gorge avec tant de rigueur, que j'espère d'eux qu'ils ne souffriront pas que mon discours vous puisse ennuyer. Il ne laisse pas, Monsieur le Gradué, de me dire que ce ne sera rien, et je proteste cependant à tout le monde que, sans miracle, je n'en puis relever. Leurs présages, toutesfois, encore que funestes, ne m'alarment guère, car je connois assez que la souplesse de leur art les oblige à condamner tous leurs malades à la mort, afin que, si quelqu'un en eschappe, on attribuë la guérison aux puissans remèdes qu'ils ont ; et s'il meurt, chacun s'écrie que c'est un habile homme et qu'il l'avoit bien dit. Mais admirez l'effronterie de mon Bourreau : plus je sens empirer le mal qu'il me cause par ses remèdes et plus je me plains d'un nouvel accident, plus il tesmoigne s'en réjouyr et ne me panse d'autre chose que d'un « Tant mieux ! ». Quand je luy raconte que je suis tombé dans une syncope léthargique qui m'a duré près d'une heure, il répond que c'est bon signe ! Quand il me void entre les ongles d'un flux de sang qui me déchire : « Bon ! dit-il, cela vaudra une saignée ! » Quand je m'attriste de sentir comme un glaçon qui me gagne toutes les extrémitez, il rit en m'asseurant qu'il le sçavoit bien, que ses remèdes esteindroient

a) 1654 : Car. — b) la Reyne des Perles.

(1) *Œuvres diverses, 1654.* Lettres satyriques, XVII, p. 197.

ce grand feu. Quelquefois mesme que, semblable à la Mort, je ne puis parler, je l'entends s'écrier aux miens qui pleurent de me voir à l'extrémité : « *Pauvres nigauds*[1] que vous estes, ne voyez-vous pas que c'est la fièvre qui tire aux abois ? » Voilà comment ce traistre me berce, et cependant, à force de me bien porter, je me meurs. Je n'ignore pas que j'ay grand tort d'avoir réclamé mes ennemis à mon secours. Mais quoy ! Pouvois-je deviner que ceux dont la science fait profession de guérir l'employeroient toute entière à me tuer ? Car hélas ! c'est icy la première fois que je suis tombé dans la fosse ; et vous le devez croire, puisque si j'y avois passé quelqu'autrefois, je ne serois plus en estat de m'en plaindre. Pour moy, je conseille aux foibles lutteurs, afin de se vanger de ceux qui les ont renversez, de se faire Médecins, car je les asseure qu'ils mettront en terre ceux qui les y avoient mis.

En vérité, je pense que de songer seulement quand on dort qu'on rencontre un Médecin est capable de donner la fièvre. A voir leurs animaux étiques, affublez d'un long drap mortuaire, soustenir immobilement leur immobile Maistre, ne semble-t-il pas d'une bière où la Parque s'est mise à califourchon, et ne peut-on pas prendre leur houssine pour le guidon de la Mort, puisqu'elle sert à conduire son Lieutenant ? C'est pour cela, sans doute, que la Police leur a commandé de monter sur des Mules, et non pas sur des Cavales, de peur que la race des Graduez venant à croistre, il n'y eut à la fin plus de Bourreaux que de Patiens. O ! quel contentement j'aurois d'anatomiser leurs Mules, ces pauvres Mules qui n'ont jamais senty d'aiguillon, ny dedans, ny dessus la chair, parce que les esperons et les bottes sont des superfluitez que l'esprit délicat de la Faculté ne sçauroit digérer ! Ces Messieurs se gouvernent avec tant de scrupule, qu'ils font mesme observer à ces pauvres bestes (parce qu'elles sont leurs domestiques) des jeusnes plus rigoureux que ceux des Ninivites[2], et quantité de très longs, dont le Rituel ne s'estoit point souvenu : ils leur attachent, par les diètes, la peau tout à cru dessus les os, et ne nous traitent pas mieux, nous qui les payons bien ; car ces Docteurs morfondus, ces Médecins de neiges, ne nous font manger que de la gelée. Enfin tous leurs discours sont si froids, que je ne trouve qu'une différence entre eux et les peuples du Nort, c'est que les Norvégiens ont tousjours les mules[3] aux talons, et qu'eux ont tousjours les talons aux mules. Ils sont tellement ennemis de la chaleur, qu'ils n'ont pas si-tost connu dans un malade quelque chose de tiède, que, comme si ce corps estoit un Montgibel[4], les voilà tous occupez à sai-

(1) Dans les éditions postérieures à 1654 : Pauvres gens. P. Lacroix croit que cette modification faite par Le Bret tient à ce que « Pauvres nigauds » furent taxés d'impiété !!! Cette assertion est certainement fantaisiste. — (2) La pénitence des Ninivites provoquée par le prophète Jonas. — (3) Engelures. — Cyrano fait allusion à l'équipage ordinaire des médecins de Paris, qui allaient par les rues montés sur des mules. Guénaut, médecin de la reine, est le premier qui ait changé sa mule contre un cheval, ce qui fit dire à Boileau dans sa satire des *Embarras de Paris*, en 1669 : *Guénaut sur son cheval en passant m'éclabousse*. — (4) Nom populaire de l'Etna.

gner, à clystériser, à noyer ce pauvre estomach dans le Sené, la Casse, la Tisanne, et à débiliter la vie pour débiliter, disent-ils, ce feu qui prend nourriture tant qu'il rencontre de la matière ; de sorte que si la main toute expresse de Dieu les fait rajamber vers le monde, ils l'attribuent aussi-tost à la vertu des réfrigératifs dont ils ont assoupy cet incendie. Ils nous dérobent la chaleur et l'énergie de l'estre qui est au sang ; ainsi pour avoir esté trop saignez, nos Ames, en s'envolant, servent de volant aux palettes [1] de leurs chirurgiens.

Hé ! bien, Monsieur, que vous en semble ? Après cela, n'avons-nous pas grand tort de nous plaindre de ce qu'ils demandent dix pistoles pour une maladie de huict jours ? N'est-ce pas une cure à bon marché où il n'y a point de charge d'âmes ? Mais confrontez un peu, je vous prie, la ressemblance qu'il y a entre le procédé des drogueurs et le procez d'un criminel. Le Médecin, ayant considéré les urines, interroge le patient sur la selle et le condamne, le Chirurgien le bande et l'Apothicaire descharge son coup par derrière. Les affligez mesme, qui pensent avoir besoin de leur chicane, n'en font pas grande estime. A peine sont-ils entrez dans la chambre qu'on tire la langue au Médecin, on tourne le cul à l'Apothicaire et l'on tend le poing au Barbier [2]. Il est vray qu'ils s'en vangent de bonne sorte, il en coûte tousjours au railleur le Cymetière. J'ay remarqué que tout ce qu'il y a de funeste aux Enfers est compris au nombre de trois. On y void trois fleuves, trois chiens, trois juges, trois Parques, trois Gérions, trois Hécates, trois Gorgones, trois Furies. Les Fléaux dont Dieu se sert à punir les Hommes sont divisez aussi par trois : la peste, la guerre et la faim ; le monde, la chair et le Diable ; la foudre, le tonnerre et l'esclair ; la saignée, la médecine et le lavement. Enfin trois sortes de gens sont envoyez au monde, tout exprès, pour martyriser l'homme pendant la vie : l'Advocat tourmente la bourse, le Médecin le corps, et le Théologien l'âme ; encore ils s'en vantent, nos Escuyers à mules ! car, comme un jour le mien entroit dans ma chambre sans autre explication, je ne luy fis que dire : « Combien ? ». L'impudent meurtrier, qui comprit aussi-tost que je luy demandois le nombre de ses homicides, empoignant sa grosse barbe, me répondit : « Autant ! ». Je n'en fais point, continua-t-il, la fine bouche, et pour vous montrer que nous apprenons, aussi bien que les escrimeurs, l'art de tuer, c'est que nous nous exerçons, de mesme qu'eux, toute nostre vie sur la tierce et sur la quarte [3] ». La réflexion que je fis sur l'innocence effrontée de ce personnage fut que si les autres disent moins, ils en font bien autant ; que celuy-là se contentoit de tuer, et que ses camarades joignoient au meurtre la trahison ; que, qui voudroit escrire les voyages d'un Méde-

(1) Cyrano joue sur le mot *palette*, qui veut dire à la fois une raquette de bois pour jouer au volant et une écuelle d'étain pour recevoir le sang des saignées (P. L.). — (2) Les saignées étaient faites alors par le barbier, qui remplissait les fonctions de chirurgien et qui ordonnoit au patient de tendre le bras, au coup de lancette, en fermant le poing. — (3) Termes d'escrime et allusion à la fièvre tierce et à la fièvre quarte très répandues au temps de Cyrano.

cin, on ne pourroit pas les compter par les Epitaphes seules de sa Paroisse ; et qu'enfin la fièvre nous attaque, le Médecin nous tuë et le Prestre en chante. Mais ce seroit peu à Madame la Faculté d'envoyer nos corps au sépulcre, si elle n'attentoit sur nostre âme. Le Chirurgien enrageroit, plustost qu'avec sa charpie tous les blessez qui font naufrage entre ses mains ne fussent trouvez morts, couchez avec leurs tentes [1].

Concluons donc, Monsieur, que tantost ils envoyent et la mort et sa faux ensevelies dans un grain de mandragore, tantost liquéfiées dans le canon d'une Seringue, tantost sur la pointe d'une Lancette ; que, tantost, avec un juillet, ils nous font mourir en octobre, et qu'enfin ils sont accoustumez d'envelopper leurs venins dans de si beaux termes, que dernièrement je pensois que le mien n'eut obtenu du Roy une Abbaye commendataire, quand il m'asseura qu'il m'alloit donner un Bénéfice de ventre. O ! qu'alors j'eusse esté resjoüy si j'eusse pu trouver à le battre par équivoque, comme fit une Villageoise à qui l'un de ces Bateleurs demandant si elle avoit du pouls, elle luy répondit avec force soufflets, et force esgratigneures, qu'il estoit un sot, et qu'en toute sa vie elle n'avoit jamais eu ny poux ny puces ! Mais leurs crimes sont trop grands pour ne les punir qu'avec des équivoques ; citons-les en Justice de la part des Trépassez. Entre tous les humains, ils ne trouveront pas un Advocat ; il n'y aura Juge qui n'en convainque quelqu'un d'avoir tué son père ; et parmy toutes les pratiques qu'ils ont couchez au Cymetière, il n'y aura pas une teste qui ne leur grince les dents. Que les pussent-elles dévorer ! Il ne faudroit pas craindre que les larmes qu'on jetteroit de leur perte fissent grossir les rivières. On ne pleure aux trépas de ces gens-là que de ce qu'ils ont trop vescu. Ils sont tellement aimez qu'on trouve bon tout ce qui vient d'eux, mesme jusqu'à leur mort ; *comme s'ils estoient d'autres Messies, ils meurent, aussi bien que Dieu, pour le salut des hommes.* Mais, bons Dieux ! n'est-ce pas encore là mon mauvais Ange qui s'approche ? Ha ! c'est luy-mesme ! Je le connois à sa soutane : « Vade retro Satanas ! Champagne, apportez-moy le Bénistier ; Démon gradué, je te renonce ! » O ! l'effronté Satan ! Ne me viens-tu pas encore ordonner quelque aposume [2] ? Miséricorde ! c'est un Diable huguenot, il ne se soucie point de l'Eau benite ! Encore si j'avois des poings assez roides pour former un case-museau ; mais, hélas ! ce quil m'a fait avaller s'est si bien tourné en ma substance qu'à force d'user de consommez, je suis tout consommé moy-mesme. Venez donc vitement à mon secours, ou vous allez perdre, Monsieur, vostre plus fidèle serviteur, D. C. D. B.

---

(1) Jeux de mots : *tente,* qui se prononce *tante,* est le nom de la charpie que le chirurgien met dans les plaies (P. L.). — (2) Aposume, pour aposème, décoction.

II. LETTRES DIVERSES

L'AUTOMNE (1)

Monsieur. *Ha !* [a] que j'aurois maintenant *de plaisir à jurer* [b] contre l'Automne, si je ne craignois de fascher le Tonnerre. *Toutesfois, il ne sera pas dit que le Ciel me parle si haut sans que je luy réponde et sans que je fouette cette enragée saison qui le contraint de tuer avec un éclair, un tonnerre et un carreau, afin de mettre trois bourreaux dans une mort* [c] *:* l'éclair s'allume pour esteindre nostre veuë à force de lumière, et, précipitant nos paupières sur nos prunelles, il nous fait passer de deux petites nuicts, de la largeur d'un double [2], dans une autre aussi grande que l'Univers. L'air, en s'agitant, enflamme ses aposthumes ; [en] quelque part où nous tournions la *teste* [d], un nuage sanglant semble avoir déplié entre nous et le jour une tenture de gris brun doublée de tafetas cramoisy ; la Foudre engendrée dans la nuë crève le ventre de sa mère et la nuë, grosse *de luy* [e], s'en délivre avec tant de *douleur* [f] que les *montagnes* [g] les plus sauvages *gémissent* [h] aux cris de cet accouchement. *L'Automne cependant, aux péchez* [i] de laquelle il ne manquoit plus que de faire imputer à son Créateur les vices de la Nature, *fait au vulgaire nommer ce tintamarre les instrumens de la Justice de Dieu ; et admirez un peu, je vous prie, le bel ordre de cette Justice : Un misérable meurt, on l'enterre ; ce cadavre pourri dans son linceul s'exhale à travers le gazon de sa fosse, il monte et va se loger dans une nuë où, s'estant endurcy par le choc, il crèvera peut-estre au pied d'un autel sur la teste de son fils qui prioit pour son âme. Mais quand il seroit vray qu'une chose si fresle fût le bras droit du Tout-Puissant* [j], il ne s'en suit pas pour cela *qu'une saison destinée à la Foudre (c'est-à-dire à nous massacrer)* [k], soit plus agréable que les autres, ou bien il faut conclure que le temps le plus *agréable* [l] de la vie d'un criminel est celuy de son exécution. Je croy qu'en suite de ce funeste Météore, nous pouvons passer au vin, puisque c'est un Tonnerre liquide, un courroux potable, et un trespas qui fait mourir les yvrognes de santé. Il est cause, le furieux, *quelques abstinens que nous soyons,* que la définition qu'Aristote a donnée pour l'homme d'animal raisonnable soit fausse ; au moins *durant trois mois de l'année on peut dire*

a) 1654 : Il me semble. — *b*) bien du plaisir à pester. — *c*) luy qui, non content de nous tuer, n'est pas satisfait s'il n'assemble trois bourreaux différents dans une mort, et s'il ne nous massacre tout à la fois par les yeux, par les oreilles, et par le toucher : c'est-à-dire par l'éclair, le tonnerre et le carreau. — *d*) veue. — *e*) en travail. — *f*) bruict. — *g*) roches. — *h*) s'ouvrent. — *i*) Il ne sera pourtant pas dit que cette orgueilleuse saison me parle si haut, et que je n'ose luy répondre : cette insolente, aux crimes. — *j*) Mais quand l'injustice de cent mille coups de Tonnerre seroit une production de la sagesse inscrutable de Dieu. — *k*) que la saison du Tonnerre, c'est-à-dire la saison destinée à châtier les coupables. — *l*) doux.

(1) Ms. f. 107v. — *Œuvres diverses, 1654 :* Lettre IV : Contre l'Automne, p. 21. — (2) Monnaie valant six deniers.

du cabaret que c'est là[a] où l'on vend la folie par bouteilles, et je doute mesme s'il n'est point allé jusques dans les Cieux faire sentir ses fumées au Soleil, voyant comme il se couche tous les jours de si bonne heure. *La Terre en but tant au siècle de Copernic qu'elle s'en mit à piroüetter, et si maintenant*[b] elle se meut[c][1], ce sont asseurément des SS que l'yvrognerie luy fait faire. *Je ne laisse pas, néanmoins, d'aymer à voir l'eau-de-vie en abhorrant son père*[d], à cause qu'elle m'est un tesmoignage *qu'on a forcé le vin de*[e] rendre l'esprit[2]. Nous voylà donc [en ce temps] condamnez à mourir de soif, puisque nostre breuvage est empoisonné. Voyons si *les fruicts se sont sauvez de la rage de décembre*[f]. Hélas ! pour un seul [fruict] qu'Adam mangea, cent mille personnes moururent qui n'estoient pas encore, *et s'il en eût entamé un second, il eût infailliblement chassé la Terre à trente lieues de là. Toute la Nature est à présent partagée au supplice de ces criminels; elle-mesme les monte à la fourche, l'arbre les jette*[g] la teste en bas, le vent les secouë [et] le Soleil les *destache et les oyseaux se saoulent de leurs troncs pourris*[h]. Après cela, Monsieur, ne trouvez pas mauvais que je *me fasche*[i] qu'on dise : « Voilà du fruict en bon estat », *car* comment y pourroit-il estre, luy qui s'est pendu soy-mesme ? *Icy tous les champs sont bornez par des fruictiers où les coups de pierre*[j] vont à l'offrande, *et* n'est-ce pas une occasion de douter *de l'innocence d'une race qu'on void*[k] lapidée à chaque bout de champ ? *A considérer combien ils nous sont pernicieux, je ne sçaurois m'imaginer ce que ce peut estre, sinon des Diables familiers plus ronds et moins mobiles que les autres ; le bois qui les produit a soin de cacher ce péché avec des feüilles, comme s'il n'avoit pas*[l] assez d'effronterie pour montrer à nud *ses*[m] parties honteuses ; *mais maintenant qu'il en est despouillé, et que sa verdure est tombée, on ne void plus de feüilles qu'à l'Université. Les vers, les araignées et les chenilles ont gaigné le coupeau des arbres, et tout chauves qu'ils sont, ils ne laissent pas d'avoir*[n] de la vermine à la teste. *C'est encore là, sans doute, un des offices de l'Automne, qui, craignant que nous ne mourussions d'une seule mort,*

a) 1654 : pour ceux qui en boivent trop : mais ne vous semble-t-il pas qu'on peut dire du cabaret, que c'est un lieu. — *b*) Quelques Philosophes de ce Siècle en ont tant avalé, qu'ils en ont fait piroüetter la terre dessous eux, et si véritablement. *c*) je pense que. — *d*) Pour moy je porte tant de haine à ce poison, qu'encore que l'eau-de-vie soit un venin beaucoup plus furieux, je ne laisse pas de luy pardonner. — *e*) qu'elle luy a fait. — *f*) nostre manger qu'elle nous estend sur la terre, comme sur une table, est moins dangereux que sa boisson. — *g*) l'arbre mesme est forcé par la Nature de commencer le supplice de ses enfans criminels, il les jette contre terre. — *h*) précipite. — *i*) désaprouve. — *j*) Aussi, à considérer comme les cailloux y. — *k*) de leur innocence puisqu'ils sont. — *l*) Ne voyez-vous pas mesme que les arbres en produisant les fruits, ont soin de les envelopper de feüilles pour les cacher, comme s'ils n'avoient pas. — *m*) leurs. — *n*) Mais admirez encore comment cette horrible saison traite les arbres en leur disant Adieu : Elle les charge de vers, d'araignées et de chenilles, et tout chauves qu'elle les a rendus, elle ne laisse pas encore de leur mettre.

(1) La théorie de Galilée sur le mouvement de la Terre (elle date de 1633) n'était pas encore acceptée dans les écoles. — (2) « C'est là une pointe inattendue pour le lecteur moderne qui ne songe pas aux désignations *Esprit de vin. Esprit de bois*, usitées par l'ancienne chimie et abandonnées par les nomenclatures actuelles » (Juppont).

après nous avoir osté les alimens, nous a donné du venin[a][1]. Que nous pouvoit-il rester de pur entre tant de choses dont l'usage nous est nécessaire, sinon possible un peu d'air ; mais elle l'a suffoqué de contagion. Aujourd'huy la peste (cette maladie sans queuë) tient la mort penduë à la sienne ; elle renverse l'œconomie du monde, jusqu'à faire bien souvent qu'un misérable né dans les haillons meurt couvert de pourpre, et jugez si le feu dont elle s'anime contre nous est ardent, quand il suffit d'un charbon sur un homme pour le consommer.

Voilà, Monsieur, les trésors de cette gentille saison, avec qui vous pensiez avoir trouvé le secret de la corne d'abondance. Nous devrions détester les autres, à cause qu'elles la suivent ou la précèdent ; elles ont toutes, à son exemple, leur façon d'estropier ; en hyver, ne réclamons-nous pas Saint-Jean ; au printemps, Saint-Mathurin ; en esté, Saint-Hubert, et en automne, Saint-Roch ? Pour moy, je ne sçay qui me tient que je ne me fasse mourir de dépit de ne pouvoir vivre qu'en leur compagnie ; mais encore celle-ci, la dernière des quatre, grosse de foudres comme elle est, n'induit-elle pas à croire que toute l'année est un monstre qui aboie par les piedz ; que c'est une harpie affamée qui mord du feu, pendant que sa queuë est dans l'eau qui se sauve d'un embrasement par un déluge et qui, vieille à quatre-vingts jours, est si passionnée pour l'hyver qu'elle expire en le baisant[2] ; mais ce qui me semble de bien prodigieux, c'est que pour faire son image, je me suis abstenu de tremper mon pinceau dans le sang qu'elle verse depuis tant de lustres sur le visage de l'Europe, car je le devois faire pour la punir de ce qu'ayant prodigué des fruicts à tout le monde, elle ne m'en a pas encore donné un qui puisse vous dire, après ma mort, je suis vostre Serviteur.

DESCRIPTION DE L'AQUEDUC, OU LA FONTAINE D'ARCUEIL (3)

A nos amis les buveurs d'eau

Dans cette lettre assez longue, la seconde sur la *Fontaine d'Arcueil*, nous n'avons cru devoir relever que les deux para-

a) 1654 : Nommez-vous cela des présens d'une bonne mère à ses enfans et mérite-t-elle que nous la remercions après nous avoir osté presque tous les alimens [utiles] : mais son dépit passe encore plus outre, car elle tâche d'empoisonner ceux qui ne sont pas morts de faim, et je n'avance rien que je ne prouve.

(1) Cyrano a refait toute la fin de cette lettre, sans en changer les idées, aussi est-il inutile de donner ici les variantes. — (2) « Pointe burlesque suscitée par la situation astronomique de l'automne entre l'été et l'hiver » (Juppont). — (3) Ms. f. 142. — *Œuvres diverses, 1654 :* Lettre VI. Description de l'aqueduc, p. 32. — Il y a deux lettres, la première est précédée de la note suivante : « Cette Lettre d'Arcüeil ayant esté perduë, l'Autheur longtemps après en fit une autre ; mais comme il ne se souvenoit presque plus de la première, il ne rencontra pas les mesmes pensées. Depuis, il retrouva la perduë, et comme il est assez ennemi du travail, il ne crût pas que le sujet fut digne d'épurer chaque Lettre, en ostant de chacune les imaginations qui se

graphes suivants, qui ont été modifiés dans l'imprimé de 1654 :

« Mais d'où vient qu'à Rongis, pour un peu de sable qu'elle a dans les reins, elle (la Fontaine d'Arcueil) n'urine que goutte à goutte, et que dans Arcueil, où elle est atteinte de la pierre, elle pisse par dessus les Montagnes ? Encores ce ne sont là que de ses coups d'essay ; elle fait bien d'autres miracles ; elle se glisse éternellement hors de sa peau, *et n'achève jamais d'en sortir, qu'elle fait plus que le Roy quand il guérit à Paris des malades en les touchant, car elle guérit tous les jours* [a] d'un seul regard plus de quatre cens mille altérez. Elle se morfond.....

» La Nature mesme, qui est la Mère de cette *claire* [b] fille, a, ce semble, eu si peur que quelque chose ne manquât aux pompes de sa réception qu'à tous les hommes elle a donné à chacun un palais pour la recevoir ; *aussi je n'ay garde de croire que, par un sacrilège horrible, elle soit venuë dans l'Université donner le flus de bouche à Sainct-Michel, à Sainct-Cosme, à Sainct-Benoïst, à Sainct-Séverin* [1] *; au contraire, je croy avec certitude que se sentant à l'extrémité et proche de sa fin, elle vient elle-mesme aux Eglises demander ses sacremens* [c]*;* voilà tout ce que je puis dire à la louange de ce bel Aqueduc et de son Hostesse...... »

ÉLOGE D'UNE ROUSSE

Cette lettre, très longue, a été qualifiée par M[r] P. Brun « d'éblouissant badinage ». Seuls le début et les dernières lignes ont été quelque peu modifiés par Cyrano pour l'édition des *Œuvres diverses* de *1654* (lettre X : Pour une Dame rousse, p. 50). Nous reproduisons ici (en italique) l'unique passage libertin, qu'on trouve seulement dans le texte du manuscrit de la Bibliothèque nationale (f. 151 [v]) :

« ..... Mais si les exemples de la Mithologie ne satisfont pas les aheurtez, qu'ils confrontent l'Histoire : Samson, qui tenoit toute sa force penduë à ses cheveux, n'avoit-il pas reçu l'énergie de son miraculeux estre

a) 1654 : sans jamais achever d'en sortir, et plus sçavante que les Docteurs de la faculté d'Hipocrate, tous les jours à Paris elle guérit. — *b*) belle. — *c*) mais cette belle n'abuse point des honneurs qu'on luy fait, an contraire, à peine est-elle arrivée à Paris, que pour les fatigues d'une trop longue course, se sentant à l'extrémité, et prévoyant sa fin, elle court à S. Cosme, S. Benoist et S. Séverin pour obtenir leur bénédiction.

(1) Noms des fontaines publiques que l'aqueduc d'Arcueil alimentait.

pourroient rencontrer dans l'autre ». — L'aqueduc romain d'Arcueil (*Arcus Juliani*) qui conduisait les eaux du Rungis à l'ancien palais des Thermes et dans toute la partie méridionale de Paris, était tombé en ruines, lorsque Marie de Médicis en fit construire un nouveau par son architecte Jean de Brosse. Cet aqueduc monumental, dont Louis XIII posa la première pierre, en 1613, et qui fut achevé en 1624, subsiste encore (P. L).

dans le roux coloris de sa Perruque ? Les Destins n'avoient-ils pas attaché la conservation de l'empire d'Athènes à un seul cheveu rouge de Nisus ? Et Dieu n'eut-il pas envoyé aux Ethiopiens la lumière de la foy, s'il eût trouvé parmy eux seulement un rousseau ? On ne douteroit point de l'éminente dignité de ces personnes-là, si l'on considéroit que tous les hommes qui n'ont point esté faits d'hommes, et pour l'ouvrage de qui Dieu luy-mesme a choisy et pétry la matière, ont tousjours esté rousseaux : Adam [a] fut rousseau, *Jésus-Christ fut rousseau, Judas mesme eut l'honneur d'estre l'instrument de nostre salut et de baiser le Messie en le trahissant, à cause qu'il estoit rousseau ; et Dieu ne le réprouva que fasché de voir qu'un homme qui n'estoit que son estafier fut cependant plus rousseau que luy,* et toute Philosophie bien correcte doit apprendre que la Nature, qui tend au plus parfait, essaye tousjours, en formant un homme, de former un rousseau, de mesme qu'elle aspire à faire de l'Or en faisant du Mercure, car, quoy qu'elle rencontre rarement, un Archer n'est pas estimé maladroit, qui, laschant trente flèches, en adresse cinq ou six au but.... »

LE CAMPAGNARD (1)

Nous ne reproduisons pas en entier cette lettre descriptive très longue et qui présente dans le manuscrit d'importantes variantes avec le texte des *Œuvres diverses* de *1654* ; nous nous contentons d'en donner le début, seul intéressant à notre point de vue, d'autant que la suite a été intercalée par Cyrano dans *Les Estats et Empires de la Lune* (Voir t. I, p. 21).

« J'ay trouvé le Paradis d'Edem, j'ay trouvé l'âge d'or, j'ay trouvé la jeunesse perpétuelle, enfin j'ay trouvé la Nature au maillot ; on rit icy de tout son cœur. Nous sommes grands cousins le Porcher du village et moy ; et toute la Paroisse m'assure que j'ay *de grands avantages pour* [b] bien chanter un jour au lutrin. O ! Dieux, *Monsieur, pouvez-vous demeurer enfermé ; moy d'icy, j'incague les grimaces que vous faites à la Cour. Un* [c] gentilhomme champestre est un Prince inconnu. *Il* [d] entend parler du Roy une fois l'année et ne le *reconnoit, sinon* [e] que par quelque vieux cousinage, *qui le rend au moins petit-neveu de Louis d'Outre-mer. Si vous aviez veu le garçon* [f] qui garde *mes* [g] co-dindes, le ventre couché sur l'herbe, ronfler

a) 1654 : qui, créé par la main de Dieu, devoit estre le plus accomply des hommes. — *b*) la mine, avec un peu de travail de. — *c*) un Philosophe comme vous peut-il préférer au repos d'une si agréable retraite, la vanité, les chagrins et les embarras de la Cour : Ha ! Monsieur si vous sçaviez qu'un. — *d*) qui n'. — *e*) connoist. — *f*) et si de la Cour où vous estes, vous aviez des yeux assez bons pour appercevoir jusques icy ce gros garçon. — *g*) vos.

(1) Ms. f. 167[r]. — Dans les *Œuvres diverses*, *1654* : D'une maison de campagne. Lettre XI, p. 59.

paisiblement un somme de dix heures tout d'une pièce, se guérir *de la fièvre quarte avec* [a] un quartier de lard jaune, *dont il fait une doublure à son estomach, vous troqueriez sans doute vostre manteau d'hermine à son casaquin. Nous sommes, luy et moy, aussi grands maistres l'un que l'autre ; quand je luy donne des soufflets, il me rend des nazardes ; encore suis-je souvent contraint de demander la paix, car le coquin est plus puissant que moy et mes horions ne payent point ses taloches. Je me tiens pourtant le moins que je peux en proie à ses mignardises. Le beau temps et mon humeur m'entraisnent à la solitude : aussi, certes, il faut que ce lieu soit un chef-d'œuvre miraculeux de quelque agréable mélancolique* [b]. On rencontre à la porte de la maison une estoile de cinq avenues... »

LE DUELLISTE (1)

Monsieur. Quoy que je me porte en homme qui crève de santé, je ne laisse pas d'estre malade depuis trois semaines que ma Philosophie est tombée à la mercy des Gladiateurs ; je suis incessamment travaillé de la tierce et de la carte ; j'aurois perdu la connoissance du papier si les Cartels s'escrivoient sur autre chose. Je ne discerne déjà plus l'encre d'avec le noir à noircir. Et enfin, pour vous faire response, j'ay presque esté forcé de vous escrire avec mon espée, tant il est glorieux d'escrire mal parmy des personnes dont les plumes ne se taillent point. Il faudroit, je pense, que Dieu accomplit quelque chose d'aussi miraculeux que le souhait de Caligula, s'il vouloit finir mes querelles. *Encore* quand tout le genre humain seroit érigé en une teste ; quand de tous les vivans il n'en resteroit qu'un, ce seroit encore un Duel qui me resteroit à faire. Vrayment, vous auriez grand tort de m'appeler maintenant le premier des hommes, car je vous proteste qu'il y a plus d'un mois que je suis le second de tout le monde. Il faut bien que vostre départ ayant déserté Paris, l'herbe ait crû par toutes les ruës, puisqu'en quelque lieu que j'aille je me trouve tousjours sur le pré, Cependant ce n'est pas sans risque ; mon portrait, que vous fistes faire, a esté trouvé si beau qu'il a pris possible envie à la Mort d'en avoir l'original. Elle me fait à ce dessein mille querelles d'Allemand. Je m'imagine quasi quelquefois estre devenu Porc-épic, voyant que personne ne m'approche sans se piquer, et l'on n'ignore plus, quand quelqu'un dit à son ennemi « qu'il s'aille faire piquer », que ce ne soit de la besongne qu'on

a) 1654 : d'une fièvre ardente en dévorant. — *b*) vous confesseriez que la douceur d'un repos tranquille ne se gouste point sous les lambris dorez. Revenez donc, je vous prie, à vostre solitude ; pour moy je pense que vous en avez perdu la mémoire : ouy, sans doute, vous l'avez perduë : Mais en vérité reste-t-il encore quelque sombre idée dans vostre souvenir de ce Palais enchanté, dont vous estes bany ? Ha je vois bien que non, il faut que je vous en envoye le tableau dans ma lettre : escoutez-le donc, le voicy, car c'est un tableau qui parle.

(1) Ms. fr. f. 196v. — Dans les *Œuvres diverses, 1654* : Lettre XV, p. 103.

me taille. Ne voyez-vous pas aussi qu'il y a maintenant plus d'ombre sur notre *Zénith* [a] qu'à vostre départ, c'est à cause que depuis ce temps-là ma main en a tellement peuplé l'Enfer qu'elles regorgent sur la terre. A la vérité, ce m'est une consolation bien grande d'estre hay parce que je suis aymé ; de trouver par tout des ennemis parce que j'ay des amys par tout, et de voir que mon malheur vient de ma bonne fortune ; mais j'ay peur que cette démangeaison de gloire ne m'invite à porter mon nom jusqu'en Paradis. C'est pourquoy, pour éviter de si *périlleux enthousiasmes* [b], je vous prie de venir promptement remettre mon âme en son assiette de philosophe, car il me fâcheroit fort qu'à vostre retour, au lieu de me trouver dans *mon cabinet* [c], vous trouvassiez dans une église : Ci-gît, Cyrano de Bergerac.

POUR LES SORCIERS (1)

Monsieur. Il m'est arrivé une si estrange avanture depuis que je n'ay eu l'honneur de vous voir, que, pour y adjouster foy, il en faut avoir beaucoup plus que ce personnage qui, par la force de la sienne, transporta des Montagnes. Afin donc de commencer mon histoire, vous sçaurez qu'hyer, lassé sur mon lict de l'attention que j'avois prestée à ce sot livre que vous m'aviez autrefois tant vanté, je sortis à la promenade pour dissiper les sombres et ridicules imaginations dont le noir galimatias de sa science m'avoit remply ; et comme je m'efforçois à déprendre ma pensée de la mémoire de ses contes obscurs, m'estant enfoncé dans vostre petit bois, après un quart-d'heure, ce me semble, de chemin, j'aperceus un manche de balay qui se vint mettre entre mes jambes, et à califourchon, bon gré mal-gré que j'en eusse, et je me sentis envoler par le vague de l'air ; or, sans me souvenir de la route de mon enlèvement, je me trouvé sur mes pieds au milieu d'un désert où ne se rencontroit aucun sentier ; je repassé cent fois sur mes brisées ; mais cette solitude m'estoit un nouveau monde. Je résolus de pénétrer un peu plus loin ; mais sans apercevoir aucun obstacle, j'avois beau pousser contre l'air, mes efforts ne me faisoient rencontrer par tout que l'impossibilité de passer outre ; à la fin, fort harassé, je tombé sur mes genoux ; et ce qui m'estonna davantage, ce fut d'avoir passé en un moment de midy à minuit ; je voyois les Estoiles luire au Ciel avec un feu bluetant, la Lune estoit en son plein, mais beaucoup plus pasle qu'à l'ordinaire. Elle éclipsa trois fois, et trois fois dévala de son cercle, les vents estoient paralitiques, les fontaines estoient muettes, les oyseaux avoient oublié leur ramage, les poissons se croyoient enchassez dans du verre ; tous les animaux n'avoient de mouvement que ce qui leur en falloit

a) 1654 : orizon. — b) dangereuses prophéties. — c) dans le Ms, il y avait *un cabaret*, mais on a rayé ces deux mots pour mettre *mon cabinet*, qui est le texte de 1654.

(1) *Œuvres diverses, 1654* : Lettre XII, p. 66v.

pour trembler; l'horreur d'un silence effroyable qui régnoit par tout, et par toute la Nature sembloit estre en suspens de quelque grande avanture. Je meslois ma frayeur à celle dont la face de l'Orison paroissoit agitée, quand au clair de la Lune je vis sortir, du fond d'une caverne, un grand et vénérable Vieillard vestu de blanc, le visage basané, les sourcils touffus et relevez, l'œil effrayant, la barbe renversée par dessus les espaules ; il avoit sur la teste un chapeau de Verveine et sur le dos une ceinture tissuë de fougère de May faite en tresse. A l'endroit du cœur estoit attachée sur sa robe une chauve-souris à demy-morte, et autour du col un carcan chargé de sept différentes pierres précieuses dont chacune portoit le caractère du planète qui la dominoit. Ainsi mistérieusement habillé, portant à la main gauche un vase fait en triangle, plein de rosée, et de la droite une houssine de Sureau en sève, dont l'un des bouts estant ferré d'un meslange de tous les métaux, l'autre servoit de manche à un petit encensoir. Il baisa le pied de sa grote, puis après s'estre déchaussé, et arraché en gromelant certains mots du creux de la poitrine, il aborda le couvert d'un vieux chesne à reculons, à quatre pas duquel il creusa trois cernes l'un dans l'autre, et la terre, obéïssante aux ordres du Négromantien, prenoit elle-mesme en frémissant les figures qu'il vouloit y tracer. Il y grava les noms des intelligences, tant du siècle que de l'année, de la saison, du mois, de la semaine, du jour et de l'heure, de mesme ceux de leurs Roys avec leurs chiffres différens, chacun en sa place propre, et les encensa tous, chacun avec leurs cérémonies particulières. Cecy achevé, il posa son vase au milieu des cercles, le découvrit, mit le bout pointu de sa baguete entre ses dents, se coucha la face tournée vers l'Orient, et puis il s'endormit. Environ au milieu de son sommeil, j'aperceus tomber dans le vase cinq graines de fougère. Il les prit toutes quand il fut éveillé, en mit deux dans ses oreilles, une dans sa bouche, l'autre qu'il replongea dans l'eau, et la cinquiesme il la jetta hors des cercles. Mais à peine celle-là fut-elle partie de sa main, que je le vis environné de plus d'un million d'animaux de mauvais augure, tant d'insectes que de parfaits. Il toucha de sa baguete un Chat-huant, un Renard et une Taupe, qui aussi-tost entrèrent dans les cernes en jettant un formidable cry. Avec un cousteau d'ayrain, il leur fendit l'estomach, puis leur ayant arraché le cœur, et envelopé chacun dans trois feüilles de laurier, il les avala. Il sépara le foye, qu'il espreignit dans un vaisseau de figure exagone ; cela fini, il recommença les suffumigations. Il mesla la rosée et le sang dans un bassin, y trempa un gand de parchemin vierge qu'il mit à sa main droite, et après quatre ou cinq heurlemens horribles, il ferma les yeux et commença les invocations.

Il ne remuoit presque point les lèvres, j'entendois néanmoins dans sa gorge un brouïssement comme de plusieurs voix entre-meslées. Il fut eslevé de terre à la hauteur d'une palme, et de fois à autre, il attachoit fort attentivement la veuë sur l'ongle indice de sa main gauche. Il avoit le visage enflambé et se tourmentoit fort. En suite de plusieurs contorsions espouvantables, il chut en gémissant sur ses genoux ; mais aussi-tost qu'il eut articulé trois paroles d'une certaine oraison, devenu plus fort qu'un homme, il soutint sans vaciller les monstrueuses secousses d'un vent espouvantable qui souffloit contre luy. Tantost par boufées, tantost par tourbillons, ce vent sembloit tascher à le faire sortir des cernes. Après ce signe, les trois ronds tournèrent sous luy. Cet autre fut suivi d'une gresle rouge comme du sang, et celuy-cy fit encore place à un quatriesme, beaucoup plus effroyable. C'estoit un torrent de feu qui brouïssoit en tournant et se divisoit par globes, dont chacun se fendoit en esclats avec un grand coup de tonnerre.

Il fut le dernier, car une belle lumière blanche et claire dissipa ces tristes Météores. Tout au milieu parut un jeune homme, la jambe droite sur un aigle, l'autre sur un linx, qui donna au Magicien trois fioles pleines de je ne sçay quelle liqueur. Le Magicien luy présenta trois cheveux, l'un pris au devant de sa teste, les deux autres aux tempes ; il fut frappé sur l'espaule d'un petit baston que tenoit le Fantosme, et puis tout disparut. Ce fut alors que les Estoilles, blesmies à la venuë du Soleil, s'unirent à la couleur des Cieux. Je m'allois remettre en chemin pour trouver mon village, mais, sur ces entrefaites, le Sorcier, m'ayant envisagé, s'aprocha du lieu où j'estois. Encore qu'il cheminast à pas lents, il fut plustost à moy que je ne l'aperçeus bouger, Il estendit sous ma main une main si froide, que la mienne en demeura fort long-temps engourdie. Il n'ouvrit ny la bouche, ny les yeux, et dans ce profond silence, il me conduisit à travers des mazures, sous les effroyables ruines d'un vieux chasteau deshabité où les Siècles, depuis mille ans, travailloient à mettre les chambres dans les caves.

Aussitost que nous fusmes entrés, « Vante-toy, me dit-il (en se tournant vers moy) d'avoir contemplé face à face le Sorcier Agrippa, et dont l'âme (par métempsicose) est celle qui jadis animoit le sçavant Zoroastre, Prince des Bactriens. Depuis près d'un siècle que je disparus d'entre les hommes, je me conserve icy, par le moyen de l'or potable, dans une santé qu'aucune maladie n'a jamais interrompuë. De vingt ans en vingt ans, j'avale une prise de cette médecine universelle qui me rajeunit, restituant à mon corps ce qu'il a perdu de ses forces. Si tu as considéré trois fioles que m'a présentées le Roy des Démons ignés, la première en est pleine ; la seconde de poudre de projection, et la troisième d'huile de talc. Au reste, tu m'es bien obligé, puisqu'entre tous les mortels je t'ay choisy pour assister à des mystères que je ne célèbre qu'une fois en vingt ans. C'est par mes charmes que sont envoyez, quand il me plaist, les stérilitez ou les abondances. Je suscite les guerres, en les allumant entre les Génies qui gouvernent les Roys. J'enseigne aux Bergers la Patenostre du loup. J'aprens aux Devins la façon de tourner le sas. Je fais courir les ardans sur les marets et sur les fleuves pour noyer les voyageurs. J'excite les fées à danser au clair de la Lune. Je pousse les joüeurs à chercher le trèfle à quatre, sous les gibets. J'envoye à minuict les Esprits hors du cimetière, entortillez d'un drap, demander à leurs héritiers l'accomplissement des vœux qu'ils ont faits à la mort. Je commande aux démons d'habiter les Chasteaux abandonnez, d'esgorger les passans qui y viendront loger, jusqu'à ce que quelque résolu les contraigne de luy montrer le trésor. Je fais trouver des mains de gloire aux misérables que je veux enrichir. Je fais brûler aux voleurs des chandelles de graisse de pendu pour endormir les hostes pendant qu'ils exécutent leurs vols. Je donne la pistolle volante qui vient ressauter dans la pochette quand on l'a employée. Je donne aux laquais ces bagues qui les font aller et revenir de Paris à Orléans en un jour. Je fais tout renverser dans une maison par des Esprits folets, qui font culbuter les bouteilles, les verres, les plats, quoique rien ne se casse, rien ne se respande, et qu'on ne voye personne. Je montre aux vieilles à guérir la fièvre avec des paroles. Je resveille les villageois la veille de S. Jean pour cueillir son herbe à jeun et sans parler. J'enseigne aux Sorciers à devenir loups-garoux. Je les force à manger les enfans sur le chemin et puis les abandonne quand quelque cavalier leur coupant une patte (qui se trouve la main d'un homme), ils sont reconnus et mis au pouvoir de la Justice. J'envoye aux personnes affligées un grand Homme noir qui leur promet de les faire riches s'ils se veulent donner à luy. J'aveugle ceux qui prennent des Cédules, en sorte que quand ils demandent trente ans de terme, je leur fais voir le 3 devant le zéro que j'ay mis après. Je tors le col à ceux qui, lisant dans le grimoire sans le sçavoir, me font venir et ne me donnent rien. Je m'en retourne paisiblement d'avec ceux qui, m'ayant appellé, me donnent seulement une savate, un cheveu ou une paille. J'emporte des Eglises qu'on dédie les pierres qui n'ont pas esté payées. Je ne fais paroistre aux personnes ennuittées qui rencontrent les Sorciers allant au sabat qu'une troupe de chats dont le Prince est Marcou. J'envoye tous les confédérez à l'offrande et leur présente à baiser le cul du bouc, assis dessus une escabelle. Je les traite splendidement, mais avec des viandes sans sel. Je fais tout évanoüyr si quelqu'Estranger, ignorant des coustumes fait la bénédiction, et je le laisse dans un désert, au milieu des espines, à trois cens lieuës de son pays. Je fais trouver, dans le lict des ribauts, aux femmes, des incubes, aux hommes, des succubes. J'envoye dormir le cochemard, en forme d'une longue pièce de marbre, avec ceux qui ne se sont pas signez en se couchant; j'enseigne aux Négromantiens à se deffaire de leurs ennemis, faisant une image de cire et la piquant ou la jetant au feu pour faire sentir à l'original ce qu'ils font souffrir à la copie. J'oste, sur les Sorciers, le sentiment aux endroits où le bélier les a marquez de son sceau. J'imprime une vertu secrète à « nolite fieri » quand il est récité à rebours, qui empesche que le beurre ne se fasse. J'instruis les paysans à mettre sous le seuil de la bergerie qu'ils veulent ruiner une toupe de cheveux ou un crapaut, avec trois maudissons, pour faire mourir étiques les moutons qui passent dessus. Je montre aux Bergers à noüer l'éguillete le jour des nopces, lors que le Prestre dit « Conjungo vos ». Je donne de l'argent qui se trouve après des feüilles de chesne. Je preste aux Magiciens un démon familier qui les accompagne et leur défend de rien entreprendre sans le congé de Maistre Martinet. J'enseigne, pour rompre le sort d'une personne charmée, de faire pestrir le gasteau triangulaire de Saint-Loup, et le donner par aumosne au premier pauvre qu'il trouvera. Je guéris les malades du loup-garou, leur donnant un coup de fourche justement entre les deux yeux. Je fais sentir les coups aux Sorciers, pourveu qu'on les batte avec un baston de sureau. Je délie le moyne-bourru aux Advents de Noël, luy commande de rouler comme un tonneau ou traisner à minuict les chaisnes dans les ruës, afin de tordre le col à ceux qui mettront la teste aux fenestres. J'enseigne la composition des brevets, des sorts, des charmes, des sigilles, des talismans, des miroirs magiques et des figures constellées. Je leur aprens à trouver le guy de l'an neuf, l'herbe de fourvoyement, les gamahez, l'emplastre magnétique. J'envoye le Gobelin, la mulle ferrée, le filourdi, le roy Hugon, le conestable, les hommes noirs, les femmes blanches, les lemures, les farfadets, les larves, les lamies, les ombres, les mânes, les spectres, les fantosmes; enfin, je suis le diable de Vauvert, le Juif-Errant et le Grand veneur de la Forest de Fontainebleau[1]. Avec ces dernières paroles, le Magicien disparut, les couleurs des objets s'esloignèrent, une large et noire fumée couvrit la face du climat, et je me trouvé sur mon lict, le cœur encore palpitant et le corps tout froissé du travail de l'âme. Mais avec une si grande lassitude qu'alors que je m'en souviens, je ne crois pas avoir la force d'escrire au bas de ma lettre, je suis, Monsieur, vostre serviteur.

CONTRE LES SORCIERS (2)

Monsieur. En bonne foy, ma dernière lettre ne vous a-t-elle point espouvanté ? Quoy que vous en disiez, je pense que le grand Homme noir aura pû faire quelque émotion, sinon dans vostre âme, au moins dans quelqu'un de vos sens. Voilà ce que c'est de m'avoir autrefois voulu faire peur des Esprits ; ils ont eu leur revanche, et je me suis vangé malicieusement de l'importunité dont tant de fois *vous m'aviez persécuté*[a] de reconnoistre les véritez de la Magie. Je suis pourtant fasché de la fièvre qu'on m'a escrit que cet horrible tableau vous a causée ; mais pour effacer ma faute, je le veux effacer à son tour et vous faire voir sur la mesme toile la tromperie de ses couleurs, de ses traits et de ses ombres.

Imaginez-vous donc qu'encore que par tout le monde on ayt tant brûlé de Sorciers convaincus d'avoir fait pacte avec le diable, que tant de

a) Var. des éditions posthumes : j'ay esté persécuté.

(1) On retrouve tout ce passage dans *Le Pédant joué*, acte IV, scène I, dans la bouche de Corbinelli. — (2) *Œuvres diverses, 1654* : Lettre XIII, p. 79.

misérables ayent avoué sur le bûcher d'avoir esté au sabat, et que mesme quelques-uns, dans l'interrogatoire, ayent confessé aux juges qu'ils avoient mangé à leurs festins des enfans qu'on a, depuis la mort des condamnez, trouvez pleins de vie et qui ne sçavoient ce qu'on leur vouloit dire quand on leur en parloit ; on ne doit pas croire toutes choses d'un homme, parce qu'un homme peut dire toutes choses, car quand mesme, par une permission particulière de Dieu, une âme pourroit revenir sur la terre demander à quelqu'un le secours de ses prières, est-ce à dire que des Esprits ou des Intelligences, s'il y en a, soient si badines que de s'obliger aux quintes écervelées d'un Villageois ignorant ; s'aparoistre à chaque bout de champ, selon que l'humeur noire sera plus ou moins forte dans la teste mal timbrée d'un ridicule Berger ; venir au leurre comme un Faucon sur le poing du Giboyeur qui le réclame, et selon le caprice de ce maraut, dancer la guimbarde ou les matassins ? Non, je ne croy point de Sorciers, encore que plusieurs grands personnages n'ayent pas esté de mon advis, et je ne deffère à l'authorité de personne, si elle n'est accompagnée de raison, ou si elle ne vient de Dieu, Dieu qui tout seul doit estre cru de ce qu'il dit, à cause qu'il le dit [1]. Ny le nom d'Aristote plus sçavant que moy, ny celuy de Platon, ny celuy de Socrate ne me persuadent point, si mon jugement n'est convaincu par raison de ce qu'ils disent. La raison seule est ma reyne, à qui je donne volontairement les mains [2], et puis, je sçay par expérience que les esprits les plus sublimes ont chopé le plus lourdement ; comme ils tombent de plus haut, ils font de plus grandes cheutes ; enfin, nos pères se sont trompez jadis, leurs neveux se trompent maintenant, les nostres se tromperont quelque jour.

N'embrassons donc point une opinion à cause que beaucoup la tiennent, ou parce que c'est la pensée d'un grand Philosophe, mais seulement à cause que nous voyons plus d'apparence qu'il soit ainsi que d'estre autrement. Pour moy, je me moque des Pédants qui n'ont point de plus forts arguments pour prouver ce qu'ils disent, sinon d'alléguer que c'est une maxime, comme si leurs maximes estoient bien plus certaines que leurs autres propositions. Je les en croyray pourtant s'ils me montrent une Philosophie dont les principes ne puissent être révoquez en doute, desquels toute la Nature soit d'accord, ou qui nous ayent esté révélez d'enhaut ; autrement je m'en moque, car il est aisé de prouver tout ce qu'on veut

(1) Comparer ce texte à celui des *Estats et Empires de la Lune*, T. I, p. 95. — (2) La prééminence de la raison avait été proclamée, avec une netteté qui ne peut être dépassée, plus de soixante-dix ans avant Cyrano par un demi-fou, Geoffroy Vallée, brûlé le 9 février 1574, dans son opuscule : *La Béatitude des chrétiens ou le fléau de la foy* (voir *Mélanges*, p. 5) ; aussi l'enthousiasme de M. Juppont est-il un peu excessif ; en tout cas il se trompe d'adresse s'il ne veut pas faire tort injustement aux précurseurs de Cyrano : « Cette dernière phrase mériterait d'être gravée au frontispice de toutes les écoles ; elle est l'expression parfaite du droit ou plutôt du devoir de libre examen, que l'homme ne devrait jamais abdiquer devant qui que ce soit ; elle est la négation absolue du principe d'autorité qui, en aucun cas, ne peut se substituer aux arguments de la raison. » M. Juppont sait-il lui-même quelle « raison » est la bonne, tant celle-ci est ondoyante et diverse suivant les individus ?

quand on ajuste les principes aux opinions, et non pas les opinions aux principes. Outre cela, quand il seroit juste de defférer à l'authorité de ces grands hommes, et quand je serois contraint d'avoüer que les premiers Philosophes ont estably ces principes, je les forcerois bien d'avoüer à leur tour que ces Anciens-là, non plus que nous, n'ont pas toûjours escrit ce qu'ils ont cru. Souvent les Loix et la Religion de leur pays les a contraints d'accomoder leurs préceptes à l'interest et au besoin de la politique. C'est pourquoi on ne doit croire d'un homme que ce qui est humain, c'est-à-dire possible et ordinaire; enfin je n'admets point de Sorciers à moins qu'on me le prouve.

Si quelqu'un par des raisonnements plus forts et plus pressans que les miens me le peut démontrer, ne doutez point que je ne luy dise : « Soyez, Monsieur, le bien venu ; c'est vous que j'atendois, je renonce à mes opinions, et j'embrasse les vostres ! » Autrement, qu'auroit l'habile par dessus le sot, s'il pensoit ce que pense le sot ? Il doit suffire au peuple qu'une grande âme fasse semblant d'acquiescer aux sentimens du plus grand nombre pour ne pas résister au torrent, sans entreprendre de donner des menotes à sa raison ; au contraire un Philosophe doit juger le vulgaire, et non pas juger comme le vulgaire. Je ne suis point pourtant si déraisonnable qu'après m'estre soustrait à la tyrannie de l'authorité, je veuille establir la mienne sans preuve ; c'est pourquoy vous trouverez bon que je vous aprenne les motifs que j'ay eu de douter de tant d'effects estranges qu'on raconte des Esprits ; il me semble avoir observé beaucoup de choses bien considérables pour me débarrasser de cette chimère.

Premièrement on ne m'a quasi jamais récité aucune histoire de Sorciers, que je n'aye pris garde qu'elle estoit ordinairement arrivée à trois ou quatre cents lieües de là. Cet esloignement me fit soupçonner qu'on avoit voulu dérober aux curieux l'envie et le pouvoir de s'en informer. Joignez à cela que cette bande d'hommes habillez en chats s'est trouvée au milieu d'une Campagne, sans tesmoins. La Foy d'une personne seule, doit estre suspecte en chose si miraculeuse ; près d'un village, il en a esté plus facile de tromper des idiots. C'estoit une pauvre vieille ; elle estoit pauvre : la nécessité l'a pu contraindre à mentir pour de l'argent ; elle estoit vieille : l'âge affoiblit la raison ; l'âge rend babillard : elle a inventé ce conte pour entretenir ses voisines ; l'âge affoiblit la veuë : elle a pris un Lièvre pour un Chat ; l'âge rend timide : elle en a cru voir cinquante au lieu d'un. Car enfin il est plus facile qu'une de ces choses soit arrivée, qu'on voit tous les jours arriver, qu'une aventure surnaturelle, sans raison et sans exemple.

Mais, de grâce, examinons ces Sorciers pris. Vous trouverez que c'est un Paysan fort grossier, qui n'a pas l'esprit de se desmesler des filets dont on l'embarrasse ; à qui la grandeur du péril assomme l'entendement en telle sorte, qu'il n'a plus l'âme assez présente pour se justifier ; qui n'oseroit mesme répondre pertinemment, de peur de donner à conclure aux préocupez que c'est le Diable qui parle par sa bouche. Si cependant il ne dit mot, chacun crie qu'il est convaincu de sa conscience, et aussitôt le voilà jetté au feu. Mais le Diable est-il si fou, luy qui a bien pu autrefois le changer en chat, de ne le pas maintenant changer en mouche, afin qu'il s'envole ? Les Sorciers (disent-ils) n'ont aucune puissance dès qu'ils sont entre les mains de la justice. O ! par ma foi ! cela est bien trouvé ; donc Maistre Jean Guillot, de qui le père a volé les biens de son pupille, s'est acquis par le moyen de vingt mille escus desrobez, que luy coûta son Office de Juge, le pouvoir de commander aux Diables ; vrayment les Diables portent grand respect aux Larons. Mais ces Diables au moins devoient esloigner ce pauvre malheureux, leur très-humble serviteur, quand ils sceurent qu'on estoit en campagne pour le prendre : car ce n'est pas donner courage à personne de le servir, d'abandonner ainsi les siens ; pour des natures qui ne sont qu'Esprits, elles font de grands pas de Clerc.

J'ay aussi remarqué que tous ces Magiciens prétendus sont gueux comme des Diogènes. O Ciel ! est-il donc vraysemblable qu'un homme s'exposast à brusler éternellement, sous l'espérance de demeurer pauvre, hay, affamé, et en crainte continuelle de se voir griller en place publique ? Satan lui donneroit, non des feuilles de chesnes, mais des pistolles de poids, pour achepter des Charges qui le mettroient à couvert de la Justice. Mais vous verrez que les Démons de ce temps-cy sont extrêmement niays, et qu'ils n'ont pas l'esprit d'imaginer tant de finesses : Ce malautru Berger, que vous tenez dans vos prisons, à la veille d'estre boüilly, sur quelles convictions le condamnez-vous ? On l'a surpris récitant la patenostre du Loup. Ha ! de grâce, qu'il la répète ; vous n'y remarquerez que de grandes sottises, et moins de mal qu'il n'y en a dedans une mort-diable[1], pour laquelle cependant on ne fait mourir personne. Outre cela, dit-on, il a ensorcelé des troupeaux. Ou ce fut par paroles, ou par la vertu cachée de quelques poisons naturels. Par paroles, je ne crois pas que les vingt-quatre lettres de l'Alphabet couvent, dans la grammaire, la malignité occulte d'un venin si présent, ny que d'ouvrir la bouche, serrer les dents, apuyer la langue au palais, de telle ou telle façon, ayt la force d'empester les moutons, ou de les guérir. Car si vous me respondez que c'est à cause du pacte : Je n'ay point encore lu, dans la chronologie, le temps auquel le Diable accorda avec le genre humain que, quand on articuleroit de certains mots qui doivent avoir esté spécifiez au contract, il tûroit ; qu'à d'autres, il guériroit ; et qu'à d'autres il viendroit nous parler ; et je veux qu'il en eût passé le concordat avec un particulier : ce particulier-là n'auroit pas le consentement de tous les hommes pour nous obliger à cet accord. A quelques sillables toutefois qu'un lourdaud, sans y penser, aura proférées, il avolera incontinent pour l'effrayer,

(1) Phylactère, amulette préservatrice contre le diable.

et ne rendra pas la moindre visite à une personne puissante, dépravée, illustre, spirituelle, qui se donne à luy de tout son cœur, et qui, par son exemple, seroit cause de la perte de cent mille âmes.

Vous m'avoüerez peut-estre que les paroles magiques n'ont aucun pouvoir, mais qu'elles couvrent sous des mots barbares la maligne vertu des simples, dont tous les enchanteurs empoisonnent le bétail? Hé bien, pourquoy donc ne les faites-vous pas mourir en qualité d'empoisonneurs et non pas de sorciers? Ils confessent (répliquez-vous) d'avoir esté au sabat, d'avoir envoyé des Diables dans les corps de quelques personnes qui, en effet, se sont trouvées démoniaques. Pour les voyages du sabat, voicy ma créance : c'est qu'avec des huiles assoupissantes dont ils se graissent, comme, alors qu'ils veillent, ils se figurent estre bientost emportez à califourchon sur un balai, par la cheminée, dans une salle où l'on doit festiner, danser, faire l'amour, baiser le cul au bouc. L'imagination fortement frappée de ces Fantosmes leur représente dans le sommeil ces menues choses comme un balai entre les jambes, une campagne qu'ils passent en volant, un bouc, un festin, des Dames ; c'est pourquoy, quand ils se réveillent, ils croyent avoir veu ce qu'ils ont songé.

Quand à ce qui concerne la possession, je vous en diray aussi ma pensée avec la mesme franchise. Je trouve, en premier lieu, qu'il se rencontre dix mille femmes pour un homme. Le Diable seroit-il un ribaud, de chercher avec tant d'ardeur le couplement[1] des femmes? Non, non, mais j'en devine la cause, une femme a l'esprit plus léger qu'un homme et plus hardy, par conséquent, à résoudre des comédies de cette nature. Elle espère que pour peu de latin qu'elle escorchera, pour peu qu'elle fera de grimasses, de sauts, de capriolles et de postures, on les croira toûjours beaucoup au-dessus de la pudeur et de la force d'une fille. Et enfin, elle pense estre si forte de sa foiblesse que, l'imposture estant découverte, on attribuera ses extravagances à quelques suffocations de matrice, ou qu'au pis aller on pardonnera à l'infirmité de son sexe. Vous respondrez peut-estre que pour y en avoir de fourbes, cela ne conclud rien contre celles qui sont véritablement possédées. Mais si c'est là vostre nœud Gordien, j'en seray bientost l'Alexandre.

Examinons donc, sans qu'il nous importe de choquer les opinions du vulgaire, s'il y a autrefois eu des démoniaques et s'il y en a aujourd'huy. Qu'il y en ait eu autrefois, je n'en doute point, puisque les Livres sacrez asseurent qu'une Chaldéenne, par art magique, envoya un Démon dans le cadavre du Prophète Samuel, et le fit parler ; que David conjuroit avec sa harpe celuy dont Saül estoit obsédé, et que nostre Sauveur Jésus-Christ chassa les Diables des corps de certains Hébreux et les envoya dans des corps de pourceaux. Mais nous sommes obligez de croire que l'Empire du Diable cessa quand Dieu vint au monde, que les Oracles furent estouffez sous

(1) Var. de 1661 : l'accouplement.

le berceau du Messie et que Satan perdit la parole en Bethléem, l'influence altérée de l'Estoille des trois Roys luy ayant sans doute causé la pépie.

C'est pourquoy je me moque de tous les énergumènes d'aujourd'huy et m'en moqueray jusqu'à ce que l'Eglise me commande de les croire ; car de m'imaginer que cette pénitente de Goffridy, cette religieuse de Loudun, cette fille d'Evreux[1] soient endiablées parce qu'elles font des culbutes, des grimasses et des gambades ; Scaramouche, Colle et Cardelin[2] les mettront à « quia ». Comment ! Elles ne sçavent pas seulement parler latin ? Lucifer a bien peu de souci de ses Diables de ne pas les envoyer au Collège. Quelques-unes respondent assez pertinemment, quand l'Exorciste déclame une oraison du Bréviaire, dont en quelque façon elles escorchent le sens à force de le réciter ; à moins que cela, vous les voyez contrefaire les enragées, feindre à tout ce qu'on leur presche une distraction d'esprit perpétuelle, et cependant j'en ay surpris d'attentives à guester au passage quelque verset de leur Office pour respondre à propos, comme ceux qui veulent chanter à Vespres et ne les sçavent pas, attendent à l'affust le « Gloria Patri, etc. », pour s'y esgoziller.

Ce que je trouve encore de bien divertissant sont les méprises où elles s'embarrassent quand il faut obéir ou n'obéir pas. Le Conjurateur commandoit à une de baiser la terre toutes les fois qu'il articuleroit le sacré nom de Dieu ! Ce Diable d'obéissance le faisoit fort dévotement ; mais comme il vint encore un coup à luy ordonner la mesme chose en autres termes que ceux dont il usoit ordinairement (car il luy commanda par le fils Co-éternel du Souverain Estre), ce novice démoniaque, qui n'estoit pas Théologien, demeura plat, rougit et se jetta aux injures, jusqu'à ce que l'Exorciste l'ayant apaisé par des mots plus ordinaires, il se remit à raisonner. J'observe outre cela que, selon que le Prestre haussoit sa voix, le Diable augmentoit sa colère, bien souvent à des paroles de nul poids, à cause qu'il les avoit prononcez avec plus d'esclat, et qu'au contraire, il avaloit, doux comme laict, des exorcismes qui faisoient trembler, à cause qu'estant las de crier, il les avoit prononcez d'une voix basse.

(1) Louis Goffridi, ou Gaufridis, curé de l'Eglise des Acoules à Marseille, fut brûlé comme sorcier, en 1611, pour avoir séduit, par l'intermédiaire du diable, auquel il s'était donné, une fille de seize ans, sa pénitente, nommée Madeleine de Demandols. Le Parlement d'Aix l'avait condamné pour crime de magie, de sorcellerie et d'impiété. — La Religieuse de Loudun, ce sont les Ursulines de Loudun auxquelles le curé Urbain Grandier aurait jeté un maléfice et qui fut condamné à être brûlé en 1634. — L'affaire de Madeleine Bavent « cette fille d'Evreux » était encore plus récente. Mathurin Picard, curé du Mesnil-Jourdain, et son complice Thomas Boullé, furent condamnés, pour avoir ensorcelé cette religieuse et ses compagnes du couvent de Saint-Louis de Louviers, à être brûlés avec elle par arrêt du Parlement de Rouen du 24 août 1647. Cette affaire, dit P. Lacroix, avait préoccupé l'opinion publique pendant plus de cinq ans ; car, en 1643, Jean Le Breton publiait à Evreux un mémoire intitulé : *Défense de la vérité touchant la possession des religieuses de Louviers*, et le sieur Le Gauffre racontait ses exorcismes sous le titre de : *Procès-verbal du pénitencier d'Evreux*. — (2) De ces trois acteurs de la troupe italienne de Paris, on ne connait guère que Scaramouche : Tiberio Fiorilli, né à Naples en 1608.

Mais ce fut bien pis, quelque temps après, quand un Abbé les conjura. Elles n'estoient point faites à son style, et cela fut cause que celles qui voulurent respondre respondirent si fort à contre-sens, que ces pauvres Diables, au front de qui restoit encore quelque pudeur, devinrent tous honteux ; et depuis, en toute la journée, il ne fut pas possible de tirer un méchant mot de leur bouche. Ils crièrent, à la vérité, fort longtemps qu'ils sentoient là des incrédules ; qu'à cause d'eux ils ne vouloient rien faire de miraculeux, de peur de les convertir. Mais la feinte me sembla bien grossière ; car s'il estoit vray, pourquoy les en avertir ? Ils devoient, au contraire, pour nous endurcir en nostre incrédulité, se cacher dans ces corps et ne pas faire des choses qui pussent nous désaveugler. Vous respondez que Dieu les force à cela pour manifester la Foy. Oüy, mais je ne suis point convaincu, ny obligé de croire que ce soit le Diable qui fasse toutes ces singeries, puisqu'un homme les peut faire naturellement : De se contourner le visage vers les espaules, je l'ay veu pratiquer aux Bohémiens. De sauter, qui ne le fait point, hors les paralitiques ? De jurer, il ne s'en rencontre que trop ! De marquer sur la peau certains caractères, ou des eaux ou des pierres colorent ainsi sans prodige nostre chair.

Si les Diables sont forcez, comme vous dites, de faire des miracles afin de nous illuminer, qu'ils en fassent de convaincants ; qu'ils prennent les tours de Nostre-Dame de Paris, où il y a tant d'incrédules, et les portent sans fraction dans la campagne Sainct-Denis danser une sarabande Espagnolle. Alors nous serons convaincus.

J'ay pris garde encore que le Diable, qu'on dit estre si médisant, ne les induit jamais [1] (au milieu de leurs grandes fougues) à médire l'une de l'autre. Au contraire, elles s'entreportent un très grand respect et n'ont garde d'agir autrement, parce que la première offensée descouvriroit le mystère. Pourquoy, mon Révérend Père, n'instruit-on vostre procez en conséquence des crimes dont le Diable vous accuse ? Le Diable (dites-vous) est Père de mensonge. Pourquoy donc, l'autre jour, fistes-vous brûler ce Magicien, qui ne fut accusé que par le Diable ? Car je responds comme vous : « Le Diable est Père de mensonge ». Avoüez, avoüez, mon Révérendissime, que le Diable dit vray ou faux, selon qu'il est utile à vostre malicieuse paternité. Mais, bons Dieux, je vois tressaillir ce Diable quand on luy jette de l'eau béniste ; est-ce donc une chose si saincte, qu'il ne la puisse souffrir sans horreur ? Certes, cela fait que je m'estonne qu'il ait osé s'enfermer dans un corps humain que Dieu a fait à son image, capable de la vision du Très-Haut, reconnu son enfant par la régénération Baptismale, marqué des sainctes huiles, le Temple du Saint-Esprit et le Tabernacle de la saincte Hostie. Comment a-t-il eu l'impudence d'entrer en un lieu qui luy doit estre bien plus vénérable que de l'eau sur laquelle on a simplement récité quelques prières ? Mais nous en aurons bonne issuë, je

(1) Var. de l'éd. de 1661 : n'induit jamais ces personnes démoniaques.

voys le démoniaque qui se tempeste fort à la veuë d'une Croix qu'on luy présente. O ! monsieur l'Exorciste, que vous estes bon ! Ne sçavez-vous pas qu'il n'y a aucun endroit dans la Nature où il n'y ait des Croix, puisque par toute la matière il y a longueur et largeur, et que la Croix n'est autre chose qu'une longueur considérée avec une largeur. Qu'ainsi ne soit, cette Croix que vous tenez n'est pas une Croix, à cause qu'elle est d'ébenne; cette autre n'est pas une Croix à cause qu'elle est d'argent, mais l'une et l'autre sont des Croix, à cause que sur une longueur on a mis une largeur qui la traverse. Si donc cette énergumène a cent mille longueurs et cent mille largeurs qui sont toutes autant de Croix, pourquoy luy en présenter de nouvelles ? Cependant vous voyez cette femme, qui, pour en avoir approché les lèvres par force, contrefait l'interdite. O quelle piperie ! Prenez, prenez une bonne poignée de verges et me la foüetez en amy. Car je vous engage ma parole que si on condamnoit d'estre jettés à l'eau tous les énergumènes que cent coups d'estrivières par jour n'auroient peu guérir, il ne s'en noyeroit point.

Ce n'est pas, comme je vous ay déjà dit, que je doute de la puissance du Créateur sur ses créatures ; mais à moins d'estre convaincu par l'authorité de l'Eglise, à qui nous devons donner aveuglement les mains, je nommeray tous ces grands effets de magie, la gazette des sots ou le « Credo » de ceux qui ont trop de Foy. Je m'aperçoy bien que ma lettre est un peu trop longue, c'est le sujet qui m'a poussé au delà de mon dessein ; mais vous pardonnerez cette importunité à une personne qui fait vœu d'estre jusqu'à la mort, de vous et de vos contes d'esprit, Monsieur, le Serviteur très humble...

A M. DE GERZAN SUR SON *TRIOMPHE DES FEMMES* (1)

Monsieur, Après les éloges que vous donnez aux *femmes*[a], résolument je ne veux plus estre homme. Je m'en vay tout à l'heure porter ma chandelle au Père Bernard[2], afin d'obtenir de ce *piteux*[b] Sainct, ce qu'im-

a) 1654 : dames. — *b*) pitoyable.

(1) Ms., f. 183. — Lettre XIV des *OEuvres diverses, de 1654 :* Sur le triomphe des Dames, p. 97. — *Le Triomphe des Dames. Dédié à son Altesse Royale Mademoiselle, par François du Soucy, Escuyer, sieur de Gerzan. A Paris, et se vend chez l'Autheur au faubourg Saint-Germain, devant la grande porte de l'Eglise de la Charité, proche le nom de Jésus. M. DC. XLVI* (*1646*). In-4 de 16 ff. prél. et 216 pp. chiffr. (N). Le privilège est du 5 février 1646 avec achevé d'imprimer du 8 octobre. Les ff. prél. comprennent le titre, l'épitre dédic. à Mademoiselle (de Montpensier) sig. de Gerzan, avis aux dames (en prose) par d'Astorgy du Broeil, 4 sonnets de Du Pelletier ; 2 sonnets et 1 épigr. de H. de Picou, sonnet de La Chappelle, vers italiens signés Castilia, sonnets de : G. Colletet, François Colletet, H. Sarron, Furetière, Boyer, escuyer, seigneur du Petit Puy, madrigal de Cassandre, épigr. de Du Bail, quatrains de : F. de La Mothe Le Vayer fils, Jacob, avocat au Parlement, stances de Chappuys de La Goutte. — (2) Claude Bernard, dit le Pauvre Prestre, mort le 23 mars 1641 à 52 ans, « avoit été très desbauché ; puis il s'estoit jeté dans la dévotion ; son zèle et son emportement l'avoient canonizé parmi le peuple après sa mort. Il preschoit dans les

pétra l'Empereur Héliogabale du rasoir de ses Empiriques, puisque les miracles qu'exale tous les jours cette précieuse momie sont si nombreux qu'ils regorgent par dessus les murs de la Charité jusque dans vostre Parnasse. Il n'est pas impossible qu'un Bienheureux fasse pour moy, ce que la plume d'un malheureux Poëte a bien fait pour Tirésias ; mais, en tout cas, c'est à faire à me tronçonner d'un coup de serpe le morceau qui me fait porter un caleçon. La sotte chose, en effet, de ne se masquer qu'au Carnaval ! Je ne l'eusse par ma foy pas cru, si vous ne m'eussiez envoyé vostre Livre : O ! que nostre Seigneur sçavoit bien ce que vous *escririez* [a] un jour là-dessus, *quand il refusa d'estre fils d'un homme, et qu'il* [b] voulut naître d'une femme. Sans doute, il connoissoit la dignité de leur sexe *puisque nostre Grand'mère ayant tué le genre humain dans une pomme, il jugea glorieux de mourir pour le caprice d'une femme, et mesprisa cependant de vanger l'injure de sa mort, à cause que c'estoit seulement des hommes qui l'avoient procurée* [1], c'est aussi une marque évidente de l'estime particulière qu'il en a faite de les avoir choisies pour nous porter, ne s'estant pas voulu fier de nostre jeunesse à nous-mesmes ; mais la Nature aussi nous fait connoistre, au partage de ses biens, qu'elle a voulu avantager la cadette, au préjudice de l'aisnée, luy donnant la beauté, dont chaque trait est une Armée qui va quand il lui plaist bouleverser les thrônes, deschirer les diadèmes, et traisner en servitude les orgueilleuses puissances de la Terre. Que si, comme nous, elles ne vaquent pas *au massacre* [c] des hommes ; si elles ont horreur de porter au costé ce qui nous fait détester un Bourreau, c'est à cause qu'il seroit honteux que celles qui nous donnent à la lumière portassent de quoy nous la ravir ; et par ce aussi qu'il est beaucoup plus honneste de suer à la construction qu'à la destruction de son espèce : Donc, en matière de visage, nous sommes de grands gueux : et sur ma foy, de tous les biens de la Terre en général, je les *croy* [d] plus riches que nous, puisque si le poil fait la principale distinction de la brute et du raisonnable, les hommes sont au moins par l'estomach, les jouës et le menton, plus bestes que les femmes : Malgré toutesfois ces muettes mais convaincantes prédications de Dieu et de la Nature, sans vous, Monsieur, ce déplorable sexe alloit tomber sous le nostre ; *sans* vous qui, tout caduc, et prest à choir de cette vie, avez, *en tombant vous-mesme,*

a) 1654 : diriez. — *b*) quand à la confusion de l'homme, il. — *c*) à massacrer. — *d*) voy.

salles et sur l'escalier de la Charité. A son décès, on vendit trois ou quatre guenilles qu'il avoit, au poids de l'or. Il avoit laissé ses souliers à un pauvre homme ; les dames les luy mirent en pièces pour en avoir chacune un morceau, et luy donnèrent de quoy avoir des souliers tout le reste de sa vie. Pour faire le conte bon, on disoit qu'une d'elles avoit acheté son prépuce tout ce qu'on avoit voulu. Quelque temps durant, on disoit qu'il se faisoit des miracles à son tombeau ; enfin cela se dissipa peu à peu » (Tallemant).

(1) Le début de cette lettre, sauf la première phrase, a été remanié dans les éditions qui ont suivi celle de 1654 ; nous donnons ce texte nouveau plus loin ; le doit-on à Cyrano ? c'est probable, Le Bret a dû être un éditeur consciencieux.

relevé cent mille Dames qui n'avoient point d'appuy : Qu'elles se vantent, après cela, de vous avoir donné le jour ; quand elles vous auroient enfanté plus douloureusement que la mère d'Hercule, elles vous devroient encore beaucoup, à vous qui, non content de les avoir enfantées toutes ensemble, les avez fait triompher en naissant. Une *dame* [a], à la vérité, vous a porté neuf mois *petit*, *quelques-unes vous ont porté plus grand*, mais vous les avez toutes portées sur la teste de leurs ennemis. Pendant vingt siècles, elles avoient combatu, elles avoient vaincu pendant vingt autres, et vous, depuis quatre mois seulement, leur avez décerné le « Triomphe ». Oüy, Monsieur, chaque période de vostre Livre est un char de victoire, où elles triomphent plus superbement que les Scipions, ny les Césars n'ont jamais fait dans Rome. Vous avez fait de toute la Terre un pays des Amazones, et vous nous avez réduits à la quenoüille. Enfin l'on peut dire qu'auparavant vous, toutes les femmes n'estoient que des pions que vous avez mis à dame. Nous voyons bien cependant que vous nous trahissez, que vous tournez casaque au genre masculin pour vous ranger de l'autre ! Mais comment vous punir de cette faute ; comment se résoudre à diffamer une personne qui a fait entrer nos mères et nos sœurs dans son party ; et puis on ne sçauroit vous accuser de poltronnerie, vous estant rangé du costé le plus foible, ny vostre plume d'estre intéressée, ayant commencé l'éloge des Dames en un âge où vous estes incapable d'en recevoir des faveurs : Confessez pourtant, après les avoir fait triompher et avoir triomphé de leur triomphe mesme, que leur sexe n'eust jamais vaincu sans le secours du nostre : Ce qui m'estonne, à la vérité, c'est que vous ne leur avez point mis en main pour nous détruire les armes ordinaires : Vous n'avez point cloüé des Estoilles dans leurs yeux, vous n'avez point dressé des montagnes de neige à la place de leur sein ; l'or, l'yvoire, l'azur, le corail, les roses et les lys, n'ont point esté les matériaux de vostre bastiment, ainsi que *de* tous nos Escrivains modernes qui, malgré la diligence que fait le Soleil pour se retirer de bonne heure, ont l'impudence de le dérober en plein jour, et des Estoilles aussi, que je ne plains pas, pour leur apprendre à ne pas tant aller la nuit ; mais ny le feu ny la flamme ne vous ont point donné de froides imaginations : Vous nous avez porté des bottes dont nous ignorons la parade. *Jamais homme n'a jamais monté si haut sur des femmes* [b]. Enfin je rencontre dans ce Livre des choses si divinement conceuës que j'ay de la peine à croire que le Sainct-Esprit fut à Rome quand vous le composastes. Jamais les Dames n'ont sorty de la presse en meilleure posture, ny moy, jamais mieux résolu de ne plus aller au Tombeau du Père Bernard pour voir un miracle, puisque Monsieur de Gerzan loge à la porte de l'Eglise [1]. O ! Dieux, encore une fois,

a) 1654 : femme. — *b*) Cette équivoque ne figure plus dans les éditions posthumes, on la lit seulement dans l'édit. de 1654 et dans le Ms. de la Bibl. nat.

(1) Voir note 1 de la p. 218. Sur le titre du *Triomphe des Dames*, Gerzan donne son adresse.

la belle chose que vos Dames ! Ha ! Monsieur, vous avez tellement obligé le sexe par ce Panégyrique, que pour mériter aujourd'huy l'affection d'une Reyne, il ne faut qu'estre vostre serviteur.

Voici maintenant le texte, dans les éditions posthumes, du début de cette lettre :

...... Je m'en vay tout à l'heure tascher d'obtenir de la dextérité des Chirurgiens ce que l'Empereur Héliogabale impétra du rasoir de ses Empyriques. Si vous vous donnez patience encore huict jours, vous allez voir en moy un miracle tout contraire à celuy qui se passe dans la Fable d'Iphie et Iante. Résolument je vais me faire tronçonner d'un coup de serpe, ce qui m'oblige à porter un caleçon et m'empesche de me masquer en autre temps qu'au Carnaval. Que je porte envie du bonheur de Tirésias, qui, sans souffrir tous les maux où je me prépare, eut l'avantage de changer d'espèce pour avoir frappé sur un Serpent. La Sagesse de Dieu, qui d'ordinaire agit par progrez, et monte par degré des choses les moins nobles aux plus hautes, a bien fait voir la prééminence que les Femmes ont au-dessus des Hommes, quand elle n'a pas voulu faire Eve qu'elle n'eust fait Adam auparavant. Aussi est-ce une marque évidente de l'estime que la Nature a toûjours faite des Femmes, de dire qu'elle les a choisies pour nous porter.....

SUR LA GUÉRISON D'UNE MALADIE MORTELLE (1)

Monsieur. Je vous croyois pour le moins à la ville, dont vous n'estiez encore qu'aux fauxbourgs ; j'admire, en vérité, comme vous estes ponctuel, n'y ayant pour le voyage de l'Autre Monde qu'une ajambée à faire de *vostre lit à vostre Eglise* [a]. Vous aviez tourné bride, lorsque déjà la sentinelle s'aprestoit à crier : « Qui va là ? » Ma foy, vous avez fait en habile homme ; le giste n'est pas bon ; l'hoste n'y change point de draps ; le lit ne remuë jamais que par un tremblement de terre ; la chambre est froide et caterreuse ; les caresmes ne s'y rompent point ; et quoy qu'à la flamande on soit dans la bière jusques par dessus les yeux, on n'y boit que de l'eau béniste. Au reste, vous n'y eussiez pas trouvé une seule personne raison-

a) 1654 : vostre chambre à la chappelle ou dorment vos ancestres.

(1) Ms., f. 141. — Dans les *Œuvres diverses, 1654 :* Lettre XVI. Sur un recouvrement de santé, p. 106. — Cyrano a remanié cette lettre, surtout au commencement ; les variantes, insignifiantes, ne valent pas la peine d'être relevées. Voici les premières lignes qui ne sont pas dans le Ms. : « Vous me permettrez bien de railler maintenant avec vostre fièvre, puisqu'elle vous a tourné les talons ; par ma foy je m'estonne qu'elle ait osé jetter le gand à un hardy Chevalier comme vous ; aussi quelque bravoure dont elle ait triomphé entrant dans la carrière, j'ay préveu la honte de sa défaite ; cependant tout le monde vous croyoit party pour les Champs-Elisées ; et desjà quelques-uns, qui ne sont pas les plus chers de vos amis, vous publioient arrivé dans l'affreuse Cité, dont vous n'estiez pas encore aux Faux-bourgs... »

nable, *Caron*[a] n'y reçoit les hommes que quand ils n'ont plus d'esprit ; pour les femmes, encore qu'elles ayent là une bonne qualité qu'elles n'ont pas icy, qui est de ne dire mot, elles y sont si laides en récompense que la plus belle est camuse. Ne vous repentez donc point d'avoir usé si à propos du privilége de Normandie, les ombres ne sont belles que dessous les arbres *ou quand les corps sont tout contre ;* et je vous proteste qu'en l'espace d'un quart d'heure, vous alliez faire un voyage si esloigné que vous n'eussiez pas esté de retour avant la Résurrection, et moy-mesme, en ce pays, je n'aurois pas trouvé un homme qui eust voulu se charger de vous aller dire en personne que je suis, Monsieur, vostre serviteur....

SUR LE FAUX BRUIT QUI COURUT DE LA MORT DE MONSIEUR LE PRINCE (1)

Monsieur. Et puis, tous les Royaumes ont des intelligences qui les gouvernent ? Non, non, le Hasard jouë nos entreprises, le Sort entraisne aveuglement tout ce qui vit sous les Estoilles ; et les Monarques qui comptent leurs Esclaves en comptant leurs Sujets, sont eux-mesmes les plus gourmandez Esclaves de la Fortune. Donc, ce *Prince*[b] de qui les victoires ont marché plus viste que les desseins, qui, en un mesme jour, a fait croistre des Lys sur le Rhin et sur le Danube ; qui, dans les combats, tenoit à sa solde la Parque des Allemans, et qui, sentant pendue à son espée la liberté du Genre Humain, en a pu dédaigner la conqueste, auroit esté la victime d'un grain de plomb eschappé des mains d'un Soldat si timide que l'amorce peut-estre l'a fait tressaillir en le tirant ! Donc, tant d'Astres qui se nourrissent de feu pour venger les Bourbons n'auroient pas fait de ce jour-là celuy de la fin du Monde ? Non, Monsieur, dis-je encore un coup, la Nature agonisante nous l'eust fait ou voir ou sentir : c'est un Soleil qui ne peut éclipser qu'aux yeux de toute la Terre ; car qu'il ait receu (comme récitent les envieux du nom françois) une playe entre les deux aines, je ne puis croire que les Parques, qui sont filles vierges, aient osé prendre un jeune Homme aux parties honteuses. Mais j'ay tort de l'appeller Homme ; c'est nostre Alcide, comme aux Grecs le fameux Hercule. N'a-t-il pas dompté les Monstres aussi bien que cet antique demy-Dieu ? Encore l'année passée, il défit un Aigle à deux testes, et l'Univers entier, surpris extraordinairement de la témérité prudente d'un si vieil Enfant, se plaignoit déjà que la Nature manquoit de promesse aux Nations, permettant qu'on vît le Soleil se lever en Occident. Ainsi nous pouvons protester sans mensonge qu'il n'est plus Homme depuis un jour ; il est Dieu depuis vingt-quatre heures, quoy que ce soit une pauvre consolation de dire qu'il soit

a) 1654 : car on. — *b*) 1662 : grand Guerrier.

(1) Ms., f. 134. — Dans les *Nouvelles Œuvres, 1662*, p. 1 : Sur le faux bruit qui courut sur la mort d'un grand Guerrier. Il s'agit du grand Condé. P. Lacroix a cru, à tort, qu'elle avait trait au maréchal de Turenne, parce qu'il a daté cette lettre de 1654, alors qu'elle est de 1648.

allé prendre place auprès d'Hercule, d'Achille ou de César. Hélas ! nous avons plus besoin de Héros que de Dieux ; les Dieux ne s'estudient qu'à persécuter la conscience de nos Héros, et nos Héros à sauver les Dieux de la moquerie des Sçavans. Admirez un peu, cependant, la malicieuse injustice du Ciel ! Ce Phénix des Batailles estoit allé foüetter le Lyon d'Ibére, pour avoir autrefois trépigné sur nos Fleurs [1], à la teste de quatre mille Gentilshommes ; faire, en dépit des hyperboles Castillanes, confesser à toute l'Europe qu'il vaut mieux mener des Lyons armez que de porter des armes Lyonnées [2]. Lors que le Démon d'Espagne, au garant des prémices qu'il nous donne que si cet autre Démon continuoit, il feroit vomir au Roy de Castille tout ce qu'il avoit mal avalé chez nous, il l'alloit bientost réduire à se faire Moine ou Gentilhomme Verrier : il vint se mesler furieusement, comme les Sorciers font à la foudre, à la balle homicide qui le frappa. C'est en vain, petit Démon, que tu prétens échapper à la domination du grand Pan [3] ; il est d'un étage où ta teste fait son marchepied, et d'une Race qui tant de fois a fait rougir sur nos frontières les bazanez Rodomons que le sang, à force de leur monter souvent au visage, leur a tout à fait noirci le teint. Déjà par le bras du Fils et la Teste du Père, le Portugal est eschoué, le Roussillon englouty, la Catalogne arachée, la Navarre recousse, la Galice mâchonnée, l'Arragon égratigné, les Indes disparuës, la Flandre à l'agonie. Enfin, la gangrène des armes françoises a tant rongé leur Ecusson qu'il ne leur restera bientost que l'Ecu, j'entens la Castille seule, si ce n'est que *mon Prince* [a] leur laisse encore la Grenade pour subvenir aux maux de cœur [4] que leur doit vray-semblablement engendrer une si longue maladie. Pardonnez-moy, Monsieur, si je me suis si fort esloigné des légitimes mesures d'une Lettre ; je loüois *mon Prince* [b], on a de la peine à se lever quand on est couché dessus des fleurs, et d'ailleurs je pleurois sa mort. Il est mal aisé *de cesser* de se plaindre, quand on a tout perdu. En vérité, ce désastre a si bien désordonné l'harmonie de mon tempérament que je meurs aujourd'huy de ce qui me faisoit vivre hyer. Je vais tomber malade si l'on ne me donne du poison. Oüy, Monsieur, si vous ne m'envoyez tout à l'heure asseurer que le voyage de *mon Duc* [c] en l'Autre Monde est aussy faux que celuy de Mahomet en Paradis, je m'en vais prophaner un Temple, trahir mon Amy, violer ma Sœur, étrangler mon Père et mesme, ce qui ne tombera jamais en aucune pensée, je m'en vais n'estre plus, Monsieur, vostre affectionné serviteur.

a) 1662 : ce généreux Capitaine. — *b*) cet Invincible. — *c*) ce vaillant Homme.

(1) Les lys de France. — (2) Dans les armes d'Espagne figurent des lions d'Aragon avec des taureaux de Castille. — (3) On qualifiait ainsi tout personnage dont on voulait constater l'autorité politique. On lit dans une *Lettre à un ami* publiée en 1660 (*Recueil de pièces en prose*) : « C'estoit la mode alors en France pour ceux qui estoient le plus du monde, d'avoir tousjours leurs poches pleines de libelles et de vaudevilles, spécialement depuis qu'on avoit crié sans feinte : *Le grand Pan est mort !* ». — (4) L'odeur des pommes de grenade était employée alors comme un excellent cordial contre les défaillances et les nausées. (P. L.).

LETTRE D'AMOUR (1)

Bien loin d'avoir perdu le cœur en vous voyant, comme preschent les Passionnez du Siècle, je me trouve depuis ce jour-là beaucoup plus honneste homme, mais comment aussi l'aurois-je perdu ? Que, comme s'il eust appréhendé de n'estre pas assez d'un pour tous vos coups, je le sentis palpiter à cet abord en toutes mes artères, et *c'estoit ce petit jaloux qui se reproduisoit indivisiblement en chaque atome de ma chair, afin qu'occupant tout seul mon corps tout entier, rien que luy ne participât à l'honneur d'estre blessé de vous. Je ne diray point non plus comme le vulgaire : de mesme que si vous estiez un basilic, que ce furent vos yeux qui me firent mourir ; comme toutes vos armes ne sortirent pas de vostre veuë, toutes vos armes n'entrèrent pas par la mienne. Quand vostre bouche me charmoit, c'estoit mon oreille qui m'en apportoit le poison ; quand j'estois excité par l'aimable douceur de vostre peau bien unie, c'estoit sur la déposition de mes mains que je me condamnois au feu ; vostre beauté mesme ne faisoit point grand effort contre moy, parce que vostre visage, qui fut jadis son throsne, estoit alors son cymetière, et tant de petits trous qu'on y discerne me sembloient estre les fosses où la vérole avoit mis vos attraits en sépulture* [a]. Cependant la franchise pour qui Rome autrefois a risqué l'Empire du monde, cette divine liberté, vous me l'avez ravie, et rien de ce qui chez l'âme se glisse par les sens n'en a fait la conqueste. Vostre esprit seul méritoit cette gloire ; sa vivâcité, sa douceur, son courage valoient bien que je me donnasse à de si beaux fers. Je ne croy pas pourtant que vous soyez un Ange, car vous estes palpable ; je n'ay garde aussi de penser que vous soyez comme moy, puisque vous estes insensible ; cela me fait imaginer que vous estes quelque chose au milieu du raisonnable et de l'intelligible ; j'aurois dit mesme que vous tenez de la nature humaine et divine, si de tous les attributs qui sont nécessaires à la perfection du premier estre, et qui vous sont essentiels, celuy de miséricordieuse, ne vous manquoit. Oüy ! Si l'on peut imaginer en une Divinité quelque défaut, je vous accuse de celuy-là ; ce jour mesme que vous me blessâtes, vous me promistes l'appareil dans trois autres ; outre que c'eust été donner remède trop tard à un mal qui gagne le cœur, encore n'y vinstes-vous pas ; mais vous fistes bien, car on doit se tenir caché quand on a tué un homme. Sortez toutefois sans rien craindre, sortez, c'est une loi pour le vulgaire qui ne vous regarde point. Il seroit fort nouveau qu'on recherchât un Tyran [2] de la mort de son Esclave [3] ; vous vous estonnez possible que moy-mesme j'es-

a) Tout ce passage en italique a été supprimé dans l'éd. orig. de 1654.

(1) Ms. f. 118. *Œuvres diverses, 1654*. Lettres amoureuses IV, p. 278 ; *Nouvelles OEuvres*, 1662, p. 26. Cette lettre a été complètement remaniée par Cyrano dans les *Œuvres diverses* ; les suppressions y sont plus importantes que les additions. Nous avons négligé les variantes trop importantes et qui ne sont que de style. Le texte du Ms. est celui de 1662. — (2) 1654 : les Souverains. — (3) leurs esclaves.

crime. Je le fais pourtant sans miracle ; mais aussi l'homme a deux trespas à souffrir sur la terre, celuy d'Amour et celuy de Nature. Je puis donc croire que quand je commençay de vous aymer, je commençay de mourir, puisque la mort est définie la séparation de l'esprit et du corps, et que je perdis l'esprit au moment que je vous aymay ; mais quand avec la peine d'amour j'auray encore subi celle où la condition d'Animal nous astreint (quoy que je ne sente plus les douleurs de la première), je ne laisseray pas de m'en souvenir éternellement là-bas, et si on diffère des qualitez en l'Autre monde comme en celuy-cy, vous serez tousjours ma souveraine et moy (fut-ce entre les flammes qui dévoreront ma substance), je seray tousjours vostre Serviteur très ardent.

EFFETS AMOUREUX D'UNE ABSENCE (1)

Madame, Suis-je condamné à pleurer encore longtemps pour vostre absence, mes yeux ne sont plus que deux alambics par où distillent mon humide et ma vie. En vérité, je soupçonnerois (si ma mort vous estoit utile) que vous taschez d'oster toute l'eau de chez moy, de peur que je n'eschappe au feu. Cependant vostre entreprise n'auroit pas de succès : plus je mouille mon sein, plus il brusle, *et sans doute que ce Dieu qui composa d'argile le corps du premier homme a taillé le mien*[a] d'une pierre de chaux, puisque je m'allume dans l'eau. Je n'oserois plus marcher dans les ruës, embrasé comme je suis, que les enfans ne m'environnent de fusées parce que je leur semble une figure d'artifice échapée de la Grève ; ny à la campagne, qu'on ne me prenne pour un de ses Ardens qui traisnent les gens à la rivière, et si vous ne revenez bientost, on vous répondra quelque jour, quand vous demanderez à me voir, que je suis la beste à feu qu'on montre aux Thuilleries ; alors vous aurez la bonté d'avoir un amant Salemandre, et le regret de voir brusler dès ce Monde, vostre Serviteur, De B...

SUR DES BRACELETS DE CHEVEUX (2)

Mademoiselle. J'ay reçu vos *brasselets marqués de vos chiffres, ne craignez donc plus*[b] qu'un prisonnier arresté par les bras et par le cœur vous eschappe. Je vous confesseray cependant (*si vous ne me sembliez trop belle pour estre sorcière*) que vostre don m'eust esté suspect, à cause qu'il entre *quasi*[c] tousjours des cheveux et des caractères dans la composition

a) 1654 : Il faut bien dire que mon père ne forma pas mon corps du mesme argile dont celuy du premier homme fut composé, mais qu'il le tailla sans doute. — *b)* magnifiques bracelets qui m'ont semblé tous glorieux de porter vos chiffres ; ne craignez plus après cela. — *c)* presque.

(1) Ms. f. 149 v. — *Œuvres diverses, 1654*. Lettres amoureuses, V, p. 282. Cette lettre, au point de vue du style, a été complètement refaite par Cyrano ; nous n'en indiquons pas les variantes, sauf celle du passage libertin. — (2) Ms. f. 171 v. *Œuvres diverses, 1654* : Lettres amoureuses, VI, p. 285.

des charmes. Mais comme vous *estes en possession de massacrer impunément, le venin vous est inutile, et quoy que je vous puisse convaincre avec ces brasselets d'avoir usé sur moy sinon de sortilège, au moins de ligature*[a], j'aurois tort de me dérober aux secrets de vostre magie, *puisqu'ayant à choir sous vos coups, mon trespas sera plus glorieux s'il*[b] arrive par des moyens surnaturels et s'il faut un miracle pour *me tuer*[c]. Je m'imagine, Mademoiselle, que vous prenez tout ceci pour une *matamorade*[d]. Hé ! bien ! parlons sérieusement, dites-moy donc en conscience, n'est-ce pas *avoir*[e], un cœur à bon marché qui ne vous couste que *trois*[f] coups de brosse. [Par] ma foy, si vous en trouvez plusieurs à ce prix-là, je vous conseille de les prendre, *vous risquez peu de chose et pouvez gagner beaucoup,* car il revient tousjours [plus facilement] des cheveux à la teste et non des cœurs à la poitrine ; *peut-estre que, mesurant mon mérite à la hardiesse d'eslever mes désirs jusqu'à vous, vous m'offrez vostre chevelure pour me traiter en Dieu. Mais peut-estre aussi (petite moqueuse) que me voulant donner à connoistre (comme vous estiez vivement touchée de mon amour), vous m'avez envoié de vostre personne la partie la plus insensible. Quelques malicieuses cependant que soient vos intentions du bien ou du mal que vous me faites*[g], je confonds tellement *la simpathie avec l'antipathie*[h], que les mains qui *me frappent*[i], ou qui me caressent, me paroissent également souhaitables lors qu'elles sont *à vous*[j]. Cette lettre est une preuve *assez convaincante*, puisqu'elle ne tend qu'à vous remercier de m'avoir tiré par les cheveux, de m'avoir lié les bras, et par toutes ces violences m'avoir fait, Mademoiselle, vostre esclave.

LETTRE D'AMOUR A MADEMOISELLE DE SAINT-DENIS (1)

Madame. Je ne me plains pas tant du mal que vous avez pris la peine de me faire, que de celuy qu'on m'a fait de vostre part. En me quittant, vous laissâtes chez moy une insolente qui, sous ombre qu'elle se dit vostre idée, se vante d'avoir sur moy puissance de vie et de mort ; encore elle enchérit tyranniquement sur vostre empire, car au lieu que vous ne me blessiez jamais, si ce n'estoit par mégarde, et que j'obtenois de vostre

a) 1654 : vous avez tant d'autres moyens plus nobles pour causer la mort, je n'ay garde de vous soupçonner de sortilège, et puis. — *b*) ne m'estant pas possible de me soustraire mon horoscope, qui s'est accordée avec la vostre, de ma triste aventure. Adjoûtez à cette considération qu'elle sera beaucoup plus recommandable si elle. — *c*) la causer. — *d*) raillerie. — *e*) acquérir. — *f*) cinq ou six. — *g*) Mais n'auriez-vous point choisi par malice des cheveux à me faire présent, pour m'expliquer en hyéroglife l'insensibilité de vostre cœur ? Non, je vous tiens plus généreuse, mais quelque mal intentionnée que vous soyez. — *h*) dans ma joye, toutes les choses qui me viennent de vostre part. — *i*) m'outragent. — *j*) les vostres.

(1) Ms. f. 113 v. — Dans l'édition originale de 1654 : Lettres amoureuses, Lettre VII, p. 288. Cette lettre n'a pas de titre, elle a été si complètement refaite, au point de vue du style, par Cyrano qu'il est impossible d'indiquer les variantes ; aussi la reproduisons-nous à la suite de celle-ci. Il va de soi que le passage libertin imprimé en italique a été supprimé par Cyrano.

pitié l'appareil aussitost que la playe estoit faite, l'inhumaine prend plaisir à deschirer les blessures que vous m'aviez fermées et à m'en creuser de nouvelles qu'elle sçait bien ne pouvoir guérir. Peut-estre vous absentez-vous de moy pendant mon supplice, comme le Roy s'esloigne des lieux où l'on exécute les Criminels, afin de n'estre point importuné de leur grâce ! Hélas, à quoy tant de précaution ! Vous connoissez trop bien la force de vos coups pour appréhender que je reschappe. La médecine, qui parle de toutes les maladies, n'a rien écrit de la mienne, à cause qu'elle en traite comme les pouvant guérir, et l'amour est un mal incurable. Quelqu'un moins proche de la mort appuiroit son discours d'hyperboles ; il vous diroit que vous avez pris son cœur, et que le cœur estant la cause de la vie, il ne peut vivre ; à tort et sans cause, un autre protesteroit qu'il se seroit déjà sacrifié pour vous, mais qu'il pensa que c'eust esté rendre l'augure de vos victoires trop funeste, s'il vous eût immolé une victime où l'on n'eût point trouvé de cœur ; un autre encore auroit exagéré sa passion d'autre sorte, mais moy qui suis prest de partir pour l'examen, je dois penser à rendre plutost qu'à faire des comptes. *Recevez donc cet acte de foy que je fais à l'agonie : premièrement, je ne suis point athée, puisque je vous adore. Je crus fermement que Dieu s'estoit incarné aussi-tost qu'on me dit que vous estiez née d'une femme ; les prières, les vœux et les respects que je rends à Saint-Denis tesmoignent assez la vénération que je porte aux Saints ; l'espérance de vostre possession n'a jamais enflé ma nature que je ne me sois trouvé convaincu de la résurrection de la chair. Enfin, pour m'assurer de la Vie Eternelle, j'ordonne à mes héritiers de placer mes os dans l'Eglise de ma Paroisse, non pas au Cymetière, parce que hors de l'Eglise il n'y a point de salut. Mourant ainsi, je ne puis faire une mauvaise fin* quand mesme je ferois tomber icy mal à propos que je suis, Monsieur, vostre Serviteur.

Voici le texte de l'imprimé de 1654 ; nous avons mis en italique les membres de phrase qui se lisent déjà dans le Ms. de la Bibl. Nat. :

Madame,

Je ne me plains pas seulement du mal que vos beaux yeux ont eu la bonté *de me faire ;* je me plains encore d'un plus cruel que leur absence me fait souffrir. *Vous laissastes* en mon cœur, lors que je pris congé de vous, *une insolente qui, sous* prétexte *qu'elle se dit vostre idée, se vante d'avoir sur moy puissance de vie et de mort ; encore elle enchérit tyranniquement sur vostre empire*, et passe à cet excez d'inhumanité de *deschirer* les playes *que vous aviez fermées* et d'*en creuser de nouvelles* dans les vieilles *qu'elle sçait ne pouvoir guérir.* Mandez-moy, je vous prie, quand cet Astre, qui semble n'avoir esclipsé que pour moy, reviendra dissiper les nuages de mes inquiétudes ? N'est-ce pas assez donner d'exercice à cette constance, à qui vous promettiez le triomphe ? Ne m'aviez-vous pas juré, en partant pour vostre voyage, que toutes mes fautes estoient effacées, que vous les oubliez pour jamais, et que jamais vous ne m'oublierez ? O ! belles espérances qui se sont évanouïes avec l'air qui les a formées, à peine eustes-vous achevé ces paroles trompeuses, répandu quelques larmes perfides et poussé des soûpirs artificieux dont vostre bouche et vos yeux démentoient vostre cœur, que fortifiant en vostre âme un reste de cruauté cachée, vous redoublastes vos caresses afin d'éterniser en ma mémoire le cruel souvenir de vos faveurs que j'avois perduës. Mais vous fistes encore davantage, vous vous esloignastes des lieux où ma veuë auroit peut-estre esté capable de vous toucher de pitié, et vous vous absentastes de moy, pendant mon supplice, *comme le Roy s'esloigne* de la place *où l'on exécute les criminels,* de peur *d'estre importuné de leur grâce.* Mais à quoy bon, Madame, tant de précautions ? Vous connoissez trop bien la puissance de vos coups pour en appréhender la guérison. *La médecine, qui parle de toutes les maladies, n'a rien escrit* de celle qui me tue, à cause *qu'elle en* parle *comme les pouvant* traiter ; mais celle qu'a produit en moy vostre amour est une maladie *incurable ;* car le moyen de vivre, quand on a donné *son cœur* qui est *cause de la vie ?* Rendez-le moy donc, ou me donnez le vostre à la place du mien ; autrement, dans la résolution où je suis de terminer par une mort sanglante ma pitoyable destinée, vous allez attacher aux conquestes que méditent vos yeux un *trop funeste* augure, si la victime que je vous dois immoler se rencontre sans cœur. Je vous conjure donc encore une fois, puisque pour vivre vous n'avez pas besoin de deux cœurs, de m'envoyer le vostre, afin que vous sacrifiant une Hostie entière, elle vous rende et l'Amour et la Fortune propices et m'empesche de faire une mauvaise fin, quand mesme *je ferois tomber* au bas de ma Lettre *mal à propos, que je suis* et seray, jusques dans l'Autre Monde, Madame, vostre fidelle esclave.

REGRET D'UN ESLOIGNEMENT (1)

Madame. Dois-je pleurer, dois-je escrire, dois-je mourir ? Il vaut mieux que j'escrive, mon cornet me prestera plus d'encre que mes yeux ne me fourniront de larmes, et quand je penserois guérir de la tristesse de vostre absence par ma mort, ce ne seroit pas me rapprocher de vous puisque Paris est plus près de Saumur, que Saumur des Champs-Elysées. Mais que vous escriray-je, bons Dieux ? Rien, sinon que j'espère bien tost faire voyage pour le Poitou, ou pour l'Enfer, que je vous prie de consoler mes Amis de la perte qu'ils font à cause de vous, et que si vous souhaitez me mander quelque chose, vous adressiez vos lettres au Cymetière de Saint-Jacques ; c'est là que vostre Messager aura de mes nouvelles. Le Fossoyeur ou mon Epitaphe luy apprendront mon logis et luy feront lire

(1) Ms. f. 147. — Publiée pour la première fois dans les *Nouvelles Œuvres*, 1662, p. 23.

que ne sachant où vous rencontrer dans ce Monde, je suis party pour l'Autre, estant bien asseuré que vous y viendrez. Ce ne vous sera pas peu de consolation quand vous trouverez pour vous garantir des insolences du Diable, ce Diable, Madame, vostre serviteur, De Bergerac.

REPROCHE A UNE CRUELLE (1)

Mademoiselle. Je vous écris avec du sang barbare, afin que vous baigniez vos yeux dedans la source de ma vie ; que ne pouvez-vous le boire en le regardant, j'aurois plus obtenu de vostre cruauté en une heure que je n'ay fait en dix ans de vostre affection, puisque par elle je verrois unir mon âme à la vostre. Figurez-vous donc non seulement mes idées peintes avec mon sang, mais mon sang, comme il fumoit dans mes veines, encore imprégné des idées qu'il a receues de la douleur. Oüy, je sentois en vous escrivant mon cœur distiller par ma plume, car au défaut des larmes que mes infortunes ont épuisées, je n'ay trouvé chez moy que cet esclave qui vous pût entretenir. Le Soleil, plus bilieux que vous, est pourtant plus pitoyable ; il ne consume aucune chose tant qu'il y treuve une larme, mais vous estes sans doute un Soleil hétéroclite, et ce qui me le fait croire, c'est que celuy de là-haut ne loge qu'un mois dans une maison, et vostre hoste se plaint qu'il y en a trois que vous estes au gemini[2] ; c'est peut-estre la raison qui m'a si longtemps empesché de vous voir, ou bien, pour passer des superstitions de jadis à celles d'à présent, et m'accommoder aux bruits qui courent de vostre conversion, je ne puis maintenant vous voir, à cause que les Saints sont cachez en Caresme. Ma foy ! pourtant, faites arriver Pasques avant la Semaine Sainte, ou bien je suis, Mademoiselle, vostre Serviteur.

A MONSEIGNEUR LE CHANCELIER SEGUIER, SUR LES HOMMES ILLUSTRES DE LA GALLERIE DU PALAIS CARDINAL, GRAVÉS PAR M. HEINCE (3)

Nous avions écarté, étant donné son insignifiance, la lettre ou plutôt l'Epître dédicatoire inédite de Cyrano (du Ms. de la Bibl. Nat.) au chancelier Seguier sur *Les Hommes illustres de la Gallerie du Palais Cardinal ;* mais la découverte que nous avons faite à la Bibliothéque Sainte-Geneviève, dans le Ms. 2459, d'une série de pièces laudatives (4) relatives à cet ouvrage de Zacharie Heince et François Bignon, a modifié notre manière de voir. Nous étions en présence d'un inci-

(1) Ms., f. 206. — *Nouvelles Œuvres, 1662,* p. 44. — (2) Au signe des Gémeaux, c'est-à-dire probablement : que vous me donnez un *alter ego,* un rival. (P. L.) — (3) Ms. de la Bibl. Nat., p. 177, inédite. — (4) En dehors du sixain de Cyrano et du huitain de Le Bret, on y lit deux sonnets (l'un n'a que les deux premiers quatrains et l'autre est signé N. Loudin, prieur commendataire), ainsi qu'un quatrain anonyme.

dent ignoré de la vie de Cyrano et qui aurait dû être mentionné dans sa biographie à la date de 1650.

Cette épître, adressée à Seguier, et le madrigal, également de Cyrano :

A M. Bignon, sur les Hommes illustres qu'il a gravés.

Les enfans immortels du cuivre et du burin,
Ces hommes que la paix engendre dans la guerre,
(Si j'ose ainsi parler sans respect du tonnerre),
Verront périr le genre humain !
Car Dieu fit des hommes de terre,
Et tu fais des hommes d'airain !

ainsi que le huitain de son ami Henri Le Bret à Heince et à Bignon :

Aux mesmes autheurs sur leurs portraits des Héros françois.

Cette Déesse dont la voix,
Plus raisonnante qu'un tonnerre,
Rendit de nos françois
Le nom si fameux sur la terre,
L'auroit laissé périr dessous,
Si, publiant tant de merveilles,
Elle avoit frappé les oreilles
D'échos moins excellens que vous.

qui devaient figurer en tête du grand in-folio ayant pour titre : *Les Portraits des Hommes illustres françois qui sont peints dans la Gallerie du palais cardinal de Richelieu avec leurs principales actions , armes, devises et éloges latins, desseignez et gravez par les Sieurs Heince et Bignon, Peintres et Graveurs ordinaires du Roy. Dediez à Monseigneur Seguier, chancelier de France, comte de Gyen, etc., ensemble les abrégez historiques de leurs vies, composez par M. de Vulson, sieur de La Colombière, gentilhomme ordinaire de la Chambre du Roy, etc. Paris, Henry Sara, Jean Paslé, Charles de Sercy, et chez les Autheurs, rue S. Honoré, au Singe d'Or, proche le Palais Cardinal, M.DC.L (1650), avec privilège*, nous prouvent que Cyrano a tenté une démarche près de Seguier dans le but d'obtenir sa protection. Rappelons qu'à cette époque il avait déjà sensiblement écorné l'héritage paternel et qu'il se trouvait dans la nécessité de chercher un Mécène. Malheureusement pour lui, il a échoué, et le ton, tant soit peu ridicule, de son panégyrique du Chancelier n'y a peut-être pas été étranger, à moins que sa réputation de libertin et de joueur n'ait été le motif déterminant du refus de Seguier. Ce n'est que trois années plus tard qu'il réussit à se faire agréer du duc d'Arpajon, au lendemain de sa volte-face en faveur du cardinal Mazarin.

Voici l'épître dédicatoire (1) en question :

Monseigneur,

Quoy que cette Dédicace nous soit glorieuse, puisqu'elle vous fait marcher à la teste des Hommes Illustres et vous choisit pour estre l'arbitre des éloges qu'on doit à leur vertu, nostre dessein n'est pas, toutefois, de vous les égaler en vous les comparant. Nous sçavons trop que leurs vertus sont des ruisseaux qui coulent depuis quatre siècles et s'assemblent en vous pour former une mer que la Nature en les produisant s'essaioit, et quoy qu'on la fasse toute puissante, qu'elle a sué à l'accouchement de vostre grandeur. Mais nous voulons, en vous mettant au frontispice de nostre Panthéon, que vous ayez à vostre suite des personnes qui ont laissé derrière eux les plus augustes Princes de la Terre. Cette troupe de Héros françois que nous vous présentons est ravie qu'estant le Chef de la Justice de ce Royaume, vous l'ordonniez de ce qu'ils méritent. C'est pourquoy, Monseigneur, je vous conjure, puisque vous n'estes pas dans le Temple, de choisir à la porte ceux qui seront dignes d'entrer. Nos Illustres ne pouvoient vous offrir d'employ plus honorable, y ayant des Monarques parmy eux, que de vous établir le Juge des Roys. Voilà tout ce que peuvent des tableaux ; voilà tout ce que nous pouvons aussi après les acclamations générales de l'Europe ; mais encore que ce soit peu pour l'Illustre Seguier, ce sera beaucoup pour nous, car s'il est vray que cette galerie conserve le souvenir des grands hommes, nous aurons l'honneur de vous avoir gravé au Temple de Mémoire et de vous avoir traité à la façon des Demi-Dieux, à qui l'on dédioit des Images. Mais parce que vostre nom méritoit une immortalité plus solide, afin que vous fussiez en Bronze, nous vous avons buriné et nous avons mis, selon la coutume, aux pieds de vostre statuë, Monseigneur, vostre très humble....

---

(1) M. P. Brun a apprécié sévèrement la lettre de Cyrano à Seguier : « Cette lettre, affectant le ton du dithyrambe, m'a paru fort plate et ressemble assez à une *dédicace* de l'époque. »

LES MAZARINADES DE CYRANO DE BERGERAC

Sur les huit mazarinades que l'on doit à Cyrano, deux sont des pièces laudatives sans intérêt, cinq sont contre le Cardinal et une en sa faveur ; ces dernières méritent d'être réimprimées en entier si on veut juger notre libertin en tant que pamphlétaire. On verra avec quelle souplesse il sait s'adapter aux circonstances. Il remise ses flèches contre la Bible pour invoquer, au contraire, ce livre saint toutes les fois qu'il favorise sa polémique. Cyrano flatte le peuple, se plaît à parler en son nom et fait sa cour aux Princes en rééditant toutes les médisances et toutes les calomnies auxquelles Mazarin est en butte. Plus tard, il retournera sa veste avec la même désinvolture.

On s'étonnera peut-être que nous ne cherchions pas à démontrer ici que Cyrano est bien l'auteur des cinq mazarinades ci-après contre le Cardinal. P. Lacroix ne lui en a attribué qu'une : *Le Ministre d'Etat flambé*, et Pierre Brun lui a dénié toute participation à ces pamphlets outrageants. Nous disons plus loin (en tête de la *Lettre contre les Frondeurs*) un mot des arguments de P. Brun. Hypnotisé par son héros, il s'est refusé à croire qu'il a été frondeur avant d'être mazarin. Aucune raison n'est opérante contre un état d'esprit dicté par le sentiment, mais si l'érudit professeur avait consenti à lire les mazarinades signées D. B. (de Bergerac), il y aurait reconnu la plume, *la bonne plume de Cyrano* ; et s'il avait été au courant de ses incessants embarras d'argent — le jeu devant tarir sa bourse au fur et à mesure qu'elle s'emplissait — il ne se serait pas étonné de le voir descendre dans l'arène politique et se joindre aux premiers pamphlétaires vilipendant le Cardinal, d'autant que chaque mazarinade — et ceci pour le plus grand nombre de ces libelles — représentait quelques écus, ou davantage, suivant la qualité de leur auteur, versés par les chefs du parti des Princes ou, dans le camp opposé, par la caisse Royale. L'intérêt et la conviction marchaient ainsi de pair. Le caractère de Cyrano et son esprit satirique, libertin, frondeur, étaient incompatibles avec une neutralité complète pendant la période qui s'étend de 1648 à 1651. Les mazarinades portant ses initiales se placent toutes dans les premiers mois de 1649 et il faut passer à la seconde moitié de l'année 1651 pour rencontrer la *Lettre contre les Frondeurs*, qui accuse, nous le répétons, une volte-face complète. Si nous n'avons pas de ces libelles signés D. B. entre mai 1648 et juin 1651, cela tient uniquement à ce que notre libertin a été déçu du côté des Princes ; il les a boudés pour ainsi dire. Rallié trop tard à Mazarin, il s'est heurté, probablement, sinon à la même indifférence, tout au moins à une économie mal entendue, le Cardinal desserrant assez difficilement les cordons de sa bourse.

Le pauvre Cyrano, né sous une mauvaise étoile, a eu raison d'espérer en la postérité ; elle l'a récompensé des déboires qu'il a éprouvés pendant sa vie mais dont il a été, en grande partie, responsable.

LES MAZARINADES

DE

CYRANO DE BERGERAC

(1649 et 1651)

I. Le Ministre d'Etat flambé (en vers).

II. Le Gazettier des-interressé (en prose).

III. La Sybille moderne ou l'Oracle du temps (id.).

VI. Le Conseiller fidèle (id.).

V. Remonstrance des Trois Estats à la Reyne Régente pour la paix (id.).

A) Remonstrance du Clergé à la Reyne Régente

B) — de la Noblesse à la Reine Régente pour la paix.

C) — du Peuple à la Reyne Régente pour la paix.

VI. Lettre contre les Frondeurs (id.).

LE MINISTRE D'ÉTAT FLAMBE[1]

Burlesque.

Il faut bien qu'un chien de Lutin
Me mette la puce en l'oreille,
De prosner dessus le Destin
D'un Homme qui fait le mutin,
Qui se saoule d'une bouteille,
Qui ne sçait ny Grec ny Latin,
Et qui n'est propre qu'à Marseille[2].

D'où diable me vient cette humeur ?
Mon âme n'est-elle point duppée ?
Moy qui ne suis qu'un Escrimeur,
Suis-je bien devenu rimeur ?
Où ma verve est-elle occupée ?
Et faut-il dans cette rumeur
Joindre ainsi la plume à l'espée ?

Page, viste, oste-moy mon pot,
Il me servira d'escritoire,
Mais pour bien barbouiller ce sot,
Non pas en style de *Marot*,
Mais en style bouffi de gloire,
Et pour le peindre en Astarot,
Cherche de l'encre la plus noire !

Sans sçavoir ny qui, ny comment,
Je sens en moy quelqu'un qui jaze :
C'est une Muse assurément,
Qui pour Mazarin seulement
Me monte aujourd'huy sur Pégaze...
Mais, à ce nom, quel changement !
Ce cheval tremble pour un aze[3],

Hé quoy ! plus je le veux pousser,
Et plus il se jette en arrière ;
Je ne puis le faire advancer,
Descendons, il le faut laisser

(1) *A Paris, chez Jean Brunet, rue Neuve S. Louys, au Canon Royal, près le Palais. M.DC.XLIX (1649).* In-4 de 16 pp. chiffr. avec cette devise : *Ridendo dicere verum quid vetat.* — (2) C'est-à-dire propre à ramer sur les galères du roi. (P. L.) — (3) Au masculin un âne ; au féminin, femelle du lièvre ou du lapin.

Sans entrer dedans la carrière,
Et Mazarin, sans finesser[1],
Luy pourroit sangler la croupière.

Laissons donc là tout cet atour,
J'entends desjà mon petit Page...
En as-tu ? Quel heureux retour !
Cette encre est noire comme un four...
O ! le favorable présage !
Ce mauvais Démon de la Cour
En aura dessus le visage.

Ha ! ah ! je vous tiens, *Mazarin*,
Esprit malin de nostre France,
Qui, pour obséder son Destin,
Faites le soir et le matin
Main basse dessus sa pitance ;
A ce coup vous serez bien fin
Si vous évitez la potence !

Levez les yeux, regardez-moy,
Et n'usez d'aucun artifice :
Vous avez faussé vostre foy,
Vous avez enlevé le Roy,
Vous avez trahy la Justice,
Et vous avez fait, sans la loy,
Enchérir jusqu'au pain d'espice !

Vos malices ont eu leur cours
Presque par toute la Nature ;
Vous avez fait cent mauvais tours ;
Vous avez finé[2] tous les jours
Et Créateur et créature,
Et vous avez fait à rebours
Le gaillard péché de luxure.

C'est où vous estes trop sçavant,
Cardinal à courte prière :
Priape est chez vous à tout vent ;
Vous tranchez des deux bien souvent
Comme un franc couteau de tripière,
Et ne laissez point le devant
Sans escamotter le derrière.

1 Finasser. — (2) Pour affiné, tromper en jouant au fin.

Des clergeons[1], par vous caressez,
Vous ont tenu lieu de coquettes ;
A cent pages intéressez,
Que vos confidents ont dressez,
Vous avez compté des sornettes,
Et vous ne les avez laissez
Ny mains pures, ny grègues nettes.

Vous vous estes servy d'un sort
Pour chiffonner fesses et mottes,
Pour enchasser dedans un fort
Le généreux *duc de Beaufort*[2];
Pour faire des sots et des sottes
Et pour vous asservir d'abord
Et les calleçons et les cottes.

Au Sabath, chaque Vendredy,
Vous présentez une bougie ;
Vous vous crevez le Samedy
De chair aussi bien qu'au Jeudy ;
Vostre prière est une Orgie,
Et *Grandier, Fauste* et *Gaufredy*[3]
Vous ont enseigné la Magie.

Vous n'avez jamais eu chez vous
Que gens indignes de louange :
Vos Pages sont de jeunes fous ;
Vos Estafiers, de vrays filous ;
Vostre Suisse, une beste étrange ;
Vos confesseurs, des loups-garous,
Et le Diable est vostre bon Ange.

La Seine et le Rhin par vos loix
Vont aussi mal que la Tamise ;
Vous avez donné sur les doigts
Du Parlement deux ou trois fois,
Et par la dernière entreprise,
Vous pensiez le mettre aux abois
Ou du moins le mettre en chemise.

Hélas ! quel complot inhumain !
Quelle estrange rodomontade !

(1) Clergeaux (abbés), dans Rabelais. — (2) La reine-mère, *Anne d'Autriche*, avait fait enfermer le duc de Beaufort *(François de Vendôme)* au donjon de Vincennes. — (3) Urbain Grandier, curé de Loudun, brûlé en 1634 ; Faust, prototype populaire des sorciers ; Gaufredi ou Gofridi, curé de la paroisse des Acoules, à Marseille, brûlé en 1611, pour avoir ensorcelé et séduit Madeleine de Demandols de La Palud.

Quel vœu passé de main en main
De prier Monsieur *Saint-Germain* [1]
De conduire cette boutade,
Et de mettre le lendemain
Tout Paris en capilotade !

Oüy, vous tranchiez du Fierabras
Et pensiez, dans ce mal extrême,
Nous coupper et jambes et bras,
Nous esgorger entre deux draps,
Traitter Noble et Bourgeois de mesme,
Et réduire le Mardy-gras,
Cette année, à faire Caresme.

Ce point n'estoit point débattu
Par les plus scrupuleuses âmes ;
Vous treuviez moindre qu'un festu
La résistance et la vertu
De nos filles et de nos femmes,
Et vous prétendiez mettre à cu
Le renom de toutes nos Dames.

Au mot de Paris vos Romains [2]
En troubloient l'air de cris de joye,
Et les Sarmattes inhumains [3],
Quoy qu'ils prennent à toutes mains,
Aimoient moins en avoir la proye
Que d'en faire, avec les Germains,
Ce que les Grecs firent de Troye.

Jà desjà ces bufles du Rhin,
Et ces bonnets du Boristhène [4]
Ont mis en feu meule et moulin,
Où *Daillé, Faucheur, Aubertin* [5],
Font chanter à perte d'haleine ;
Et se sont promis, dans le vin,
D'y brûler un bras à la Seine.

Leur luxure et leur cruauté
Treuvent partout de la matière;

(1) *Mathieu de Morgues, abbé de Saint-Germain*, ancien aumônier de Marie de Médicis et prédicateur de Louis XIII, né en 1582, mort en 1670. — (2) Italiens qui venaient chercher fortune auprès de leur compatriote Mazarin. — (3) Les Croates ou Cravattes, corps de cavalerie légère allemande, incorporée depuis 1636 dans l'armée royale. — (4) Polonais incorporés dans les Cravattes. — (5) Ministres évangéliques du Temple de Charenton, près Paris.

C'est pour eux un point arresté,
Que l'abondance et la beauté
Leur doivent une chère entière ;
Et dans cette nécessité
Tout est bordel ou cimetière.

Jamais siècle n'a descouvert
De plus grands abatteurs de quilles [1] ;
Par eux tout passage est ouvert :
Priape, comme *Jean de Wert* [2],
Prend sans quartier garçons et filles,
Et le grand Diable de Vauvert [3]
Auroit moins honni de familles.

Voilà le fruict de vos leçons
Que pratiquent vos bons Apôtres,
Par qui l'on voit en cent façons
Danser harnois ou calleçons
Avec nos Dames et les vostres,
Et par qui filles et garçons
S'enfilent comme Patenostres !

Voilà les beaux charivaris
Dont vostre fureur est suivie !
Faut-il que femmes et maris
Dans neuf mois entendent les cris
D'une race à peine assouvie,
Et qu'une moitié de Paris
En doive l'autre à Cracovie ?

Mais passons nos beaux tortillons [4],
Et ces grands casseurs de raquettes [5]
Qui volent comme papillons,
Qui courent comme postillons
Après l'argent de nos layettes [6],
Et laissons tous ces cotillons
A la mercy de ces brayettes.

Par vous, pernicieux Agent,
Nos chevaux jeusnent à la crèche :

(1) Débauchés. — (2) *Jean de Werth*, commandait l'armée bavaroise ; après avoir défait le maréchal de Gassion, il fut fait prisonnier par le duc de Saxe-Weimar en 1638 et resta plusieurs années prisonnier à Vincennes. — (3) Démon qui avait envahi le château de Vauvert, sous le règne du roi Robert. (P. L.) — (4) On appelle encore *tortillons* un galant qui *tortille* auprès des femmes. — (5) Vantards, fanfarons. — (6) Coffres, (P. L.)

Vous avez volé nostre argent,
Il n'est endroit où le sergent
N'ait fait quelque mortelle brèche,
Et par vous le peuple indigent
Ne sçait de quel bois faire flèche.

Les imposts ont flus et reflus
Sur nos prétieuses tavernes,
Et par vos injustes refus,
Vous avez rendu si confus
Tous les officiers subalternes,
Que ces pauvres gens ne vont plus
Que la nuict, comme des lanternes.

Un Prince en vain vous demanda
Du secours pour la Catalogne[1],
Et le siège de Lérida,
Qui nous fit chanter des *Oüy-da*
D'une folle et piteuse trogne,
Fit voir que l'argent n'aborda
Qu'au port de l'hostel de Bourgogne[2].

Ce fut lors que les délicats
Virent bien vostre perfidie,
Que vous riiez à tour de bras
Des farceurs dont vous faisiez cas,
Pour quelque sotte Comédie,
Cependant qu'ailleurs nos soldats
Joüoient leur propre Tragédie.

Les François estoient resjouys
Que nostre France fût pourveuë
D'un si grand nombre de louys[3];
Mais ils se sont esvanouys
Par vostre avarice impréveuë,
Et les ont si bien esblouis
Qu'ils en ont tous perdu la veuë.

Le marchand, partout endebté,
N'a plus personne à sa boutique ;

(1) *Louis II, prince de Condé*, avait été envoyé en Catalogne, où l'armée du roi, commandée par le comte d'Harcourt, venait de subir un cruel échec devant Lérida, il reprit le siège de cette ville, mais dut, à son tour, battre en retraite. — (2) C'est-à-dire que l'argent destiné aux troupes de Condé servit à entretenir la troupe italienne du théâtre de l'hôtel de Bourgogne. (P. L.) — (3) La fabrication des louis d'or commença en 1640.

Cicéron[1] n'est plus escouté ;
Sainct-Cosme[2] n'est plus consulté ;
Sainct-Yves[3] reste sans pratique ;
Et dans leur mérite enchanté
La Fortune leur fait la nique.

Le meilleur bocan[4] du Marais
Devient presque une solitude ;
La *Decombe*[5] y régente en paix :
Gens d'espée et gens de Palais
N'y causent plus d'inquiétude,
Et *Priape* y casse du grais[6]
Aux filles qu'il mit à l'estude.

Le poulet d'Inde et le cochon
Ne leur doivent plus rien de rente,
Marotte, Cataut et *Fanchon,*
Qui vendent jusque à leur manchon,
Y sont vaines tables d'attente,
Et *Babé, Margot* et *Nichon*[7]
N'y font pas plus que la servante.

Le *Brétilleux* est sans chalands,
Morel n'enseigne plus à lire,
Boisseau n'estalle plus d'escrans,
Martial ne vend plus de gants,
Rangouze ne sçait plus qu'escrire,
Richard ne va plus chez les Grands,
Et *Vinot* n'a plus de quoy frire[8].

Neufgermain ne dit pas un mot,
Les Muses ne l'ont plus pour Mome ;
Le Savoyard plaint chaque escot ;
L'Orviétan est pris pour sot,
Il n'a ny théâtre ny baume ;
Et *Cousin, Saumur* et *Sercot*
Ne gaignent plus rien à la paume[9].

(1) *Cicéron* personnifie l'avocat. — (2) Le chirurgien. — (3) Le procureur. — (4) Lieu de débauche. — (5) Célèbre « maitresse de maison close ». — (6) Travailler sans profit. — (7) Filles galantes, la petite Nichon est la plus connue, elle est citée dans plusieurs mazarinades. — (8) *Morel,* professeur d'écriture ; *Jean Boisseau,* peintre et enlumineur du roi ; *Rangouze* écrivait des lettres pour obtenir quelques écus ; *Vinot,* célèbre cuisinier. — (9) *Louis de Neufgermain,* poète hétéroclite du duc d'Orléans ; Philippot, dit le *Savoyard,* chantait sur un théâtre en plein vent, au bas du Pont-Neuf, devant la rue Guénégaud ; l'*Orviétan,* tenait boutique sur le Pont-Neuf, où il vendait ses drogues en chantant et en faisant des grimaces ; *Cousin, Saumur* et *Sercot,* joueurs de paume.

Cardelin semble estre perclus :
Son corps n'opère plus merveille,
Carmeline, en un coin reclus [1],
Voit ses policans [2] superflus ;
Le Coutelier mesme sommeille ;
Et *Champagne* [3] ne coiffe plus
Que la poupée ou la bouteille.

Sur le Pont-Neuf, *Cormier* [4] en vain
Plaint sa gibecière engagée ;
La Roche [5] y prosne pour du pain ;
La pauvre Foire Saint-Germain
Fait des cris comme une enragée
Et les Pages n'ont plus de main
Pour en escroquer la dragée.

Le crédit, par vous occuppé,
Fait partout de sanglantes courses,
Tout nostre bonheur est frippé ;
Nostre cher espoir est duppé ;
Nos malheurs n'ont plus de ressources,
Et nostre heureux sort usurpé
A fait des balons de nos bourses.

Vous estiez plus ferme qu'un roc,
Quand vous heurtiez quelque personne ;
Vous avez inventé le « Hoc » [6]
Qui met la conscience au croc
Dès l'instant mesme qu'on s'y donne,
Et le frère coiffé de froc
Vouloit l'estre d'une couronne [7].

Vos niepces [8], trois singes ragots,
Qu'on vit naistre de la besace,
Plus méchantes que les vieux Gots
Et plus baveuses qu'escargots,

(1) *Cardelin*, farceur et baladin, qui eut d'abord ses tréteaux sur la place Dauphine et fit ensuite partie de la troupe italienne avec *Colle* et *Scaramouche* ; *Carmeline* était un dentiste du Pont-Neuf dont il est question dans *Les Aventures de Dassoucy*. — (2) Ou *Pélicans*, c'est une tenaille pour arracher les dents. — (3) *Champagne*, coiffeur de femmes et... intermédiaire en amour, il a une historiette dans *Tallemant des Réaux*. — (4) *Cormier* était aussi un des industriels bouffons du Pont-Neuf ; il faisait des tours de gobelet et débitait des discours joyeux à son auditoire. — (5) Charlatan et bouffon italien, qui se qualifiait de *marquis della Rocca*. — (6) Sorte de jeu de cartes (le hoca) nouvellement introduit en France. — (7) Cyrano semble insinuer que Mazarin voulait devenir roi de France. — (8) *Marie de Mancini*, née à Rome en 1635, *Hortense* en 1646 et *Marie-Anne*.

Prétendoient ici quelque place,
Et vous esleviez ces magots
Pour nous en laisser de la race.

Elles avoient fait leurs adieux
A leurs parens de gueuserie,
Pour s'accoupler à qui mieux mieux
Aux *Candales*, aux *Richelieux*,
Aux grands maistres d'artillerie,
Ravis de voir en d'autres lieux
Les singes et la singerie.

Vous n'avez point encore jeusné
Ny Vendredy-sainct ny Vigile;
L'innocent par vous condamné
A bien plus souffert qu'un damné,
Que dis-je, un damné ? plus que mille.
Ou, pour n'estre pas malmené,
Il a fallu qu'il ait fait gille[1].

Vous avez créé des imposts
Sur les plus simples marchandises;
Vous avez fait mal à propos
Enchérir la liqueur des pots
Pour qui je vendrois mes chemises,
Et prenez de nostre repos
Les usures et les remises.

Vous voyez nos maux sans blesmir;
Ils frappent en vain vostre oreille,
Vostre crédit veut s'affermir
Sur des taxes qui font frémir;
Et si vostre fureur sommeille,
Pour nous empescher de dormir
Le Moine-bourru la resveille[2].

Par vous le Conseil infecté[3]
N'a plus rien de bon que la mine;
Il se porte à l'extrémité,
Pour nous oster la liberté
D'avoir icy quelque farine,
Et vous nous avez tout osté,
Hors la crainte de la famine[4].

(1) Disparaître, s'enfuir. — (2) On appelait ainsi un fantôme habillé en moine qui courait les rues pendant la nuit et maltraitait les passants. — (3) Le Conseil de régence qui siégeait à Saint-Germain où était la Cour. — (4) Pendant le siège et le blocus de Paris.

Quoy qu'aient pu faire vos suppôts
Pour nous envoier la tempeste,
Parmi nos cris et nos sanglots
Nous meslons pourtant quelques rôts ;
Nous prenons du poil de la beste[1],
Qui fait enrager Atropos
Depuis les pieds jusqu'à la teste.

En effet, quoy que dès long-temps
Vous voliez tout à tire d'aisles,
Malgré vous et malgré vos dents,
Nos convois nous rendent contents[2],
Et tous nos généraux fidèles
Font chez nous plus de pénitents
Que vous ne faites de querelles.

Vous pensiez, faute de morceaux,
Mettre à nos jours de courtes bornes,
Mais depuis peu, chappons et veaux,
Bécasses, moutons, lappereaux,
Nous empeschent bien d'estre mornes ;
Paris est fourny de pourceaux,
Et crève de bestes à cornes.

Cependant *La Pomme de Pin*,
La Chasse, *L'Escharpe* et *La Couppe*,
L'Aigle, Les Faisans, Le Dauphin,
Le Cormier et *Le Gros Raisin*[3]
Ont tousjours depuis quelque trouppe,
Confuse de voir que le vin
N'y reproche rien à la souppe.

C'est là que nous bénissons tous
Nos ressentimens légitimes ;
Que nous voyons, à deux genoux,
Les traicts qu'Apollon contre vous
Décoche tous les jours en rymes,
Et qu'il s'y boit autant de coups
Que vous avez commis de crimes.

Mais c'est trop long-temps caquetter :
De toute part le peuple aborde,

(1) C'est-à-dire : nous recommençons à boire de plus belle. (P. L.) — (2) Les convois de farine qui traversèrent les lignes de l'armée royale pour ravitailler Paris. — (3) Célèbres cabarets. Voir notre édition des *Œuvres libertines de Claude Le Petit*, Paris, 1919, p. 209. *Ode à la louange de tous les cabarets de Paris*, 1627, etc,

Qui, sans doute, vient d'arrester
Qu'on ne devoit point le traitter
Sur « A l'aide ! Miséricorde » !
Qui nous a fait souvent chanter :
Qu'on peut estre pendu sans corde.

Mazarins ! quel estrange ennuy !
Voilà desjà qu'on me l'enlève.
Il n'a plus d'espoir ny d'appuy,
Grais et leviers pleuvent sur luy,
Et s'il n'en reçoit quelque trefve,
Maistre *Jean-Guillaumé*[1] aujourd'huy
N'officiera point à la Grève.

L'y voilà, pour nostre intérest ;
Viste, bourreau, qu'on le secoüe !
Tout va bien, Maistre *Jean* est prest.
Ha ! parbleu, voilà qui me plaist !
O justice, que je te loüe !
Mais, dans le bel estat qu'il est,
Il nous fait encor la moue͏̈.

Pour Dieu ! ne te rebute pas ;
Fais paroistre icy ta vaillance,
Imprime tes pieds sur ses bras,
Tiens-t'y droit comme un eschalas ;
Achève en luy nostre souffrance,
Et ne te plains point d'estre las
De faire du bien à la France.

Encore trois ou quatre coups,
Mon pauvre Maistre *Jean-Guillaume* ;
Pèse plus fort, contente-nous ;
Fais si bien avec tes genoux,
Que les carabins de Sainct-Cosme[2]
Escorchent vite, au gré de tous,
L'Escorcheur de ce grand Royaume.

Allons bénir Dieu promptement
Dans l'Eglise de Nostre-Dame.
C'en est fait : O l'heureux moment !
Le Bourgeois et le Parlement
Ne craindront jamais cet infâme ;

(1) C'est le bourreau que l'on désignait sous ce nom. — (2) Les écoles de chirurgie étaient dans la rue des Cordeliers, près de l'église paroissiale de Saint-Cosme. (P. L.)

Le Bourreau prend son vestement
Et le Diable gobe son âme !

Epitaphe.

Icy gist pour long-temps, ou plustost pour jamais,
Un homme dont chacun maudit la destinée ;
Dieu luy veüille donner la paix
De mesme qu'il nous l'a donnée !

II. — LE GAZETTIER DES-INTERRESSÉ (1)

Ceux qui attaquent le Cardinal Mazarin par sa naissance, et qui en veulent faire son premier crime, ou qui s'imaginent qne sa condition luy deffendoit d'approcher de si près des degrez du Throsne, ne doivent pas estre mis au rang des Sages, et j'ose dire que le feu mesme qui les échauffe, les aveugle en cette rencontre. *Nostre condition est une ; il n'y a que la vertu qui nous distingue et la noblesse ne peut pas avoir tousjours esté vieille.* Outre que ceux qui n'ont point receu de faveurs de la Nature peuvent prétendre légitimement à celles de la Fortune, il est certain que Dieu relève la bassesse et qu'il abaisse la grandeur quand il luy plaist, comme dit Chilon, et comme l'Escriture nous l'enseigne, et que les Roys, qui en sont appellez les vivantes et les plus parfaites Images, peuvent limiter sans faillir, et faire quelque chose de rien par une espèce de création qui ne doit pas tenir lieu de miracle. Toutes les terres ne peuvent pas estre si prétieuses que celles des Indes ; toutes les tailles ne peuvent pas estre de Géans ; tous les Princes ne sont pas sortis de l'ancienne maison de Saxe, et pour expliquer ma pensée par la remarque d'une Histoire, il n'appartient qu'à Servius de coucher toutes les nuicts avec la Fortune. Il est mesme permis aux particuliers de cueillir des rozes parmy les espines, de choisir des perles dans le limon, et de tirer de l'ambre du sable. C'est en cecy que la volonté des Roys peut estre et leur excuse et leur loy, qu'ils sont en droit de tirer des hommes nés dans la fange et dans la poussière pour les porter aux plus hautes charges, et que leur choix est bien souvent une marque de leur jugement et de leur conduite. Je n'en rappelleray point icy d'exemples, quoy que toutes les Monarchies en soient pleines, et qu'on n'ait veu presque autre chose dans tous les Empires. C'est assez pour fermer la bouche à ceux qui déclament d'abord contre le Cardinal Mazarin pour estre né dans une pauvreté honteuse, et qui le treuvent digne de malédiction pour ce qu'ils le treuvent aujourd'huy digne d'envie, Les personnes qui l'ont eslevé au Cardinalat et au Ministère l'ont pu faire pour

(1) *A Faris, chez Jean Brunet, rüe Neuve S. Louis, au Canon Royal, près le Palais. M.DC.XLIX (1649).* In-4 de 24 pp. chiffr.

ce qu'elles l'ont voulu ; et comme ces personnes-là mesme nous doivent estre sacrées, nous ne pouvions nous opposer à leur volonté sans quelque espèce de Rébellion et de Sacrilège. Mais comme une femme autrefois appella de Philippe endormy au mesme Philippe esveillé, nous pouvons aussi en appeller de l'assoupissement au réveil, et de la Patience à la Justice. Le Cardinal Mazarin pouvoit bien mettre son industrie en usage pour se laver de la pauvreté, qui estoit un second péché originel dans la famille de ses pères ; il pouvoit joindre les vertus Chrestiennes aux Morales et aux Politiques pour s'en défaire, et travailler pour son salut, pour sa gloire et pour sa fortune. Cependant cet amour abominable, qui ne cherche que les enfants et qui n'en sçauroit estre jamais le père, a esté une des premières occupations de sa vie ; il a connu ce vice lorsqu'il le pouvoit à peine nommer, et s'y est abandonné dans un âge qui est dans tous les autres l'âge d'innocence. Dans ce commerce, pour qui les loix n'ont pu trouver de moindre punition que celle du feu, il fit depuis l'épreuve de ce Tirésias de la Fable pour mettre toutes les abominations en usage, et dans cet estat dont l'idée seule fait trembler, il fut long-temps le mary de ceux-là mesme dont il avoit esté la femme. Cette horrible galanterie l'approcha de plusieurs personnes pour estre et l'objet et le ministre de leurs voluptés enragées ; de leur galand et de leur maistresse, il devint ensuite leur maquereau et s'efforça, par toutes ses brigues, de leur procurer ce qu'il ne pouvoit plus leur vendre. Il fut assez heureux dans cette négociation scandaleuse ; il tira d'abord quelque fruict de cette ambassade, et quand il se vit quelque argent, il se mit insensiblement dans le jeu ; il introduisit ceux qui luy apprenoient à pipper et leur fit vendre souvent ses maistres à moindre prix que Judas ne vendit le sien. Comme il réussit dans cette nouvelle trahison, et qu'il crût pouvoir hasarder tout seul ce qu'il ne faisoit auparavant qu'en partie, il rencontra ce qu'il cherchoit ; il fit, avec le temps, un grand nombre de malheureux et de duppes, et commença dès lors à remplir les Hospitaux et les Monts de Piété de ses péchés et de ses usures. Il est vray que cecy ne succéda pas tout d'un coup et qu'il faisoit quelquefois d'assez grandes pertes pour un homme à qui le moindre gain devoit estre considérable, mais il tiroit aussi quelquefois des advantages de ces pertes, pource que dans la fureur du jeu il se joüoit enfin luy-mesme, comme ces peuples d'Allemagne dont parle Tacite, et qu'il devenoit le confident nocturne de ceux dont le hazard l'avoit fait esclave. C'est ainsi que son nom s'accrût à Rome avec ces moyens, que ceux qui l'avoient eu au lict le voulurent avoir à table, et qu'ils l'assistèrent de leur faveur avec tant d'empressement, qu'il fit tousjours depuis ou les délices ou l'espérance de ceux qui n'estoient pas encore venus jusques à la dernière bestialité. Il ne pouvoit oublier ce furieux amour de luy-mesme ny des autres, pource qu'il est impossible de blanchir un More et d'effacer les diverses marques d'un Léopard, pour me servir des termes de S. Grégoire de Nazianze, ou, pour parler avec Hiéroclès dans Aristophane, de faire marcher droit un

Cancre. Après cet appareil infâme, il brigua l'amitié de quelques personnes considérables ; il eut mesme quelques emplois assez glorieux, et l'un des successeurs de sainct Pierre ne voulut pas estre le dernier à luy procurer quelques avantages. Mais il ne ménagea pas mieux ses intérests que ceux du Duc de Mantoue et de son Roy légitime ; il leur fit voir qu'il pouvoit estre sacrilège, traistre et rebelle, et ne manqua pas d'estre tous les trois dans une mesme personne. Quoy qu'il eût sujet de travailler pour leur bien commun, il ne changea ny de condition ny d'humeur, il retourna contre leur créance à ses premières fourberies et ne put, non plus, se défaire de son naturel avec des personnes de vertu, que ce bouc de Mendez, en Egypte, qui pour estre enfermé avec des femmes fort belles n'en devenoit pas plus amoureux, mais qui ne s'adonnoit qu'à des chèvres.

Aristote dit que les uns sont faits bons par la Nature, quelques-uns par la doctrine et quelques autres par l'accoustumance ; et le Cardinal Mazarin voulut témoigner qu'il estoit d'un quatriesme ordre et qu'il ne pouvoit devenir bon que par un miracle.

Le Cardinal de Richelieu, qui avoit connu son esprit et qui l'avoit gaigné par quelques pensions secrettes, n'eut pas beaucoup de peine à corrompre un homme si corrompu ; il l'approcha de sa personne autant qu'il lui fut possible et trouva qu'il luy estoit nécessaire pour l'exécution de ses desseins, de la mesme sorte qu'il est nécessaire qu'il y ait des bourreaux pour l'exécution des Arrests et des Sentences. La facilité qu'il rencontra dans un homme, qui estoit de ceux qui de Mammone se font des thrésors d'iniquité ne le trompa point, il se l'assujetit par ses dons et par ses promesses, et luy procura de si bons offices qu'il pût estre compté au nombre de ses plus heureuses créatures. Le Cardinal Mazarin, qui avoit esté l'espion du Cardinal de Richelieu, se persuada qu'il en pouvoit estre le rival ou le successeur ; et quand il se ressouvint qu'on l'avoit honoré du chapeau de Cardinal, luy qui n'eût pas refusé mesme le Turban, s'il en eust esté sollicité par quelque présent considérable, il porta plus loin son ambition et son avarice et voulut estre gouverneur du Roy et premier ministre de son Estat, pour estre plus aisément le fléau de ses peuples. C'est dans ce Ministère naissant qu'il a fait languir dans les prisons, ou des personnes qui n'estoient coupables que de n'avoir pas affecté ses crimes, ou qui n'ont esté mal-heureuses que pour avoir esté innocentes, et qui ne luy avoient esté peut-estre suspectes que pour avoir osé prier Dieu de le convertir. C'est dans ce Ministère naissant que les Beauforts et les Houdancourts[1] furent les premiers objets de sa rage, pour ce qu'ils estoient trop généreux et trop gens de bien pour en estre les instrumens, et qu'il

(1) Anne d'Autriche, à qui Beaufort avait manqué de respect, l'avait fait emprisonner au château de Vincennes d'où il s'était évadé le 31 mai 1648. — La Mothe Houdancourt avait été enfermé à Pierre Encise du 28 décembre 1644 à septembre 1648 à la suite de la perte de Lérida ; le 29 février 1649, la Cour lui avait enlevé ses régiments.

considéra leur vertu comme un obstacle, et comme un rempart qui s'opposeroit à toutes ses brigues. Il fit serrer étroitement le premier au bois de Vincennes pour tascher d'y estouffer des qualitez qui ont fait des Dieux dans le Paganisme ; et pour venir à bout du second, il s'efforça de gaigner un Parlement et de violer cette Vierge d'Hésiode, cette belle Reyne du monde, comme l'appelle Pindare, la Justice en un mot, dont Platon fait le fondement et la colonne des Républiques et des Monarchies. Ce fut alors une chose étrange, qu'un ennemy de l'Estat fit emprisonner un Prince pour la seureté de l'Estat ; qu'un voleur public pressast hautement la mort d'un Général et d'un Vice-Roy pour luy supposer ses mesmes crimes, que Verres reprochast à l'un le larcin et que Milon en voulut faire condamner un autre pour meurtre. Comme l'attouchement de l'Aconit n'infecte les corps sains qu'avec peine, au rapport des naturalistes, et qu'il empoisonne aisément ceux qui sont desjà blessez, le Cardinal Mazarin fit toucher de l'argent en cette occasion à plusieurs personnes pour reconnoistre les sains d'avec les malades, pour infecter les uns et pour s'assurer des autres, et trouva tant de soumission dans les derniers qu'on ne doute plus que Monsieur le Mareschal de La Mothe ne les ayt eus pour ses parties, pour ses tesmoins et pour ses Juges. Quoy que l'innocence ne soit guères sujette à la fièvre, il est certain toutesfois que ce grand homme eut besoin de quelque autre chose pour ne pas trembler, que le secours du Ciel luy fut extrêmement nécessaire, et que ceux qui vouloient renverser son bon droit par leur imposture et par leur opiniastreté durent s'écrier que c'estoit là le doigt de Dieu, comme s'écrièrent les Magiciens d'Egypte, quand ils virent que leurs illusions estoient ridicules et que leurs faux serpents estoient dévorez par la verge de Moyse. Les Princes et les Généraux d'armées n'ont pas seulement servy de matière à sa jalousie et à sa fureur, les Magistrats qui l'ont espreuvée en plusieurs rencontres ont reconnu à leurs despens ce que dit le Sage dans ses proverbes : « Qu'il n'est rien de plus insupportable qu'un valet quand une fois il est devenu maistre ». Les uns ont achevé leur vie dans l'exil ; et le poison a mal-heureusement advancé la mort des autres. Après n'avoir peu faire mourir sur les eschaffauts ceux qu'il n'avoit peu corrompre sur leurs sièges, il les a condamnez par les arrests de sa politique et s'en est fait des victimes propres pour faire craindre sa puissance où l'on ne craignoit point sa justice. Il n'est presque point de Cour souveraine qui ne se soit veuë ou séduitte ou deschirée dans quelques-unes de ses parties ; il a porté la division et le désordre où il n'a peu porter le fer et le feu, et s'est fait une entrée secrette par ses pensions, où il devait estre en horreur par sa cruauté. Il n'a pas esté satisfait de remplir les prisons et les hospitaux comme il a rempli les banques ; il a tiré de l'Eglise un frère Moyne qui avait fait vœu de pauvreté ; il a voulu que la Mître et le Chappeau marchassent de compagnie avec le Froc et qu'il fût déclaré Vice-Roy en Catalogne pour confondre le Nouveau Testament avec l'Ancien et pour adjouster la Royauté au Sacerdoce. Il ne s'est pas contenté de protéger les partisans, il en a créé de tous costez et n'a remply les meilleures villes que de ces pestes publiques pour profiter de leur malédiction et de leurs crimes, comme les Sacrificateurs d'Israël s'engraissoient autrefois des péchez du peuple. Dans un temps où la paix nous estoit promise de nos victoires, il en a retardé les traittez les plus honorables pour avoir loisir de faire transporter ses larcins en Italie sous prétexte d'y faire la guerre et s'est rendu fameux et redoutable par nos richesses, cependant que des armées entières périssoient ailleurs par la peste et par la famine. Il a voulu que Lérida ayt eschappé à des personnes qui faisoient la pluspart des resjouissances publiques, et de qui les entrées dans les villes avoient tousjours esté autant de triomphes. Il a troublé Naples par ses brigues pour y faire succomber un Prince[1] par ses artifices et pour faire chanter à nos despens et à nostre honte de secondes Vespres Siciliennes à toute l'Espagne, et nous a fait battre au son des violons de Crémone comme ces pauvres esclaves dont parle Aristote, que les Toscans foüettoient autrefois au son des fluttes.

Après cette vérité, il est bien à craindre que les estrangers ne nous fassent à l'avenir le mesme reproche qu'un orateur faisoit autrefois à ceux d'Athènes, qu'ils ne traittoient jamais de la paix qu'en robes noires, pource que c'estoit là la marque du dueil qu'ils portoient des parens et des amis qu'ils avoient perdus dans les sièges et dans les batailles. En effet, combien d'enfans le Cardinal Mazarin a-t-il desrobé aux pères ? Combien de marys a-t-il enlevé aux femmes ? Combien de frères aux sœurs ? Combien de soldats aux officiers ? Combien d'officiers aux généraux et combien d'hommes à toute la France ? Le nombre en est tel et l'impiété qui a suivy cette fureur est encore si fraische à nostre mémoire, qu'il peut estre convaincu par sa bouche mesme d'avoir changé des Temples en Escuries, quelques-unes de nos Provinces en déserts et plusieurs Villes en cimetières.

Pour en faire rire quelques-uns, cependant qu'il en faisoit pleurer une infinité, il a tiré de l'Italie des farceurs[2] de qui les postures n'estoient guères plus honnestes que celles de l'Arétin, qui faisoient profession ouverte d'introduire les images de toutes les voluptés scandaleuses par les yeux et par les oreilles, et qui, pour estre entendus avec moins de peine et avec plus d'authorité, enseignoient à faire des maquerelages de tout sexe en plein théâtre, et, ce qui n'est pas moius étrange dans une maison Royale, il en a fait venir d'une autre espèce pour nous endormir au son des théorbes et des guitares ; et comme les compagnons d'Ulysse, enyvrez du fruit qui leur fut offert, oublièrent leur pays, il a creu de mesme que nous pourrions oublier tous les intérests du nostre après avoir esté estourdis de cette musique. Mais estoit-il croyable que des machines qui nous avoient plus

(L) Le duc de Guise (Henri II, de Lorraine), et son expédition de Naples, décembre 1647. — (2) Il s'agit probablement des comédiens italiens que Louis XIII avait fait venir d'Italie en 1639 et qui jouaient en 1644-1645 à la Comédie Italienne.

cousté que toutes celles de la guerre ne fissent point trembler d'horreur ceux qui en avoient la veüe ? Que ces limonades qu'on y versoit avec une profusion galante, et qui avoient esté composées du sang de tant de sujets fidèles, ne laissassent aucune frayeur aux plus altérés et aux plus stupides ? Que nous eussions de l'admiration pour des Scènes toutes remplies de nos souffrances et de nos misères, et de l'amour pour des spectacles qu'on nous faisoit achepter par le sacrifice de tant d'innocens, et par la désolation de tant de familles ? Estoit-il croyable qu'on deut payer tant d'obsèques et tant de ruines par des Métamorphoses d'Ovide et par des fables d'Homère ? Que tant d'ombres et tant de mânes deussent estre appaisées par des Sarabandes Italiennes, et qu'une farce deut estre le prix de tant de victimes immolées à l'ambition et à l'avarice ! Le Cardinal Mazarin a cru sans doute qu'il seroit de cette dance comme de celle des Corybantes, qu'on ne pouvoit jamais voir dancer sans estre espris de mesme fureur, ou comme Ælian nous asseure que les Pescheurs attirent aisément dans leurs filets les Pastenades de mer quand ils les divertissent par quelque chant ; il fant dire de nécessité que ce Cardinal n'a pas eu meilleure opinion des François que de ces poissons, et qu'il a creu nous surprendre et nous appaiser par l'harmonie de ces Courtisanes effrontées. Mais il avoit oublié que la Musique estoit une chose bien importune dans le dueil, et surtout dans un dueil public ; que la France n'en feroit pas moins que cet Empereur, qui, songeant à la deffaitte de ses Légions, ne cessoit de répéter : « Rends-moy mes Légions, Varus », et qu'elle crieroit tousjours de mesme après luy : « Rends-moy mes enfans, si tu veux que je me console. »

Du jeu de Barbare, il a passé à celuy de Phrénétique. Après avoir creusé des Sépulchres à tout un peuple, il a fait eslever un Palais à des chevaux [1], et je ne sçay pas mesme s'il n'a point eu un dessein secret d'en porter quelqu'un aux premières dignitez et de le traitter avec le mesme appareil que cet abominable Empereur traittoit le sien, qui luy faisoit manger son avoine dans des vases d'or, et qui avoit entrepris de le faire Consul de Rome. A n'en point mentir, il y a de l'estonnement et de la honte à voir des Princes incommodez où des chevaux ont des appartements superbes, et la postérité aura peine à croire qu'une curiosité cruelle ait basty des Escuries de la ruine de toutes nos villes.

Le soin qu'il a eu de ses domestiques de manège et de voiture ne luy a point fait perdre celuy de ses Niepces [2] pour fortifier sa tyrannie par

(1) Les écuries du Palais Mazarin étaient placées le long de la rue Richelieu, et pour leur construction le Cardinal eut recours aux plus habiles... On n'y vit ni ornements frivoles, ni dorures, ni peintures, mais on déploya un grand luxe dans le choix des bois appliqués aux mangeoires et aux rateliers, dans la place réservée aux chevaux, dans les nombreuses issues ménagées au service (de Laborde : *Le Palais Mazarin*). — Ce palais, construit à la suite des jardins du Palais-Royal, entre la rue de Richelieu et la rue Vivienne, est en partie utilisé par la Biblioth. nat. — (2) Laure, Olympe, Marie, Hortense et Marie-Anne Mancini, Anne-Marie et Laure Martinozzi.

l'appuy des plus puissantes maisons de France, et c'est pour cette raison qu'il a tourné ses yeux du costé de l'Arsenal, du Chasteau Trompette et de Richelieu, et qu'il s'est proposé d'avoir pour gendres des grands Maistres d'artillerie, des Colonels de l'infanterie françoise et des Généraux des Galères. Ces mariages, qui avoient esté conceus avec grand éclat, n'ont pas esté pourtant enfantez avec grand succez, et le bruit n'en a pas plus duré que la vie de ces animaux du Pont dont un mesme jour, à ce qu'on dit, voit la mort et la naissance. Pour faciliter un si haut dessein, il avoit fait mettre des imposts sur toutes les marchandises ; il avoit taxé pour leur mariage toutes les nécessitez de la vie, et peu s'en est fallu qu'il n'ait en un point ressuscité Vespasian, qui avoit imposé des tributs sur les urines.

On s'est mis souvent en peine de le porter à de meilleurs sentimens ; on luy a représenté les misères et les cris du peuple, mais on l'a tousjours trouvé sourd, comme on l'avoit trouvé aveugle, et quoy qu'on ayt peu faire pour le persuader et pour le convaincre par nos souspirs et par nos larmes, il a tousjours esté comme cette Médée de l'ancienne Tragédie qui voyoit le mal et qui ne pouvoit se deffendre de le suivre. Aussi n'a-t-il pas esté de ses oreilles comme ce Temple des Ionides, dont parle Pausanias, dans lequel on n'estoit pas plustost entré qu'on se sentoit libre de toutes ses maladies, mais plustost comme de ces portes que les Anciens appelloient maudittes, qui ne recevoient point de choses pures ny sainctes, et qui ne donnoient passage qu'aux hosties d'exécration et à toutes sortes d'ordures. Il ne falloit qu'estre cruel pour mériter son estime ; celuy qui donnoit le plus d'advis avoit auprès de luy le plus de crédit, et qui n'estoit point ennemy du peuple ne pouvoit prétendre à son amitié. C'est dans la foule exécrable de ces Conseillers interressez qu'il a renoncé ouvertement à la dignité de son ministère et au repos de son âme, qu'il a fait tant d'orphelins et tant de veufves, qu'il s'est enrichy de nos désordres et qu'il a trahy tous les sentimens de la Religion et de la Nature.

Cet anathème que Dieu prononce aux réprouvez fait trembler : « Allez, maudit, au feu éternel » ; mais il doit estre espouvantable à ce mal-heureux quand il en adjouste la cause : « Pour ce que j'ay eu faim, et que vous ne m'avez pas donné à manger ; que j'ay eu soif, et que vous ne m'avez point présenté à boire ; que je passois, et que vous ne m'avez point offert de retraitte ; que j'estois nud, et que vous ne m'avez point couvert ; que j'estois malade, et que vous ne m'avez point soulagé ; que j'estois prisonnier, et que vous ne m'avez point rendu de visite. O ciel ! s'écrie le grand Evesque d'Hippone, si celuy qui a refusé du pain est précipité dans les flammes éternelles, à quelles cheuttes doivent estre réservez ceux qui dérobent le pain d'autruy ? Si celuy qui n'a point donné des habits à son prochain est damné, que peut estre celuy qui s'est enrichy de ses despouilles ? Si celuy qui n'a pas receu les passans doit nécessairement périr, que doivent attendre ceux qui usurpent leurs héritages ? Si celuy qui n'a point visité les prisonniers est condamné par un arrêt sans appel, que doivent attendre ceux qui ont changé les villes en autant de Conciergeries ? Et si ceux qui ne font pas le bien sont menacez d'une peine si horrible, de quels supplices doivent estre persécutez les empoisonneurs, les traistres, les usurpateurs, les meurtriers et les sacrilèges ? » Si ce grand Sainct dit ailleurs « que Dieu est, dans soy-mesme, comme le commencement et la fin dans le Ciel, comme un Roy dedans son throsne ; dans son Eglise comme un père de famille dans sa maison ; dans le monde comme un Gouverneur dans sa Province ; dans les justes comme un Azile et dans les réprouvez comme horreur et tremblement » ; de quelle sorte peut-il estre dans ce Cardinal qui, comme un autre Attila, peut estre appellé le fléau de Dieu ? Comme on dit qu'un Ancien voyoit tousjours sa figure de quelque costé qu'il cheminast, on ne peut douter que ce misérable n'ait tousjours ses crimes devant ses yeux en quelque lieu qu'il puisse aller, et que ses divertissemens ne deviennent enfin ses furies. « Le meschant peut trouver des retraittes, disoit Epicure, mais il n'y peut trouver d'asseurance », pour ce que le pesché ne sçauroit estre impuny, et que le chastiment du mal est dans le mal mesme.

Il n'a pas seulement vomy son venin contre les hommes, il l'a mesme vomy contre Dieu dans la persécution de ceux qui annonçoient sa parole, et n'a pu laisser en repos les Ministres de son Evangile. C'est ainsi qu'il en a fait emprisonner quelques-uns et qu'il a interdit la chaire aux autres ; qu'il en a espouvanté quelques-uns par le bannissement, et quelques autres par les menaces, comme si on ne pouvoit estre innocent à prescher un Dieu, et qu'il eut entrepris de s'opposer à la gloire de celuy qu'il est obligé de craindre. Après avoir veu qu'il n'estoit pas du siècle des Fables et qu'il ne pouvoit estre le successeur de ces vieux Titans de son païs qui osèrent attaquer les Dieux jusques dans le Ciel, il a eu la hardiesse de porter une partie de sa fureur jusques sur le siège de S. Pierre, de se déclarer contre le Pape après avoir fait assassiner un de ses nepveux, et de protéger ouvertement contre luy des personnes que des larcins publics avoient renduës criminelles au premier chef, de les rappeller au milieu de ce Royaume, et de les remettre dans leurs charges, quoy que leurs mains fussent encore toutes rouges du sang d'un Escuyer de l'Ambassadeur de France. Mais comme toutes ces impiétez s'attaquent directement au Dieu que nous adorons et qu'il ne veut point reconnoistre, c'est à luy à prononcer quelque jour ce qu'il a résolu dans ses décrets éternels, et à faire esclatter comme il luy plaira sa Miséricorde ou sa Justice.

Nous nous plaignons seulement icy que le Cardinal Mazarin se soit paré de nos ornemens, qu'il se soit fait grand de nos pertes et qu'il compose encore aujourd'huy ses triomphes de nos gémissemens et de nos misères. Nous nous estions contentez de souspirer dans nos familles ; nos plaintes n'estoient point sorties de nos maisons ; nostre lict et nostre foyer avoient partagé toutes nos larmes, et nous n'avions eu pour tesmoins de nostre murmure que nos frères, que nos enfans et nos femmes. Mais depuis que nous avons veu qu'il s'est emparé ouvertement de l'Estat, qu'il nous a desrobé nostre Prince légitime, qu'il l'a mesme enlevé de nuict, sans avoir égard à sa personne sacrée ny au mal-heur qui pouvoit suivre la délicatesse de son tempérament et de son aage, et qu'il nous a voulu presser par la guerre et par la famine, uous nous sommes fortifiez contre ses attaques et nous n'avons pas moins fait que ces ouvriers qui, pour travailler plus seurement aux murailles de Jérusalem, tenoient la truelle d'une main et l'espée de l'autre. Nous avons reconnu que ce Ministre ambitieux estoit prest de se faire une puissance légitime de l'usurpation, et qu'il ne luy restoit plus rien à faire après s'estre mis au-dessus des loix et au-dessus des Magistrats qui sont commis à la distribution de la Justice. Nous avons remarqué par la suitte, et par la violence de ses desseins, qu'il avoit charmé la plus part des Grands et qu'il avoit esbloüy des Princes pour qui les Poëtes les plus des-interressez ont fait éclatter des Odes qui ne valent guères moins que des Hymnes, et pour qui les Orateurs les plus célèbres ont fait des Panégyriques qui eussent passé dans d'autres siècles pour autant d'Apothéoses. Nous avons veu que ces Princes mesmes ont imposé des loix et des chaisnes à des ennemys estrangers, cependant qu'ils souffroient un ennemy domestique ; qu'ils ont estendu nos frontières par la force et par le bon-heur de leurs armes, cependant qu'ils laissoient dans l'Estat un monstre qui affligeoit toutes nos villes et qui désoloit toutes nos campagnes, et que nous faisions des feux de joye dans les ruës pour des ennemys vaincus, cependant qu'un tyran allumoit le feu dedans nos maisons ou qu'il y pilloit toutes nos richesses. Par là nous avons veu qu'il vouloit nous empescher d'avoir une espèce de vénération pour leur bras ou pour leur conduitte, et qu'il avoit entrepris de leur desrober toute la gloire que l'envie mesme ne leur ose refuser, puis qu'il disputoit diversement avec eux l'avantage de se faire craindre ; qu'il humilioit les François jusques à la dernière consternation, lors qu'ils gaignoient des places et des victoires sur les estrangers ; qu'il rendoit icy redoutable l'authorité qu'il y avoit prise, lors qu'ils faisoient ailleurs des sujets ou des prisonniers, et qu'il opposoit au spectacle et au ressouvenir de leurs triomphes celuy de nos funérailles. Nous avons veu qu'il a précipité la mort de plusieurs personnes, pour ne leur laisser pas mesme la langue libre ; qu'il a fait des criminels de tous ceux dont il n'a peu faire des bourreaux, et qu'il a corrompu par ses maximes dangereuses la pluspart de ceux qui l'ont approché, comme on dit que les Thébiens infectoient ceux qui avoient une fois receu leur haleine. Nous avons veu qu'il a chassé d'auprès du Roy ceux qui avoient esté commis dès long-temps à la garde de sa personne sacrée, que leur retraitte n'a guères esté meilleure qu'un exil, et qu'ils n'ont esté mal-heureux que pour avoir esté trop fidèles. Nous avons craint dès lors que le Cardinal Mazarin, qui taschoit d'esloigner d'auprès du Roy tous les gens de bien et tous les hommes de remarque, et qui en approchoit des personnes très suspectes, n'eut des desseins très pernicieux à l'Estat, qu'il ne voulut faire une Cour nouvelle à force d'y introduire des estrangers et des mercenaires ; que ceux-ci ne dévorassent les peuples après les avoir sucez, et qu'ils n'en fussent les tygres après en avoir esté les sangsuës. Nos Plaintes n'eussent pas esté jusques au désespoir, s'il n'eut pris de nos biens qu'en faisant chemin, comme on dit que le chien ne boit de l'eau du Nil qu'en passant, et s'il se fut contenté de nous tondre sans nous escorcher. Mais il a fallu que nos ressentimens ayent esclatté avec nos mal-heurs, quand nous avons veu qu'on ne pouvoit ny le saouler, ny le remplir ; et nous avons reconnu avec un des Sages de Grèce que celuy qui entreprendroit de guérir la convoitise d'un avare, en le voulant rassasier de richesses, feroit la mesme chose que le Médecin qui conduiroit un hydropique aux fontaines. La raison et l'expérience nous ont fait voir qu'en luy fournissant des trésors, nous luy fournissions des armes qu'il employoit à nous combattre, qu'il entretenoit nos ennemis par nostre argent mesme et qu'il ne pouvoit estre eslevé que sur nos ruines.

En effet, quelle apparence y auroit-il qu'un homme qui vouloit oster au premier et au plus auguste de nos Parlemens l'ancienneté de ses privilèges, l'authorité de ses loix, et toutes les marques de sa grandeur, deut avoir en suitte du respect et de l'amour pour les autres; qu'il laissoit subsister un corps dont il retranchoit le cœur et la teste, et qu'il ne tarit pas les ruisseaux après avoir espuisé la source.

Il est de l'authorité du Roy comme de la lumière du Soleil, qui se respand doucement par tout et qui ne fait de mal qu'à ceux qui n'en peuvent souffrir l'éclat, et de l'authorité des Favoris comme de la Lune qui n'esclaire qu'autant qu'elle est esclairée. Mais quand les Favoris ne sont pas contents du pouvoir qu'on leur communique, qu'ils veulent retenir ce qu'on ne fait que leur prester, qu'ils violent et qu'ils profanent ce qu'on leur confie et qu'ils usurpent le droit qu'on ne leur peut accorder, il y va de la conscience des Magistrats et de la générosité des peuples de remédier à l'insolence de ces tyrans et d'arrester des hommes qui courent quand ils doivent simplement marcher. Quelqu'indifférentes ou quelqu'obscures que puissent estre les loix dans les Estats, il y en a tousjours quelqu'une qui s'oppose diversement à la violence des Souverains, pour ce que la Religion qui s'y exerce explique ce qu'un Prince doit éviter et ce qu'il doit suivre. Quelle différence y auroit-il entre l'usurpation et la souveraineté légitime, entre les Tyrans et les Roys, entre les sujets et les esclaves? Depuis quand les Souverains qui sont appellez les Pasteurs du peuple en doivent-ils estre les bouchers, et quelle est la loy qui nous dispense de toutes les autres? S'il est vray qu'un Roy soit dans son Estat ce qu'est un Père dans sa famille, et que les peuples soient aux Roys ce que les enfans sont aux pères, est-il pas croyable que l'Escriture, qui deffend aux pères d'irriter ceux qui leur sont redevables de la vie, fait la mesme deffence aux Roys au regard de ceux qui leur doivent de l'obéyssance? La Philosophie a-t-elle mis jamais la barbarie au rang des vertus morales? La Politique a-t-elle fait une justice de la rage ? Et la Théologie a-t-elle prononcé des arrests qui nous obligent de croire que la cruauté fasse une des conditions des Saincts et des Images de Dieu ? Que peut donc estre devenuë cette union, ou plustost cette unité de la clémence des Souverains et de l'amour des sujets ? Par quel exemple le Cardinal Mazarin a-t-il divisé deux choses qui n'en font qu'une en telle rencontre ? Et par quel secret a-t-il entrepris de rendre des Roys glorieux par le mal-heur de leurs peuples, qui n'ont jamais eu pour eux que des obéyssances et des bénédictions publiques ? Est-il tombé dans la maxime furieuse de cet Empereur : « Qu'on me haïsse, pourveu qu'on me craigne » ? A-t-il jugé qu'il estoit de nous comme de ces bestes farouches qu'il est plus aisé de combattre que d'apprivoiser ? Et s'est-il persuadé qu'un throsne ne pouvoit mieux estre affermy que sur des sépulchres ? Certes, la bonté des Princes et l'amour des peuples sont deux choses inséparables ; ce sont ces deux caractères des Hébreux, dont l'un est nommé par eux la gauche, ou l'obéyssance par qui le Prince est redouté des estrangers, et la nomment le Glaive de Dieu ; et l'autre la droitte, qui le fit aymer, à qui ces Hébreux mesmes ont donné le nom de Clémence, et qu'ils appellent le Sceptre de Dieu.

Le Cardinal Mazarin a tout confondu, cependant, sous le nom du Prince ; il a prostitué son caractère et sa volonté absoluë dans tous ses ouvrages propres ; et comme s'il eut eu dessein de rendre son règne odieux à tous les hommes, il l'a fait le tyran et le menrtrier de ceux qui le demandent comme leur Roy légitime et qui le reconnoissent comme leur véritable Père.

Mais après avoir manqué dès long-temps à ce que la Religion a de plus sainct et de plus sacré, il n'a pas eu beaucoup de peine à manquer à la Politique ; après avoir mesprisé les commandements de Dieu, il luy a esté facile de violer les loix humaines et de rendre son ambition plus grande et plus forte que la coustume et le droit des gens. Il n'a regardé l'Estat que du costé qui luy pouvoit estre utile ; il n'a considéré la Justice que par son bandeau et sans réfléchir sur cette peinture morale ; il s'est persuadé qu'elle estoit aveugle comme la Fortune. Dans cette opinion criminelle, il n'a laissé au Roy que le titre, et n'a laissé que l'ombre de la Régence à la Reyne ; et pour des-honorer les premières années du Fils et les dernières années de la Mère, il a voulu faire le Roy et le Régent tout ensemble ; il a disposé des charges, des emplois et des bénéfices, et s'est mis en possession de tout ce que les Roys ont en propre. C'eut esté peu pour luy s'il n'en eut encore passé les limites ; et quand il s'est treuvé des personnes qui luy ont conseillé depuis peu de travailler au bien de l'Estat, il en a parlé avec des sentimens de vray François, et n'a pas moins fait en cecy que ce Grachus qui parloit, au rapport de Cicéron, comme un Procureur fiscal de la République Romaine, cependant qu'il en dissipoit toutes les finances.

Pour empescher que nous respirassions dans le port après la tempeste, il a treuvé des obstacles à la paix qui n'en avoit point d'elle-mesme, et n'a peu souffrir qu'un Prince tout généreux et tout sage esteignit par sa conduitte et par sa bonté une guerre qui n'a fait depuis si long-temps qu'un brazier espouvantable de toute l'Europe. Quelle consolation et quel remède pouvions-nous donc espérer d'un Ministre qui n'estoit gras que du sang des peuples ? D'un Cardinal qui mettoit tout en usage pour abolir ou pour profaner nos plus augustes Mistères ? Et d'un Médecin qui ne guérissoit les maladies qu'en faisant mourir les malades ? S'il est vray, ce qu'a dit un Ancien, que le premier bon-heur estoit de ne naistre point, et le second celuy de mourir bien-tost, il eut esté advantageux pour nostre salut que la vie du Cardinal Mazarin eut esté simplement imaginaire, comme celle des Dragons et des Harpies de la Fable, ou qu'il n'y eut eu, pour le moins, que quelques heures entre son berceau et sa sépulture. Les larmes qu'un Sage appelle le sang d'un cœur meurtry n'auroient pas si long-temps coulé sur nos jouës ; nous serions encore à faire entendre nos plaintes, et nous n'aurions pas esté la proye des maux qui eussent arraché des gémissements publics de la constance des martyrs et de la Philosophie des Stoïques. C'est pour cette raison que les plus patients et les plus stupides se sont resveillez de leur assoupissement honteux, que les peuples se sont eslevez à la confusion et à la perte de ce Ministre, et que le Parlement a renouvellé ses coups et ses arrests contre les usurpateurs estrangers, comme les Grecs foüettoient autrefois les Ilotes, de temps en temps, pour leur faire ressouvenir de leur condition première. Il ne pouvoit ny mieux faire, ny retarder davantage, et si les Philosophes de Perse s'estudioient autrefois à faire mourir les rats et les souris dans la créance qu'ils avoient que leur Dieu les avoit en exécration, il ne faut point douter que les Magistrats n'ayent esté justes quand ils se sont eslevez à la ruine d'un homme qui est devenu fameux par l'excez de tant d'impiétez inoüies, et pour le nombre de ses sacrilèges. Le dernier effet qu'il fait est une marque de son impuissance ; il vomit tout le venin qui luy reste et redouble sa fureur quand il n'a plus de quoy la faire durer, comme ces flambeaux qui redoublent leur lumière quand ils sont prests de s'esteindre. Quoy qu'il en soit, il faut que nos bonnes œuvres esloignent de nous un Tyran que nos péchez avoient attiré dans ce Royaume ; que nous nous servions mesme, s'il est besoin, de Processions générales contre ce monstre, comme on s'en servoit autrefois quand quelqu'un estoit apparu dans une contrée, et qu'enfin nous espérions que Dieu exaucera les gens de bien dans cette ville assiégée de tous costez, par la mesme miséricorde qui a exaucé le bon larron dans la Croix, Job sur le fumier, Hiérémie dans la fange, Daniel dans la fosse aux Lyons et les trois enfans au milieu de la fournaise.

D. B.

III. — LA SYBILLE MODERNE, OU L'ORACLE DU TEMPS (1)

Je puis dire aux François ce que sainct Paul escrivoit à ceux de l'Eglise de Corinthe : « Vous avez assez de gens qui vous loüent, mais vous n'en avez point qui vous reprennent. » Le François est si amoureux de ce qu'il ayme, qu'il a du respect pour ses deffauts et pour ses foiblesses quand il rencontre quelqu'un qui lès eslève ou qui les approuve ; et comme il ne veut point estre contredit, il ne cherche et n'estime que ceux qui les flattent et ne manque jamais d'en trouver de cette nature qui l'endorment et qui le perdent, comme les Psylles, de qui les loüanges estoient si funestes, à ce qu'on dit, que c'estoit par elles qu'ils avoient accoustumé d'empoisonner et de desseicher jusques aux troupeaux et jusques aux arbres. Quoy que je sois de la Nation à qui je parle, l'estat où j'ay esté appellée par une inspiration particulière ne me permet point de flatter ny de mentir, et si vous me refusez vostre audiance, ou si ce que j'ay à vous dire vous désoblige, je vous feray le mesme reproche que Jésns-Christ faisoit aux Pharisiens et aux Juifs : « Que qui se scandalise de la vérité est aveugle et que qui ne l'écoute point n'est point de Dieu. »

Nous pouvons dire des premiers François ce qu'on a dit des premières femmes des Hébreux, qui pour accoucher n'avoient point besoin de Sages-Femmes. Pour conduire et pour achever leurs desseins, ils n'avoient besoin ny de l'opiniastreté furieuse des Anglois, ny de la vaillance brutale des Allemans, ny de la patience orgueilleuse des Espagnols, ni de l'adresse criminelle de ceux d'Italie, ny de la malice envieillie de ceux de Sicile. Leurs victoires pouvoient estre appellées les ouvrages de leurs mains et de leur esprit, et leur jalousie estoit si belle et si noble, qu'ils se croyoient assez forts et assez puissants pour asseurer leur Estat et ponr en estendre les bornes. Les trouppes stipendiaires ne leur estoient pas mesme connuës, et ce n'est pas la moindre faute de l'un de nos Roys, à ce que remarque Machiavel, que d'en avoir introduit qui ont tousjours partagé depuis avec eux la gloire de leurs conquestes, et que l'alliance a presque naturalisées dans ce Royaume. Mais puis qu'il faut faire quelquefois des alliez de peur de faire des mutins, et qu'on se sert de la fidélité des uns pour s'opposer à l'insolence et à la tyrannie des autres, je n'examineray point l'opinion de ce Politique et je passeray de nostre premier bon-heur à nostre dernière disgrâce. Cependant comme il y avoit autrefois chez les Romains une ordonnance qui deffendoit à ceux qui se mesloient de prédire l'avenir par la remarque du vol des oyseaux d'exercer leur charge quand ils avoient sur eux quelque ulcère, auparavant que de faire entendre ce que j'ay prédit par le vol d'une infinité d'Harpies, je suis obligée de des-abuser les personnes qui pourroient me soupçonner de quelque maladie cachée et

(1) *A Paris, chez Jean Brunet, rue Neuve S. Louys, au Canon Royal, proche le Palais, M.DC.XLIX (1649).* In-4 de 15 pp. chiff.

de protester d'abord que je n'aÿ rien en moy qui m'empesche d'estre croyable.

Si Lysippe qui se contenta de donner une lance au grand Alexandre reprit justement Apelle qui l'avoit peint avec un foudre dans la main, ceux qui ont parlé du Cardinal qui règne aujourd'huy peuvent estre plus justement accusez d'avoir représenté avec des vertus Morales et Chrestiennes un homme soüillé de meurtres, d'empoisonnemens et de sacrilèges, et d'avoir donné à une Furie des esloges que les Poëtes eussent refusez à leurs Grâces et aux demy-Dieux de l'Antiquité. Les François qui l'ont vanté si hautement dans leurs escrits ont esté aussi galans que cet orateur qui escrivoit les louanges de la fièvre à mesure que ses accez le faisoient trembler ; ils ont eu des Panégyriques pour un monstre à mesure qu'ils en estoient persécutez, et n'ont pas moins fait par flatterie ce que les Martyrs faisoient autrefois par un sentiment de religion, lors qu'ils bénissoient les bourreaux qui les deschiroient en pièces. Mais on ne doit presque plus trouver estrange que le Cardinal Mazarin ait eu des hommes pour faire valoir ses crimes, puis que les Busires et les Nérons ont trouvé des Apologistes, et que des peuples entiers ont Déifié des Crapauts et des Crocodiles. Il n'est point de siècle qui n'ait porté des aveugles et des ladres, et tant qu'il y aura des pauvres et des mercenaires, il y aura tousjours et des flatteurs et des lasches. Cette bassesse n'a pas eu de grands succez ; ces illusions pompeuses n'ont pas mesme gaigné les plus foibles et les plus crédules, et ceux qui ont eu quelque espèce de créance pour les Fables n'en ont pas eu pour ces impostures.

Certes, il n'estoit pas vraysemblable qu'on deut faire passer pour un Ministre fidèle celuy qui usurpoit l'authorité souveraine et qui désoloit tout l'Etat ; qu'on deut nommer Politique celuy qui n'est adroit qu'aux dez et aux cartes ; qu'on eût de l'amour pour un Agent qui doit toute sa réputation à ses crimes ; et qu'on eût de l'estime pour un Gouverneur qui souffroit que la Chambre du Roy retentit dans le jeu de mille blasphèmes pour luy apprendre à estre desvot, après avoir peut-estre oüy dire que ceux de Lacédémone rendoient leurs enfans sobres à force de leur montrer leurs esclaves yvres. Il eut esté plus aisé de souscrire à l'opinion des Sceptiques et d'Anaxagore, qui ont soustenu que le feu ne brusloit point, et que la neige estoit noire.

Il y avoit quelque chose de religieux et de sainct dans la coustume de ces Anciens, qui ne vouloient point que les gens de mauvaise vie fussent receus à donner mesme un bon conseil, dans la créance qu'ils avoient que ce qui sortoit de la bouche d'un meschant homme devoit tousjours estre suspect, et je m'estonne qu'une loy si juste n'ait passé dans tous les Estats, ou qu'une si belle morte, qu'il estoit facile de faire revivre, n'ait point esté ressuscitée depuis tant de siècles. Il n'eut jamais esté permis au Cardinal Mazarin d'ouvrir la bouche dans les Conseils ny dans les assemblées publiques, il n'eut jamais esté reçu dans le Cabinet ny dans les maisons de ville, et tous ses arrets n'eussent eu crédit que dans les brelans et dans les Académies. Mais on l'a bien fait passer plus avant, quoy qu'on fut instruict des abominations de sa jeunesse et de ses trahisons ordinaires, on ne luy a pas seulement ouvert la porte dans le Conseil, on a voulu qu'il y fit esclatter ses sentimens, et que les Sages les révérassent comme des loys et des Oracles. C'est ainsi qu'il a persuadé aux uns et aux autres qu'il falloit entretenir la guerre pour leur interest ou pour leur gloire, qu'on ne pouvoit mieux purger la France de séditieux qu'en luy tirant ce qui luy restoit de sang dans les veines, et qu'il n'estoit point de remède ny plus prompt ny plus asseuré, pour en espouvanter les ennemis, que de l'escorcher. Comme on dit que les loys de Dracon estoient plustost escrites avec du sang qu'avec de l'encre, celle-cy ne fut enregistrée que sur des tombeaux et sur des ruines ; elle trouva des acclamateurs publics, et pour la faire passer, on n'espargna ny la liberté des Princes, ny les conquestes des Grands, ny l'authorité des Juges, ny le ministère des Prélats, ny le caractère des Prestres, ny les privilèges de la Noblesse, ny le sang du peuple. Les Intendants de Justice furent envoiez dans les provinces pour violer ou pour abolir jusques au droit des gens ; les Sacrificateurs qui refusèrent d'estre des loups furent immolez à la tyrannie comme des aigneaux et comme des victimes d'expiation, et ceux qui ozèrent murmurer contre ce décret furent desclarez rebelles et n'ont esté guères mieux traittez que des incendiaires et des parricides.

Quoy que cet horrible et ce nouveau Législateur deut estre en exécration à tous les hommes, il s'en est veu cependant qui se sont empoisonnez de ses maximes, et comme on dit que ceux qui se frottoient les mains aux colonnes du Temple de cette Diane Orientale, qui estoit basty dans Athènes, en rapporteroient l'odeur et la couleur du saffran, il s'est treuvé que ceux qui se sont frottez à sa robbe, pour rappeller notre vieux proverbe, en ont rapporté toutes les tasches.

Après avoir espuisé toutes les finances de l'Estat, après avoir fait autant de pauvres qu'il y a de sujets dans ce Royaume, il semble qu'il ait eu dessein de se joüer mesme de Dieu. Il a fait venir de nouveaux Religieux [1], qui ont fait une foire sainct Germain de leur Eglise, un Théâtre de leur autel, qui ont introduit des Marionettes pour des Saincts, et qui commençoient à faire une farce de nos plus Augustes mistères, dans la créance qu'ils ont euë qu'ils ne pouvoient luy plaire plus avantageusement qu'en changeant la Religion en Comédienne. Il les avoit desjà logez de ses impiétez et de ses larcins, et consacroit à Dieu un Temple de ses saletez et de ses crimes, comme ces malheureuses Phœniciennes qui se prostituoient devant leurs Idoles et qui leur dédioient le prix de leurs paillardises et de leurs ordures.

(1) Il s'agit des théatins, ordre fondé par Saint-Gaëtan de Thiene (1480-1547). Mazarin fit venir en France ces religieux en 1638 et la reine Anne d'Autriche se déclara leur protectrice. Leur maison, dont l'église s'appelait Sainte-Anne la Royale, était située quai des Théatins, aujourd'hui quai Voltaire.

Mais c'est imiter de trop près certains médecins qui discourent assez de la nature du mal et qui ne parlent jamais du remède, et si je pensois rappeller l'argent qu'il nous a vollé, à force de faire esclatter mes ressentimens et mes plaintes, je ne travaillerois guères plus utilement que les Romains, qui dans l'Eclipse de la Lune faisoient esclatter de grands bruits pour en rappeller la lumière.

Je veux simplement vous advertir que la guerre qu'il vient d'allumer au milieu de ce Royaume luy doit estre aussi fatale qu'elle nous doit estre sensible, et que nous pouvons dire à peu près de luy ce qu'un joueur de tragédies respondit autrefois à ceux qui luy demandèrent ce qu'il avoit trouvé de plus remarquable dans les deux Tragiques de la Grèce : « Rien, dit-il, ne m'a plus surpris que d'avoir veu Philippe célébrer les nopces de sa chère fille dans une scène longue et pompeuse où il estoit appellé le treiziesme Dieu, et d'avoir veu le lendemain le mesme Philippe massacré et jetté hors du théâtre. » Si nous n'avons suivy tout à fait le Cardinal Mazarin dans les espouzailles de ses Niepces, nous l'avons remarqué jusques icy dans un estat magnifique : nous l'avons veu comme le premier et le plus superbe des Ministres ; il a joué un personnage de Roy, et nous le verrons despouillé de ses ornemens, et plus misérable dans sa mort qu'il n'a esté glorieux durant sa vie.

Ceux qui le protègent doivent craindre Dieu, si les belles qualitez qu'ils ont apportées au monde les empeschent de craindre les hommes. Entre plusieurs espèces de foudres, les Anciens en appelloient quelques-uns monitoires, pour ce qu'ils advertissoient ceux qui en estoient frappez de se tenir sur leurs gardes. Monseigneur le Prince en a esté desjà frappé dans la personne de deux Favoris ; il en a regretté la perte, il est encore en son pouvoir de nous empescher de pleurer la sienne. Quelle honte et quel mal-heur, qu'un Cardinal, tout souillé de crimes, souille aujourd'huy l'Estat du plus pur et du plus illustre sang dont il ait droit de se prévaloir ? Qu'on fasse périr tant de gens de bien pour un meschant homme ! Qu'on hazarde jusques à la gloire et à la santé du Roy pour l'un des derniers monstres de la Sicile ! Toutes nos larmes peuvent-elles jamais suffire à la mort de Monsieur de Chastillon, qui s'estoit rendu fameux dans la plus part de nos sièges, qui avoit eu tant de part à nos victoires, et qui s'estoit immortalisé dans un aage où César se plaignoit de n'avoir rien fait encore ?[1] Il a fallu que la maison de Chastillon périt avec ce grand homme pour un tyran et pour un barbare ; que les Tancrèdes[2], les Comtes d'Ors et les Clanleus fussent immolez à la querelle d'un traistre, que nos meilleurs soldats et nos meilleurs officiers combatissent jour et nuit les uns contre les autres pour le divertissement d'un estranger ; que des Prin-

(1) Voir la *Lettre de consolation* (de Cyrano) *envoyée à Madame de Chastillon pour la mort de Monsieur de Chastillon* (T I, Notice,p LXXI) — (2) Voir la *Lettre de consolation* (de Cyrano) *envoyée à Madame la duchesse de Rohan, sur la mort de feu Monsieur le duc de Rohan, son fils, surnommé Tancrède* (T. I, Notice, p. LXXI).

ces dont nous appréhendons esgallement et le triomphe et la deffaitte se cherchassent comme des ennemis irréconciliables pour leur fléau commun, que les frères fussent divisez et d'intérests et de sentimens pour un usurpateur, et que la France employast ses forces et tournast ses armes contre elle-mesme pour satisfaire à l'avarice d'un voleur, et pour assouvir sa rage.

Quoy que ce Royaume soit grand et peuplé, il ne porte pas tousjours de grands hommes ; Dieu ne fait pas des miracles tous les jours, et les Héros ne sont pas des productions ordinaires de la Nature. Quand quelqu'un de cette espèce vient à périr, la consternation en doit estre universelle, et tous en doivent prendre généralement le dueil, comme certains peuples le prenoient quand le Soleil souffroit quelque esclipse. Le Cardinal Mazarin est d'une opinion tout à fait contraire, pour ce qu'il croit ne pouvoir mieux servir son Roy naturel pour rachepter son bannissement, et pour se remettre dans ses bonnes grâces, qu'en faisant esgorger ceux qui font trembler l'Espagne ; et ne luy peut rendre en effet de meilleur office qu'en luy donnant le loisir et la liberté de reprendre haleine, et de venir triompher chez nous de nos déroutes et de nos victoires.

En effet, quand Dieu nous puniroit des péchez de Mazarin jusques à permettre que Monsieur le Prince fut aussi heureux contre les véritables sujets du Roy qu'il l'a esté contre les ennemis jurez de l'Estat ; il est certain que le Cardinal rempliroit la France de nouveaux désordres et qu'il adjousteroit de secondes souffrances aux premières. Mais avec quels maux feroit-il revivre ces maux mesmes, puisqu'il faudroit assiéger toutes les places, livrer plusieurs combats dans chaque province, désoler toutes nos campagnes, ruiner toutes les maisons, et forcer des peuples qui combattent pour leur foyer avec le mesme zèle que les Anciens combattoient pour leur liberté et pour leurs Dieux domestiques ? Il ne resteroit aucune partie saine dans cet Estat, et Monsieur le Prince n'auroit enfin travaillé qu'à rendre au Roy une affreuse solitude pour un beau Royaume. Quelle récompense auroit-il droit d'espérer d'une peine si cruelle ? Et quelle gloire pourroit-il prétendre du meurtre de tant d'innocens qui eslèvent encore leurs cœurs et leurs yeux au Ciel pour la conservation de sa personne ? S'il arrive d'ailleurs que son cœur soit endurcy comme celuy de Pharaon et qu'il succombe dans un si mal-heureux party, comme Dieu est juste et terrible, la moindre goutte de son sang peut-elle estre jamais assez dignement payée ? Et quelque respect et quelque amour que nous ayons pour nostre cause, pourrions-nous assez regretter le bras droit du Roy, l'espérance et l'admiration de ses peuples, l'estonnement et l'effroy des estrangers, et pour tout dire, un Prince que l'Empereur et le Roy d'Espagne ne connoissent que par la prise de leurs forteresses, et par la deffaite de leurs armées ?

Je fais icy en sa faveur ce souhait que faisoit autrefois Moyse : « Pleut à Dieu que tous les hommes fussent Prophètes. » Il verroit au moins de loin que ceux qui soustiennent des querelles trop injustes sont tousjours à plaindre, qu'ils sèment du vent, pour parler avec l'Escriture, et qu'ils moissonnent des tempestes. Monsieur le Prince est trop judicieux pour croire, avec Roboam, que son petit doigt est plus fort que tout le corps de ses pères, et quand il voudroit s'eslever à leurs despens et à leur honte, il est trop sage pour n'estre pas persuadé que c'est icy la cause de Dieu qui combat pour nous au milieu de nos armées.

Outre ce mal-heur qui regarde la vie et la conscience, il arrivera sans doute que ces belles journées que les François ont chommées comme autant de festes ne vivront plus dans leur mémoire, pour ce que les hommes sont naturellement plus portez à se ressouvenir des maux qu'on leur a causez que des grâces qu'on leur a faites, que les bienfaits s'escrivent dessus le sable, et les injures sur le marbre et sur le bronze. Il arrivera que les acclamations publiques se changeront tout d'un coup en imprécations secrettes ; qu'il perdra sa plus belle gloire en perdant l'amour des peuples, et quand la postérité s'entretiendra de Rocroy, de Fribourg, de Nortlinguen et de Lens, elle ne manquera point de parler de Paris pressé d'un siège, d'un usurpateur maintenu contre l'Authorité Royale, de Parlemens interdits, de morts horribles, de sanctuaires prophanez, de femmes et de vierges violées, d'innocens persécutez ou meurtris, et d'un sacrifice effroyable de tant de personnes de toutes conditions, de tout aage et de tout sexe de qui le sang doit fumer une éternité toute entière. Comme on dit que Dieu chastie l'iniquité des pères sur leurs enfants, il estendra cette haine sur les descendans de ceux qui auront presté le consentement ou la main à l'horreur de ces spectacles, et fera passer ce mal-henr du tronc aux branches.

Il arrivera, par une raison contraire, que les autres qui se seront armez en faveur du Roy et de la Justice seront comblez de bénédictions et de louanges, que la félicité des pères ne manquera pas de couler avec leur sang dans les veines de leurs enfans, et qu'ils procureront à toute leur postérité plus de bon-heur qu'elle n'en pourroit tirer des plus favorables influences des Astres. S'il est vray, ce que dit Pausanias dans ses Attiques, que cent ans après la journée de Marathon, les passans entendoient encore le hannissement des chevaux et le bruit des trompettes et des armes au mesme lieu où la bataille s'estoit donnée, j'ose dire que ceux qui viendront longtemps après nous entendront sortir des cris des sépulchres partout où l'on aura combattu, et que ceux de qui les ancestres auront causé toutes nos misères seront frappez de frayeur et de pitié à cette merveille prodigieuse. S'il est vray encore que les villes d'Afrique qui estoient autrefois assiégées par des lyons n'en purent estre délivrées que par le spectacle des lyons qu'on pendit aux advenuës, il est certain que la France ne sera libre des Partisans qui l'ont pressée de toutes parts, et qui l'ont réduitte aux extrémitez dernières, qu'après en avoir fait pendre par toutes les places publiques pour espouvanter les autres, et pour aller au devant de ceux qui avoient le mesme dessein de la perdre. Pourveu que la mort du Cardinal Mazarin devienne l'exemple des voleurs et des estrangers, la

France se remettra de ses désordres avec le temps, mais si on luy ouvre des passages pour sa sortie et qu'on favorise sa fuitte, elle doit avoir aussi peu de sujet de se resjouyr que celuy de qui on auroit enlevé tous les biens et bruslé tous les héritages, et qu'on voudroit consoler en luy remonstrant qu'on auroit sauvé l'autheur de son désespoir et de sa misère. De quelques trouppes que nos ennemis se puissent prévaloir tous les jours, ils succomberont enfin sous leurs propres forces, comme ces bastiments qui crèvent sous leur pesanteur; ils esbranleront une colonne comme Samson, sous laquelle ils feront périr plusieurs personnes et ne manqueront pas de périr eux-mesmes, et l'on dira d'eux, pour leur gloire, ce qu'on a dit d'Erasme pour les sciences, qu'ils eussent esté beaucoup plus grands, s'ils eussent voulu se contenter d'estre moindres [1].

IV. — LE CONSEILLER FIDÈLE (2)

Un grand sainct n'a pas eu mauvaise gràce de dire qu'il estoit de la foiblesse de l'homme de pécher, et que c'estoit le propre des Diables de persévérer dans leur malice. Ce seroit une chose incroyable, si elle ne nous estoit devenuë sensible, que les mauvais ministres n'eussent point eu de paix ny de tresve avec eux-mesmes, dans le dessein qu'ils ont eu de ne faire qu'un désert de tout ce Royaume, et qu'ils ne se proposassent la fin de la guerre que par celle des personnes qui n'estoient plus en estat de souffrir leurs crimes. Le peuple ne se treuve coupable aujourd'huy que d'avoir fait des vœux publics pour sa liberté première ; il n'a esté condamné au dernier snpplice que pour avoir osé gémir sous un fardeau sous lequel il estoit prest de succomber, et par une cruauté inconnuë à tous les Siècles, nostre plainte est devenuë une partie de nostre souffrance. Ces tyrans, en qui la rage n'est plus qn'un divertissement ordinaire, authorisé par la coustume, ont deffendu aux misérables ce qu'on n'a pas mesme refusé aux premiers Martyrs ; ils ont voulu enchérir sur la charge des bourreaux et rendre muets ceux de qui les plaies pouvoient estre autant de bouches sanglantes. Dans cette loy dont ils ont fait une nécessité toute barbare, quelques-uns d'entre nous s'en sont fait une du respect et du silence ; ils ont reçu l'arrest de leur mort ou la nouvelle de leur perte sans jetter mesme un souspir, et l'on eut dit qn'ils sortoient du monde avec aussi peu de trouble que quand la Nature les y avoit fait entrer. Il est vray que quelques autres ont treuvé lasche une soumission si aveugle, qu'ils n'ont peu se persuader que la tyrannie deut estouffer tous les sentimens de la Religion et de la Nature, et qu'ils ont creu que la Justice ne pouvoit refuser d'enten-

(1) Cette mazarinade se termine par un sonnet que nous avons reproduit dans notre Notice sur Cyrano de Bergerac, T. I, p. LXXIV. — (2) *Le Conseiller fidèle. A Paris, chez Jean Brunet... M.D.CXLIX (1649).* In-4 de 12 pp. chiff.

dre les plaintes de l'innocence persécutée sans perdre son nom et son caractère, puisque c'est là son premier employ, et que Dieu deffend esgallement à tous les Juges ce qu'il deffendit à Moyse, d'estre injuste dans ses Jugemens et de s'arrester en telle rencontre à la grandeur et à la bassesse. Dans ce sentiment généreux, ils ont imité ces Cygnes qui ne commencent à chanter que quand ils sont prests de mourir au rapport des Poëtes et de Platon mesme, et c'est ainsi qu'ils ont fait un Concert de leur murmure à deux pas de leur tombeau, et qu'ils ont ouvert la bouche quand la mort estoit preste de la fermer. C'est dans une désolation qui n'est pas plus bornée que ce grand Estat et qui en faisoit porter le dueil par avance à tous ceux qui en prévoyoient la ruine entière, qu'ils ont fait voir que l'authorité du Roy n'estoit plus qu'un nom pompeux, comme on l'a dit autrefois de la République Romaine dans un temps où celuy qui s'en faisoit appeller le père en estoit le plus grand tyran ; que la Majesté du Prince n'estoit plus qu'une belle image, qu'un étranger usurpoit toute sa puissance légitime, et que son domaine devenoit sa proye. Après nous avoir fait toucher cette vérité qui nous avoit desjà cousté du sang et des larmes, après avoir veu nos biens espuisez et nos veines presque taries, nous avons reconnu qu'il ne haïssoit point nos loix que pour ce qu'elles estoient contraires à ses entreprises, et qu'il retranchoit l'authorité des Parlemens pour ruiner toute la Justice, comme on fait mourir le cyprez quand on couppe le haut de ses branches. Le temps qui a coustume d'introduire toutes les choses sur le Théâtre, pour parler avec Tatian, a mis au jour la plus part des grands ouvrages de ce Politique dans nos souffrances et dans nos misères ; il n'est plus possible que nous nous plaignions de nos pertes sans nous plaindre en mesme temps de son ministère, et qui dira que nous avons en quelque sorte appuyé son ambition par nostre indulgence, prendra nos mal-heurs dans leur estenduë, et dans leur source. Ce n'est pas d'aujourd'huy que la paresse a fait des repentans et des misérables, et qu'on a veu des gens dévorez par des bestes qu'ils croyoient apprivoisées, et qu'ils pensoient ne devoir plus craindre. Les vertus ont leur excez aussi bien que leur deffaut, La compassion est criminelle quand elle est injuste, et c'est assez de l'estat où nous sommes tous réduits pour nous faire confesser qu'il est esgalement dangereux de pardonner toutes les fautes, et de n'en pardonner aucune. Le Médecin fait l'office de bourreau quand il ne refuse rien à son malade, et la charité du Chrestien devient un de ses péchez, quand c'est par elle qu'il prétend aimer jusques aux personnes qui sont en exécration devant Dieu, qui est la charité mesme selon l'Apostre, et qu'il s'en sert de fondement et de principe pour souffrir les sacrifices et les traistres. Nous avons regardé jusques icy le Cardinal Mazarin de la mesme sorte que nous avons souvent regardé des bestes farouches qui sont entretenues pour la rareté de leur espèce, ou par la grandeur des Roys, ou pour la curiosité du peuple ; mais quand nous avons examiné que celles-cy estoient ordinairement enchaisnées, pour ne pas contenter les yeux de leurs spectateurs aux despens de toutes les parties de leurs corps, et pour empescher qu'ils n'en devinssent et les victimes et la curée ; que celle-cy estoit libre, et que sa fureur n'estoit point oisive, nous avons jugé qu'il y alloit de l'intérest du souverain, et du salut de son peuple, de s'opposer ouvertement aux coups que nous ne pouvons plus éviter que par miracle. Nous nous estions servis en secret du jeusne et de l'oraison contre un prodigieux nombre d'Harpies, comme on s'en sert contre les Sauterelles de l'Apocalypse quand les exorcismes ordinaires ne peuvent suffire à les chasser du corps dont elles ont pris possession ; mais après avoir veu que nos ennemis nous avoient accoustumé dès longtemps aux jeusnes, et que Dieu nous avoit donné des bras, nous les avons employez en cette rencontre, et nous n'avons point douté que nous ne deussions estre heureux, puisque nous avions pour nous et la Justice et la Force.

Certes, si Damis s'estonne dans Philostrate de voir conduire un Eléphant par un jeune garçon de treize ans, il y avoit bien plus à s'estonner de voir icy l'Estat gouverné par un homme qui n'a rapporté chez nous que la malice de son païs, et qui ne s'est rendu remarquable que par une ignorance grossière, et aussi honteuse que les premiers divertissemens de sa vie. Une Monarchie comme la nostre demandoit une personne plus spirituelle, plus Religieuse et plus adroitte, et pour maintenir son éclat dans la minorité du Roy, ce n'estoit pas trop d'une Intelligence. La France a des Sages aussi bien que la vieille Grèce ; nous avons des Princes à qui l'expérience et l'estude n'ont presque point laissé de lumières à désirer et de véritez à descouvrir, et qui nous pouroient conduire avec des succez merveilleux, selon l'opinion de cet Ancien, qui ne croyoit pas qu'un Estat fut plus heureux que quand il estoit conduit par des Philosophes. Icy je ne comprends pas ces Philosophes qui parlent de la Politique comme certains Médecins parlent des Plantes, dont ils sçavent tous les noms sans en connoistre la vertu ; j'entends ces véritables Sages de qui le cœur respond à la langue, qui raisonnent et qui exécutent, qui se font admirer dans le combat aussi bien que dans le Conseil, qui pénètrent dans les intérests de nos voisins et dans les nostres, dont la vertu ne doit rien à la naissance et à la Fortune, qui prévoient les dangers et qui les préviennent, qui bastissent leur Politique sur la Morale et qui ne la destachent jamais de l'Evangile.

Outre qu'il est honteux de laisser usurper à un estranger le droit des Princes, de peur que cette souffrance ne leur reproche quelque foiblesse ou qu'elle ne marque en eux quelque tache qui mérite nostre soupçon, il est dangereux encore de l'eslever aux plus hauts degrez du ministère, de peur qu'il ne reconnoisse par ce moyen nos deffauts et nos advantages ; qu'il ne se serve des premiers pour nous ruiner, et des seconds pour nous endormir quand on l'en fera descendre ; qu'il ne descouvre ensuitte à ceux de son païs ou de sa cabale pour se vanger, ce qu'ils doivent ignorer pour nostre gloire et pour nostre bien, et qu'en fournissant aux ennemis de dehors des mémoires de nos souhaits, de nos deffiances ou de nos craintes, il ne leur fournisse des armes pour nous prévenir, pour nous surprendre, ou pour nous combattre. En effet, l'amour que nous avons pour nostre païs est une passion naturelle qu'on ne peut arracher qu'avec nos entrailles, et celuy qui disoit que le Sage treuvoit sa patrie où il rencontroit son bien, n'estoit pas sage, et ne connoissoit point sa patrie. C'est une sagesse qui n'est qu'en idée, comme la République de Platon, et c'est proprement cesser d'estre homme pour s'efforcer d'estre Philosophe. Dans cet amour qui est imprimé dans nostre sang et dans nostre cœur, et qui fait une partie de nous-mesmes, le favory qui est né sujet du Prince qui le caresse et qui l'estime ne profite point de ses faveurs sans les rendre utiles à ceux de son païs mesme, et s'il arrive qu'il eslève quelques maisons sur la ruine de quelques familles, comme la génération de l'un est la corruption de l'autre dans la nature, les biens qu'il amasse ou qu'il distribuë ne passent point les frontières de son souverain ; les particuliers en tirent tousjours quelque fruit, ses parens, ses amis, et ses domestiques y prétendent tousjours quelque part, et la ville qui l'a veu naistre en a pour le moins de l'honneur et du crédit, et s'en promet tousjours quelque privilège et quelque grâce. Il en est tout au contraire d'un estranger quand il possède l'oreille d'un Prince. Comme le retour dans son païs est ordinairement son espérance la plus grande et la plus secrette, quelque artifice qu'il emploie à se déguiser, qu'il ne combat que pour la retraitte, qu'il ne peut oublier ny ses amis ny ses proches, ou qu'il travaille à la gloire de son Roy naturel, lors qu'on croit qu'il s'oppose à sa grandeur, comme les rameurs qui tournent le dos au lieu où ils veulent aborder ; c'est aussi de là qu'il n'a que son intérest pour son but, qu'il fait une moisson dorée de l'Estat, comme on dit que Staroclès et Dromoclidas en faisoient de la justice, qu'il ne laisse d'où il veut partir que ce qu'il ne peut emporter, qu'il procure des emplois et des dignitez à ceux de sa nation autant que son authorité le peut permettre, et que la Cour du souverain ne semble plus devoir passer que pour une Cour estrangère. C'est ainsi que les sujets naturels deviennent pauvres ou que leur crédit est affoibly par celuy des autres pour ce qu'ils en occupent la place ; que les richesses qu'ils ont amassées dans un Estat passent dans l'autre sans aucun retour, et qu'ils se retirent enfin chez eux quand ils en rencontrent l'occasion, pour y vivre de nos sueurs et de leurs rapines. Le Ministère du feu Cardinal de Richelieu nous sembloit estrange, ou pource qu'il n'est pas dans le pouvoir mesme de Jupiter de plaire à tous, comme disoit Théognide, ou pour ce que le bien n'estoit pas simplement enchaîné avec le mal, comme Homère nous l'asseure, mais pour ce qu'ils estoient trop meslez et trop confondus, et que nous devions tousjours nostre repos à quelques regrets et à quelques funérailles. Cependant, il est certain que les lettres ne furent jamais plus fleurissantes sous le règne de François premier, qui en fut appelé le père ; que les siècles des Antonins, des Trajans, des Augustes et des Alexandres, ne furent guères plus féconds ny plus heureux en hommes sçavans ; qu'il a reconnu tous les excellens ouvriers par des pensions ou par des caresses glorieuses, et qu'il n'est point d'artisan fameux qui ne luy soit redevable de quelque avantage. Mais dans le gouvernement du Cardinal d'aujourd'huy, les Muses n'auroient pas esté ny plus ridicules, ny plus descriées, quand on auroit basty les Petites Maisons pour les renfermer, et quand le Parnasse n'auroit esté qu'un hospital de fous et de folles. Les plus illustres ouvriers meurent de faim sur leurs chefs-d'œuvres ; les Poètes, les Orateurs et les Philosophes ne comptent que le Cardinal Mazarin et la fortune entre leurs ennemis irréconciliables, et se voyent bannis d'où l'on n'appelle que les joüeurs de Hoc et de Tric-Trac, qne des farceurs et des saltimbanques.

Il ne faut donc plus s'estonner que le Parlement ait eu des arrests contre un Ministre qui, hors la peste, nous envoye tous les fléaux de Dieu, qui veut que la famine succède à la guerre et que la rage soit le dernier de ses dons et de nos supplices. Véritablement, une si auguste compagnie ne pouvoit plus glorieusement travailler à nostre salut, puisque c'est estre Dieu à l'homme que d'aider à l'homme, comme dit Pline, que c'est estre comme le fils du Très-Haut, au rapport de Salomon, que de délivrer celuy qui souffre quelque injustice, et que c'est pour cette raison que les Juges sont appelez Dieux dedans l'Escriture.

Ne te lasse pas cependant, pauvre peuple persécuté, de peur que tu n'adjoustes le désespoir à ton malheur, et que tu ne fasses naufrage après la tempeste. Comme les Cantarides ont dans leurs corps une certaine partie qui sert de contre-poison à leur poison mesme, et qu'on fait des Antidotes des plus grands venins, on tirera ton salut de ta souffrance, et ta consolation de tes regrets et de tes plaintes. Cesse de murmurer contre ceux qui te protègent et qui te soustiennent, de peur que ton murmure et ta deffiance ne les rebutent ou ne les irritent, et qu'ils ne se repentent ou ne s'ennuyent de procurer du repos à ceux qui pourroient bien s'en rendre indignes. Après leur avoir fait pitié par tes pertes et par tes misères, efforce-toy de les gagner par ta patience, puisque c'est elle enfin qui conduit tous les grands desseins et qui les achève, qui donne le prix à chaque vertu, qui perfectionne la sagesse, qui donne toutes les victoires et qui couronne le Martyre. — D. B.

V. — REMONSTRANCES DES TROIS ESTATS, A LA REYNE RÉGENTE, POUR LA PAIX (1).

REMONSTRANCE DU CLERGÉ A LA REYNE RÉGENTE

Madame. S'il est vray qu'il n'y ait que la conscience du meschant qui tremble tousjours, comme le Sage nous l'enseigne dans ses Proverbes, les très humbles Remonstrances que nous faisons à vostre Majesté nous

(1) Cette mazarinade : *A Paris, chez Jean Brunet... MDC.XLIX* (*1649*), in-4 de 24 pp., est divisée en trois parties, les deux dernières avec titre particulier.

font d'autant moins trembler qu'elles n'ont pour but que l'intérest d'une Mère persécutée dont vous relevez avec tant de soumission, et sans laquelle vous seriez tousjours à plaindre quand vous porteriez des loix partout où le Soleil porte sa lumière. Cette Mère persécutée est l'espouse de Jésus-Christ, qui n'ose presque plus se vanter d'estre entre les filles ce qu'est le muguet entre les espines, qui pourroit douter en quelque sorte si c'est elle-mesme à qui parle son espoux, quand il luy dit qu'elle est la plus belle de toutes les femmes, et que celles qui l'ont veuë l'ont appelée bien-heureuse. Elle ne se treuve plus redoutable comme les armées en bataille, elle n'ose plus dire qu'elle est sans tache, que la saison mauvaise est passée et que le temps des resjouyssances est venu ; et si elle ouvre la bouche, ce n'est plus que pour ces tristes parolles : « Si vous voyez mon bien-aymé, faites-luy sçavoir qu'on m'a battuë, qu'on m'a blessée, et que mon voile m'a esté osté par ceux qui gardent les murailles de la ville. » L'estat où elle a esté réduitte depuis deux mois par ceux qui gardent les murailles de Paris, de peur que le pain n'y trouvast un passage libre, luy fait redoubler ces mesmes plaintes et luy fait redire encore qu'elle cherche de tous costés celuy qu'elle ayme sans le rencontrer. Certes, Madame, nous avons tous cru que vostre Majesté ne pouvoit estre informée de tous ces désordres, et que c'estoient deux choses incompatibles en vous, que de sçavoir ce mal-heur et de le souffrir. Outre que nous apprenons de l'Histoire Saincte que les Roys ne sont establis que pour rendre la justice, l'histoire prophane et la raison nous ont fait connoistre qu'il n'y avoit rien au monde de plus utile ny de plus grand que cette vertu. Dans cette créance, qui a gagné mesme l'esprit des barbares et des sauvages, il est de la nécessité que ceux qui font l'office des Roys en partagent les qualitez comme ils en partagent la grandeur, et qu'ils rendent la justice aux hommes, s'ils ne veulent deffier celle de Dieu. Les premières années de vostre vie et celles de vostre Régence nous ont esté si glorieuses qu'il y auroit en nous de l'ingratitude, si nous nous lassions de publier qu'on a tousjours reconnu en vostre Majesté les parfaites marques et les caractères visibles d'une Reyne toute grande, d'une Mère toute bonne, d'une femme toute sage et d'une Chrestienne toute dévote. Mais comme un Ancien n'a pas eu mauvaise grâce de dire que les personnes qui estoient dessus le Throsne n'avoient accoustumé de voir et d'entendre que par les yeux et par les oreilles de celles qui avoient accoustumé de les approcher, nous venons nous prosterner encore à vos pieds pour vous remonstrer que tous nos sanctuaires sont prophanez, toutes nos Eglises pillées, toutes nos Religieuses fugitives, tous nos Prestres esgarez, la plus part de nos mystères abolis et toutes nos espérances presque perduës. La barque de sainct Pierre n'est plus icy qu'un vaisseau qui flotte au gré des vents et de la tempeste, et qui ne sçait en quel endroit aborder, et quoy que Jésus-Christ nous assure que les portes de l'Enfer n'auront point de force contre son Eglise, les trouppes qui environnent vostre Majesté, Madame, font ce qu'elles peuvent pour empescher que la vérité mesme ne soit infaillible, pour renverser la demeure du sainct Esprit, et pour ruiner un corps dont Jésus-Christ est la teste. Ouy, Madame, la Religion n'a pas moins d'ennemis à vaincre qu'elle a de trouppes qui vous environnent; vos gardes sont devenus ses persécuteurs, et les Temples, qui ne retentissoient naguères que de cantiques et de loüanges à Dieu, ne retentissent plus icy à l'entour que de hurlemens affreux et de blasphèmes espouvantables. Les Pasteurs y sont traitez comme les brebis, les larcins y passent pour des droits de guerre, et les crimes se commettent où l'on avoit coustume de les absoudre. Vostre Rédempteur et le nostre leur peut bien dire aujourd'hui, comme il disoit autrefois, que sa maison est nommée maison de prière, et qu'ils en ont fait nne caverne de volleurs. Nous pouvons nous escrier avec l'Apostre qu'ils ont les pieds légers à verser le sang, puis qu'ils ne courent qu'aux meurtres, et si leur violence continuë, j'apréhende enfin de continuer aussi avec le mesme sainct Paul en parlant à Dieu : « Ils ont démoli tes Autels, massacré tes Prophètes, j'ay resté seul, et ils me cherchent encore pour m'oster la vie. » C'est une espèce de prodige, Madame, que les cris de tant d'innocens ne viennent point jusque à vos oreilles et qu'elles n'ayent point encore esté frappées du bruit de la misère publique. Pour nous, qui confessons avec le grand Tertullien qu'il vaut mieux encore faillir que tromper, nous avons creu qu'il nous serait tousjours plus advantageux d'instruire vostre Majesté de tous nos désordres que de les luy déguiser par quelque bassesse ou par quelque crainte, que nostre Ministère estoit honoré d'un très noble privilège pour estre ou muet ou complaisant, et que la flatterie estoit honteuse ou criminelle sur les lèvres de ceux qui sont appellez à une vocation comme la nostre, puis que le feu avoit esté employé autrefois dans une rencontre à peu près semblable, pour purifier celles d'un Prophète. Ne treuvez donc pas, s'il vous plaist, estrange que nous nous plaignions icy d'une consternation qui répugne si fort à vos sentimens et à vos desseins, que nous engagions vostre piété dans la querelle de Dieu, et que nous vous redemandions l'honneur de celuy qui fait les Roys et qui les conserve, devant qui la sagesse du monde n'est que folie, et devant qui toute la gloire et toute la pompe des Souverains et des Princes ne sont que ténèbres et poussière. C'est luy, Madame, qui confond tous les conseils et toutes les entreprises des hommes, comme dit David, et si quelqu'un a conseillé à vostre Majesté de refuser à ses sujets la paix qu'elle peut et qu'elle doit leur accorder, il n'a qu'à se ressouvenir que Dieu est un Dieu de miséricorde et de paix, et que Salomon, qui fut le plus grand et le plus sage de tous les Roys, n'a point de titre plus glorieux dans l'Escriture que celuy de Roy paisible. La conférence de Ruel vous en fournit tous les moyens aujourd'huy, Madame, et nous ne doutons plus aussi, après les très humbles remonstrances que nous avons faites à vostre Majesté, qu'elle n'apporte un prompt remède aux maux qui nous pressent et à ceux qui nous menassent, de peur qu'on ne croye enfin qu'elle authorise le mal qu'il est en son pouvoir d'empescher, qu'elle renverse toutes les maximes de la Religion pour establir quelque maxime d'Estat ou dangereuse ou nouvelle, et qu'elle ne perde l'amour de ses peuples, et l'amour de Dieu, qui est la dernière de toutes les pertes. — D. B.

REMONSTRANCE DE LA NOBLESSE A LA REYNE RÉGENTE

Madame. Vostre Majesté voit à ses pieds la Noblesse qui a esté appellée le bras droit du corps de l'Estat, mais à qui rien n'est presque resté qu'un si beau titre, et qui n'est plus considérable aujourd'huy que par son désespoir et par sa misère. Le dueil est devenu la livrée des plus Illustres familles de vostre Royaume ; toutes les pompes sont funèbres dans nos maisons, et l'on n'y convie plus d'amis que pour assister à des funérailles. Les sœurs y font des souhaits inutiles pour leurs frères, les femmes y souspirent pour la perte de leurs maris, les mères y gémissent pour leurs enfans, et les domestiques y disputent tous les jours à qui pleurera plus long-temps leurs maistres. On n'y voit de tous costez que des orphelins ou des veufves ; on n'y entend que des souspirs et des plaintes ; on ne s'y entretient que de sépulchres, et l'on n'y employe le temps qu'à des occupations tragiques. Nos Laboureurs se contentent d'arrouzer de larmes les champs qu'ils avoient accoustumé de cultiver avec des soins incroyables ; ils ne se mettent plus en peine de la seicheresse, de la chaleur, de la pluye, ny de la rosée ; et la plus part sont réduits à la honteuse nécessité de mandier dans les villes le pain qu'ils y faisoient ordinairement entrer. Nos privilèges ne sont plus reconnoissables que dans nos archives ; nostre authorité ne s'estend plus que sur nos valets, et nos Bourgs, dont la misère a fait de grandes ruines, ne servent plus de retraitte qu'à quelques serpens, qu'aux hiboux, et aux oyseaux de mauvais augure. La guerre, Madame, a fait tous ces accidens et tous ces désordres ; elle n'a pas seulement porté le fer et le feu chez nos ennemis, elle a treuvé des prétextes pour s'introduire jusques dans le cœur de l'Estat, et pour s'y maintenir avec une cruauté qu'on auroit mesme espargnée dans un Pays de conqueste. Nous n'examinons point icy devant vostre Majesté, Madame, ny la suitte de ces mal-heurs ny la cause, et nous sommes trop bien instruits dans la Morale Chrestienne pour nous servir de la naissance de Monsieur le Cardinal contre sa fortune, puis que nous apprenons de l'un et de l'autre Testament que nous devons aymer l'estranger, que Dieu l'ayme et qu'il le recommande à son peuple, après l'avoir fait ressouvenir qu'il avoit esté estranger au pays d'Egypte. Il est vray que nous pourrions bien dire à Monsieur le Cardinal, sans pécher contre ce précepte, mais avec une raison plus juste et plus forte, ce que ce Roy des Philistins dit à Isaac : « Sors d'icy, puisque tu es devenu beaucoup plus puissant que nous » ; et quoy que la charité nous oblige de recevoir les estrangers au rang de nos frères, comme Jacob appelloit ses frères ceux qui ne luy estoient pas connus, cette charité-là mesme, toutefois, n'est pas sévère jusques à nous obliger de les laisser dans nos héritages et dans nos charges quand ils sont assez hardis pour les usurper. En effet, il suffit d'avoir des yeux pour voir qu'il n'est paré que de nos despouilles, et qu'il en est comme de la Lune qui ne brille que par la lumière qu'elle emprunte. Il n'est pas croyable, Madame, que vostre Majesté soit pleinement informée des intrigues de la plus part des Ministres ; elle sçauroit que leur Politique n'est qu'une longue suitte de crimes, qu'une estude de fourberie, qu'un recueil de maximes dangereuses et cruelles, et un secret infaillible pour dégouster les plus fidèles, pour aveugler les ambitieux, pour corrompre les gens de bien, et pour faire des misérables. Pour voir un tableau vivant de nostre misère et de leur inhumanité, on n'a qu'à regarder vos sujets dans vos provinces ; on y treuvera des solitudes que le sang et le feu ont marquées d'un bout à l'autre, et tout y fume encore ou d'embrazement ou de meurtres à qui la Philosophie la plus indifférente et la plus austère ne peut plus refuser ses larmes. C'est un prodige espouvantable que nous fassions pitié à nos ennemis, cependant que nos gens mesmes ne s'opiniâtrent qu'à nostre désolation et à nostre perte, que nous soyons pillez par ceux qui ont fait nostre amour et nostre espérance, et que nous tirions du secours de ceux-là mesmes de qui nous devions tout craindre. Vostre Majesté, Madame, ne peut plus douter que nous n'ayons travaillé puissamment au bien de l'Estat depuis qu'elle nous a mis en exercice ; que la France n'a esté estenduë par nostre moyen au delà de ses premières limites ; que nos Pères et nos Parens ne se soient généreusement sacrifiez à la gloire de nostre Roy pour en affermir le Throsne et pour en advancer les victoires, et que nostre fidélité ne parle de tous costez en nostre faveur, par nos playes qui ne sont pas encore fermées. Les Cicatrices en seront tousjours honorables : quelques incommoditez qu'elles nous apportent, nous ne laisserons pas de les bénir, puisque c'est par elles que nous avons appris à vaincre et les mutins et les rebelles, et nous ne serons pas moins zélez que ce fameux Général qui se consoloit d'estre devenu boitteux en sauvant sa chère patrie, et qui disoit que les Dieux vouloient qu'à chaque pas qu'il faisoit, il se ressouvint de son triomphe. Nous ne murmurons donc pas contre nos blessures, quelques larges et quelques profondes qu'elles puissent estre, puisque ce seroit murmurer contre nostre gloire ; au contraire, nous continuërons dans nos respects et dans nos services ; et pour la seureté de vostre personne et pour celle de cette grande Monarchie, nous n'aurons devant les yeux que cette belle maxime de l'un des Sages de Grèce, « qu'il ne faut s'estudier que pour estre loué durant sa vie, et pour estre creu bien-heureux après sa mort ». Celle-cy ne nous a point fait encore trembler depuis que l'honneur et la justice nous ont mis les armes en main, et nous avons assez bien vescu jusques icy, pour persuader aux plus incrédules que nous n'avons jamais eu tant de peur des loix que de l'infamie. Mais ce n'est plus des guerres passées que nous nous plaignons, Madame, nous ne parlons que de celle qui s'allume aujourd'huy dans nostre foyer, qui partage toutes les familles, qui porte le père contre l'enfant, qui arme la moitié de vostre Royaume contre l'autre, et qui ne peut estre profitable qu'aux voleurs, aux estrangers et aux traistres. Les mauvais Ministres qui l'ont conseillée à vostre Majesté ont creu qu'il estoit des François ce qu'il estoit des Romains du temps d'Hannibal qui disoient qu'ils ne pouvoient estre vaincus que dans leur pays ; et comme ils ne sont devenus sçavans qu'à faire le mal, et qu'ils y sont extraordinairement adroits, c'est d'eux et de leurs semblables que parle l'Apostre, quand il dit que ces Sages périront avec toute leur sagesse. Leurs conseils semblent tous estre appuyez de raisons très advantageuses, ils donnent des advis qui surprennent et qui éblouïssent ; mais quand on les a bien examinez, on treuve enfin que qui les suit ne s'esloigne jamais guères de son malheur, et qu'il en est comme des rameaux de la Sybille d'Ænée, qui estoient d'or et qui conduisoient dans les Enfers. Dieu prononcera quelque jour en dernier ressort sur ce différent, et puisque c'est à luy que la vengeance est réservée, nous passerons de leur malice à nostre souffrance, et nous supplierons très humblement vostre Majesté de considérer qu'icy le Throsne est ordinairement soustenu par la Noblesse, et que nous manquons nous-mesmes d'appui si vous refusez à vos sujets la paix qu'ils ont droit mesme d'espérer de toutes les rigueurs de vostre justice. La Conférence qui est ouverte est un moyen qui peut nous meiner à une fin si glorieuse, et pour peu que vous penchiez du costé de la clémence, nous douterons à l'heure mesme qui fera le plus de bruit de nostre repos, ou de vostre gloire. Nous sçavons que les anciens pouples de Grèce appelloient le Roy des Dieux, dans leur langue, d'un mot qui signifie, dans la nostre, doux comme miel, pour ce que c'est le propre des Dieux de faire du bien et de plaire, et le propre des Furies de punir et de tourmenter. Outre les très-humbles remonstrances que nous avons desjà faites à vostre Majesté, cette considération seule peut suffire à la grâce que nous osons luy demander c'est, Madame, celle de nous laisser pour le moins reprendre haleine après tant de playes, tant de fatigues, tant de maladies et tant d'obsèques ; d'engager ce qui nous reste de vie contre les ennemis jurez de l'Estat plutost que contre ses sujets fidèles ; et de ne pas permettre plus long-temps qu'on puisse dire quelque jour qu'il est arrivé dans vostre Régence ce qui arriva dans Rome un peu auparavant qu'on y fit une Monarchie de la République, où le serviteur se rendoit libre par le meurtre de son maistre, où la sœur trahissoit le frère, où le père estoit le juge ou le bourreau de son enfant, et où la cruauté ne fut oisive que quand elle fut lassée.

D. B.

REMONSTRANCE DU PEUPLE A LA REYNE RÉGENTE POUR LA PAIX

Madame. Quoy que nous soyons les derniers en ordre, nous ne devons pourtant pas l'estre en nature, puisque c'est en quelque sorte par nostre moyen que les Roys subsistent, et que leur grandeur, selon le Sage, ne peut estre mieux représentée que par celle de leurs peuples. Il n'est pas autrement d'un Estat que d'un édifice où les appartemens les plus superbes ne sont pas tousjours les plus nécessaires, où les plus bas estages entretiennent les plus hauts, et dans lequel les pierres les moins remarquables servent de fondement et d'appuy à tout le reste. S'il est vray ce qu'a dit un des premiers Pères de l'Eglise, comme cette qualité nous empesche d'en douter, qu'il n'est pas jusques aux mousches et aux fourmis qui ne relèvent icy bas la gloire de Dieu, quelque malheureuse que puisse estre nostre condition dans son origine, elle ne laisse pas de nous consoler, quand nous songeons qu'elle contribuë quelque chose à vostre gloire, comme il n'est point d'herbe en effet qui n'ait sa vertu, ny d'estoille, quelque petite qu'elle soit, qui n'ait sa lumière et son influence. Ce n'est pas d'aujourd'huy, Madame, que vostre Majesté peut estre persuadée de cette vérité, confirmée par la voix et par le sentiment de tous les hommes, et qui la voudroit ignorer ne voudroit pas aussi concevoir que *les Roys ne sont appellez de ce nom qu'au regard de leurs sujets, dont nous faisons la plus grnnde et la meilleure partie, quoy que nous n'en fassions pas la plus noble. Nous avons tousjours oüy dire qu'il estoit du corps de l'Estat, de mesme que du corps humain, où l'on trouve diversement des puissances qui commandent, qui conseillent ou qui délibèrent, des membres qui travaillent et qui exécutent, et des parties qui ne se nourrissent que pour engraisser les autres. Nous sommes de ces dernières, puisque nous fournissons mesme aux Souverains de quoy subsister, que nous les entretenons de nos sueurs, et que tout ce qui passe dans leurs mains est sorty des nostres.* Mais comme ces parties desseichent celles qu'elles abreuvent quand elles sont elles-mesmes trop desseichées, et qu'il n'est pas possible qu'elles leur fournissent quelque nourriture quand elles en manquent, c'est aussi de là, Madame, que le pouvoir des Roys diminuë avec le nostre, que leur authorité s'affoiblit quand nous n'avons plus de quoy l'appuyer, et qu'ils ne peuvent estre fermes quand leurs peuples tombent. Nous avons fait confesser aux estrangers que la France estoit le plus riche de tous les Royaumes par les sommes prodigieuses que nous avons tous fournies pour conserver nos alliez, et pour entretenir la guerre depuis vingt années ; jusque-là nous avions douté de nos forces ; nous n'avions connu ny nos richesses, ny nostre crédit, et pour nous faire croire que nous eussions peu durer si long-temps, il nous eut fallu de nouveaux Prophètes. Cependant, nous nous sommes espuisez pour la gloire et pour la grandeur de la Couronne, nous avons accordé au bien de l'Estat tout le fruit de nostre industrie et de nos veilles ; nous avons vendu jusques à nos héritages et à nos acquets, et mesme jusques à nos espérances ; et comme si c'eut esté trop peu pour nostre devoir et que la soumission l'eut enchéry sur l'amour et sur la nature, nous avons quitté nos femmes et sacrifié jusques à nos enfans pour empescher qu'on ne nous peut faire aucune demande, ny aucun reproche. Après les marques de cette obéissance aveugle et les ouvrages d'un zèle aussi grand que juste, nous ne sçaurions douter, Madame, que vostre Majesté n'ait pour nous quelque reconnaissance ou quelque pitié, et qu'elle ne nous conserve pour elle, quand mesme elle compteroit nostre pauvreté et nostre misère entre nos crimes. Nous ne sçaurions douter qu'une Reyne si Chrestienne et si généreuse n'accorde quelque fin ou quelque tresve aux maux qui nous persécutent, qu'elle ne nous laisse reprendre haleine pour nous laisser reprendre de nouvelles forces, et qu'elle ne nous donne plustost des matières de consolation et de joye, que de tristesse et de désespoir. Que pourroient donc estre devenuës cette affection de Reyne et cette tendresse de Mère que vous nous avez tousjours tesmoignées ? Que deviendroient ces hautes et ces merveilleuses impressions que nous avons dès longtemps conceuës de vostre bonté naturelle ? Et si sainct Paul appelle morte la veufve qui ne cherche que les délices, comment pourions-nous appeller celle qui n'aimeroit que la cruauté ? Puisque le conseil des impies doit nécessairement périr, comme nous l'apprenons d'un homme qui fut un grand Roy et un grand Prophète tout ensemble, il est croyable, Madame, que ceux qui taschent de suborner vostre piété par leurs conseils ne seront pas long-temps heureux, que leur addresse ne sera pas tousjours triomphante, et que le remords ne sera pas le seul effet du mal qu'ils nous font souffrir. Ils s'estoient proposez d'affamer Paris par un bloous qui a donné de l'estonnement et de la frayeur à toute la France, cependant qu'ils manquoient eux-mesmes des choses les plus nécessaires ; mais le succez a trompé leurs espérances, pour ce que Dieu a confondu leur malice, de sorte que nous pouvons dire, avec l'un de ses Apostres, qu'il a remply de biens ceux qui avoient faim, qu'il a renvoyé les riches vuides et qu'il nourrit jusques aux Corbeaux, qui ne sèment ni ne moissonnent. Malheur sur eux, s'escrie un autre de la mesme trouppe de Jésus-Christ, pour ce qu'ils ont marché sur les traces de Caïn, et certes ils n'ont pas moins fait que luy, puisqu'ils ont massacré leurs frères. Pour ne point troubler le repos ou les occupations de vostre Majesté, Madame, nous ne nous arresterons point icy à luy faire un fidèle et triste tableau de nos souffrances et de nos misères ; nous la supplierons seulement de considérer qu'il est en son pouvoir d'empescher que la France ne s'arme contre elle-mesme ; que des Provinces entières ne se souslèvent pour en perdre d'autres, et que le Royaume ne devienne un Théâtre de meurtres et de sacriléges. Les fleuves les plus profonds, les plus rapides et les plus larges ne sont ordinairement dans leurs sources que les distillations d'un rocher ou quelques petits boüillons d'eau qui peut à peine murmurer dans sa sortie ; cependant ces distillations de rochers et ces petites gouttes d'eau s'enflent et s'estendent dans leur cours et font ces desbordemens et ces inondations horribles qui désolent la campagne et qui renversent tout ce qui leur fait de la résistance. Il en est de mesme de cette guerre qui n'est rien en apparence, mais qui ne peut manquer d'estre cruelle dans la suitte, et qui nous fait craindre avec raison qu'un embrasement espouvantable ne soit causé par ses estincelles. La Conférence de Ruel est un obstacle à tous ces désordres, pourveu qu'il plaise à vostre Majesté d'en rendre le succez heureux, d'en faciliter une exécution glorieuse et prompte, de restablir dans nos villes le commerce et l'ordre, et d'escouter la voix et les cris de tant de peuples qui n'auroient plus rien à perdre si on leur avoit osté jusques à la liberté de se plaindre. Nous espérons tous de vostre bonté, Madame, et nous la supplions très-humblement de songer qu'on allume un feu que les mauvais Ministres ne veulent éteindre qu'avec nostre sang, mais dont la fin ne peut estre que très dangereuse, quoy qu'elle soit très incertaine : que nous vous demandons grâce ou plustost justice, que nous avons accoustumé de la demander à Dieu, quand les puissances du monde nous la refusent et que c'est luy qui juge aussi bien les Souverains que les Peuples. — D. B.

VI. — LETTRE CONTRE LES FRONDEURS (1651)

Pierre Brun a jugé ainsi cette lettre, après l'avoir analysée avec grand soin :

« Si j'ai insisté sur ce pamphlet d'un ton arrogant, mais courageux, en allongeant l'analyse et en étendant les citations, c'est que j'y retrouve beaucoup des idées qu'appliquait notre auteur dans sa vie privée (*tout à fait ignorée alors !*) ; c'est que cette Lettre importante nous fait mieux connaître et plus aimer Cyrano et que, d'après sa propre expression, « il l'a écrite avec son épée » ; c'est qu'enfin elle prouve surabondamment qu'à aucune époque il n'a pu composer cette ridicule mazarinade : *Le Ministre d'Estat flambé*, que des éditeurs trop généreux n'ont pas hésité à lui attribuer. »

Il est permis de constater que la perspicacité de l'éminent universitaire a été ici un peu en défaut ; justement son analyse montre que Cyrano plaide pour Mazarin, et quel est l'avocat d'une grande cause politique qui ne se fait pas remettre des arrhes avant de prononcer sa plaidoirie ! Cyrano en a donné à son client pour son argent. Rien n'est plus décisif à cet égard que le respect que le libertin professe pour la Sainte-Ecriture dès qu'il s'agit de l'invoquer en faveur de la Monarchie, etc., etc. Ce ne sont pas ses opinions qu'il faut chercher dans sa lettre, mais les arguments nécessaires à établir l'innocence de Mazarin. L'aveuglement de Pierre Brun est complet et absolu quand il estime que la *Lettre contre les Frondeurs* « prouve surabondamment qu'à aucune époque il n'a pu composer cette ridicule mazarinade : *Le Ministre d'Estat flambé* ». Plus de deux années séparent les deux pièces ; le Cyrano de 1649, par sa mentalité, par ses amitiés et ses relations, ne pouvait être que frondeur et il a écrit en Cyrano, c'est-à-dire en forçant la note ; l'anarchiste qui sommeillait en lui respirait mieux dans les temps troublés, aussi a-t-il pu donner alors toute sa voix. Le Cyrano de 1651 est un désabusé, il est plus que jamais en mal d'impécuniosité et à la recherche d'un Mécène depuis l'échec qu'il venait de subir en s'adressant à Séguier (1). Que le Cardinal se soit souvenu de son ancien adversaire — car ce n'est pas une, mais cinq mazarinades que celui-ci a écrites contre lui — qu'il ait fait appel à sa plume ou qu'il ait accepté l'offre de Cyrano, rien n'est plus vraisemblable. N'était-ce pas une véritable satisfaction d'entendre son propre éloge claironné par celui-là même qui l'avait diffamé avec tant de verve ? Avouons que cette revanche ne manquait pas d'esprit, et Mazarin a poussé la cruauté jusqu'à ne pas faire imprimer le factum de Cyrano ! En 1654, dans les *Œuvres diverses,* ce factum ne présentait aucun intérêt.

Voici la note placée par Cyrano lui-même, en tête de la *Lettre contre les Frondeurs,* dans l'édition de ses *Œuvres diverses, 1654* (2) :

« Le Lecteur doit estre adverty que cette Lettre fut envoyée pendant le siège de Paris et durant la plus violente animosité des Peuples contre Monseigneur le Cardinal. On ne s'étonnera donc pas d'y voir des choses un peu moins ajustées à l'estat présent des Affaires, qui ont beaucoup changé depuis ce temps-là. »

Or, le siège de Paris se place, si nous ne nous trompons, en février et mars 1649, et la *Lettre contre les Frondeurs* (elle ne figure pas, d'ailleurs, dans le Manuscrit de la Bibl. nat. daté de 1651) répond à la *Mazarinade* de Scarron qui est de mars 1651. Cette fois encore, Cyrano a voulu donner le change à la postérité, et il y avait réussi jusqu'ici !

(1) Voir p. 229, l'épître dédicatoire au chancelier Séguier. — (2) Lettre XX.

A Monsieur D. L. M. L. V. L. F. (de La Mothe Le Vayer le fils).

Il est vray, je suis Mazarin ; ce n'est ny la crainte, ny l'espérance qui me le font dire avec tant d'ingénuité, c'est le plaisir que me donne une vérité, quand je la prononce. J'aime à la faire esclater, sinon autant que je le puis, du moins autant que je l'ose ; et je suis tellement antipathique avec son adversaire, que pour donner un juste démenty je reviendrois de bon cœur de l'Autre Monde. La Nature s'est si peu souciée de me faire bon Courtisan, qu'elle ne m'a donné qu'une langue pour mon cœur et pour ma fortune. Si j'avois brigué les applaudissements de Paris ou prétendu à la réputation d'éloquent, j'aurois escrit en faveur de la Fronde, à cause qu'il n'y a rien qu'on persuade plus aisément au peuple que ce qu'il est bien-aise de croire. Mais comme il n'y a rien aussi qui marque davantage une âme vulgaire que de penser comme le vulgaire, je fais tout mon possible pour résister à la rapidité du torrent et ne me pas laisser emporter à la foule. Et pour commencer, je vous déclare encore une fois que je suis Mazarin. Je ne suis pourtant pas si déraisonnable, que je ne vous veuille apprendre la cause pourquoy je me suis rangé de vostre party. Vous sçaurez donc que c'est parce que je l'ay trouvé le plus juste, et parce qu'il est vray que rien ne nous peut dispenser de l'obéïssance que nous devons à nostre légitime souverain ; car bien que les Frondeurs nous en jettent des pierres, je prétends les refronder contr'eux si vertement, que je les délogerai de tous les endroits où leur calomnie a fait fort contre son Eminence. Les premiers coups qu'ont en vain tenté les Poëtes du Pont-Neuf[1] (contre la réputation de ce grand Homme) ont esté d'alléguer qu'il estoit Italien. A cela je réponds (non point à ces Héros de papier broüillard, mais aux personnes raisonnables qui méritent d'estre désabusées) *qu'un honneste homme n'est ny François, ny Aleman, ny Espagnol, il est Citoyen du Monde, et sa patrie est par tout.* Mais je veux que Monsieur le Cardinal soit Estranger ; ne luy sommes-nous pas d'autant plus obligez, de ce qu'il abandonne ses Dieux domestiques pour défendre les nostres ? Et puis, quand il seroit naturel Sicilien, comme ils le croyent, ce n'est pas à dire pour cela qu'il soit vassal du Roy d'Espagne, car l'Histoire est tesmoin que nos Lys ont plus de droict à la souveraineté de cet Estat que les Chasteaux de Castille[2].

Mais ils sont très mal informez de son berceau : car encore que la maison des Mazarins fut originaire de Sicile, Monsieur le Cardinal est né dans Rome ; et puis qu'il est Citoyen d'une Ville neutre, il a pu, par conséquent, s'attacher aux intérests de la Nation qu'il a voulu choisir. On sçait bien que le peuple à Rome, et les Nobles et les Cardinaux, s'attachent

(1) Les mazarinades en prose comme en vers, portées dans un panier, étaient criées dans les rues et principalement sur le Pont-Neuf, devant l'horloge de la Samaritaine, qui était le rendez-vous des badauds et des aigrefins. — (2) Allusion aux trois châteaux qui sont dans les armes de Castille.

ainsi à la protection particulière ou d'un Roy, ou d'un Prince, ou d'une République. Il y en a qui tiennent pour la France, d'autres pour l'Espagne, d'autres pour d'autres Souverains, et Son Eminence, embrassant le bon droict de nostre cause, a voulu suivre l'exemple de Dieu, qui se range tousjours du party le plus juste. Certes l'heureux succez de nos Armes a bien fait voir et l'excellence de son choix, et la justice de nostre cause ; et nostre Estat, agrandy sous son Ministère, a bien tesmoigné qu'en sa faveur le Ciel avoit fait sa querelle de la nostre : Aussi presque tous ceux qui ont demandé sa sortie se sont depuis trouvez Pensionnaires des Ennemis de cette Couronne, et la gloire des belles actions de nostre grand Cardinal, qui multiplie ses rayons, a bien fait voir que son esclat leur faisant mal aux yeux, ils ont imité les Loups de la Fable, qui promettoient aux brebis de les laisser en paix, pourveu qu'elles esloignassent le chien de leur bergerie.

Enfin ces Réformateurs d'Estat, qui couvrent leurs noirs desseins sous le masque du bien public, n'ont autre chose à rechanter, sinon que Monsieur le Cardinal est Italien. Oüy ! Mais de quoy se peuvent-ils plaindre ? il n'avance que des François, et ceux dont la grandeur ne sçauroit faire d'ombre. Il n'a fait aucune Créature ; et nous voyons à la Cour trente Seigneurs Italiens de fort grande Maison, dont les uns attirez par la proximité du sang avec luy, les autres par sa renommée, sont icy depuis dix ans à se morfondre, d'autant qu'il ne les a pas jugez utiles au service du Roy. Cependant quelque sagesse qu'il employe à la conduite du Gouvernement, elle déplaist à nos politiques Bourgeois, ils décrient son Ministère. Mais ce n'est pas d'aujourd'huy que les malheureux imputent à la bonne fortune des autres les mauvais offices de la leur. Dans le chagrin qui les ronge, ils se plaindroient de n'avoir pas de quoy se plaindre : parce que Son Eminence n'a point fait de Créatures, ils l'appellent ingrat ; s'il en eust fait, ils l'auroient accusé d'ambition. A cause qu'il a poussé nos frontières en Italie, il est traistre à son pays, et s'il n'eust point porté nos Armes de ce costé-là, il se seroit entendu contre nous avecque ses compatriotes. Enfin, de quelque biais qu'on avance la gloire de ce Royaume, Son Eminence aura tousjours grand tort, à moins qu'elle ne fasse ses envieux assez grands pour ne luy plus porter d'envie. Que le feu des calomnies pousse donc tant qu'il voudra sa violence contre elle, sa réputation est un rocher au milieu des flots que la tempeste lave au lieu d'esbranler, et cette mesme force qui le rend capable de supporter le faix d'un Empire ne l'abandonnera pas quand il sera question de supporter des injures.

La seconde batterie dressée contre luy attaque sa naissance. Hé quoy ! sommes-nous obligez d'instruire des ignorans volontaires ? Leur devons-nous apprendre, à cause qu'ils font semblant de ne le pas sçavoir, que la famille des Mazarins, de laquelle est sorty le père de Monsieur le Cardinal, est non seulement des plus Nobles, mais encore des mieux alliées de toute l'Italie, et que les armes de son illustre race sont des plus anciennes entre toutes celles dont la vieille Rome a conservé le nom? L'ignorance des sots auroit un grand privilège, si nous estions obligez d'escouter patiemment le rebours de toutes les véritez qui ne sont pas de sa connoissance.

Le peuple de la Place Maubert et des Halles ne veut pas tomber d'accord de ces véritez, qui sont manifestes ; mais ce peuple ne seroit pas de la lie s'il pouvoit estre sainement informé de quelque chose; outre que c'est la coustume, quand il apperçoit des vertus élevées d'une hauteur où sa bassesse ne peut atteindre, de s'en venger à force d'en médire. Quoy que Monsieur le Cardinal de Richelieu fust très connu, qu'il sortist d'une des plus anciennes Maisons du Poitou, qu'il touchast de parenté aux Seigneurs François de la plus grande marque, et que nos Princes mesmes partageassent avec luy le sang de leurs ayeux, sa noblesse ne laissa pas de luy estre contestée. De semblables contes ne tarissent jamais dans la bouche des Séditieux qui cherchent partout un prétexte de refuser l'obéïssance qu'ils doivent à ceux que le Ciel leur a donnés pour Maistres.

Ils le poursuivent encore, et l'accusent d'avoir protégé les Cardinaux Barberins. Eust-il esté honorable à la France d'abandonner des personnes sacrées qui réclamaient son secours? les Nepveux d'un Pape qui avoit esté durant tout son règne le fidelle amy de la France. Les autres Nations n'auroient-elles pas attribué ce délaissement à l'impuissance de les maintenir? Et ce tesmoignage de foiblesse n'auroit-il pas porté grand coup à sa Majesté Très-Chrestienne, de qui l'Empire se soustient autant sur sa réputation que sur sa force?

Quand nos calomniateurs se sentent pressez en cet endroit, ils changent de terrain et crient qu'il a fait sur les peuples des extorsions espouvantables. Pour moy, je ne sçay pas si la canaille entretient des intelligences dans les Royaumes estrangers, qui l'informent plus au vray du maniement des finances que n'en sont instruits le Conseil, l'Espargne et la Chambre des Comptes. Je sçay bien cependant que la Cour du Parlement de Paris, qui l'accusoit du transport ou du mauvais employ de tant de comptant, après avoir examiné dans un si long loisir les traitez et les négociations de Cantarini[1], ne luy a pas mesme imputé la diversion d'un quart d'escu ; et je pense que ses ennemis n'eussent pas oublié de le charger de Péculat, s'il s'en fust trouvé convaincu, plutost que de faux crimes, dont ils ont en vain essayé de le noircir, manque de véritables. Outre cela, le Royaume est-il chargé d'aucun impost qui ne fust estably dès l'autre Règne? Encore il me semble qu'on ne les exige point avec tant de rigueur qu'il se pratiquoit alors, quoy que le fonds avancé par les traitants eust esté consommé dès le vivant de Monsieur le Cardinal de Richelieu, et qu'il ne faille pas laisser maintenant de continuer la guerre contre les mesmes Ennemis. Croyent-ils donc qu'avec des feuilles de chesnes on paye cinq ou six Armées? qu'on lève toutes les Campagnes de nouveaux Gens de guerre? qu'on entretienne les correspondances qu'il faut avoir et dedans

(1) Etait-ce l'intendant ou le trésorier de Mazarin? (P. L.)

et dehors ? qu'on fasse révolter des Provinces et des Royaumes entiers contre nos Ennemis ? Enfin qu'un seul Ministre domine au sort de tous les Potentats de la Terre, sans de prodigieuses sommes d'argent, qui seules sont capables de nous achepter la paix ? Oüy, car Monsieur le Drapier se figure qu'il en va du Gouvernement d'une Monarchie comme des gages de sa Chambrière, ou de la pension de son fils Pierrot.

Ils adjoustent, à leurs ridicules contes et hors de saison, que les choses ont réüssi très souvent au rebours de ce qu'il avoit conseillé. Je le croy, car il est maistre de son raisonnement, non pas des caprices de la Fortune. Nous voyons si souvent de bons succez authoriser de mauvaises conduites ; et je m'estonnerois bien davantage qu'à travers les ténèbres de l'avenir un homme peust, avec les yeux de sa pensée, fixer un ordre aux événemens hazardeux, et par son attention conduire les aleures de la fatalité.

Quand ces causeurs ont esté repoussez à cette attaque, ils luy reprochent un Palais qu'il a fait bastir à Rome ; mais qu'ils apprennent qu'en cette Cour-là le moindre des Cardinaux y a le sien. Estant Cardinal François, la pompe d'un Palais dans Rome tourne à la gloire de la France, comme sa bassesse iroit dans l'esprit des Italiens à la honte de nostre Nation. Il y a eu de nos Roys (je dis des plus Augustes) qui ont fourny libéralement à des Cardinaux des sommes très considérables pour bastir leurs Palais, à condition que sur le portail ils fairoient arborer nos Fleurs de Lys ; et malgré tant de motifs spécieux, un misérable petit Mercier, en roulant ses rubans, ne trouve pas à propos que Monsieur le Cardinal fasse bastir à ses despens une Maison !

La canaille murmure encore et crie qu'il n'a aucun lieu de retraite si la France l'abandonnoit. Hé ! quoy donc, Messieurs les Aveugles, à cause que pour vous protéger et conserver, il s'est fait des ennemis par toute la terre, c'est un homme détestable et abominable, et vous le jugez indigne de pardon ! Sa faute, en effet, n'est pas pardonnable d'avoir si fidellement servy des ingrats. Et Dieu, qui le vouloit donner en exemple à ceux qui s'exposent pour le peuple, a permis que, s'estant comporté aussi généreusement que Phocion, Périclès et Socrate, il ait rencontré d'aussi meschans Citoyens que ceux qui condamnèrent jadis ces grands hommes.

On le blasme ensuite de ce qu'il a refusé la Paix, et ma Blanchisseuse m'a juré que l'Espagne l'offroit à des conditions très utiles et très honorables pour ce Royaume. J'exhorte les Sages, qui ne doivent pas juger sur des apparences, de se ressouvenir que le temps auquel nos Plénipotentiaires ont refusé de la conclure est lors que commencèrent les plus violents accez de la révolte de Naples, et que la Fortune sembloit alors nous offrir la restitution d'un Estat qui nous appartient[1]. Il eust esté contre toutes les règles de la prudence humaine d'en négliger la conqueste qui nous

(1) La révolte de Mazaniello (1647), qui amena l'entreprise aventureuse et romanesque du duc de Guise (Henri II, de Lorraine), que la Fortune fit presque roi de Naples et que le Cardinal Mazarin eut le tort de ne pas soutenir ouvertement, au nom des droits du roi de France, avec une armée et une flotte françaises. (P. L.)

estoit comme asseurée ; outre que le Roy Catholique ayant tousjours insisté que nous abandonnassions les intérests du Roy de Portugal, il ne nous estoit pas licite (à moins de passer pour la plus perfide des Nations) de signer la Paix sans qu'il fust compris dans le traité, puis qu'il n'avoit hazardé que sur nostre parole de remettre la Couronne sur la teste de sa Race.

Mais voicy le dernier choc, et le plus violent, dont ils prétendent obscurcir la splendeur de sa gloire. « Il est, disent-ils, autheur du Siège de Paris. » Je leur responds, en premier lieu, qu'il l'a dû conseiller, la Reyne Régente ayant esté advertie de plusieurs complots qui se brassoient contre la personne du Roy. Cependant le bruit mesme commun tombe d'accord qu'il n'a pas esté le premier à prester sa voix pour la résolution de cette entreprise, et qu'au contraire, on l'a tousjours blasmé d'avoir pris des voyes trop panchées à la douceur. De plus, pourquoy vouloir qu'il ait ordonné luy seul l'enlèvement de nostre jeune Monarque ? Les gens du mestier sçavent qu'il n'est pas seul dans le Conseil, et qu'il n'y porte son opinion que comme un autre. Bien loing donc d'avoir esté le seul autheur de ce dessein, il n'a pas mesme souffert qu'on exécutast contre la Ville les choses qui sans doute eussent hasté sa réduction, parce qu'elles semblèrent à son naturel humain un peu trop cruelles. Et si les Parisiens me demandent quelles sont ces choses, je leur feray connoistre qu'il pouvoit, par exemple, avec beaucoup de justice, faire punir de mort les prisonniers de Guerre en qualité de traistres et de rebelles à leur Roy. Il pouvoit d'ailleurs en une nuit, s'il l'eust voulu, avec l'intelligence qu'il avoit au dedans, faire saccager et brusler les Faux-bourgs, qui n'estoient que fort foiblement gardez, chasser les fuyards dans la Ville pour l'affamer, ou bien les passer au fil de l'espée, à l'exemple de Henry IV, qui fit des veufves en moins d'un jour de la moitié des femmes de Paris, et diminuer par cette saignée la fièvre des habitans. Mais au lieu de ces actes d'hostilité, il deffendit mesme d'abattre les Moulins qui sont autour de la Ville, quoy qu'il sceust que par leur moyen elle recevoit continuellement force bleds ; et encore qu'il eust avis de toutes les marches de leurs Gens de guerre, il faisoit souvent destourner les troupes Royales des routes de nos convois, pour n'estre point obligé de nous affamer et nous battre en mesme temps.

Il a donc assiégé Paris, mais de quelle façon ? Comme celuy qui sembloit avoir peur de le prendre ; comme un bon père à ses enfans, il s'est contenté de leur monstrer les verges et les a long-temps menacez, afin qu'ils eussent le loisir de se repentir. Et puis, à parler franchement, leur maladie estant un effet de leur débauche, il estoit du devoir d'un bon Médecin de les obliger à faire une diète [1]. En vérité, s'il estoit permis de

(1) Lorsque les armées du roi assiégeaient ou plutôt bloquaient Paris, après les barricades de 1649, le cardinal Mazarin, qui s'était retiré au château de Saint-Germain avec la reine régente et le jeune roi, laissa croire aux Parisiens qu'il voulait prendre la ville par la famine. (P. L.)

se dispenser à la raillerie sur une matière de cette importance, je dirois que, la veille des Roys, le nostre voyant dans sa Capitale tant d'autres Roys arrivez de nuit, il sortit contr'eux et voulut essayer de vaincre cinquante mille Monarques.

Voilà, je pense, tous les chefs par qui la canaille a tasché de rendre odieuse la personne de Son Eminence, sans avoir jamais eu aucun légitime sujet de s'en plaindre. Cependant, ils ne laissent pas de descrier ses plus esclatantes vertus, de blasmer son Ministère, et luy préférer son prédécesseur. Mais par quelle raison? Je n'en sçay aucune, si ce n'est peut-estre parce que Monsieur le Cardinal Mazarin n'envoye personne à la mort sans connoissance de cause! parce qu'il n'a point une Cour grasse du sang des peuples! et parce qu'il ne fait pas trancher la teste à des Comtes, à des Mareschaux et à des Ducs et Pairs! parce qu'il n'esloigne pas les Princes de la connoissance des affaires! parce qu'il n'est pas d'humeur à se venger! enfin parce que mesme ils le voyent si modéré, qu'ils en prévoyent l'impunité de leurs attentats! Voilà pourquoy ces Factieux ne le jugent pas grand Politique. O! stupide vulgaire, un Ministre bénin te déplaist; prends garde de tomber dans le mal-heur des oiseaux de la Fable, qui, ayant demandé un Chef, ne se contentèrent pas du gouvernement de la Colombe que Jupiter leur donna, qui les gouvernoit paisiblement, et crièrent tant après un autre qu'ils obtinrent un Aigle qui les dévora tous. Deffunct Monsieur le Cardinal estoit un grand Homme, aussi bien que son Successeur, mais n'ayant pas assez de hardiesse pour décider de leurs mérites, je me contenteray de faire souvenir tout le monde que Monsieur le Cardinal de Richelieu eut l'honneur d'estre choisi pour estre son Ministre par le Roy Louis XIII, le plus juste Monarque de l'Europe, et Monsieur le Cardinal Mazarin, par le Cardinal de Richelieu mesme, le plus grand Génie de son Siècle.

Au reste, on a tort d'alléguer que nous sommes dans un Gouvernement où les Armes, les Lettres et la piété sont méprisées. Je soustiens au contraire qu'elles n'ont jamais esté si bien reconnuës! Les Armes, tesmoin Messieurs de Gassion et de Rantzau[1], qui, par son crédit et son conseil, ont esté faits Mareschaux de France, sans parler de Monsieur le Prince[2], qui des bienfaits de la Reyne possède plus, luy seul, que quelques Roys de l'Europe. La piété, tesmoin le Père Vincent[3], qu'elle a commis pour juger des mœurs, de la conscience, et de la capacité de ceux qui prétendent aux Bénéfices. Les Lettres, tesmoin le judicieux choix qu'il a fait d'un des premiers Philosophes[4] de nostre temps pour l'éducation de Monsieur le Frère du Roy! Tesmoin le docte Naudé[5] qu'il honore de son

(1) Gassion, maréchal de France en 1643; Rantzau, en 1645, qui mourut en 1650 après avoir perdu à la guerre un bras, une jambe, un œil et une oreille. — (2) Henri II de Condé. — (3) Saint-Vincent de Paul, canonisé en 1757, soixante-dix-sept ans après sa mort. — (4) Pierre de La Mothe Le Vayer, auteur des *Soliloques sceptiques*. — (5) Médecin de Louis XIII et bibliothécaire de Mazarin, créateur et organisateur de la bibliothèque de ce dernier.

estime, de sa table, et de ses présens ! Et bref, tesmoin cette grande et magnifique Bibliothèque, bastie[1] pour le public, à laquelle, par son argent et ses soins, tous les Sçavans de l'Europe contribuent. Qu'adjouster, Messieurs, après cela ? Rien, sinon que la gloire de ce Royaume ne sçauroit monter plus haut, puis qu'elle est en Son Eminence. Ne trouvez-vous pas à propos que le peuple cesse enfin de lasser la patience de son Prince par les outrages qu'il fait à son Favory, qu'il accepte avec respect le pardon qu'on luy présente sans le mériter ? Non, Monsieur, il ne le mérite pas ; car est-ce une faute pardonnable de se rebeller contre son Roy, l'Image vivante de Dieu ; tourner ses armes contre celuy qu'il nous a donné pour exercer et sur nos biens et sur nos vies les fonctions de sa Toute-Puissance ? N'est-ce pas accuser d'erreur la Majesté Divine, de controller les volontez du Maistre qu'elle nous a choisy ? Je sçay bien que l'on peut m'objecter que les particuliers d'une République ne sont pas hors de la voye de salut. Mais il est très vray, néantmoins, que comme Dieu n'est qu'un à dominer tout l'Univers, et que comme le Gouvernement du Royaume Céleste est monarchique, celuy de la Terre le doit estre aussi. *La saincte Escriture fait foy que Dieu n'a jamais ordonné un seul Estat populaire, et quelques Rabins asseurent que le péché des Anges[2] fut d'avoir fait dessein de se mettre en République.* Ne voyons-nous pas mesme qu'il a, long-temps auparavant sa venuë, donné David pour Roy au peuple d'Israël, et que depuis nostre Rédemption, il a fait descendre du Ciel la saincte Ampoule dont il a voulu que nos Roys fussent sacrez, afin de les distinguer par un caractère surnaturel de tous ceux qui naistroient pour leur obéïr ? L'Eglise Militante, qui est l'image de la Triomphante, est conduite monarchiquement par les Papes ; et nous voyons que jusqu'aux maisons particulières, il faut qu'elles soient gouvernées par une espèce de Roy, qui est le Père de famille. C'est comme un premier ressort dans la Société qui meut nos actions avec ordre, et c'est cet instinct secret qui nécessite tout le monde à se soumettre aux Roys. Le peuple a beau tascher d'esteindre en son âme cette lumière qui le guide à la soûmission ; il est à la fin emporté malgré luy par la force de ce premier mobile et contraint de rendre l'obéïssance qu'il doit. *Mais cependant celuy de Paris a bien eu la témérité de lever ses mains sur l'Oint du Seigneur, alléguant, pour prétexte, que ce n'est pas au Roy qu'il s'attaque, mais à son Favory ; comme si de mesme qu'un Prince est l'image de Dieu, un Favory n'estoit pas l'image du Prince. Mais c'est encore trop peu de dire l'image, il est son fils ! Quand il engendre selon la chair, il engendre un Prince ! Quand il engendre selon sa dignité, il engendre un Favory. En tant qu'homme, il fait un Successeur ; en tant que Roy, il fait une Créature. Et s'il est vray que la création soit quelque chose de plus noble que la génération, parce que la création est miraculeuse, nous devons adorer un Favory comme estant le miracle d'un Roy.* Ainsi, quand mesme ce ne seroit que contre Son Eminence qu'il prend les armes,

(1) La Bibliothèque Mazarine. — (2) La chute des Anges rebelles.

pense-t-il estre Chrestien, lors qu'il attente aux jours d'un Prince de l'Eglise? Non, Monsieur, Il est apostat, il offense le Sainct-Esprit qui préside à la promotion de tous les Cardinaux ; et vous ne devez point douter qu'il ne punisse leur sacrilège aussi rigoureusement qu'il a puny le massacre du Cardinal de Lorraine [1], dont la mort, quoy que juste, saigna durant vingt ans par les gorges de quatre cent mille François. Mais encore, quel fruict peut-il se promettre d'une rébellion qui ne peut jamais réüssir? Et quand mesme elle réüssiroit jusqu'à renverser la Monarchie de fond en comble, quel avantage en recueilleroit-il? Tel qui ne possède aujourd'huy qu'un manteau n'en seroit pas alors le maistre. Il seroit autheur d'une désolation espouvantable, dont les petits-fils de ses arrière-nepveux ne verroient pas la fin! Encore est-il bien grossier, s'il se persuade que la Chrestienté puisse voir, sans y prendre intérest, la perte du Fils aisné de l'Eglise! Tous les Roys de l'Europe n'ont-ils pas intérest à la conservation d'un Roy qui les peut remonter un jour sur leurs Throsnes, si leurs Sujets rebelles les en avoient fait tresbucher? Et je veux que cette révolution arrivast sans un plus grand bouleversement que celuy dont saigne encore aujourd'hui la Hollande. *Je soustiens que le gouvernement populaire est le pire fléau dont Dieu afflige un Estat, quand il le veut chastier! N'est-il pas contre l'ordre de la Nature qu'un Bastelier ou un Crocheteur soient en puissance de condamner à mort un Général d'Armée, et que la vie du plus grand personnage soit à la discrétion des poulmons du plus sot, qui, à perte d'haleine, demandera qu'il meure?* Mais, grâce à Dieu, nous sommes fort esloignez d'un tel cahos. On se cache desjà pour dire *le Cardinal* sans *Monseigneur;* et chacun commence à se persuader qu'il est mal-aisé de parler comme les Marauds et de ne le pas estre. Aussi, quand tout le Royaume se seroit ligué contre luy, j'estois certain de sa victoire, car il est fatal aux Jules de surmonter les Gaules [2]. J'espère donc que nous verrons bientost une réunion générale dans les esprits, et une harmonie parfaite entre les divers membres du corps de cet Estat. Comme Monsieur de Beaufort [3] n'est animé que du Sang de France, il n'est pas croyable que ce Sang ne le retienne quand il voudra rougir son fer dans le sein de sa Mère; et de mesme que les ruisseaux, après s'estre esgarez [4] quelque temps, reviennent enfin se réunir à l'Océan d'où ils s'estoient eschappez, je ne doute pas que cet illustre Sang ne se rejoigne bientost à sa source, qui est le Roy. Pour les autres Chefs de Party, je n'ay garde de si mal penser d'eux, que de croire qu'ils refusent de marcher sur les pas d'un exemple si héroïque. Il me semble que je les voy desjà s'incliner de respect devant l'image du Prince; ils sont trop justes, faisant réflexion sur ce que les premiers de leurs races ont receu de la faveur des Roys précédens, pour vouloir

(1) Var. des éditions postérieures : Guise. — Louis de Lorraine, cardinal de Guise tué au château de Blois, en 1588, le lendemain de l'assassinat de son frère Henri, duc de Guise. Ce double meurtre politique fut, en effet, la principale cause des troubles sanglants de la Ligue. (P, L.) — (2) Allusion à la guerre des Gaules par Jules César. — (3). Fils du duc de Vendôme et petit-fils de Henri IV. — (4) 1661 : quittez et esgarez.

empescher que le sort d'une autre Maison soit regardé à son tour d'un aspect aussi favorable.

Monsieur le Coadjuteur sçait bien que le duc de Retz, son grand-père, fut Favory de Henry III. Monsieur de Brissac peut avoir leu que son ayeul fut eslevé aux charges et aux dignitez par le Roy Henry IV. Monsieur de Luynes a veu son père estre le tout-puissant sur le cœur et la fortune du Roy Louis XIII, et Monsieur de La Mothe-Houdancourt se souvient peut-estre encore du temps qu'il estoit en faveur sous le Favory mesme du Roy deffunct. Ils n'ont donc pas sujet de se plaindre que Monsieur le Cardinal soit dans son règne ce qu'estoient leurs ayeux ou ce qu'ils ont esté eux-mesmes dans un autre.

Mais quand toutes ces considérations seroient trop foibles pour les rappeler à leur devoir, ils sont généreux, et l'appréhension de paroistre ingrats aux bien-faits qu'ils ont receus de Sa Majesté fera qu'ils aimeront mieux oublier leurs mécontentemens que de passer pour méconnoissans ; et l'exemple de mille traistres, qui ont payé les faveurs de la Cour par des injures, ne portera aucun coup sur leur esprit, qui sçait trop que l'ingratitude est un vice de coquin, dont la Noblesse est incapable. Il n'appartient qu'à des Poëtes du Pont-Neuf, comme Scarron, de vomir de l'escume sur la Pourpre des Roys et des Cardinaux, et d'employer les libéralitez qu'ils reçoivent continuellement de la Cour en papier qu'ils barboüillent contre elle. Il a bien eu l'effronterie (après s'estre vanté d'avoir receu de la Reyne mille francs de sa pension) de dire que si on ne luy en envoyoit encore mille, il n'estoit pas en sa puissance de retenir une nouvelle Satyre qui le pressoit pour sortir au jour, et qu'il conjuroit ses amis d'en advertir au plus tost, *parce qu'il n'estoit pas en sa puissance de la retenir plus long-temps*[1]. Hé bien ! en vérité, a-t-on veu dans la suitte de tous les siècles quelque exemple d'une ingratitude aussi effrontée ? Ha ! Monsieur, c'est sans doute à cause de cela que Dieu, qui en a préveu la grandeur et le nombre, pour le punir assez, a *devancé*[2], il y a desjà vingt ans, par une mort continuë, le chastiment des crimes qu'il n'avoit pas commis encore, mais qu'il devoit commettre. Permettez-moy, je vous supplie, de détourner un peu mon discours pour parler à ces Rebelles : « Peuple séditieux, accourez pour voir un spectacle digne de la Justice de Dieu ! C'est l'espouvantable Scarron, qui vous est donné pour exemple de la peine que souffriront aux Enfers les Ingrats, les Traistres, et les Calomniateurs de leurs Princes. Considérez en luy de quelles verges le Ciel chastie la calomnie, la sédition, et la médisance ! Venez, Escrivains burlesques, voir un Hospital tout entier dans le corps de vostre Apollon ! Confessez, en regardant les Escroüelles qui le mangent, qu'il n'est pas seulement le *Malade de la Reyne,* comme il se dit, mais encore le *Malade du Roy*. Il meurt chaque jour par quelque membre, et sa langue reste la dernière, afin que ses cris

(1) Ce texte en italique, qui fait double emploi, a été supprimé avec raison dans les éditions postérieures à l'originale de 1654. — (2) Editions post. à 1654 : advancé.

vous apprennent la douleur qu'il ressent. Vous le voyez, ce n'est point un conte à plaisir ; depuis que je vous parle, il a peut-estre perdu le nez ou le menton. Un tel spectacle ne vous excite-t-il point à pénitence ? Admirez, Endurcis, admirez les secrets jugemens du Très-Haut ; escoutez d'une oreille de contrition cette parlante Momie ! Elle se plaint qu'elle n'est pas assez d'une, pour suffire à l'espace de toutes les peines qu'elle endure. Il n'est pas jusqu'aux Bien-heureux qui, en punition de son impiété et de son sacrilège, n'enseignent à la Nature de nouvelles infirmitez pour l'accabler. Desjà par leur Ministère, il est accablé du mal de sainct Roch, de sainct Fiacre, de sainct Cloud, de saincte Reine[1], et afin que nous comprissions par un seul mot tous les ennemis qu'il a dans le Ciel, le Ciel luy-mesme a ordonné qu'il seroit *Malade de Sainct.* Admirez donc, admirez combien sont grands et profonds les secrets de la Providence ! Elle connoissoit l'ingratitude des Parisiens envers leur Roy, qui devoit esclater en mil six cens quarante-neuf ; mais, ne souhaitant pas tant de victimes, elle a fait naistre quarante ans auparavant un homme assez ingrat pour expier luy seul tous les fléaux qu'une Ville entière avoit mérités. Profitez donc, ô Peuple ! de ce miracle espouvantable ; et si la considération des flammes éternelles est un foible motif pour vous rendre sages, et pour vous empescher de respandre vostre fiel sur l'escarlate du Tabernacle, qu'au moins chacun de vous se retienne, par la peur de devenir Scarron.» Vous excuserez, s'il vous plaist, Monsieur, ce petit tour de promenade, puisque vous n'ignorez pas que la charité chrestienne nous oblige de courir au secours de nos semblables qui, sans l'appercevoir, ont les pieds sur le bord d'un précipice, prêts à tomber dedans. Vous n'en avez pas besoin, vous qui vous estes tousjours tenu, pendant les secousses de cet Estat, fortement attaché au gros de l'arbre ; aussi est-ce un des motifs le plus considérable pour lequel je suis et seray toute ma vie, Monsieur, vostre très humble, très obéïssant et très affectionné serviteur, de Cyrano Bergerac.

---

(1) On appelait la peste ou la vérole le mal de *saint Roch ;* les hémorrhoïdes, le mal de *saint Fiacre ;* les abcès, le mal de *saint Cloud ;* la sciatique, le mal de *sainte Reine.* C'est à ces Saints que les malades s'adressaient pour guérir.

LES ENTRETIENS POINTUS

Les mauvais jeux de mots qui suivent nous ont été présentés par Cyrano lui-même comme étant le résultat d'une sorte de « combat d'esprit » entre ses intimes et lui. Cette assertion a été utilisée par ses biographes ; ils se sont ingéniés à substituer les noms de ses amis à ceux des philosophes de l'antiquité dont Cyrano s'est servi.

Ici encore Cyrano a inventé, et cela pour donner plus de relief à ses *Entretiens*. Ni Bernier, ni Chapelle, ni Sorbière, ni Molière, ni Adrien de Valois, ni Jacques Rohault ne se sont arrêtés à de telles niaiseries ; ce serait les diminuer injustement en les enrégimentant dans le soi-disant petit groupe littéraire que Cyrano aurait présidé, groupe qui n'a jamais existé.

Ceci dit, voici le commentaire de Paul Lacroix — il n'a pas rencontré de contradicteur ! — qui se lit dans sa notice sur Cyrano de Bergerac :

« Cyrano vivait en dehors de la société des beaux esprits d'académie, des chantres de la Samaritaine, des auteurs de cabaret et des romanciers de ruelles : il avait formé une espèce d'association philosophique et littéraire au milieu de laquelle il rendait ses oracles. On y traitait en toute liberté les questions les plus abstraites de la métaphysique et les plus délicates de la morale humaine ; on ne se piquait pas sans doute d'être toujours très orthodoxe en fait de religion. Puis, tout à coup, la discussion descendait de ces hautes sphères et se rejetait gaiement sur des sujets familiers. *Les Entretiens Pointus*, qui ont été publiés dans les œuvres posthumes de Cyrano, nous donnent une idée exacte du ton ordinaire que prenait la conversation. C'était un assaut de jeux de mots, d'équivoques et même de coq-à-l'âne. L'éditeur de ces *Entretiens* ne nous a pas fait connaître, malheureusement, les personnages qui y prenaient part. « J'ay déguisé » leurs noms, dit-il, afin que la liberté qu'ils se sont donnée ne puisse leur » estre nuisible et que sous le masque, se joüant de tous également, ils puis- » sent descendre du Théâtre parmy le Peuple sans courir le danger où les

» pourroient mettre les ressentimens d'un brutal. » Cyrano se nommait *Socrate* dans eette école pointue, dont il était l'âme ; on peut aussi sous le nom de *Platon* reconnaître Jacques Rohault ; mais nous ne savons à qui attribuer les surnoms de *Timandre,* de *Philogias* et d'*Epaminondas...* »

Paul Lacroix dans une note antérieure exposait le résultat de ses recherches relatives à la petite école de Gassendi :

« Il faudrait chercher les véritables noms de ces personnages dans la société intime des élèves de Gassendi, qui leur donnait parfois le ton et l'exemple de l'enjouement. Si Gassendi est ici Socrate, son disciple favori Jean Bernier serait Platon. Quant à Timandre, Phocion, Philogias, il faudroit choisir entre Chapelle, Sorbière, Molière, Valois, etc. Mais, en préparant notre édition, nous sommes arrivéà une opinion un peu différente, et nous n'avons plus hésité à reconnaître Cyrano lui-même dans le personnage de Socrate. »

Remercions le Ciel, pour l'honneur de Gassendi, que les hésitations de Paul Lacroix aient cessé !

PRÉFACE

La Pointe n'est pas d'accord avec la raison ; c'est l'agréable jeu de l'esprit, et merveilleux en ce poinct qu'il réduit toutes choses sur le pied nécessaire à ses agrémens, sans avoir égard à leur propre substance. S'il faut que pour la Pointe l'on fasse d'une belle chose une laide, cette étrange et prompte métamorphose se peut faire sans scrupule, et tousjours on a bien fait, pourveu qu'on ait bien dit ; on ne pèse pas les choses ; pourveu qu'elles brillent, il n'importe ; et s'il s'y trouve d'ailleurs quelques défauts, ils sont purifiez par le feu qui les accompagne. C'est pourquoy, Lecteur, ne blasme point ces contrariétez et faussetez manifestes qui se trouveront par fois en ces Entretiens ; on n'a voulu que se divertir, et tant de beaux Esprits qui tiennent icy leur rang, se traittant icy par fois les uns les autres, et souvent eux-mesmes, de stupides et d'insensez, témoignent assez qu'ils ne veulent pas estre creus, mais seulement admirez, et que ce plaisir est leur seul objet. Suy donc leurs intentions, mon cher Lecteur, et sans éplucher les choses, prens part à leurs divertissemens, qui te seront agréables ou dégoûtans, selon que tu leur seras semblable ou dissemblable. Au reste, j'ay déguisé leurs noms afin que la liberté qu'ils se sont donnée ne leur puisse estre nuisible, et que sous le masque, se joüant de tous également, ils puissent descendre du Théâtre parmy le Peuple sans courir les dangers où les pourroient mettre les ressentimens d'un brutal.

I. — Timandre, parlant d'une Arcade que l'on vouloit élever en un troisième étage pour joindre deux bastimens opposez, fut averty par Socrate que c'estoit des desseins en l'air.

II. — Le mesme Socrate dit fort bien sur la mort inopinée d'un jeune homme qui, tombant de foiblesse, estoit tombé sur la pointe d'ùn couteau qu'il tenoit en main, qu'il mouroit désespéré, puisqu'il se tuoit luy-mesme, et partant, qu'il ne falloit s'estonner de sa mort, toutes actions de désespoir estant actions de foiblesse.

III. — Platon prenant un siège, comme en voulant exiger par force de Simarandre ce qu'il luy demandoit, fut sollicité par Socrate de s'en servir plutost comme d'un placet pour le fléchir.

IV. — Socrate parlant d'un Amoureux transy, qui pour coucher avec une jeune Fille avoit veillé en vain toute une nuit et baailloit le lendemain avec assoupissement, dit qu'il en viendroit à bout, puisqu'il s'avisoit de baailler.

V. — D'un autre qui, sortant du grand chemin pavé après avoir long-temps exercé son esprit, s'estonnoit de sa vivacité, il luy en découvrit la raison, alléguant que son esprit s'estoit éguisé sur les grès.

VI. — Le mesme asseura contre Epaminondas qui tenoit le Capuchon des Capucins pour une bonne pointe, que c'en estoit une très pauvre.

VII. — Et sollicité de payer un obligeant Amy de plusieurs pointes, il refusa de le faire, de peur qu'il ne s'en piquast.

VIII. — Le Frère aisné de Socrate ne rencontra pas moins bien, lors que parlant d'une personne avancée par une Dame stupide et lubrique, il asseura qu'il devoit encore aller plus loin, estant monté sur une si bonne beste.

IX. — Cette Pointe fut suivie d'une autre que fit Socrate lors que, rendant raison de l'amour que les Dames ont pour les Bestes au préjudice des gens d'esprit, il dit que les Chevaux estoient de plus grand travail que les Hommes.

X. — Epaminondas disoit d'un Fripon d'Escolier qui vouloit excroquer son Maistre à écrire et se vantoit d'avoir du papier très fin, qu'il avoit raison, puis que son papier devoit attraper l'Escrivain.

XI. — Phocion, jeune frère de Socrate, parlant d'un autre qui mangeoit par les ruës continuellement, il dit que c'estoit disner en Ville.

XII. — Et Socrate, sur quelques discours avancez en suite, s'estonna de ce que les Chrestiens estoient si faciles à corrompre, veu qu'ils estoient salez dès leur naissance.

XIII. — Et poursuivit sa Pointe contre un Sot bien reblanchy et magnifique du tout en Canons, disant qu'il vouloit prendre les Hommes comme les Loups, c'est-à-dire dans les toilles.

XIV. — Philogias, parlant d'un Homme vestu de vert, l'appelloit Vert Galant.

XV. — Socrate, dans le mesme Entretien, ayant bû un grand verre d'eau pour se refaire, dit qu'il s'estoit r'habillé avec une pièce de verrerie.

XVI. — Et voyant un Cheval qui, courant la bague, fiantoit dans sa Carrière, dit qu'il chioit sur le mestier.

XVII. — Pareillement de Monsieur l'Enfant[1], mal peint et sans bordure, il dit que c'estoit l'Enfant gasté et débordé.

XVIII. — D'un autre qui marchoit beaucoup, bien qu'il eust un trou à la teste, il dit qu'il couroit les ruës comme ayant la teste feslée.

XIX. — Et de luy-mesme, qui se plaisoit à l'amour des masles, il asseura qu'il en usoit ainsi, pour estre honteux, au poinct de se cacher derrière les autres.

XX. — Il asseuroit aussi d'une Femme parée de fleurs, qu'elle avoit ses fleurs.

XXI. — Et qu'il faisoit bon offenser le Pape, veu qu'il avoit beaucoup d'Indulgence.

XXII. — Et parlant d'une Montre qu'on avoit volée et qui ne pouvoit estre retrouvée, il dit qu'elle ne reviendroit pas, estant asseurément fort mal montée.

---

(1) J. L'Enfant, peintre au pastel et graveur au burin, né à Abbeville en 1615, mort en 1674.

APPENDICE

I. Sermon du curé de Colignac attribué à Cyrano.

II. Bibliographie des *Œuvres* de Cyrano.

III. Iconographie de Cyrano.

IV. Procès intenté par le libraire Charles de Sercy à Anthoine de Sommaville pour la contrefaçon faite par ce dernier des *Œuvres Diverses* de Cyrano publiées en 1661 :

A) Arrêt de la Cour de Parlement, 30 novembre 1661.

B) Extrait des Registres du Parlement, 9 août 1662.

C) Extrait des Registres du Parlement, 27 juillet 1663.

I. — SERMON DU CURÉ DE COLIGNAC, PRONONCÉ LE JOUR DES ROIS

Le curé de Colignac est un des personnages mis en scène au début de l'*Histoire des Estats et Empires du Soleil* ; est-ce seulement pour cette raison, ou pour d'autres plus sérieuses, que le *Sermon* a été attribué à Cyrano de Bergerac par Etienne Jordan (*Recueil de Littérature,* Amsterdam, 1730) ? Nous l'ignorons et nous nous garderons bien de trancher la question. En tout cas, ce sermon a été composé dans la note habituelle de notre libertin. Il a dû paraître pour la première fois sous la rubrique : *Cologne, Pierre le Grand*, dans le *Recueil de plusieurs Sermons récréatifs,* 1704, in-12 de 96 pp., et a été plusieurs fois réimprimé (1), mais, le plus souvent, avec d'autres pièces.

Chrétiennes ouailles.

Nous célébrons aujourd'hui une grande Fête et un grand Evangile ; mais auparavant que d'en parler, nous traiterons de trois Points. Le premier, je l'entends et vous ne l'entendez pas. Le second, vous l'entendez, et je ne l'entends point. Et le troisième, nous ne l'entendons point ni les uns ni les autres. Quant au premier Point que j'entends, et que vous n'entendez pas : c'est que j'entends que vous me payiez mieux mes dîmes à l'avenir que vous n'avez fait par le passé, et vous ne l'entendez pas. Le second, que vous entendez et que je n'entends pas, c'est que vous entendez que je chasse ma jeune Servante pour en prendre une vieille, et je ne l'entends pas. Et le troisième enfin, très fidelles Brebis, que nous n'entendons ni les uns ni les autres, c'est l'Evangile d'aujourd'hui : c'est pourquoy nous n'en parlerons point de peur d'en dire quelque sotise ; toutefois la Fête est si grande qu'il en faut parler un peu.

C'est cette grande Sainte Epiphanie Vierge et Martyre, Mère des trois Rois, qui mourut en couches de son premier enfant ; aujourd'hui, comme dit l'autre, nous en célébrons la Fête. Mais de peur que quelque Satan ne nous vienne tarabuster l'entendement, supplions le Saint-Esprit : tenez, c'est ce beau Pigeon blanc que voilà sur l'Autel de la Pentecôte, de ne souffrir aucun tintamare ; prions-le de nous assister, et vous verrez qu'il le fera, car il est bonne personne, pourvu que ce soit par l'intercession de Notre-Dame, que nous saluons comme l'Ange la salua. A propos, ce ne fut pas l'Ange du Crucifix : Vertu de ma vie, le petit Drôle me tomba

(1) Voici une édition séparée : Le sermon du curé de Colignac. Prononcé le jour des Rois. A Paris. Imprimé Pour l'Auteur dans la Rue de Saint Jaques. M.DCC.XXXVI. Plaquette de 23 pp. chiff. (Bibl. Arsenal, 18221 *bis* B. L.) — La mention *Imprimé pour l'Auteur* n'a aucune signification, ce sermon ayant vu le jour, nous l'avons dit, trente-deux ans auparavant.

dernièrement sur la tête ; et par ma foi il n'a que faire de rire ; quelque mine que je lui fasse, je ne l'aime point. L'Ange Gabriel, son compagnon, n'étoit pas un songe-malice comme lui, il s'en alloit tous les matins avant que de déjeûner dire à la Vierge, comme nous allons dire présentement, *Ave Maria.*

Or pour revenir à notre conte, les trois Rois étoient de grands Saints, mais pourquoi, Fidelles Auditeurs, croyez-vous que de si Grands Rois vinrent tout d'un coup de si Grands Saints, eux qui avoient plus de boisseaux de pistoles que Guillaume le Riche n'a vaillant de Carolus : je m'en vai vous en dire la raison. Ce fut à cause qu'ils ne vinrent pas comme vous faites, lors que vous venez à l'Offrande les mains vuides, car eux, ils apportèrent de grands présents. Le premier apporta : Hé vraiment, à propos d'apporter, Messieurs les Niquedouilles ! j'ai à vous avertir, puis que c'est le devoir de ma Charge et le salut de vos âmes, et que la gloire de Dieu m'y oblige, que le premier Gueux qui n'apporta qu'un denier à mon neveu, comme fit Dimanche le grand Massé, lequel je ne veux pas nommer de peur de scandale.., Par ma foi, je lui casserai le nez contre le bassin, cela seroit beau ? Pensez-vous que moi qui représente en ce monde la personne de Saint-Pierre, et qui suis en cette Parroisse comme son Vicaire, car je suis votre Curé en dépit que vous en ayez : et vous croyez que je me tiendrai deux heures dans cette Chaire fiché comme un échalas ? Non, je débarboüillerai bien vos museaux avec ma paix, pour une pièce de chaudron toute effacée ; je ne parle point par cœur, la voilà ; je ne sçai si elle porte l'image du Roi, ou l'Antechrist ; encore si vous mettiez cet argent dans le tronc de la Fabrique, passe, mais estant destiné pour votre Pasteur : Ah ! je ne le puis souffrir, car j'y suis obligé en conscience de Dieu. Il vaudroit bien mieux que vous ne fissiez point tant les hastez à quester pour la plus grande Cloche qui est cassée. Eh ! mon Dieu, ne réveillons point le Chat qui dort ! Elle est morte avec le Baptême, suffit ; laissons-la là, nous la referons quand nous pourrons. La Paroisse n'est pas d'un si grand revenu, il n'y a que trop de son pour si peu de farine ; mais en cas que vous vouliez faire votre devoir de Chrétiens, il vous reste encore deux Cloches qui vous le prêchent assez : N'entendez-vous point qu'elles sonnent tous les jours à vos oreilles, don, don, don ? Et que veulent-elles dire par là, sinon que vous fassiez force dons à votre Curé ? Oh bien, oh bien ! demi-Ribaut, rien du tout, vous voulez toûjours être vilains : et Diable emporte qui vous marira.

Mais écoutez un conseil : si vous voulez donner quelque chose pour les Réparations de l'Eglise, vous verrez Samedi ma servante au marché : donnez-lui ce qu'elle vous demandera, et j'espère en ce cas de l'infinie Miséricorde du Tout-Puissant qu'il vous pardonnera les sacrilèges que votre exécrable avarice vous a fait tant de fois commettre à l'Offrande, car c'est un sacrement sans lequel il est impossible d'entrer en Paradis. Oüi, il est autant possible d'y entrer sans cela, comme de faire passer un chameau par le trou d'une aiguille. Là, là, là, moquez-vous-en, c'est l'Ecriture qui vous le dit : ce n'est pas moi encore un coup. Je vous le dis, faites refaire le Maître-Autel : Dieu ne dit mot, mais il n'en pense pas moins. Et, en effet, quelle vilainie n'est-ce point de voir dans notre Eglise tous les Saints qui ne valent pas le Diable ?

Vraiment je suis bien aise que l'occasion se soit présentée de vous parler de notre S. Michel ; dame, écoutez, il en faut acheter un neuf : dites-en deux mots à votre bourse, car pour la mienne il y a longtemps et vous savez que ce n'est pas d'aujourd'hui qu'un Sorcier de ce Bourg lui a noüé l'éguillette, et ne me faites point sortir de mon terme. Je vous avertis donc que pour le Diable il n'est pas encore tant sot, mais pour Saint-Michel il ne vaut rien ; depuis les pieds jusqu'à la tête, vous l'avez tout brûlé à force d'y attacher des bougies. Cependant vous en devez offrir tantôt au Saint et tantôt au Dragon et cela seroit mieux. Car encore que Lucifer soit un vrai Diable, il est bon d'avoir des Amis en Paradis et en Enfer ; on ne sait pas où on se rencontre. Or bien, je supplie Dieu de tout mon cœur qu'il supplie la Sainte Vierge de supplier Monsieur Saint-Pierre, notre Patron, de vous faire tous gens de bien : mais c'est assez parlé de tout cela.

Revenons à nos Rois, si vous vous en moquez, à votre dam : la voye de perdition est large et spacieuse, et plusieurs se perdent en icelle. Encore un coup, mes Parroissiens, je vous l'ai déjà dit pour décharger ma conscience, que le plus grand signe de réprobation auquel un malheureux puisse être sujet en cette vie, c'est de ne pas donner de bonnes dîmes à son Curé. Regardez Caïn : qu'est-ce qui le fit damner ? Ce ne fut pas pour avoir tué son frère, ce fut bien pour autre chose. Ce fut, mes chers Parroissiens, pour avoir escornifflé les gerbes des Dîmes qu'il devoit à Dieu : Dieu y prit garde, il ne voulut pas le lui reprocher à son nez, car cela eût été vilain ; mais il permit que son frère Abel lui vint faire une querelle d'Alleman. Caïn qui avoit la tête près du bonnet lui donna sur la gueule. Abel le lui rend : les voilà aux mains, et le petit Abel, qui n'étoit encore qu'un jeune morveux, reçut un coup d'une mâchoire d'âne, mes chers Auditeurs, par derrière l'oreille, dont il fut échigné. Mais où sommes-nous donc maintenant ? Je ne sai, non certes, je ne sai. *Jésus-Maria.* Quel Coq à l'Ane ! au lieu de parler des Rois, je parle de mes Dîmes, c'est aussi Jean le Gris qui en est cause, car quand il m'apporte les siennes ce n'est qu'en rechignant, aussi bien que Loüise Moinot, qui ne remplit les burettes de mon Neveu que de vin poussé, encore n'est-ce qu'à lèche doigt ; mais laissons tout ceci et revenons à nos Rois.

Ecoutez l'Ecriture, elle nous dit en termes exprès, que le premier apporta, attendez, je vais vous le dire en Latin, *Aurrum, Mirrham* et *Thus.* Voilà comme parle l'Ecriture ; le premier apporta de l'Ormirrhe, le second apporta de l'Encens, et le troisième apporta, il apporta, Chrétiens... je voudrois bien savoir pourquoi attend le Compère Niquet, mon Boulanger, à m'apporter le gâteau des Rois. J'ai pris du pain chez lui tout le long de l'année, est-ce la raison qu'il ne m'apporte pas un gâteau ? Où êtes-vous, mon Compère Niquet, où êtes-vous ? Il n'est assurément pas à mon Sermon. Viens, viens Dimanche au Prône, chien de Galefretier que tu es, je parlerai bien à ta rouge barbe : ô Pardy, tu peux bien le croire, jamais gâteau ne te coûta si cher. Hé bien, regardez Chrétien troupeau, si les riches se soucient de Dieu et de la Messe.

Mais parlons de nos Rois, le premier apporta de l'Ormirrhe, le second de l'Encens, et cet autre qui m'a diffamé la mémoire apporta, da, da, du ; je pense pourtant ne m'être point trompé : le troisième apporta... Hé, Pierre Brochet, puisque tu sors, dis un peu à Jacqueline, notre Servante, qu'elle prenne bien garde à ses allouettes qu'elles ne brûlent, car foi de Prêtre, si elle les laisse brûler elle les mangera. Et nos Rois donc ? Mais c'est trop longtems lanterner : Tiens, toi Massé qui me regarde, jette les yeux sur cet Autel où les voilà nichez. Tiens, ce petit Vieillard qui porte une longue barbe razée, c'est celui qui donna l'Ormirrhe, ce bonnet à main gauche donna l'Encens, et ce gras Mauricot qui marche derrière lui donna, lui donna... Ah ! par ma foi, mes Enfans, il ne lui donna rien : à cause de cela Dieu l'excommunia, et il devint noir comme vous le voyez.

Venez donc, Messieurs les Vilains, à l'Offrande sans rien apporter : Venez-y maintenant pour voir, car je vous promets que je mettrai devant l'Autel un pot de noir à noircir dont je vous servirai comme Dieu servit le Mauricot. Toutefois notre Seigneur est bon, et moi aussi. Venez seulement baiser la paix et cracher au bassin de bonne sorte, et du reste, quand vous manquerez aux autres choses, j'enfoncerai si avant mon bonnet qu'il me bouchera les yeux. Car, voyez-vous, la tempérance est une belle vertu, la Virginité fait fleurir, le jeûne est miraculeux quoique jamais saoul : Et cependant de toutes ces Vertus sans l'Offrande, il voudroit autant se coigner la tête contre une paroi ; mais cet orgueil, cette superbe vous entraînera dans l'abîme ; vous ne vonlez pas aller au bassin parce que d'autres y ont été devant vous. Eh que cela ne vous fasse point mal au cœur : allez, je vous promets que qniconque voudra passer devant celui qui anra juré de m'offrander un cart d'écu, je lui démantibulerai la gueule avec ma platine. Sans mentir, je lisois l'autre jour un beau trait de la Genèse.

C'est à propos de l'orgueil qui vous perdra tous, si vous n'y prenez garde. Lucibal qui étoit le plus beau de tous les Anges devint si outrecuidé... mais ma foi, il ne me souvient plus du reste, tant y a qu'il y arriva là-dessus de belles choses. Or c'est pour vous montrer que par conséquent la superbe est ordinairement accompagnée d'orgueil. Or bien, Dieu vous donne à tous son Paradis, car croyez-moi nous en avons tous besoin : Défunte ma bonne mère, à qui Dieu donne bonne vie et longue, ne nous prêchoit autre chose à ma sœur et à moi ; mais j'avois un éveillé frère, méchant comme un Juif, il s'appelait Tiebaut. Vous parlez d'orgueil, il n'y en avoit pas un dans la Paroisse comme lui, il n'y avoit donc que pour lui à carillonner le jour de la Dédicace, et comme si c'eut été à cette heure, il me souvient encore que l'on l'eut plutôt pendu que de lui ôter les sonnettes à la Procession. Regardez cependant, je croi que je tiens de race, car j'aime bien les Saints à cause qu'ils sont bons Frères, et je les aimerois vingt fois davantage s'ils n'étoient point glorieux.

Mais à propos des Rois. Il y a premièrement Sainte-Raine, c'est cette sainte qui guérit de la gale, vous l'aurez Lundi; vous aurez aussi, ah! c'est Saint-Simon... Oh! oh! et qui a mis là cette bonne bête? Dame, mes enfans, c'est Judas, et je ne sai pas ce que nous devons faire là-dessus. Je vous le dirai pourtant: si vous le trouvez à propos, nous ne fêterons que jusqu'à midi S. Simon, et pour Saint-Judas le Rousseau, il ira, s'il lui plaît, gratter son cul au Soleil, et si encore je ne sai pas, quand nous ne fêterions ni l'un ni l'autre, il n'y auroit pas grand mal. Car Saint-Simon a la mine de ne valoir pas grand'chose, puisqu'il a pour compagnon un si méchant garnement. Jeudi nous aurons encore une Fête que je ne saurois nommer, c'est une Fête qui est faite comme un Dindon. . Ha! ah! si fait, je m'en souviens, c'est Sainte-Croix. Et puis il y a encore une autre Fête qu'il ne faut pas oublier, c'est le premier Dimanche du mois; vous l'aurez, et si je ne me trompe, vendredi: chaumons bien celui-là, c'est un grand Saint, et même à cause qu'il arrive souvent. J'avois envie de vous en parler, mais je n'ai point trouvé sa vie dans la Légende. Il y a aussi dans ce même mois la Fête des quatre Frères, qui vinrent Saints à force de jeûner, ce sont les Quatre Tems. Je ne sai si ce que je vais vous apprendre est vrai: mais j'ai autrefois appris d'un vieux masson de cette contrée qu'il y a parmi nos Reliques le petit doigt du plus jeune Frère des Quatre-Tems. Il marque encore un saint dans le Calendrier qui n'est pas encore usité: il se nomme *Sol in Cancer*; si vous m'en croyez pourtant, vous le fêterez bien: il faut que ce soit un Martyr, car il est marqué en rouge. Voilà toutes les Fêtes qui vous empêcheront entre cy et un mois de vaquer à vos œuvres manuelles; tout le reste de mon exhortation ne consistera qu'en quelques avertissemens que j'ai à vous faire.

Le premier est que vous soyez plus diligens à la Messe de Paroisse et au Prône; ne faites pas comme Nicolas Garnaux, qui s'en moque. Il dit à tout le monde qu'il n'y vient point parce qu'il sait bien tout ce que je veux dire; et comment Diable le sauroit-il, je ne le sai pas moi-même? Ne voilà-t-il pas le conte de ma Bible: J'endurcirai le cœur de Pharao? Plus de remors, plus de vers de conscience, la mesure est au comble; ce qui est une marque qu'ils sont réprouvés dès cette vie, comme dit saint Paul, c'est qu'ils médisent de leur Curé. Oüy, Jaqueline Lambert a dit à quelqu'un que je m'étois vanté de savoir de bonne part qne la grosse Périne avoit fait un enfant: mais elle en a menti, la Carogne qu'elle est, je n'en ai jamais parlé à personne, et puis je serois bien misérable, la pauvre Périne me l'a dit à confesse: et vous savez qu'il nous est expressément deffendu de révéler la Confession. Mais moi, si je voulois dire qu'elle va toutes les nuits coucher avec le Vicaire de Bonne-Val. Cependant je n'ai garde, car la Coquine seroit assez sotte pour ne plus revenir à Confesse. Je le dis de bon cœur, que Saint-Pierre d'Alcantarame soit témoin, si je ne voudrois pour venger tous les bons Saints de Paradis avoir coëffé de cornes son Huguenot de Mari. C'est ce Satan-là qui lui apprend toutes les vilainies qu'elle fait ; par ma foi si j'avois été Pape, j'aurois permis aux Huguenots de se loger par tout où ils eussent voulu : mais je leur aurois défendu de se loger dans aucune Paroisse et j'aurois fait encore cent autres belles Loix. Cependant, quand il n'y en aura plus, je le pourrai bien être ; l'on en a élu un depuis peu. Je n'y ai pas été nommé, l'Eglise ne l'a point voulu, à son dam : Je vois bien toutefois que si mes Dîmes ne se payent d'une autre façon je serai contraint de me retirer hors du monde, prendre le peu de bien que j'ai et m'en aller à Rome me rendre Cardinal.

Mais revenons à nos moutons, il faut que je vous dise que Maturin Moigneux a cru me faire grand dépit de clabauder par tout que j'avois dit trois Messes en une matinée. Hé bien, quand cela seroit, si j'en dis une je fais bien, et si j'en dis trois je fais deux fois mieux ; et qu'en dépit du Maraut : Mais quoi ! ce sont des gens qui n'ont non plus de dévotion ni à l'Offrande, ni à la Dîme que des vrais Atéistes, aussi Dieu retirera ses grâces ; ils ne vont pas seulement à la Procession. A propos c'est demain celle d'alentour des Blez ; qu'on vienne de bonne heure. Dame écoutez, je me tiendrai sous la porte du Chapitre, et personne n'y viendra qu'il n'ait une bougie d'un double que je lui vendrai un sol : c'est bien le moins que sauroit valoir la bénédiction qu'un carolus. Cela sera beau de vous voir autour de vôtre Bannière les bras croisez ou branlans comme des sots. Ce carolus-là est sans préjudice du sou de Confesse que je prétends que vous me teniez compte.

Croyez-vous me tenir dans ma Chaire toute une journée pour vos beaux yeux ? Nenni, nenni, mes chères Ouailles, je ne suis pas si sot, de rien on ne fait rien ; quand on blanchit mes rabats, je donne deux liards de la pièce, et moi, quand j'aurai blanchi vos consciences plus blanches que ne sont mes rabats, vous croyez me payer d'un grand merci ; vous principalement qui ne dites non plus votre *Pater Noster* que des margajas ; vous, qui êtes cause par vos exécrables Dîmes et vos offrandes sacrilèges, que Notre Seigneur ne revient plus au monde. C'est un mystère à quoi je songeois l'autre jour en composant le Sermon d'aujourd'hui. Car en effet, puisqu'il y est déjà venu, il y viendroit bien encore ; Considérez cependant que s'il y venoit, mort de ma vie, les trois Rois logeroient chez moi, oui chez moi, et lui ne logeroit pas à vos maisons ; car vous ne mangez que du lard, et les Juifs n'en mangent point. Il ne logeroit pas non plus au Château, car c'est la maison de Pilate. Où logeroit-il donc, sinon à mon Presbitère ? Toutefois, il est bon et sage, il en fera là-dessus comme il lui plaira, et ce qu'il jugera le plus à propos pour votre salut. Mais si Notre

Seigneur ne revient plus au monde, je m'en vais mettre mes deux oreilles, que c'est à cause de ces Parpaillots qui se mocquent de nos Reliques. Cependant vous sçavez qu'elles ne sont pas comme celles du Curé de Torigneux, qui a fait le bras de Saint-Etienne d'un os de Porc-frais. Dans les nôtres on y voit les plus belles choses du monde : Il y a une dent de la vraie Croix, deux Soupirs de Saint-Jean Baptiste, la lanterne de Judas, du lait des onze mille Vierges, du Han de Saint-Joseph, de la Sueur de Saint-Christophe, et un petit bout de la Corde avec laquelle Judas s'est étranglé, et mille autres beautés.

Cependant mademoiselle la Begueulle s'en moque : Hé bien, Migorée au Diable, moque-t-en si tu veux, le Seigneur se moquera de toi. Oui, l'autre jour encore, pendant les Vêpres elle jouoit aux quilles avec ces Garçons. Ah ! que ne me trouvois-je là en ce temps ! Je pense que je l'aurois bien quillée, aussi bien que les autres qui veulent faire les demoiselles. Elles aiment mieux dormir la grasse matinée que de venir seulement au Prône ; elles disent qu'il est trop long. Vraiment, si j'étois là, je vous ferois bien lever le cul. Comment, vous êtes dans votre lit, les jambes étendues à faire les paresseuses, pendant que je suis dans la Chaire de vérité à faire le fol une heure d'horloge : et de tout cela vous croyez en être quitte à si bon marché : c'est pour votre chien de nez. Quoi ! vous avez peur de vous écorcher les genoux à trop prier Dieu, mais Dieu vous en fera de même. Vous ne sçauriez donner dix sols pour une Messe avec ses fournitures, mais Notre Seigneur, qui voit votre vilainie encore qu'il n'en dit mot, il n'en pense pas moins, il vous attend au trébuchet et vous répondra, quand vous lui demanderez quelque chose : Compère le Riche, à vilain, vilain et demi. Voilà par exemple, Jeanne le Noir ne devroit-elle pas fournir tous les jours des prières à cause de ce gros mariage ; et de plus ne devroit-elle pas dire tous les jours dans ses prières : Seigneur, vous sçavez que ma fille est fiancée à Guillaume le Riche, mais il ne l'aime guère. Ha, si vous sçaviez comme Notre Seigneur aime les prières dévotes et judicieuses, vous en seriez tout ébahis.

Or sus, mes chères Ouailles, voilà tout ce que je vous sçaurois dire, si après tout le soin que je prends à vous faire payer vos Dîmes pour la décharge de ma conscience et pour votre Salut, vous croyez que je ne fasse pas assez bien mon devoir, priez pour moi le Pasteur de l'Eglise, je veux dire Saint-Pierre, notre Patron ; dites-lui le plus haut que vous pourrez : Ecoutez notre Pasteur, Monsieur Saint-Pierre, maître Jean est bonne personne, de soi il n'y a rien de meilleur, si les envieux en médisent, ne les croyez point et n'y prenez pas garde. Dame, il est vrai que nous ne sommes que de petites lumières qui ne sont guères lumineuses ; mais, notre Patron, prenez que nous ne sommes tous que des chandelles de deux liards, et vous que vous soyez un gros falot, c'est tout de même. Dame, voilà comme vous devriez m'excuser, je n'en ferois pas moins pour vous : il ne faut pas être honteux de s'aider l'un l'autre, l'on ne se hazarde pas trop à se fourrer entre les jambes de Saint-Pierre, car la porte du Royaume des Cieux est si étroite que l'on est contraint de se racroupir tout d'un coup en un petit tampon. Je m'en rapporte à Saint-Paul, si beau et grand Hallebardier qu'il étoit, on ne le fit pas dégringoler de son cheval, encore fut-il trouvé trop grand de toute la tête.

Or, sus, je n'ai plus rien à vous dire, le temps passe, sinon que je recommande à vos prières les Bienfaiteurs de cette Eglise, et nos Parens et amis trépassez, et Monsieur et Mademoiselle de Colignac, encore pour ceux-là c'est dévotion : mais je vous recommande principalement et par-dessus tout à vos bonnes prières la femme de Salomon le Balafré ; elle m'apporta hier au soir tout tard un coin de beurre, et que je meure à la fin de mes jours, si ce n'est le plus beau coin de beurre que j'ai vu de l'année ; n'oubliez donc pas de prier Dieu pour elle, ou de mériter par la même action , afin que je fasse prier Dieu pour vous ; car comme vous le sçavez, la Foi sans les œuvres est morte. Et si vous pensez de reposer votre salut sur la Foi de la femme de Salomon, elle iroit toute seule en Paradis, et vous autres iriez tous de compagnie à tous les Diables ; à quoi sert de tant hésiter à vous le dire, je ne sçaurois trahir mon sentiment. Mais il me semble que voilà l'heure qui sonne, Dieu vous en fasse à tous la grâce.

II. — BIBLIOGRAPHIE

ŒUVRES PUBLIÉES JUSQU'EN 1800.

Les Lettres, Le Pédant joué.

Les || Œuvres || diverses || de M. || de Cyrano Bergerac || (Marque de Ch. de Sercy) avec sa devise : *Fidem Fortuna Coronat.* || A Paris, || chez Charles de Sercy, au Palais, en || la Salle Dauphine, à la Bonne Foy couronnée || M.DC.LIV (1654). || Avec privilège du roy. || In-4. (N., 24053).

4 ff. prél. pour le titre, l'épître dédic. à Monseigneur le Duc d'Arpajon, sig. de Cyrano Rergerac (armes d'Arpajon gravées en tête), le sonnet à mademoiselle d'Arpajon, la table des Lettres ; pp. 1 à 294 chiffr. — Le || Pédant || joué, || comédie || Par M. de Cyrano Bergerac... || A Paris... 4 ff. et 167 chiffr. (Voir Théâtre.)

Id. Paris, Charles de Sercy, 1659. In-12. (Cat. Crampon, 1897, n° 1017.)

Traduction ou adaptation anglaise des *Lettres.*

Satyrical Characters and handsome Descriptions, in Letters written to severall persons of quality. Translated out of the French. London (May) 1650. In-8 (British Museum).

?

The agreement A satyrical and facetions dream (Altered from the French of C. de B.). To wich is annexed the truth, the whole truth, and nothing but the truth, etc. (By J. Friendly, pseud.) 2 pt. Londres, 1756, in-8). (British Museum.)

Nous n'avons pas eu en mains cet ouvrage et nous ignorons si sa place est bien ici.

ŒUVRES DIVERSES

Les Lettres. — Les Estats et Empires de la Lune. — Le Pédant joué.

Les Œuvres diverses de Monsieur de Cyrano Bergerac. A Paris, chez Antoine de Sommaville... Paris, M.DC.LXI (1661). In-12.

6 ff. prél. pour le titre, l'épitre dédic. à Monseigneur le Duc d'Arpajon, le sonnet à Mademoiselle d'Arpajon, la table des Lettres, pp. 1 à 191 pour l'*Histoire comique ;* pp. 1 à 344 pour les *Lettres de M. de Cyrano Bergerac* et 2 ff. blancs. — *Le Pédant joué, comédie. A Paris, M.DC.LXI* (*1661*), titre, pp. 1 à 152 chiff.

Première édition collective — sauf *La Mort d Agrippine* — des œuvres de Cyrano de Bergerac publiées jusqu'en 1661. C'est une contrefaçon ; elle donna lieu à un procès dont on trouvera plus loin quelques pièces s'y rapportant. Charles de Sercy avait fait saisir, le 22 septembre 1661, chez Antoine de Sommaville un certain nombre d'exemplaires de cette édition. Ce dernier riposta, le lendemain 23, par une assignation tendant à ce que cette saisie fut déclarée injurieuse, les privilèges soi-disant obtenus par Ch. de Sercy les 30 décembre 1653 et 23 décembre 1656 étant faux. L'instance ne se termina que le 5 juin 1663 par la condamnation de Sommaville à quatre cents livres parisis de dommages et intérêts et à trente-sept livres dix sols d'amende.

Cette édition avait été tirée à quinze cents exemplaires qui se vendaient trois livres chaque.

Voici une seconde contrefaçon qui copie la précédente, si ce n'est la même édition avec un nouveau titre :

Les || Œuvres || diverses || de Monsieur || de Cyrano || Bergerac || marque : un cœur avec le monogramme I. H. S. entouré de deux anges || Sur l'Imprimé, || A Paris, || Chez Charles de Sercy, au Palais, || dans la Salle Dauphine, à la Bonne Foy. || M.DC.LXI (1661). In-12. (N., Z 20087).

Id. T. I et II. Lyon, Christophle Fourmy, ruë Mercière, à l'enseigne de l'Occasion. M.DC.LXIII (1663). In-12.

Id. T. I et II. A Rouen, chez Antoine Ferrand, aux Degrez du Palais. M.DC.LXIII (1663). In-12 de 4 ff. et 309 pp. chiffr. (la dernière 509 par erreur) ; *Le Pédant joué*, comédie (avec titre particulier), 156 pp. chiffr.; pour le tome premier. — Titre et 177 pp. chiffr. pour le tome second contenant l'*Histoire comique* (N., 8° Z 16161).

Id. Rouen, R. Séjourné (ou F. Vaultier) 1676. Trois parties In-12 (Bordeaux).

Id. A Rouen, chez Jean B. Besongne, rue Ecuyère, au Soleil Royal. In-8 de 4 ff. et 419 pp. chiffr. A la suite : *Le Pédant joué* (avec titre particulier), 1678, 154 pp. chiffr. et un fl. bl. (N., Z 20092).

LES NOUVELLES ŒUVRES

Les nouvelles || Œuvres || de Monsieur || de Cyrano Bergerac || contenant || l'Histoire comique || des Estats et Empires du Soleil, || plusieurs Lettres, || et autres pièces || divertissantes. || A Paris, || chez Charles de Sercy, au Palais, || dans la Salle Dauphine, à la || Bonne Foy couronnée. || M.DC.LXII (1662) || Avec privilège du roy. In-12. (N., Z 20088).

23 ff. comprenant le portrait de Cyrano par Le Doyen, le titre, l'épître dédic. à M. de Cyrano de Mauvières, sig. C. de Sercy, et la Préface. Pp 1 à 556 pour l'*Histoire comique des Estats et Empires du Soleil*; pp. 1 à 168 pour les *Nouvelles Œuvres*, et 4 ff. dont 1 bl. pour le privilège de dix années daté du 21 décembre 1661, enregistré le 4 janvier 1662 avec l'achevé d'imprimer pour la première fois le 7 janvier 1662.

Il existe deux tirages de cette édition qui présentent quelques variantes, nous avons donné ces dernières ; un troisième tirage participe des deux précédents.

P. Lacroix indique une seconde édition avec l'adresse de Ch. de Sercy sous la date de 1676 ; ce sont probablement les exemplaires invendus de la première ci-dessus de 1662, remis en circulation, avec un nouveau titre.

ŒUVRES DIVERSES

Les Lettres. — Le Pédant joué. — Les Estats et Empires de la Lune. La Mort d'Agrippine.

Ch. de Sercy, paralysé par la contrefaçon des *Œuvres diverses* de Cyrano, due à Antoine de Sommaville, réimprime séparément en quatre années les dites *Œuvres,* de façon à former avec les *Nouvelles Œuvres* une édition complète.

Les || Œuvres || diverses || de Monsieur || de Cyrano || Bergerac. || Première partie. || A Paris, || chez Charles de Sercy, au Palais, au || Sixième Pilier de la Grand'Salle, vis à || vis la Montée de la Cour des Aydes, || à la Bonne-Foy couronnée. || M.DC.LXIII (1663). Avec privilège du roy || In-12 (N., Z 20089).

4 ff. prél. pour le titre, l'épitre dédic. au Duc d'Arpajon sig. De Cyrano Bergerac, l'extrait du privilège du roy du 21 décembre 1661 donné pour dix années pour toutes les *Œuvres* de Cyrano avec achevé d'imprimer *pour la première fois,* le 9 juin 1663, la Table qui comprend les *Lettres, Le Pédant joué,* l'*Histoire comique de la Lune* et *La Mort d'Agrippine.* — Pp. 1 à 256 pour les *Lettres,* au bas de la p. 256 la réclame : *Le Pédant.* — Le || Pédant || joué, || Comédie. || Par Monsieur || de Cyrano Bergerac. || A Paris, || chez Charles de Sercy... || M.DC.LXIV (1664) || Avec privilège du roy ; 177 pp chiff. ; au verso de la p. 177, extrait du privilège du 21 décembre 1661, avec achevé d'imprimer *pour la première fois* le 12 décembre 1663 ; au bas de la p. 177, la réclame *Histoire.* — Histoire || Comique || des Estats et Empires || de || la Lune || Par Monsieur de Cyrano Bergerac. || A Paris, || chez Charles de Sercy... || M.DC.LXV (1665). || Avec privilège du roy, 15 ff. prél. pour le titre, l'épitre dédic. à Messire Tanneguy Regnault des Bois-Clairs, sig. Le Bret, la Préface, l'extrait du privilège du roy avec achevé d'imprimer *pour la première fois* le 3 avril 1665, 137 pp. chiffr. — La Mort || d'Agrippine || Tragédie || Par M. || de Cyrano Bergerac || A Paris, || chez Charles de Sercy .. || M.DC.LXVI (1666), 72 pp. chiffr. Après le titre, l'extrait du privilège du roy, pour cinq ans, du 23 décembre 1656, avec achevé d'imprimer du 15 mars 1666.

ŒUVRES COMPLÈTES SOUS LE TITRE D'ŒUVRES DIVERSES

(à pagination continue.)

A) Les || œuvres || de Monsieur || de Cyrano || Bergerac || Première (et seconde) partie. || A Paris, || chez Charles de Sercy, au Palais, au || Sixiesme Pilier de la Grand'Salle, vis à || vis la Montée de la Cour des Aydes, || à la Bonne-Foy couronnée. || M.DC.LXXVI (1676 ou 1677). || Avec privilège du roy. In-12 (A, 20627* et N., Z 20090-20091).

6 ff. prél. pour le portrait de Cyrano par Le Doyen, le titre, l'épître dédic. à Mgr le Duc d'Arpajon et la table, 468 pp. chiffr. pour la Ire partie ; IIe partie : 18 ff. prél. pour le titre, l'épitre dédic. à M. de Cyrano de Mauvières, sig. C. de Sercy ; autre épitre à Messire Tanneguy Regnault des Bois-Clairs... sig. Le Bret, la Préface, 448 pp. chiffr., 2 ff. pour la table et le privilège pour sept années daté du 29 septembre 1671, enregistré sur le Livre de la Communauté des Libraires le 3 octobre 1671, avec achevé d'imprimer le 10 mars 1676.

Id. Rouen, 1677, 2 vol. in-12. (P. L.)

C'est probablement l'édition ci-dessus avec un nouveau titre.

Les exemplaires de l'édition de Ch. de Sercy 1676 (ou 1677) ont été remis en circulation sous la date de 1681, avec un nouveau titre (N., Z 20093-20094).

Id. Paris, Ch. Osmont, 1699. 2 vol. in-12.

Nous ignorons si cette édition est avec figures comme les suivantes. Si oui, elle devrait être comprise dans la série suivante.

B) Les || œuvres || diverses || de monsieur || de Cyrano || Bergerac. || Tome premier (et second) || Enrichi de Figures en taille-douce. || A Amsterdam || chez Daniel Pain, Marchand Libraire || sur le Woorburgwal, proche du Stilsteeg || M.DC.XCIX (1699). In-12 (N, Z 20095-20096).

4 ff. et 430 pp chiffr., portrait de l'édition des *Nouvelles œuvres* de 1662 et cinq fig. pour le T. I.; — 5 ff. dont une fig. et pp. 13 à 306 (la dernière par erreur 206) dont une fig., entre les pp. 80 et 81, 8 ff. n. chiffr., pour le T. II. — Les figures sont de Laurent Scherm.

Id. Rouen, J.-B. Besongne, 1710. 2 vol. in-12.

Id. Tome premier (et second). || Enrichi de Figures en taille-douce || A Amsterdam || chez Jacques Desbordes, Marchand || Libraire sur le Pont de la Bourse joignant le || Comptoir de Cologne || M.DCC.X (1710). In-12 (N, Z 20099-20100).

4 ff. et 376 pp. chiffr., dont le portrait et cinq figures pour le T. I; — 6 ff. dont le portrait et une fig., pp. 13 à 277, et deux figures, pour le T. II.

C) Les || œuvres || de monsieur || de Cyrano Bergerac || nouvelle édition || ornée de Figures en taille-douce, || Première et (seconde) partie. || A Amsterdam || chez Jacques Desbordes.... || M.DCC.IX (1709). In-8 (N, Z 20097-20098).

15 ff. prél., y compris le frontispice gravé et un nouveau portrait, 408 pp. chiffr., 2 ff. et deux figures pour la Ire partie ; 3 ff. dont le fr. gr., une figure, 378 pp. chiffr. et 1 fl., une figure pour la IIe partie. Le portrait et les figures n. s. sont différents de ceux des éditions ci-dessus, 1699-1710.

Id. Nouvelle édition. Paris, 1709. 2 vol. in-12 (British Museum).

D) Les || œuvres || diverses || de monsieurde || Cyrano Bergerac || Tome premier (second et troisième). A Amsterdam || chez Jacques Desbordes... M.DCC.XLI (1741 ou 1761). In-8 (N, Z 20101-20102).

Frontispice gravé et portrait de l'édition des *Nouvelles œuvres* de 1662, 22 ff. et 444 pp. chiffr., pour le T. I; 3 ff. et 389 pp. chiffr., pour le T. II; 2 ff., 300 pp. chiffr. et 2 ff. dont 1 bl., pour le T. III.

Les exemplaires invendus de cette édition ont été remis en circulation sous la date de 1761.

Toutes les éditions imprimées sous la rubrique Amsterdam l'auraient été à Rouen ou à Trévoux (?).

OUVRAGES ET PIÈCES PUBLIÉS SÉPARÉMENT

L'Autre Monde

A) Histoire || comique, || par monsieur || de || Cyrano Bergerac. || Contenant les Estats et Empires || de la Lune. || A Paris, || chez Charles de Sercy, au || Palais, dans la Salle Dauphine, à || la Bonne-Foy couronnée. || M.DC.LVII (1657). || Avec privilège du Roy. || In-12 (N,Y² 25400).

24 ff. n. chiff. pour le titre, l'épître dédic. : A Messire Tanneguy Renault des Bois-Clairs, Chevalier, Conseiller du Roy en ses Conseils, et Grand Prévost de Bourgogne et Bresse, sig. Le Bret ; l'Extrait du privilège du Roy, donné le 23ᵉ jour de décembre 1656, sig. de Cuisy, pour cinq ans, enregistré sur le Livre de la Communauté des Libraires le 26 janvier 1657, avec achevé d'imprimer du 29 mars 1657, et la Préface (19 ff.). — Pp. 1 à 191. Au verso de la p. 191 : Fautes principales survenues en l'impression. — Voir dans notre volume : *Le Libertinage au XVIIᵉ siècle* : *Mélanges* (Paris 1920) l'article : *Paul Lacroix et Cyrano de Bergerac, l'édition originale du Voyage dans la Lune.*

Id. A Paris || chez Charles de Sercy... || M.DC.LIX (1659). Avec privilège du roy... In-12.

Même collation que l'édition précédente. Les fautes indiquées dans l'errata de cette dernière ont été corrigées et les noms en notes de musique sont modifiés. — L'achevé d'imprimer pour la seconde fois est daté du 8 mars 1659.

Histoire || comique, || par monsieur || de || Cyrano Bergerac. || Contenant les Estats || et Empires de la Lune. || A Lyon, || chez Christophle Fourmy, ruë || Mercière, à l'enseigne de l'Occasion. || M.DC.LXII (1662 ou 1663). || Avec permission. In-12.

Nous avons rencontré deux exemplaires de cette édition portant au titre, par suite d'une erreur d'impression, la date de 1652 ; le privilège et l'achevé d'imprimer ne laissaient subsister aucun doute sur la date de 1662. — A la suite : *Le Pédant joué, comédie.*

B) Histoire || comique || des || Estats et Empires || de || la Lune. || Par Monsieur de Cyrano Bergerac. || A Paris, || chez Charles de Sercy, au Palais || au sixième Pilier de la Grand'Salle, vis à vis || la montée de la Cour des Aydes || à la Bonne-Foy couronnée. || M.DC.LXV (1665). || Avec Privilège du Roy. In-12. (N, Y² 25401)

15 ff. prél. pour le titre, l'épître dédic. à Messire Tanneguy Regnault des Bois-Clairs, la Préface et l'Extrait du privilège du Roy du 21 décembre 1661 donné pour dix ans avec achevé d'imprimer *pour la première fois* le 2 avril 1665, 137 pp. chiffr.

Cette édition a été amputée d'un paragraphe d'une dizaine de lignes à la p. 121. Nous avons reproduit ce paragraphe dans l'*Histoire posthume de Cyrano de Bergerac.* Voir T. I, p. C.

Id. Lyon, 1672. In-12 (Grenoble).

Voyages imaginaires, songes, visions et romans cabalistiques. Ornés de figures. Tome treizième. A Amsterdam et Paris. M.DCC.LXXXVII (1787). In-8 de XIV pp. et 462 pp. chiff.

Ce volume contient l'*Histoire véritable* de Lucien, traduite et continuée par Perrot d'Ablancourt (p. 1 à 112) ; les *Voyages de Cyrano de Bergerac dans les Estats et Empires de la Lune et du Soleil,* et l'*Histoire des Oiseaux* (pp. 113 à 462). Deux figures de Marillier pour les *Voyages de Cyrano.*

TRADUCTIONS OU ADAPTATIONS ANGLAISES

Selenarchia (en caractères grecs) or the Government of the World in the Moon. A comical history... Done into English by T. St. Serf, Londres, 1659. In-16 (British Museum).

The Comical History of the States and Empires of the World, of the Moon and Sun... newly Englished by A. Lovell. Londres, 1687. In-8 (id.).

A voyage to the Moon... A comical romance. Done from the French of M. C. de B. By M. Derrik. London, 1754. In-12 (id.).

MAZARINADES

I. — Le || Ministre || d'Estat || flambé || .... *ridendo dicere verum* || *Quid vetat ?* || A Paris, || chez Jean Brunet, ruë neuve S. || Louys, au Canon Royal, près le Palais. || M.DC.XLIX (1649). In-4 de 16 pp. chiffr. sig. D. B. (N, Ye 1193).

Autre édition. Id. Jouxte la copie imprimée à Paris. M.DC.XLIX (1649). In-4 de 16 pp. chiffr.

II. — Lettre || de consolation || envoyée à madame || la duchesse || de Rohan, || sur la mort de feu monsieur || le duc de Rohan, son fils, surnommé || Tancrède. || A Paris || chez Claude Huot, ruë Saint Jacques, || proche les Jacobins, au pied de Biche || M.DC.XLIX (1649). In-4 de 8 pp. chiffr. sig. B. D. (N, Lb[37] 5234).

La signature B. D. au lieu de D. B. (de Bergerac) n'est pas une erreur d'impression. Voir Notice biographique, p. LXXI.

III. — Lettre de || consolation || envoyée || à madame || de Chastillon, || pour la mort de || monsieur de || Chastillon. || A Paris, chez Jean Brunet... || M.DC.XLIX (1649). In-4 de 8 pp. chiffr. sig. B. D. comme la précédente et pour le même motif. (N, Lb[37] 5234 (2).

Un avis placé à la suite de la *Lettre de consolation* avertit le lecteur « qu'une pièce qui s'appelle *Le Gazettier dés-intéressé* sera une pièce de remarque pour le temps présent ».

IV. — A) Le || Gazettier || des-intéressé. || A Paris, || chez Jean Brunet... M.DC.XLIX (1649). In-4 de 24 pp. chiffr. sig. D. B. (N, Lb[37] 828).

Cette pièce a eu une suite publiée sous deux titres différents : *Suitte du...* ou *Deuxiesme Suitte du...* qui n'est pas de Cyrano.

Le Gazettier des-intéressé et sa *Suitte* ont été réimprimés.

B) Id. et le Testament de Jules Mazarin. Sur l'imprimé à Paris, chez Jean Brunet et Claude Morlot, M.DC.XLIX (1649). In-4 de 20 pp. chiff.

V. — La || Sibylle || moderne || ou || l'oracle du temps. || A Paris, || chez Jean Brunet... || M.DC.XLIX (1649). In-4 de 15 pp. chiff., sig. D. B.

VI. — Le || Conseiller || fidèle. || A Paris, || chez Jean Brunet..... || M.DC.XLIX (1649). In-4 de 12 pp. chiffr., sig. D. B.

VII. — Remonstrances || des || trois Estats, || à || la Reyne || régente || pour la Paix. || A Paris, || chez Jean Brunet.... M.DC.XLIX (1649). In-4 de trois parties d'ensemble 24 pp. chiffr., sig. D. B.

La première est celle du Clergé ; la seconde a pour titre : *Remonstrance de la Noblesse...* ; la troisième : *Remonstrance du Peuple...* Cette dernière a été aussi publiée séparément avec une pagination particulière : 8 pp. chiffr.

THÉATRE

La Mort d'Agrippine, tragédie.

La Mort || d'Agrippine, || tragédie || par M. || de Cyrano Bergerac. || A Paris, || chez Charles de Sercy, au Palais, dans la Salle || Dauphine, || à la Bonne-Foy couronnée. || M.DC.LIV (1654). Avec privilège du Roy. ||. In-4 (N, Yf 462).

Frontispice gravé aux armes d'Arpajon, etc. Titre imprimé (au verso : *Le Libraire au Lecteur*), épître dédic. A Monseigneur le Duc d'Arpajon, sig. de Cyrano Bergerac (au verso *Acteurs*), soit 5 ff. prél. — Pp. 1 à 106 chiff. et 1 ff. n. chiffr. pour l'Extrait du privilège du Roi daté du 16 décembre 1653, donné pour neuf ans : « *La Mort d'Agrippine*, et un volume de *Lettres* ».

La Mort || d'Agrippine, || tragédie. || Par M. || de Cyrano Bergerac || marque de Sercy. || A Paris, || chez Charles de Sercy.... M.DC.LVI (1656). Avec privilège du Roy.

In-12 de 6 ff. pour le titre, l'épitre dédic..., le privilège daté cette fois du 30 décembre 1653 et donné seulement pour « *La Mort d'Agrippine, veufve de Germanicus* », et la liste des acteurs. Pp. 1 à 84 chiffr. (ex meis).

Id. A Paris, chez Charles de Sercy.... M.DC.LXI (1661). Avec privilège du Roy. In-12 de 6 ff. et 83 pp. chiffr.

Id. A Paris, chez Charles de Sercy... M.DC.LXVI (1666). In-12 de 72 pp. chiffr.

Après le titre, l'extrait du Privilège du Roy du 21 décembre 1661, avec achevé d'imprimer le 15 mars 1666.

Le Pédant joué, comédie.

Le || Pédant || joüé, || comédie || Par M. de Cyrano Bergerac. || A Paris. || Par Charles de Sercy, au Palais, en || la Salle Dauphine, à la Bonne-Foy couronnée. || M.DC.LIV (1654). Avec privilège du Roy. In-4.

4 ff. prél. pour le titre, le privilège, donné pour les *Œuvres diverses* (9 ans) en date du 30 décembre 1653 avec achevé d'imprimer pour la première fois le 12 may 1654,

la liste des « Acteurs ». — Pp. 1 à 167 chiffr. Cette édition n'a pas paru séparément; elle forme la seconde partie des *Œuvres diverses*. Voir les *Œuvres diverses, 1654*.

Id. Paris, Charles de Sercy, 1654. In-12 (P. L.).

Id. Paris, 1657. In-12 (British Museum).

Id. Paris, Charles de Sercy, 1658. In-12 (Cat. Soleinne).

Cette édition, dit P. Lacroix, contient l'incroyable équivoque, p. 74.

Id. id. M.DC.LXI (1661). In-12. Titre et 152 pp. chiffr.

Id. A Rouen || chez Antoine Ferrand || aux Degrez du Palais || M.DC.LXIII (1663). In-12 de 156 pp. chiffr.

Id. A Lyon, chez Chr. Fourmy, 1663. In-12.

Id. A Paris, chez Charles de Sercy. M.D.LXIV (1664). Avec privilège du Roy. In-12 de 177 pp. chiffr.

Au verso du dernier feuillet, privilège du 21 décembre 1661 pour dix ans, avec achevé d'imprimer pour la première fois le 12 décembre 1663.

Id. Paris, Charles de Sercy. M.DC.LXXI (1671). In-12 de 167 pp. chiffr. (A., 11246)

Au verso du dernier feuillet, privilège du 21 décembre 1661. Les exemplaires de cette édition ont été remis en circulation sous la date de 1683, avec un nouveau titre portant au verso un privilège du 18 avril 1681 pour vingt ans (A, 10507).

Id. Rouen, chez Jean-B. Besongne, ruë Ecuyère, au Soleil Royal, 1678. In-8 de 154 pp. chiffr. et 1 f. bl. (N., Z 20092)

Toutes les éditions ci-dessus, depuis et y compris 1657, accompagnent les *Œuvres diverses*.

XIXe ET XXe SIÈCLES

Œuvres de Cyrano de Bergerac, précédées d'une Notice par Le Blanc. Voyage comique dans les Estats et Empires de la Lune, Voyage comique dans les Estats et Empires du Soleil. Paris, Victor Lecou, et Toulouse, Librairie centrale, 1855. In-8 de 376 pp. chiff. (N.)

A) Histoire comique des Estats et Empires de la Lune et du Soleil, par Cyrano de Bergerac. Nouvelle édition revue et publiée avec des notes et une Notice historique par P. L. (Paul Lacroix). Jacob, bibliophile. Paris, Adolphe Delahays, 1858. In-8 de LXXX pp., 311 pp. chiffr. et 2 ff.

B) Œuvres Comiques, Galantes et Littéraires de Cyrano de Bergerac. Nouvelle édition, revue et publiée avec des notes par P. L. Jacob, bibliophile. Paris, Adolphe Delahays, 1858. In-8 de VIII pp., 414 pp. chiffr. et 1 f.

Exemplaires tirés sur Hollande pour la *Bibl. Gauloise* et pap. ord. Ces deux volu-

mes ont eu plusieurs réimpressions textuelles, la dernière est de 1900 et cela malgré l'existence des deux manuscrits de la Bibl. Nat. signalés par P. Brun depuis 1893 !

Voyages Fantastiques de Cyrano Bergerac. Publiés avec une Introduction et des Notes par Marc de Montifaud. Paris, Librairie des Bibliophiles, 1875. In-8 de LXXIIj pp., 281 pp. chiffr. et 1 f. pour la table (N.).

Madame Léon Quivogne de Montifaud, née Amélie Chartroule de Montifaud (elle a emprunté à son fils son prénom de Marc), dans son étude sur Cyrano, a pris soin de nous expliquer que « la folie n'est peut-être qu'un état très lucide de l'âme, où elle perçoit les rapports des objets invisibles aux sens ayant plus d'aisance que n'importe quelle faculté pour flatter et s'élever. »

Histoire comique de la Lune et du Soleil. Paris, Garnier, 1876. In-12.

Histoire comique des Estats et Empires de la Lune et du Soleil, par Cyrano de Bergerac. Avec Appendice contenant : 1° Antonin Diogène : Choses vues au delà de Thulé ; 2° Lucien : Histoire Véritable. Paris, Librairie Ch. Delagrave, 1886. In-8 de 317 pp. chiffr. et 1 f. (N.)

Edition expurgée qui fait partie de la « Collection des Voyages dans tous les Mondes », publiée sous la direction de M. Eugène Muller, qui est l'auteur de la Notice sur Cyrano de Bergerac.

Cyrano de Bergerac. Voyage dans la Lune. Paris, Ernest Flammarion, s. d. In-8 de XXXVI pp. et 248 pp. chiffr.

« Collection des Auteurs célèbres » à 0,60 le volume.

Cyrano de Bergerac. Œuvres Comiques, Voyage dans la Lune, Histoire des Estats du Soleil, Histoire des Oiseaux. Tome I (et II). Paris, Librairie de la Bibliothèque nationale, 1898.

Le Pédant Joué, comedy by Cyrano de Bergerac. With Lyfe of Cyrano by H. B. Stanton (H. U. 1900). And a Preface by Professor Ferdinand Bôcher. Published under the auspices of the Cercle français of Harward university Boston. Jean de Peiffer, 1899. In-8 de 4 pp. chiffr. lx pp. 7 ff. et 80 pp. chiffr. (N.).

La comédie *Le Pédant joué* a été adaptée ici par M. C. H. L. N. Bernard en trois actes avec ballets pour la treizième représentation annuelle du *Cercle français de l'Université de Harward*.

Lettres d'Amour, publiées d'après le manuscrit inédit de la Bibliothèque nationale, avec une introduction par G. Capon et R. Yves Plessis. Paris, Plessis, 1905. In-16 de 96 pp. chiffr. et 2 ff. Portrait de Cyrano (N.).

Cette édition contient dix-huit lettres, dont douze des *Œuvres diverses 1654*, et six des *Nouvelles œuvres, 1662*, avec texte du Ms. de la Bibl. nat. pour celles qui s'y lisent.

Collection des plus belles pages. — Cyrano de Bergerac. *Le Pédant Joué*, Lettres satyriques et amoureuses, Scènes de *La Mort d'Agrippine*, Entretiens pointus, Voyage à la Lune et au Soleil, Fragments de physique, Appendice, Documents biographiques, Jugements littéraires et scientifiques. Bibliographie avec des pages inédites, un portrait, deux gravures anciennes et une notice de Remy de Gourmont. Paris, Société du Mercure de France. M.CM.VIII (1908). In-18 de 340 pp. chiffr. et 2 ff.

De Cyrano Bergerac. L'Autre Monde, ou Histoire Comique des Estats et Empires de la Lune. Illustrations de Robida. Librairie Moderne. Maurice Bauche, éditeur... Paris, M.CM.X (1910). Grand in-8 de 93 pp. chiffr.

Cette édition donne un texte hybride ; c'est un mélange du Ms. 4558, Nouv. acq. fr. de la Bibl. nat. et de l'édition de Lyon, 1663. La notice placée en tête est celle de M. Auguste Vitu.

S. de Cyrano Bergerac. Histoire Comique des Estats et Empires du Soleil. Illustrations de A. Robida. Librairie moderne. Maurice Bauche, éditeur... M.CM.X (1910). Grand in-8 de 95 pp. chiffr.

MANUSCRITS

Bibl. Nat. Nouv. acq. fr. 4557. Ms. de 210 ff. chiffr., petit in-4. F. 2. Le Pédant joué, comédie en prose par Monsr de Bergerac ; fig. 94. Lettres de Monsieur de Bergerac, 1651.

Une vingtaine de feuillets ont été coupés à la fin du Ms. ; il est probable qu'ils étaient blancs.

Ce Ms. contient quarante et une lettres, dont deux inédites ; trente-trois se retrouvent refaites complètement ou plus ou moins modifiées (avec de larges suppressions) dans les *Œuvres diverses* de 1654 et six dans les *Nouvelles Œuvres* de 1662.

Bibl. Nat. Nouv. acq. fr. 4558. Ms. de 4 ff. dont 2 bl., 152 ff. chiffr. et 1 bl. in-8. — Les 2 ff. contiennent l'épigramme et le sonnet de Royer de Prades ; les 152 ff. : *L'Autre Monde ou les Estats et Empires de la Lune.*

Bibl. de Munich : N° 420 (Gall. 419). T. VII du Cat. des Ms. 1858. — In-4 de 115 ff. : *L'Autre Monde ou les Empires et Estatz* (sic) *de la Lune.*

Ce Ms. est moins complet que celui de Paris, et le texte en est très incorrect ; il renferme cependant quelques additions intéressantes, nous les avons relevées.

L'Autre Monde ou les Empires et Estats de la Lune. In-4 de 233 pp. réglé (ex meis) (provient de la collection Philipps, de Londres).

Ce Ms., de la fin du XVIIe siècle, a appartenu au chirurgien Ant. Louis, le véritable inventeur de la guillotine, qui l'a acheté en 1765 et qui a noté sur la garde : « L'auteur d'un bout à l'autre sent le fagot et M. de Voltaire, avec *La Philosophie de l'Histoire* et son *Dictionnaire politique*, n'est qu'un réchauffeur. » — Le texte est celui du Ms. de Munich, avec une meilleure orthographe et sans les fautes grossières de ce dernier.

III. — ICONOGRAPHIE DE CYRANO DE BERGERAC

Cyrano a été assez favorisé au point de vue iconographique. Alors qu'il n'existe aucun portrait de Saint-Amant, de Guillaume Colletet, de Malleville, de Benserade, etc., nous en avons quatre de notre libertin :

1° — Le portrait dû à Zacharie Heince avec cette inscription : « Savinianus de Cirano de Bergerac, nobilis Gallus, ex icone apud nobiles dominos, Le Bret et de Prade, amicus ipsius antiquissimos depicto ».

2° — Celui de Zacharie Heince, différent du précédent, gravé par Le Doyen, avec ses armes et ces quatre vers :

La Terre me fut importune,
Je pris mon essor vers les Cieux ;
J'y vis le Soleil et la Lune,
Et maintenant j'y vois les Dieux.

placé en tête de l'édition de ses *Nouvelles Œuvres,* 1662.

3° Le même portrait, en sens opposé, avec un encadrement différent : en haut, à gauche, le Soleil ; à droite, la Lune, et au bas le quatrain ci-dessus (édition des *Œuvres diverses, Amsterdam, 1709.*)

4° Celui de la Collection Desrochers : Cyrano porte une couronne de lauriers ; l'inscription suivante se lit sur un cartouche : « Cyrano de Bergerac, auteur et poëte françois, né en Gascogne, il mourut à Paris en 1655, âgé de 35 ans. » Au bas, ce nouveau quatrain :

Telle est la vraye ressemblance
Du vray favory de Pallas,
Sa valeur le guidoit au milieu des combats,
Et dans le Cabinet il avoit sa science.

IV. — PROCES

INTENTÉ PAR LE LIBRAIRE CHARLES DE SERCY AU LIBRAIRE ANTHOINE DE SOMMAVILLE POUR LA CONTREFAÇON FAITE PAR CE DERNIER DE SON ÉDITION DES « ŒUVRES DIVERSES » DE CYRANO DE BERGERAC, 1661.

A). — ARRÊT DE LA COUR DE PARLEMENT (30 novembre 1661).

Veu par la Chambre des vacations, la Requeste à elle présentée le 23 septembre mil six cens soixante et un par Charles de Sercy, marchand libraire à Paris, à ce que pour les causes y contenues et que les lettres patentes obtenues du Roy par le suppliant le 30 décembre mil six cens cinquante-trois et vingt-trois décembre mil six cens cinquante-six estant adressantes à la Cour et enregistrées en icelles, toutes les demandes en contraventions ou chose qui regarde l'exécution d'icelle y doivent estre portées directement, que par lesdites lettres il est faict deffences à tous autres libraires qu'au suppliant de faire imprimer, vendre ny débiter toutes les œuvres faictes par le Sieur Sirano de Bergerac, qu'au préjudice de ce, Antoine de Sommaville, libraire au Pallais, a faict imprimer de sur les exemplaires du suppliant les mesmes œuvres dudit Sirano et les vend et débite publiquement et le suppliant en conséquence desdites lettres et dudit arrest d'enregistrement ayant faict saisir les exemplaires dudit Sommaville dans sa boutique, le vingt-deux septembre dernier et donné assignation en ladite Cour en contravention desdites lettres et arrest, ledit Sommaville l'auroit faict assigner devant le bailly du Pallais le vingt-trois de ce mois pour apporter lettres et exploits en vertu desquels il avoit faict ladite saisie et s'efforce de faire rendre sentence à ses fins, il fut ordonné que lesdites lettres et arrests d'enregistrement seroient exécutez, ladite assignation révocquée comme attentat, le suppliant déchargé d'icelle, deffence audit Sommaville de se pourveoir ni faire poursuitte ailleurs qu'en la Cour et audit bailly du Pallais d'en cognoistre à peine de nullité, cassation de procédure de trois mil livres d'amande applicables à l'hospital général et aux dommages et interestz du suppliant. Veu aussy lesdites lettres pattentes, arrest d'enregistrement du vingt-six aoust dernier et assignation audit bailliage du Palais et autres pièces cy attachées et ladite requeste signée Prieur. Conclusions du procureur général du Roy. Ouy le rapport de Me Michel Ferrand, Conseiller, et tout considéré, ladite Cour a ordonné et ordonne que lesdites lettres patentes et arrest d'enregistrement du vingt-six aoust dernier seront exécutées, ce faisant que les parties procèderont en ladite Cour sur l'assignation et demande du suppliant en la manière accoustumée et cependant deffences de faire poursuitte ailleurs qu'en icelle, audit Bailly du Palais d'en cognoistre et audit Sommaville de continuer à vendre lesdites œuvres jusques à ce que aultrement par elle en ait esté ordonné, à peine de cinq cens livres d'amendes et de tous despens, dommaiges et intérestz.

(*Archives Nationales*. X[1a] 2502, f. 607.)

B). — EXTRAIT DES REGISTRES DU PARLEMENT (9 août 1662).

Entre Charles de Sercy, Marchand Libraire et Bourgeois de Paris, demandeur, aux fins de la Requeste par luy présentée à la Cour le 23 septembre 1661, à ce que les peines de trois mille livres d'une part, et trois mille livres d'autre, portées par les deux Lettres Patentes portant Privilèges d'imprimer, vendre et débiter les *Œuvres du Sieur de Cyrano de Bergerac*, contenant une Pièce de Théâtre intitulée *La Mort d'Agrippine*, quelques Fragmens d'histoire, Lettres et autres Pièces composées par ledit de Cyrano, fussent déclarées encouruës contre le défendeur cy-après nommé, pour avoir par luy fait imprimé, contrefait et débité partie desdites Œuvres, et ordonné qu'au payement desdites sommes il seroit contraint, et par corps, les Exemplaires par luy faits acquis et confisquez au profit du demandeur ; et à faute de rendre et représenter lesdits exemplaires par luy faits, dont ledit demandeur seroit crû à son serment, jusques au nombre de quinze cens, qu'il seroit pareillement condamné et contraint par corps à payer audit demandeur la somme de quatre mille cinq cens livres à son choix et option, qui est à raison de trois livres pour chaque Exemplaire, ainsi qu'il se vend ordinairement ; et outre ledit défendeur condamné par les mesmes voyes aux dommages et intérestz que ledit demandeur a eus et soufferts, aura et souffrira à cause de ce, et aux despens de l'Instance avec itératives défenses audit défendeur et tous autres, de plus imprimer, vendre et débiter lesdites Œuvres en tout, ou en partie, dudit Cyrano, ny contrevenir ausdites lettres patentes de privilège, et arrests de vérification d'icelles, sur telles autres et plus grandes peines qu'il plaira à la Cour arbitrer ; Requérant à cette fin ledit demandeur la jonction du Procureur Général, pour la vendique et intérest public, aux réservations de ses autres actions : Et encores demandeur en exécution des Arrests de la Cour des 24 septembre 1661 et 3 avril 1662, d'une part ; Et Antoine Sommaville aussi Marchand Libraire à Paris, défendeur d'autre, sans que les qualitez puissent préjudicier. Après que Pousset pour ledit Sercy, et Tuault pour ledit Sommaville, ont esté oüis, ensemble Bignon pour le procureur général du Roy, *La Cour* ordonne que l'appointement sera reçu ; ce faisant, conformément à iceluy, ordonne que lesdites lettres patentes et arrest de vérification du 26 aoust 1661 seront exécutez selon leur forme et teneur ; en conséquence fait inhibitions et défenses audit defendeur et tous autres, de plus imprimer, vendre ny débiter lesdites Œuvres, en tout ou partie, dudit Cyrano de Bergerac, et dont est question ; Et pour la contravention par luy faite ausdites Lettres Patentes et Arrest de vérification, condamne iceluy défendeur aux dommages et intérests du demandeur qu'il a eus et soufferts, aura et souffrira à cause desdites impressions, vente et débit desdits Livres et Œuvres de Bergerac en question ; et pour la liquidation d'iceux, a renvoyé et renvoye en ladite Cour en la manière accoustumée, despens réservez. Fait en Parlement, le trente et un Juillet mil six cens soixante-deux. Signé : Du Tillet.

Louis, par la grâce de Dieu, Roy de France et de Navarre. Au premier nostre huissier ou sergent sur ce requis. Salut ! De la partie de Charles de Sercy, marchand libraire, bourgeois de Paris, Nous te mandons qu'à sa requeste tu mettes à deuë, pleine et entière exécution l'arrest de nostre Cour de Parlement de Paris, cy attaché sous le contrescel de nostre Chancellerie en datte du 31 Juillet 1662, obtenu par ledit Exposant, à l'encontre d'Antoine Sommaville, et tous autres qu'il appartiendra, nonobstant qu'il ne soit que par Extrait ; de ce faire te donnons pouvoir. *Car tel est nostre plaisir.* Donné à Paris, le neufiesme Aoust, l'an de grâce mil six cens soixante-deux. Et de nostre Règne le vingtième. Signé par le Conseil, Turpin.

L'an mil six cens soixante,...., le....., jour de....., à la requeste de Charles de Sercy, marchand libraire à Paris, l'arrest et commission sur iceluy, dont coppies sont cy-dessus, ont esté par moy, huissier sergent à verge, au Chastelet de Paris, sous-signé, montrez, signifiez, et d'iceux baillé copie à.........., en son domicile, parlant à........, à ce que du contenu en iceux il ne prétende cause d'ignorance et luy ay fait les défenses y mentionnées, sur les peines y portées. Fait présent témoins nommez en mon Original.

C) EXTRAIT DES REGISTRES DU PARLEMENT (27 juillet 1663).

Entre Charles de Sercy, marchand libraire à Paris, demandeur en requeste par luy présentée à la Cour, le 23 septembre 1661, tendante à ce que les peines de trois mille livres d'une part, et trois mille livres d'autre, portées par les lettres de privilège qu'il a obtenuës les 30 décembre 1653 et 23 décembre 1656, soient déclarées encouruës contre le défendeur cy-après nommé, pour avoir par luy imprimé, contrefait et débité les *Œuvres Diverses de Cyrano Bergerac* au préjudice desdites Lettres ; au payement desquelles sommes il seroit contraint par corps, les exemplaires par luy contrefaits, acquis et confisquez au profit du demandeur ; et à faute de rendre et représenter lesdits exemplaires, dont le demandeur sera crû à son serment jusques au nombre de quinze cens, il sera condamné luy payer la somme de quatre mille cinq cens livres, qui est à raison de trois livres pour chaque exemplaire, et outre aux dommages et intérests tels que le demandeur a eus et soufferts, aura et souffrira, et aux despens de l'Instance ; Autres itératives défenses de plus imprimer, vendre ny débiter lesdites *Œuvres*, ou partie d'icelles, sur telles autres peines qu'il plaira à la Cour arbitrer, d'une part ; Et Antoine de Sommaville, aussi marchand libraire à Paris, défendeur et demandeur suivant l'Exploit d'assignation donnée par devant le bailly du Palais ledit jour 23 septembre 1661, tendante à ce que la saisie faite le 22 dud. mois d'un livre intitulé : *Les Œuvres Diverses de Cyrano Bergerac* soit déclarée injurieuse, le défendeur condamné à la représentation dudit livre et par corps, et aux despens, dommages et intérests du demandeur ; Et encores demandeur en faux suivant l'Acte reçu au Greffe de la Cour le 2 mars 1662, contre les prétenduës Lettres de privilège dattées du 30 décembre 1653, ayant pour titre *Œuvres Diverses de Cyrano Bergerac*, imprimées et employées en un livre in-quarto, qui contient ledit titre, et contre un autre prétendu privilège du 23 décembre 1656, qui a pour titre : *Diverses Œuvres de Cyrano, tant en Prose qu'en Vers*, imprimé et employé en un livre in-douze, intitulé *Le Pédant Joüé*, et encores demandeur et lettres en forme de Requeste civile, accordées en Chancellerie le 13 janvier 1663 contre les Arrets de ladite Cour des 14 mars, 3 avril et 31 juillet préeédens, d'une autre part ; Et ledit de Sercy, défendeur d'autre. Après que Sevin, advocat dudit Sommaville, et Isalis pour de Sercy ; Oüis les procureurs des parties sont par l'advis de maistre Jacques Lambin, ancien advocat pris pour tiers demeurez d'accord de l'appointement qui ensuit ; appointé est que la Cour, oüy sur ce le procureur général du Roy, a sur lesdites lettres en forme de Requeste Civile, mis et met les parties hors de Cour et de procez; et en conséquence, faisant droict sur le tout, sans s'arrester aux demandes dudit Sommaville, l'a condamné et condamne payer audit de Sercy la somme de quatre cens livres parisis, tant pour les dommages et intérests à luy adjugez par l'arrest du 31 juillet 1662 que pour les frais et despens par luy faicts jusques au jour du présent arrest ; luy a fait et fait défenses ensemble à tous autres libraires et imprimeurs, de vendre ny débiter d'autres Livres et *Œuvres de Cyrano Bergerac*, que de ceux imprimez par ledit de Sercy, sur les peines portées par les privilèges, et de tous despens, dommages et intérests ; condamne le demandeur en trente-sept livres 10 sols d'amende. Fait en Parlement le cinquiesme Juin mil six cens soixante-trois. Signé : Du Tillet. Collationné.

Louis, par la Grâce de Dieu, Roy de France et de Navarre ; Au premier nostre huissier ou sergent sur ce requis. Salut. De la partie de Charles de Sercy, marchand libraire, bourgeois de Paris. Nous te mandons qu'à sa requeste tu mettes à deuë, pleine et entière exécution, l'arrest par luy obtenu de nos amez et féaux conseillers les Gens tenans nostre Cour de Parlement à l'encontre d'Antoine de Sommaville, et tous autres qu'il appartiendra, nonobstant que ledit arrest ne soit que par extrait, en date du cinquiesme Juin dernier, et cy attaché sous le contrescel de nostre Chancelerie, de ce faire te donnons pouvoir. Donné à Paris, le vingt-septiesme Juillet l'an de grâce mil six cens soixante-trois. Et de nostre règne le vingt-uniesme. Signé par le Conseil, Le Juge.

L'an mil six cens soixante-trois, le XXIe *jour de aoust, à la requeste de Charles de Sercy, marchand libraire à Paris, l'arrest et commission sur iceluy, dont coppies sont cy-dessus, ont esté par moy, huissier sergent à verge au Chastelet de Paris, sous-signé, montrez, signifiez, et d'iceux baillé coppie à......., en son domicile....., parlant à......., à ce que du contenu en iceux, il ne prétende cause d'ignorance, et luy ay fait les défenses y mentionnées, sur les peines portées. Fait présent témoins nommez en mon original. Signé : Itier.*

TABLE DES POÉSIES DE CYRANO DE BERGERAC

Rondeau (en tête de la tragédie *Le Grand Selim ou le Couronnement tragique, 1645*), de Le Vayer de Boutigny : *Car, autrement, moy ne puis reconnoistre*.......................... XLIX

Sonnet (1649) : *Effroyables Autheurs de nos calamitez*.... LXXIV

Le Ministre d'Estat flambé, burlesque (mazarinade, 1649) : *Il faut bien qu'un chien de lutin*.......................... II 237

Couplet (1649) : *La troupe des bons catholiques*......... LXXXI

Madrigal à M. Bignon sur les *Hommes illustres qu'il a gravés* (6 v., 1650) : *Les Enfans immortels du cuivre et du burin*. II 230

Sonnet (en tête de ses *Œuvres diverses, 1654*). A mademoiselle (Jacqueline) d'Arpajon : *Le vol est trop hardi que mon cœur se propose*.. LXXXIX

La Maladie. Stances (7 de 10 v.) : *Mon grand Ami, je suis malade*.. XLIII

Pour M. Dassoucy sur sa « Métamorphose des Dieux » *(L'Ovide en belle humeur, 1650)*. Huitain : *Plus puissant que jadis Orphée*.. LXXXII

TABLE DES PRÉFACES DE CYRANO DE BERGERAC

AUX OUVRAGES DE SES AMIS

Œuvres poétiques du sieur D. P. (de Prades), 1650 : A qui lit : *Lecteur, comme l'imprimeur t'a déjà dit*.. LXXXII

Jugement de Pâris, poème de Dassoucy (1648). Au sot lecteur et non au Sage : *Vulgaire, n'approche point de cet ouvrage*. LXVI

TABLE DES POÉSIES DES AMIS DE CYRANO DE BERGERAC

Le Bret (Henri)

A MM. Heince et Bignon sur leurs portraits des Héros françois (1650). Huitain : *Cette déesse dont la voix*........ II 230

Royer de Prades

A l'Auteur des *Estats et Empires de la Lune ou de l'Autre Monde*. Sixain : *Accepte ces six méchans vers* LXXX

A un Pélerin revenu de L'Autre Monde. Septain : *J'eusse fait un plus long voyage* LXXXIII

A l'Auteur des *Estats et Empires de la Lune ou de l'Autre Monde*. Sonnet : *Un esprit qu'en son vol nul obstacle n'arreste*. LXXX

A un mauvais poëte burlesque. Sixain. *Tes amis et tes envieux* LXXXIV

TABLE DES PRINCIPAUX NOMS CITÉS

Les noms propres commençant par D', Du, L', La ou Le, sont classés aux dites lettres,

Abel........................ II 299*
Adam... 23*, 26*, 29; II 202, 205, 221
Achab........................ 25*
Achille...................... II 223
Agrippa (Corneille)........ 34*, 104; II 58*, 209
Alcide....................... II 222
Alexandre le Grand.... 28, 36; II 261
Amaury (Thomas), libr.......... civ*
Amaury-Socquet................ II 94
Ambroise, notaire.............. cxvii
Anaxagore............... 124: II 261
Anaximandre.................... 148
Anceaume, notaire...... cxxxix, cxli
Anget. Voir Auget.
Annibal................... 66; II 275
Apollonius de Tyanes............ 148
Arbalestrier (Antoine). Voir Balestrier.
Arétin...................... II 252
Arioste................... xxiv, 186
Aristarque..................... 12
Aristophane............ 147; II 249
Aristote............ xxiv, 49, 53, 181; II 164, 188, 201, 212, 252
Artéphius, philosophe......... II 190
Astorgy de Broeil............ II 218
Athénée...................... xxvii
Attila....................... II 255
Aubert (Jacques).............. cxxii*
Auget (Paul) ou Auger..... xix, cliii
Auget (Simon).................. cliii
Augustin (Saint)...... 16; II 254, 255
Aulu-Gelle..................... xxiv
Auvery (François), receveur, cxviii, cxxiv*, cxxv*

B...... (Nicolas). Voir Hérault (François).
Bacon......................... 53
Baïf (J. A. de).................. ciii
Balestrier (Antoine). xxx, lxvii, cxix*
Id. (Emmanuel)......... cxix*
Ballard...................... II 99
Balzac (Guez de) xlvi, ci, cii*, civ, 83
Bannès ou Banez, dominicain.. II 172
Barales (Ch. de)............... xxvi
Barbedor, maitre écrivain.. lxix, cxlv
Barbin (Claude), libraire........... ix
Bardin (Denis)........ cxxxvi, cxlvii
Id. (Françoise)............ cxlvii
Barentin (Honoré).............. xxvi
Baron, père.................. II 93
Bauche (Maurice)................ 85
Baudoin (Jean)................. lxii*
Baudouin (Louis), huissier.. lix, lxvii, cxlviii*, etc.
Baudy ou Baudry, notaire.... cxxxiv, clviii
Bavent (Madeleine)............ II 216
Beauchasteau, comédien........ II 93
Beauchasteau de Villiers (Mad.), comédienne................ II 93
Beaufort (duc de).... II 239, 250*, 287
Beaufort (Jean de)..... lxvii, lxviii, lxxvi, cxxix etc.
Beaufort, notaire..... cxxxiii, cxxxiv
Beauvais (de), notaire........ cxxxiv
Beauvau....................... clxii
Bellanger (Espérance)... xxiii*, xxvi, xxvii, etc., etc.
Id. (Simon), xxvi, lxxvii, xciii
Belurget (Claude),.............. 162
Benserade.................... II 315
Bergerac (Antoine de).... xxx*, cxvii
Id. (Dauphin de).......... xxx
Id. (Fleur de lis).......... xxx
Id. (Gallois de)...... xxx, cxvii
Id. (Guillaume de)......... xxx
Id. (Jouin de)............. xxx
Id. (Loys de)........ xxx, cxvii
Id. (Nicolas de)........... xxx
Id. (Philippe de)..... xxx, cxvii
Bernage (de)................... clviii
Bernard (M. C. H. L. N.).... II 7, 313
Bernard (Claude)................ 77
Bernard (Claude), dit le Pauvre Prêtre, II 218* 220
Bernardin (N.-M.).... xiii*, xxxvii 34
Bernier....... xxxvi*, 1; II, 291, 292
Béroalde de Verville.............. 89
Bert (Paul)...................... xiv
Berthault (Jacques).......... lxxviii
Bertier (P. de), évêque....... xxviii
Besongne (J. B.), libr... 306, 308, 312
Beys (Charles)................. lxvi
Bignon....................... xxxiv
Id. (François). cxliv*; II 229, 230*
Id. (Pierre).......... lxviii, lxix*
Bigre.......................... cv
Blandin......... lxxxv*; II 184*, 186
Blondeau (Geneviève),..... lviii*, lxii, cxviii, cxl, cxlii*, cxliii
Blot (baron de)........... vi*, lxxxi
Bocace........................ xxv
Bôcher (Ferdinand).......... II 7, 313

Bodin Jean) XXIV
Boileau. XXXVI,* XXXIX, CIII; II 12, 198
Boisrobert .... XC, CV
Boisseau (Gilles) .... CXX, CXXIV
Boisseau (Jean), peintre ...... II 243*
Boissonat (Jean) LXXVIII
Borge (Madeleine de) XXVI
Bossuet V
Boucher (Girard). CXXI, CXXII*, CXXIII
Boullé (Thomas) .... II 216
Bourbon (Henri de) .... II 174
Bourbon (Nicolas) le vieux...... XXIX
Id. (Nicolas) .... XXIX*
Bourdin CXXIII
Bourdon (Jean) le jeune LXXIX
Bourgeois (Léon) XIV
Bourgogne (de) .... XXXIV*, XXXIX
Bouteville CII
Boyer, sieur du Petit-Puy ...... II 218
Brétilleux (la) .... II 243
Breton (Guillaume) .... CXXII*
Id. (Jehan) CXXIII
Brienne (comte de) LXXIX
Brioché (François) XXXIX
Id. (Jean) .... XXXIX*, XL, XLI
Brissac (duc de) .... II 288
Brissailles (Hector de) XXXIV*, LXXXIII
Brissonnet (Gilles) LXXIX
Id. (Jean) LXXIX
Brochard (Girard) .... CXXII*
Brossard (Jehan) CXXIII
Brosse (Jean de) .... II 204
Brosse (Robert) CXXXV
Brossette XXXVI
Brun (Pierre) XIII*, XVII*, XXVII, LXIX, LXX, LXXXVI, LXXXIX, XCI, XCVIII, XCIX, etc., etc.
Brunet (Jean), libr ...... LXXI, LXXII*, LXXIII, LXXIV, LXXV ; II 237, 248, 260, 266, 270, 310*, 311*
Bruno (Giordano) 71
Brutus 34*
Buchanan XXIV
Buffon CVIII
Buratini 136*
Byet (Claude), abbé d'Arcy CLIII

Cabanis 77
Caen (Marie de) 5
Caïn .... II 299
Caligula .... II 206
Calvin .... VII, VIII*
Cambout (Pierre de), de Coislin. CLIII
Campanella.. XLVI, L, 35*, 57. 70, 71*, 83, 85, 86, 130, 181*, 195, 198, 199
Camus CXXXVII
Camus, huissier. Voir Le Camus.
Camuzet CLXI
Candale (duc de) .... II 245
Capitan, procureur CXLVI
Capon (G.) .... CVI ; II 313
Carbon de Casteljaloux... XXXI, XXXIII
Cardan (Jérôme) 6*, 34*
Cardelin farceur .... II 216, 244*
Carmeline, dentiste .... II 244*
Carême 41
Carré, notaire. Voir Quarré.
Cartier, notaire .... LVIII, LXXVII
Cassandre .... II 218
Cassius 64*
Castiglione (B. de) XXIV
Castilia .... II 218
Catilina .... XXIV*
Caus (Salomon de) 78
Caussin (le Père), jésuite ..... II 176*
Cavois .... XXXIV, XLVIII
Cervantès .... II 7
César .... XXIV, 64*, 66 ; II 64, 223
César, aventurier 34*
Champagne, coiffeur .... II 244
Chanut (Marie) .... XXXV*
Id. (Pierre) XXXV
Chaplain .... II 53
Chapellaz (Jacques) VIII
Chapelle (Claude-Emmanuel Lulilier, dit). XII, XXXV*, XXXVI*, LI, LXVII, LXXX, LXXXIX, XC, XCVI, 1 ; II 186, 187, 188, 189*, 218, 291, 292
Chapotin (Père M. D.) XXIX
Chappuys de La Goutte .... II 218
Chapperon .... LXIX, CXLIV
Charbonnier (Florent) CXVII
Charlemagne 66
Charles-Martel 28
Charles (Michel), commissaire. II 172, 173
Charron 85
Chasteaufort (de) XXXIV
Chastillon (de), ... LXXI ; II 263*
Id. (madame de). LXXI*, LXXV ; II 310
Chatel (Jean) .... II 176
Chatelin, comédien .... II 94
Chauderon (Jeanne) XXX
Id. (Jehan de) CXXV
Chaulieu VIII
Chaulnes (Claude de) 12
Chausson VI
Chavannes (de) LXXXII
Cherbois (Marie) XX
Chevenne (de) LXVII
Chevreuse (duc de) CXXXVI
Chilon LXXII
Chinard (Gilbert) .... IX, XIV
Choffier (Jean) XX
Choppin (Nicolas), avocat. LVIII, CXXXI* CXLIII, CXLVI*, CXLVII
Chouvigny (Claude de), voir Blot.
Christine, reine de Suède 162
Cicéron .... XXIV ; II 258
Clanleu (de) .... II 263

Claveret CV
Clémance (Mad.), comédienne... II 94
Clénard .... XXIV*
Cochon, curé de Sannois....... XCIII
Coli (Edoardo) 21
Colignac (de). 101, 102*, 103*, 105, etc.
Colle, bouffon italien...... II 266, 244
Colletet (Fr.) .... II 218
Colletet (Guil.)........... II 218, 315
Collin de Plancy.............. II 58
Colomb XV
Condé (le grand)............. LXXXI ;
II 185, 222*, 242*, 263, 264, 265, 285
Copernic.......... 6, 12*, 94 ; II 202
Corbinelli .... CIV ; II 6
Cormier, bouffon............ II 244*
Corneille (Pierre).. XLVI, CV , II 93, 94
Costar........................ CIV
Cousin, joueur de paume..... II 243*
Cousté (René).................. CXVI
Coypeau (Charles). Voir Dassoucy.
Cramail (comte de)............ CIII
Crespinet (Michel), cordonnier. LVIII, CXXXIX, CXL
Crésus, roi de Lydie.... 148
Cujas .... XXIV.
Cuigy (Jean de)...... XXXIX, XLIX, 5*
Cumée, sybille............... II 190
Cussan (marquis de).... 103, 105, etc.
Cyprien (le Père).............. XCII
Cyrano (Abel I de), père de Cyrano, XVII, XIX*, CXVI*, CXXXIV*
Id. (Abel II de), frère de Cyrano, XX*, CLVI*, etc.
Id. (Abel Pierre III de), fils de Abel II. XXVI*, CVI, CXVII*, CLVI, CLIX
Id. (Anne de), tante de Cyrano, femme de Jacques Scoppart...... XIX, XXVI, CXVI*
Id. (Anne de), femme de Charles Poussemotte.... XIX, CLIII
Id. (Antoine de), frère de Cyrano.............. XXVI
Id. (Catherine de), fille de Abel I, sœur de Cyrano XXVII, XXX, XXXVII*, XLV, XCI., CXVII*
Id. (Catherine de), sœur de Savinien I.............. XVII
Id. (Catherine de), fille de Abel II. Voir Marie-Catherine.
Id. (Denys de), frère de Cyrano. XXVI, XXVIII*, XXXII* XXXIII
Id. (Honoré de), frère de Cyrano XXVI
Id. (Jérôme-Dominique de), XX*, CV, CXVI*
Id. (Marie-Catherine de), fille de Abel II.. XXVI*, CXXVII, CLVI*, CLIX
Cyrano (Marie de), femme de J. de Serre. XIX, LIII. CLIII
Id. (Marie de), fille de Jérôme-Dominique XX
Id. (Marie de), femme de Honoré Morel .... XIX, CLIII
Id. (Marie-Elisabeth de), fille de Pierre II............... XX
Id. (Paul de), fils de Jérôme-Dominique XX
Id. (Pierre I, de). XIX, XXVI, XXIX, CXV
Id. (Pierre de), marié à Charlotte Genne........... XIX
Id. (Pierre II de), sieur de Cassan, fils de Samuel II, XIX*, XCI*, XCIII*, CV, CXVI*, CLII, CLV, CLVI
Id. (Samuel I de)........... XVII
Id. (Samuel II, de), oncle de Cyrano. XIX, XXV, XXVII, CXV*, CXVI, CXVIII*, CLII
Id. (Savinien I de), grand-père de Cyrano. XVII, XVIII*, CXV*, CXVI, CXXXIII*, CXXXIV*

Daillé, ministre protestant..... II 239
Damoys (Guillaume)........... CXXIII
Dampierre (M. de)..... CXXII, CXXIII*
Daniel .... II 259
Daremberg (de)................ LXII
D'Argenson. Voir Le Voyer.
D'Arpajon (Jacqueline).. LXXXIX, 305*
Id. (Louis, duc). LXXXVIII*, LXXXIX*, XC, XCI, 1 ; II 6*, 97*, 98*, 231, 305*, 311
Darwin........................... 77
Dassoucy (Ch. Coypeau)... XII, XVI, XXXI*, XL, XLI, XLVIII, L, LXVI*, LXXX, LXXXI*, LXXXII*, LXXXIII*, LXXXIV*, LXXXV*, LXXXVI*, XCIV*, XCVI, CII, CV, 34, 110* ; II 155, 183, 184*, 186*, 191, 244
D'Autriche (Anne).... VI ; II 250, 262, 271, 273
David.................... CC ; II 286
David (veuve Jehan)...... CXXI, CXXII
David (Pierre)...... LVIII, CXVIII, CXL
Decombe (la),................ II 243
Dehénault (Jean)................ VIII
Delamare, commissaire..... CLIX, CLX, CLXI*, CLXIII
Delignet.................... LXXVIII
Delinat......... LXXVIII
Demandols (Madeleine de). II 216, 239
Démocrite.... XLIX, 6, 14, 71, 79, 188
Démon de Socrate....... 33, 40, 102*
Demosthène.................. XXIV
Denetz (Guillaume), notaire. CXIX, CXX

Denis (Jacques). XI, XII, LXV*, XCI, 53, 68, 91, 94, 162
Denizot (Mme).. LV, LIX, CXXXV*, CXLI*
Dépoud (Pierre), curé....... CXLVIII*
Deronet (Mme), comédienne..... II 94
Derrik...................... II 310
Des Barreaux, dit l'Illustre débauché.................... V*, VIII
Desbois, avocat................ CLX
Id. (Anne)................ CLIII
Id. (Jacques), greffier..... CLIII
Id. (Jean), gendre de Scoppart .. XIX*, LIII*, LV, LVI*, etc.
Desbordes (Jacques).......... II 308*
Desbrosses..................... CV
Descartes... XXXVI, XCIX*, 48, 49, 52, 53, 79, 109, 167, 183, 198, 199
Descourtieux (Elisabeth).... LII*, LIV*, LV*, etc.
Desforges, notaire............. CXVI
Des Houllières (Madame)........ VIII
Des Marets de Saint-Sorlin...... II 5
Des Noyers, secrétaire de la reine de Pologne............ 136
Id. (Gilles)........... CXXIII
Id. (Jeanne)........... CXIX*
Deson de Reims................ 136
Despautères........ II 16*, 18, 23, 63
Desportes.................... XXIV*
D'Estouteville (Colard)......... XXXV
Id. (Estout)......... XXXV
Id. (Guillaume), évêque............ XXXV
D'Estrées (Antoine)...... XXIX, CXVIII
Id. (François-Annibal.... CXVIII
Desues (Raoulin)........... LXXVIII*
D'Harcourt (Guy), évêque....... XXXV
D'Harouys (Nicolas)............... X
Dimier (Louis)................ CVIII
Diodore de Sicile............... XXIV
Diogène.......................... 66
Dion............................. 34
D'Orléans (Gaston).. VI*, XXXI ; II 285
D'Ors (comte)................ II 263
Doucet (Camille).............. II 94
Doussin (Marie)....... XIX, CXVI, CLII, CLIII, CLIV, CLVI
Id. (Nicolas), huissier. CLII, CLIV
Douville (Le Métel).............. CV
Dracon...................... II 262
Drusus, fils de Livia............ 34
Du Bail..................... II 218
Du Bellay (Philippe)........... CXVII
Du Bosc (veuve), libr............ 6
Du Chesne, médecin...... LVIII, CLXII
Ducros (Louis)........... VII*, VIII*
Dufour (Perrette)........ XXVI, LXXVII
Dugast (J.), libr.................. X
Du Moustier, recteur de l'Université.............. II 173, 174
Du Pelletier.................. II 218
Du Pellier, avocat............. LXVII
Dupont-Vernon, comédien...... II 94*
Dupré (Jean)................... CXIX
Dupron (David)............. XXXVIII*
Dupuis, notaire.............. CXXXIX
Durand, notaire.............. CXXXIV
— (Guillaume)........... XVII
Durckheim....................... XIV
Duret de Montchemin......... XXXIV*
D'Urfé (Honoré).................. CIV
Du Ryer (Pierre).................. CV
Du Soucy (François), sieur de Gerzan L* II 218*, 220
Du Tage................ XC ; II 178
Du Tillet.................... II 319
Duval.......................... II 6

Edouard d'Angleterre............ 28
Elian........................ II 253
Elisabeth de La Visitation.XXXVII*,CXXVII
Elisée........................... 26
Enoc.............. 23, 25, 26, 30* 32
Epaminondas..................... 33*
Epicure.. XXXVI, LXVII, 6, 71, 76, 79, 80
Erasme................... XXIV, CIII
Esculape......................... 28
Esnault (Estienne). CXXI, CXXII*, CXXIII
Id. (Mathurin)............ CXXII
Esope........................... 148
Estienne (A.), libr................ X
Euclide....................... XXIV*
Eve............ 23*, 28* ; II 219, 221

Fagotin, singe.................. XXXIX
Fanny (Antoine)................. XXVII
Faucheur, ministre protestant.. II 239
Fauste (docteur).......... 34 ; II 239
Fédeau. Voir Feydeau.
Ferrand (Antoine), libr.... II 306, 312
Ferrand (Michel).............. II 316
Feydeau (Marie). XXVII, XXVIII*, CXXXV
Filessac..................... CXXXIV
Filleau (Gilles), des Billettes.. LXXIX
Fillion (Pasquier)........... CXVIII
Fiorilli (Tiberio), dit Scaramouche..... II 216, 244
Fiseau, commissaire.......... CXXXVI
Flammarion (Camille). CIX, CX, 12, 14
Floridor...................... II 93
Foigny (Gabriel de)......... IX*, CV*
Folengo......................... 199
Fontanier (Jean)................ XIV
Forbois (Thomas de)..... XVII*, XXX, CXVI, CXXV, CXXVI*
Forestié (Em.)................ XXVIII
Formentin (Nicolas), conseiller. CLVIII
Fouillé.......................... 77

Fourcy (abbé de)................ xx
Fourmy (Christofle), libr. à Lyon...... II 306, 309, 312
Fournel (Victor)...... II 6, 82, 84, 89
Fournier (Pierre), procureur.... CXVI, CLIII, CLV
France (Anatole).................. V
François (notaire).............. CLV
François (Pierre), procureur.... LXVII, LXVIII*, LXXVI, CXLII, etc.
Fredy de Coubertin.. XVII, XVIII*, XIX
Friendly (J.)................. II 305
Furetière................ XL ; II 218
Fyot......................... CLII

Gadeau (Henri), de Kerville...... 82
Galilée........... 47, 58, 94 ; II 202
Gallonye..................... II 99
Galongé...................... II 99
Garassus (le Père)....... VI ; II 177*
Gassendi.. XXXV*, XXXVI*, XXXVII, XXXVIII, L, LXVII, XCVI, XCIX*, 1*, 2, 13*, 35, 76*, 78, 80, 167 ; II 8
Gassion (maréchal de)... XXXIX, XLIX* ; II 241, 285*
Gaufredy ou Gaufridi........ 216, 239
Gauthier (Théophile)............ CX*
Genne (Charlotte)............... XIX
Gerbault (Etienne), notaire.. CXXXVIII, CLIII
Gervais (François), tailleur..... LVIII, CXXXIX
Gerzan (de). Voir Du Soucy (Fr.).
Gilbert......................... 124
Id. (Claude)................. IX*
Gillet de la Tessonnerie.......... CV
Girard (Théodore)............... CI
Girault, notaire.............. CXXXIX
Godwin (Fr.)............. LXV, 38, 44
Goffridy. Voir Gaufredy.
Goethe.......................... 77
Gohier (Philippes)............. CXXIII
Gombault (J.-O. de).......... CIV, CV
Gomberville. Voir Le Roy (Marin de).
Gonzague (Marie-Louise de), reine de Pologne.... XLVIII*, 136 ; II 37, 88
Gonzalès (Dominique)..... LXV ; 44, 45
Gorillon (Bernard), conseiller... CLIII
Id. (Jean), sieur de Corgueson.. CLIII
Id. (Pierre), sieur des Marchais.. LIIIC
Gourmont (Remy de). CXI*, 36, 73, 197 ; II 19, 20, 314
Grachus...................... II 258
Graf (Arturo)................... 20
Graindorge (A. de).............. 181
Grande Rue (Jeanne de)......... XXX
Grand-Guillot (Jehan)......... CXXIII
Grandier (Urbain)......... II 216, 239
Grandin (Martin)........ II 171*, 172
Grangier (Jean).. XXIX*, XLVIII ; II 8
Grégoire XIII, pape............ II 54
Grégoire de Naziance.......... II 249
Grimblet (Jean)......... LVII, CXXXIX
Grisbault (Colas)............. CXXII
Griveau (Ch.), sieur de Luroy. II 196*
Gualis........................ CLIII
Guazzo........................ XXIV
Guénault, médecin............ II 198*
Guénégaud (de)............... II 175*
Guenichot............... LXIX, CXLIV
Guéret (Gabriel). XC, CI, CIII, 7 ; II 93
Guers (J.-A.).................. CVII
Guettard...................... CVIII
Guichardin..................... XXIV
Guignard (Jean), libr........... LXII
Guillard, notaire.............. CXLI
Guilloys (Jacques)............. CXXII
Id. (Martin)............. CXXII
Guise. Voir Lorraine (Henry II de).
Guyot (Nicolas)......... XXVI, LXXVII
Id. notaire................. CLVIII
Gygès......................... 189

Habert...................... LXXXVIII
Hamon......................... XXIV
Hardouin (Guillaume)........ LXXVIII*
Hardy (Pierre)................. CXIX
Harvey......................... 135
Hayrault (François). Voir Hérault.
Heince (Zacharie)... II 229, 230*, 315*
Hélie.......... 23, 26, 29, 30, 31*, 32
Héliogabale.............. II 219, 221
Hemaut (Anne de)............. CLIII
Id. (Geneviève de).......... CLIII
Id. (Marguerite de)......... CLIII
Id. (Marie de)... CLII, CLV, CLVI
Id. (Nicolle de)............ CLIII
Hénicle...................... II 94
Hennin......................... 101
Henri IV............... XXV* ; II 284
Héraclite....................... 34
Hérault (François) ou Héreau.. XI* ; II 171, 172, 173*, 174, 175, 176*
Hercule......................... 66
Herculet (Jean). XXVIII ; II 220, 222, 223
Hermant (Geoffroy)........ X ; II 171
Hérodian...................... XXIV
Hésiode..................... II 251
Homère...................... II 251
Horace........................ XXIV
Horats (Nicolas)............. LXXVII
Hortensius.................... XLVII
Houyn....................... LXXVIII
Houzé......................... CLIII
Huart, notaire......... CXLVIII, CLVII

Huger (Macé), notaire... cxxi, cxxiv*, cxxvi
Huot (Claude), libr..... lxxi ; II 310
Hypocrate.............. 124 ; II 204

Imbert.......................... xxiv
Id. notaire................ cxxxiii
Isaac......................... II 273
Isalis, avocat.................. II 319

Jacob......................... II 274
Jacob, avocat.................. II 218
Jal............................ xvii
Jean (saint) l'Evangéliste. 31, 107, 108
Jean (messire)................ 104, 109
Jérémie....................... II 259
Jésus (Marguerite de). Voir Senaux Marie de).
Jésus-Christ.... II 166, 205*, 206, 219, 271, 300, 303*
Job............................ 110*
Jordan (Etienne).............. II 297
Jonas, prophète............... II 198
Josset (Hélie).................... ci
Josué.............................. 9
Jourdain (Françoise)..... lviii*, cxli
Judas.............. II 205, 301* 303
Jullien (Jacques)............. lxxix
Id. (Jean)................... lxxix
Juppont. xiii*, xvi, 12*, 13*, 14, etc.
Justin.......................... xxiv
Juvénal......................... xxiv

Karoly (Mad.), comédienne,... II 94*
Kepler............................ 6
Kircher.......................... 14

La Balle, notaire................ clix
Laborde (de).................. II 253
La Coste (Nic. et Jean de), libr. lxxxiii
La Brosse........................ 34
La Calprenède (Gautier de Coste, de).. II 178
La Chapelle. Voir Chapelle.
Lacroix (Paul)....... xi*, xii, xxvii*, xxix, etc.
Id. (Phérotée de)........... civ*
Ladvocat...................... cliii
Laertius (Diogènes)............ xxiv
La Fare......................... viii
La Goutte. Voir Chappuys.
La Hogue (de), secrétaire du roi. cxliv
Lailly (Gabriel de)............. xxx
La Marche (Pierre de).......... cliii
Lamark........................... 77
Lamare.......................... 115
La Marre (de). Voir Delamarre.
Lambert, trésorier............. cliii
Lambert (Michel)................ cxv
Lambin (Jacques), avocat...... II 319
La Ménardière.................... cv
La Morlière (Adrien)........... lxxix
Id. notaire.............. cxxxiv
La Mothe-Houdancourt (maréchal de).. II 250*, 251, 288
La Mothe Le Vayer....... 35 ; II 285*
Id. Id. fils (l'abbé)..... xii, xxxvi, li, lxvii, xc ; II 5*, 7*, 191*, 218, 280
Lando............................ 74
Landois (Simone)................. xx
Lannel (Jean de)................. 34
La Noue (de).................... xxiv
Lanson (Gustave).................. ix
La Perche. Voir Moussard.
La Porte (Guillaume-Nicolas de)... cvi clix, clxi
La Roche, bouffon italien..... II 244*
La Rochefoucauld (cardinal de).. liii
La Rocque (Guy de).......... cxlvii*
La Serre.......................... cv
Lavale, prêtre............... II 173*
La Vallée (le P.)......... II 172, 173*
La Vrillière (de).............. cxlvii
Lays............................ 66*
Le Blanc.......................... cx
Le Blanc......................... 312
Id. (Richard...................... 6
Le Bon (Gustave)............ vii, 80
Le Bret, frère de Henry....... xxxiv
Id. (Henry)... xii, xxviii*, xxix, xxxi, etc., etc. ; II 219, 229, 230
Id. (Nicolas)................. xxvii
Le Breton (Jean).............. II 216
Le Camus, huissier lviii, cxxxi, cxlvi
Id. notaire..... xxiii, xxiv*, cxix, cxlvi
Id. (Louise)........... xxviii
Id (Marie).. xix, xxviii, xxix
Le Cat, notaire..... cxxxviii, cxxxix, cxlvii*, clv
Le Clerc, principal du collège de Calvy. II 171
Le Coq,....................... II 156
Le Coutelier.................. II 244
Le Doyen, peintre............. II 306
Le Gauffre.................... II 216
Le Gras (Jehan)...... cxxii*, cxxiii*
Le Grand (Pierre), libr. sup... II 297
Le Hon (Guillaume)........... cxxxv
Le Juge....................... II 319
Le Loyer (Pierre)................ 147
Le Maire (Anne)... xviii*, xxiii, cxv*, cxvi, cxvii, cxviii, cxix*, etc.
Le Mascrier...................... cvii
Le Méra (le Père)............. II 174

Lemoine (Jean). XVII, LXII, LXXVII, XCII
Le Musnier, commissaire...... LXVII, LXVIII, LXIX, CXXVIII
L'Enfant (J.)................. II 294
Le Pannetier (Jacques)....... LXXVIII, CXXXIII, CLVI
Le Petit (Claude).......... VI*, XXXIX
Le Roux (Augustin), conseiller........ LXVIII, CXXXIV
Le Roy (Marin) de Gomberville...... II 163*, 178
Id. (Pierre), maçon. CXVII, CXVIII
Lescolle (de), marchand drapier...... LVIII, CXXXIX, CXL
Lescot, évêque de Chartres.... II 171
Le Sellier (Anne).............. CXLI
Le Semelier, notaire......... CXXXIV, CXXXVIII, CXLVII*
Le Tasse..................... II 182*
Leucippe............ .... 12*
Le Vayer de Boutigny........ XLVIII*
Le Verrier (Gervais). XXVI, LXXVII, CXL
Le Voyer, notaire.............. XXIII
Id. (M. R.) de Paulmy... CVI*, CLIX, CLX*, CLXI*, CLXIV
Leyret (de)..................... CLIII
L'Hermite Souliers (chevalier de). LXVII
Lhospital CLXIII
Licostène...................... XXIV
Lieutard (Honoré)............. CLIII
Lignières (François Payot de)......... VIII, XXXIX*
Linné.......................... 77
Livet (Charles).................. II 6
Lope de Véga.......... XLVIII ; II 5
Loret....................... LXXXVIII
Lorraine (Henri de), duc de Guise..... XVIII*, CVXI*, CXXI, CXXIV*, CXXVI, II 252, 283
Lorraine (Louis de), cardinal de Guise. II 187
Loudin (N.), prieur............. II 229
Louis XIII........ 24 ; II 41, 204, 252
Louis (Ant.), chirurgien........ II 314
Louis d'Outremer............. II 205
Lourdet....................... CLXIII
Lowell (A.)............. CIV ; II 310
Lucibal, ange................ II 300
Lucien. CVIII, 62, 85, 150, 193 ; II 309
Lucrèce... XXXVI, XCIX, 1, 71, 76, 79, 124, 162, 188
Luillier (Claude-Emmanuel). Voir Chapelle.
Luillier (François)............ XXXV*
Id. (Jérôme)................. XXXV
Luynes (duc de)................ II 288

Machiavel.............. XXIV : II 260
Magnon....................... CV
Mahieu (Catherine)....... CLIII, CLIV
Id. (Marie)..... CXVI, CLIII, CLV*
Id. (Nicolas). notaire....... CLII, CLIV, CLVI
Maillet (Benoit de)............ CVII*
Mairet......................... XLVI
Malherbe.................... CIII, 83
Mallaquin (Marie)............. XXVIII
Malleville..................... II 315
Mancini (Hortense)....... II 244, 253
Id. (Laure)............... II 253
Id. (Marie).......... II 244, 253
Id. (Marie-Anne)..... II 244, 253
Id. (Olympe)............ II 253
Mangnier (Maurice)........... LXXVII
Mansuy (Abel)............ 136 ; II 75
Marchand, notaire............ CXXXIII
Id. (Joachim).. LXXVIII, CXXXIV
Marcy (Marie)........... XXVI, LXXVII
Id. (Simon).... XXVI, LXXVII, CLXII
Maréchal........................ CV
Marguerite de Jésus (mère). Voir Senaux (Marie de).
Marigny...................... LXXXI
Marini...................... II 182*
Marolles (Michel de)......... LLXXIX
Marot....................... II 237
Marsile (Théodore)............. XXIX
Marsin (de)................... CLXII
Martial, parfumeur............ II 244
Martin (Jean).................. CXXI
Id. (Pierre)............... LXXVII
Id. Id. le jeune....... LXXVIII*
Martinozzi (Anne-Marie)........ II 253
Id. (Laure)............. II 253
Matharel ou Matherel (François), bailli de Chevreuse.... XIX, CXXV, CXXVI
Mathurin (saint).......... 102 ; II 203
Mathusalem.................. II 190
Maucroix....................... XIX
Maurras (Ch.).................... V
Mayenne (duc de)............... 162
Mazarin (cardinal)... VI, LXX*, LXXII*, LXXIII, LXXIV, LXXV, LXXXV, LXXXVI, LXXXVII ; II 195, 196*, 231, 232*, etc.
Médicis (Marie)........... II 202, 204
Mersenne................... XLVI, 49
Mesnard................. XXXV, XXXVI
Michallet (Estienne), libr......... IX*
Michelet......................... XI
Millet (Catherine)........ XXIX, CXXIV
Milon....................... II 251
Mirbeau (Octave)................ 89
Moïse............. LXXIII, 29* ; II 190
Molé (Mathieu)............ II 99, 177
Molière... XI, XXXVI*, XL, CIV, CV, 1 ; II 7*, 16, 35, 48, 51, 82, 89, 251, 264, 267, 291, 292
Mondory................. XLI*. XLII*
Monmerqué (de).................. 4

Monod (Gabriel)................. XI
Montbazon (de)................. 10*
Montfleury (Zacharie-Jacob, dit.). XLI, XLII*, LI*, XC, CII; II 155, 161*, 180*, 181, 182, 183
Montfleury (Antoine-Jacob, dit)....... II 180, 181
Montifaut (de). Voir Quivogne.
Montmagnie (de)......... 10*, 13*, 16
Montmaur (Pierre de).......... II. 5
Montpensier (Mademoiselle).... II 218
Montplaisir................. LXXXVIII
Montrouge (Marie de).......... CLIII
Monval................... II 93, 94
Id. fils, comédien.......... II 94
Moreau..................... LXXXVI
Id. notaire............... CXXXIV
Morel, professeur d'écriture.... II 243
Morel, conseiller................ CLX
Id. (Honoré)........... XIX, CLIII
Id. (Pierre)................. XIX
Morgues (Mathieu de).......... II 239
Morillot.................... LXXXVII
Morlot (Claude), libr.......... II 310
Morus (Thomas).......... XLVII, L, 85
Mouffle, notaire.............. CXLVII
Moullineaux (Louis de)......... CXIX
Mounet-Sully.................... 94
Moussard (Pierre) dit La Perche. XXXVII
Mubert (Martin)............... CLIII
Muller (Eugène).......... 16; II 313
Musnier (veuve A.)............ LXXII
Id. (Hector)...... XXXVI; II 189

Nau (Nicolas)..................... X
Naudé (Gabriel)...... 35, 162; II 285
Nepveu (François)............. CXXII
Néron...................... II 261
Neufgermain................. II 243*
Neuvillette (madame de)........ XCII*
Nicéron (le Père).......... XXXVI, CVI
Id. (Robert).............. CXXXIII
Nichon (la petite)............ II 243*
Nisus...................... II 205
Nodier (Ch.)............... CIX*, CX
Nostradamus........... LXVI; II 163
Nuidron (Robert)............... XXXII

Ogier (Fr.)..................... CIII
Ollivier (Jean), jardinier...... CXVIII*
Id. (Thomas)............. LXXVII
Origène......................... 75
Orviétan................... II 243*
Osmont (Ch.)................ II 308
Oursel (François), commissaire...... CXXXVII, CXLVII*
Ovide...... XXIV, 52, 181, 188; II 253

Pain (Daniel), libr............ II 308
Palliot (P.)................. XX, CI
Pantaléon...................... XXIV
Panton (Raoulin).............. LXXIX
Parfait (les frères)............ II 34
Pascal......................... 49*
Passart........................ CLIII
Patin, de l'Acad. franç.......... II 94
Pausanias............... II 254, 265
Payen, notaire...... CXXXIII*, CXXXIV
Pazat (Mlle Jeanne), comédienne. II 94*
Pelletier (Jacques)............. XXIV
Périclès.................... II 283
Perrot (Louis).......... XXVII, XXVIII
Perrot d'Ablancourt........... II 309
Perse........................... XXIV
Pharaon..................... II 264
Philippe (Henri)................. VIII
Philipps.................... II 314
Philippot, dit le Savoyard.... II 243*
Philolaüs........................ 12
Philostrate................. II 268
Phocion..................... II 283
Picard ou Picart (Catherine)... CLVIII
Id. (Mathurin), curé........ II 216
Id. (Noël), tabellion...... CXVII*, CXXIV, CXXV
Pichon (Jeanne)................. CXIX
Pichou........................... CV
Picou (H. de)................ II 218
Pigou (Elie).... XLII*, LVIII, LXVIII, LXIX*, CXLIV*, CXLVI*
Pigray (Pierre)......... CXXXIII, CLVI
Pillon......................... CXXIX
Pimparé (Geoffroy).......... LXXVIII*
Pindare..................... II 251
Piot (François), libr............ LXII
Plastrier...................... CLVIII
Platon............... 53; II 212, 267
Plessis (Yves)............ CIV; II 113
Pline.................... XXIII, 189
Plutarque............... XXIII, LV, 33
Pocquelin (Guy)................. XIX
Poissy (Gilles de)........ LIX, CXXXV
Pontchartrain............ CLX*, CLXI
Pont-Courlay (madame de)..... II 197
Portmorant (abbé de).......... CXXVI
Potier (Henri)................. LXXIX
Poussemotte (Anne de).......... XIX
Id. (Charles de), sieur de Thiersonville..... XIX, CLIII
Pousset, avocat................. 317
Poutrain, notaire............ CXXXIII
Priape...................... II 166
Prieur...................... II 316
Prométhée....................... 23
Ptolémée.................. II 12* 13
Pyrrhon....................... XLIX*
Pythagore............... 6, 12, 190

Quarré, notaire.... XXXII, XXXIII, LI, LIII,*, etc.
Quinet (Edgar)........ XI
Id. (Toussaint). LXVI, LXVII ; II 193
Quintillien........ XXIV
Quivogne (Madame) de Montifaud.... XCII, CX* ; II 313

Rabelais....... XXV, XXXV, 28, 55, 74, 147, 199
Racine........ CV
Rallu, notaire........ CLIX
Ramboult (Marin), procureur.. CXXVI*, CXXVII*
Ramée (Simon)........ CXIX
Ramus........ XXIV
Rangouze........ II 243*
Rantzau (maréchal de)........ II 285*
Rasteau (Louis)........ LXXIX
Id. (Raoulin).... LXXVII, LXXVIII*
Raymond........ XLVII
Regnaut (Pierre)........ CLIII
Regnault (Tanneguy) des Boisclairs.... XCI* ; II 307
Retz (cardinal de)........ II 288
Retz (duc de)........ II 288
Richelet........ II 191
Richelieu (cardinal de)........ LXV ; II 250, 282*, 285*
Richelieu (duc de)........ II 245
Richer (Hardouin), greffier.... CXVII*
Ricordeau, notaire. LV, LIII*, LX, CXLI, CXLII, CXLIII
Ris-Mareuil (de)........ LXXXIII
Rivière (chevalier de)........ LXXXI*
Roberval........ 49
Robespierre........ VII
Robida........ XVI ; II 314
Robineau, notaire........ CXXXIV
Id. (Antoine)........ CLIII
Roboam........ II 265
Rocollet (P.), libr........ X
Rohan (Mme de).... LXXI*, 2* ; II 263
Id. (Tancrède de)... LXXI ; II 291, 292*, 310
Rohault (Jacques). XLVIII, XCIX*, 1; II 263
Roman (J.)........ XVII, XIX
Rostand (Edmond)...... XV, CIX, CX*, CXII, II 7
Rotrou........ LXXXIII, CV
Rousseau (J.-J.)...... V, XIV*, XV*, 167
Roy (Emile)........ II 5*
Royer de Prades...... XXXIV, XLVIII*, LXXIX*, LXXX*, LXXXII, LXXXIII, LXXXIV, LXXXIX, CI ; II 314
Ruffié (Jacques)........ LVII, CXXXVIII
Ruzé d'Effiat (Charlotte-Marie), XXXVII

Sacrobosco........ XXIV
Sade (marquis de)........ 89
Saffrey, notaire........ CXXXIX
Saint-Amand le poète........ II 315
Saint-Amant (Pierre de), laboureur. CXIX
Saint-Amour (de)........ II 171, 172
Saint-Basile........ XXIV
Saint-Christofle........ II 303
Saint-Denis........ II 217
Saint-Denis (mademoiselle de). II 226
Saint-Denis (Pierre de).. LVII, CXXXIX
Saint-Etienne........ II 303
Saint-Gillea (de)........ XXXIV*
Saint-Hilaire (Geoffroy)........ 77
Saint-Ignace........ II 177
Saint-Jean, notaire. XXX, CXXXVII, CXLI
Saint-Jean-Baptiste........ II 303
Saint-Michel........ II 299
Saint-Paul........ II 260, 272, 277
Saint-Pierre........ II 299
Saint-Pierre d'Alcantara...... II 302, 303*, 304
Saint-Pavin (de)........ V
Saint-Simon........ LXXXVIII
Saint-Simon........ II 301*
Sainte-Raine........ II 301
Salle, notaire........ CXXVIII
Salluste........ XXIV
Samson........ 66 ; II 204
Sanguin (Denis). Voir St-Pavin.
Sarazin........ LXXXVIII
Sarron (H.)........ II 218
Saumur, joueur de paume..... II 243
Saxe-Weimar (duc de)........ II 241
Scaramouche. Voir Fiorilli (Tiberio).
Scarron (Paul). LXVII, LXXXV*, LXXXVII, CV ; II 5, 155, 192*, 194*, 196, 279, 288*, 289
Scherm (Laurent)........ II, 308
Scipion........ 28
Scopart (Jacques)..... XXVI, LIII*, LV, LVI*, etc.
Scudéry (G. de)...... CIV, CV ; II 182
Séguier (Louis).. LXVII, CXXXI ; II 156, 229*, 230*, 231*
Séjanus........ XC
Séjourné, libr........ II 306
Senaux (Marie de)...... XXXVII*, XCI, XCII*, CXXVII
Sénèque........ 162*
Sequeville. Voir Serqueville.
Sercot, joueur de paume. II 243*, 296
Sercy (Ch. de), libr...... LXXXII, XC, XCVIII*, XCIX*, CIII, CIV, 85 ; II 99, 305*, 306*, 307*, 309*, 311*, 312*, 316*, etc.
Serf........ XCVIII ; II 310
Serqueville (Marie de)..... XIX, LIII, CXV*, CLII, CLIII
Serre (François de)........ CLIII

Serre (Jean de)....... XIX*, LIII, CLIII
Id. (Jean-Baptiste de)..... XIX, LIII
Id. (Marie de)................ XIX
Servet (Michel).................. VII
Servien......................... 5
Sevin, avocat.................. II 319
Sevin (Pierre).................. CLIII
Simonnet, exempt......... CLIX, CLX
Socrate.............. XLIX, 33, 194; II 192, 212, 283
Sommaville (Antoine de), libr. XCVIII*, XCIX*, CIV; II 296, 306*, 307*
Sorbière (Samuel)............... L
Sorel (Ch.).. XLVII, L, C, 5, 40, 43, 46, 49, 71*, 84*, 85*, 87, 142, 166, 192; II 5*, 15
Id. (Georges)................ XIV*
Soyde (Estienne)............... CXXV
Spencer......................... 77
Spinosa.......................... V
Stanton (H.-B.)............. II 7, 313
Suétone........................ XXIV
Suidas......................... XXVII
Tabourot (Estienne), sieur des Accords. XXIV
Tacite....................... II 249
Tailladet (de).................. XL
Tallemant Des Réaux.... XXXI, XXXV, XLII, XC; II 219, 244
Talon (Nicolas)................... X
Tatian....................... II 267
Terence......................... XIV
Terrière (René), avocat......... CLIII
Tessereau (Abraham)............ XVII
Texier (Anne)............... LXXVIII
Thalès.......................... 34
Théophile. Voir Viau.........
Thiersaut (Jehan)............ CXXVI*
Thou (de).................. II 59
Thumery (Nicolas)....... CXXI, CXXIV
Tibulle........................ XCII
Tirésias............... LXXIII; II 219
Toldo (Pietro)... 9, 19, 20, 23, 39, 55, 62, 71, 74, 85
Torricelli....................... 49
Tristan L'Hermite... XXXVI, XXXVII*, XLVIII, LXVII, LXXX, LXXXII, LXXXIX, CV, 34*, 35*, 36, 102; II 93, 186
Trivelin..................... II 166
Trithème (Jean)................. 34*
Trotigny (le seigneur de)...... CXXIII
Tuault, avocat............... II 317
Turenne................. II 185*, 222
Turpin....................... II 318
Tycho-Brahé..................... 11

Urbain.......................... 34

V. (de)...................... II 178
Vallée (le Père). Voir La Vallée.
Id. (Geoffroy).... V*, VIII*, XIV, 15, 94; II 212
Id. (Jacques). Voir Des Barreaux.
Id. (Louis)................ CXXXIV
Valliot (Mme), comédienne..... II 93
Valois (Adrien de)........ II 291, 292
Vanini (Lucilio).... XIII, XIV, 167*
Vassetz, notaire.............. CXLVII
Vassy, crieur.......... LVII, CXXXVIII
Vaugelas........................ CIII
Vaultier (F.), libr............ II 306
Veiras (Denis) d'Alais......... IX*, CV
Verneuil (Jacques)................ IX
Viau (Théophile de)..... V, VIII, XIII, XXVII*, L, 62, 167
Villiers (de), comédien.......... II 93
Villiers (Pierre de), prêtre...... CXVII
Villot (Jean), maitre de la musique du roi...... CLIII
Vincent de Paul (saint)....... II 285*
Vinot, cuisinier.............. II 243*
Virgile................... II 192*, 194
Vitu (Aug.)............... II 94, 314
Vivès........................... XXIV
Vlaighels. Voir Wleughels.
Voile, procureur..... CXXXV*, CXXXVII
Voiture......................... CIII*
Voltaire.......... V, XIX, 167; II 314
Vulson de La Colombière...... II 230

Wert (J. de)................. II 241
Wleughels (J. Ph.). XXVI*, CLX, CXVII

Zeddé (de).................... XXXIV
Zoroastre.................... II 209

TABLE GÉNÉRALE DES MATIÈRES

Le Pédant joué, comédie. Notice 5

Le Pédant joué a-t-il été représenté ? p. 6. — *Le Pédant joué* et Molière, p. 7. — Le manuscrit de la Bibliothèque nationale, p. 8.

Le Pédant joué, comédie, par M. de Cyrano Bergerac (texte du ms. de la Bibl. nat. avec var. de 1654). . 9

La Mort d'Agrippine, tragédie. Notice......... 93

La Mort d'Agrippine, tragédie, par M. de Cyrano Bergerac............................ 95

Epître dédicatoire, p. 97. — Privilège du Roy, p. 98.

Les *Lettres* de Cyrano de Bergerac. Notice...... 155

Manuscrit de la Bibliothèque nationale, liste des lettres écartées, p. 156, — Avis du libraire relatif aux *Lettres* de l'édition originale en tête de *La Mort d'Agrippine.* 1654, p. 158.

Lettres de Cyrano de Bergerac (texte du manuscrit de la Bibliothèque nationale, avec les variantes de 1654). 159

Lettres satyriques : Contre le Caresme, p. 161. — Contre une femme intéressée, p. 163. — Contre un médisant, p. 164. — Apothéose d'un ecclésiastique bouffon, p. 166. — Au Régent de la Rhétorique des Jésuites, p. 168. — Contre un Jésuite assassin et médisant (notice), p. 171 ; texte de la lettre, p. 176. — Lettre satirique contre le sieur du Tage, p. 178. — Contre le gras Montfleury (Zacharie-Jacob, dit), mauvais auteur, et comédien, p. 180. — Pour Soucidas (Dassoucy), contre un partisan qui avoit refusé de lui prester de l'argent, p. 183. — Satire contre Soucidas (Dassoucy), p. 184. — Contre Chapelle, brigand de pensées, p. 187. — A monsieur Chapelle pour le consoler sur l'éternité de son beau-père, p. 189. — Contre La Mothe (Le Vayer fils ?), brigand de pensées, p. 191. — Contre Scarron, poëte burlesque, p. 192. — A un Comte de bas-aloy (Charles Griveau, sieur de Luroy, p. 196. — Contre les médecins, 197.

Lettres diverses. — L'Automne, p. 201. — Description de l'aqueduc, ou la fontaine d'Arcueil. A nos amis les buveurs d'eau, p. 203. — Eloge d'une rousse, p. 204. — Le Campagnard, p. 205.

— Le Duelliste, p. 206. — Pour les Sorciers, p. 207. — Contre les Sorciers, p. 211. — A M. de Gerzan, sur son *Triomphe des Femmes*, p. 218. — Sur la guérison d'une maladie mortelle, p. 221. — Sur le faux bruit qui courut de la mort de monsieur le Prince, p. 222. — Lettre d'amour, 224. — Effets amoureux d'une absence, p. 225. — Sur des bracelets de cheveux, p. 225. — Lettre d'amour à mademoiselle de Saint-Denis, p. 226. — Regret d'un esloignement, p. 228. — Reproche à une cruelle, p. 229. — A monseigneur le Chancelier Séguier, sur les hommes illustres de la gallerie du Palais Cardinal, gravés par M. Heince, notice, p. 229 ; texte de cette épître dédicatoire, p. 231.

Les Mazarinades de Cyrano de Bergerac, notice. . 233

I. *Le Ministre d'Etat flambé, burlesque*, p. 237. — II. *Le Gazettier des-interessé*, p. 248. — III. *La Sybille moderne ou l'Oracle des Temps*, p. 260. — IV. *Le Conseiller fidèle*, p. 266. — V. *Remonstrances des trois Estats à la Reyne régente, pour la paix*, p. 270 : *Remonstrance du Clergé à la Reyne régente*, p. 270 ; *Remonstrance de la Noblesse*, p. 273 ; *Remonstrance du Peuple*, p. 276. — *Lettre contre les Frondeurs*, notice (p. 278), *A Monsieur D. L. M. L. V. F.* (de la Mothe Le Vayer fils), p. 280.

Entretiens pointus. 291

Notice, p. 291 ; Préface, p. 292 ; Entretiens pointus, p. 292.

APPENDICE

Le Sermon du curé de Colignac, attribué à Cyrano de Bergerac. 296

Bibliographie des ouvrages de Cyrano de Bergerac. 305

Œuvres publiées jusqu'en 1800 :

Œuvres diverses : les Lettres, le Pédant joué, p. 305 ; — Les Lettres, les Estats et Empires de la Lune, le Pédant joué, p. 305 ; — *Les Nouvelles Œuvres :* les Estats et Empires du Soleil, etc., p. 306 ; — *Œuvres diverses :* les Lettres, le Pédant joué, les Estats et Empires de la Lune, la Mort d'Agrippine, p. 307 ; — Œuvres complètes sous le titre d'*Œuvres diverses* (à pagination continue), p. 307.

Ouvrages et pièces publiées séparément :

L'Autre Monde (*Histoire comique* des Estats et Empires de

la Lune), p. 309 ; traductions ou adaptations anglaises, p. 310 ; — Mazarinades, p. 310.

Théâtre : *La Mort d'Agrippine*, tragédie, p. 311 ; — *Le Pédant joué*, comédie, p. 311.

XIXe et XXe siècles :

Œuvres, Histoire comique, Le Pédant joué, Lettres d'amour, etc., p. 312.

Manuscrits :

Des *Lettres* et du *Pédant joué ;* de l'*Autre Monde* (Les Estats et Empires de la Lune), p. 313.

Le Procès intenté par Charles de Sercy, libraire, à Antoine de Sommaville, libraire, pour sa contrefaçon des *Œuvres diverses* de Cyrano en 1661. 316

(Arrêt de la Cour de Parlement, 30 novembre 1661, p. 316 ; — Extrait des Registres du Parlement, 9 août 1662, p. 317 ; — Extrait des Registres du Parlement, 27 juillet 1663, p. 318.

Table des poésies de Cyrano de Bergerac. 321

Table des préfaces de Cyrano aux ouvrages de ses amis. 321

Table des poésies des amis de Cyrano (Henri Le Bret et Royer de Prades). 321

Table des noms cités. 323

AUTRES OUVRAGES DU MÊME AUTEUR

P. Durand-Lapie et F. Lachèvre. — Deux homonymes du XVIIe siècle : François Maynard, président d'Aurillac, et François Ménard, avocat au Parlement de Toulouse. Etude bio-bibliographique. Paris, 1899, in-8.

M. Charles Drouet et le problème des deux Maynard. Le Poème *Le Philandre*. Réponse par Frédéric Lachèvre. In-12 de 141 pp.

Bibliographie des recueils collectifs de poésies publiés de 1597 à 1700 donnant : — 1° La description et le contenu des recueils ; — 2° Le premier vers des pièces de chaque auteur précédées d'une notice bio-bibliographique ; — 3° Une table générale des pièces anonymes avec l'indication du nom des auteurs de celles qui ont pu être attribuées ; — 4° La reproduction des pièces qui n'ont pas été relevées par les derniers éditeurs des poètes figurant dans les recueils collectifs ; — 5° Une table des noms cités, etc. Tiré à 350 exempl. numérotés, 4 vol. in-4° de LX et 2.371 pp.

Souscription du Ministère de l'Instruction publique. — Prix Brunet de l'Académie des Inscriptions et Belles-Lettres.

Les Satires de Boileau, commentées par lui-même et publiées avec des notes. Reproduction du commentaire inédit de Pierre Le Verrier avec les corrections autographes de Despréaux. Paris, 1906, in-8, fac-simile. Tiré à 250 exempl. numérotés.

Le Livre d'amour d'Estienne Durand pour Marie de Fourcy, marquise d'Effiat. Méditations de E. D., réimprimées sur l'unique exemplaire connu, précédées de la vie du poète par Guillaume Colletet et d'une notice. Frontispice. — Tiré à 301 exempl. numérotés.

Poètes et Goinffres du XVIIe siècle. La Chronique des Chapons et des Gélinottes du Mans, d'Etienne Martin de Pinchesne, publiée sur le manuscrit original de la Bibliothèque nationale. Fr. gr. In-8 de LXXI et 259 pp. Tiré à 301 exempl. numérotés.

Voltaire mourant. Enquête faite en 1778 sur les circonstances de sa dernière maladie, publiée sur le manuscrit inédit et annotée, suivie de : Le Catéchisme des libertins du XVIIe siècle, *Les quatrains du Déiste ou l'Anti-Bigot, A propos d'une lettre inédite de l'abbé D'Olivet, Voltaire et Des Barreaux.* Portr. de Voltaire. In-8 de XIII et 208 pp. Tiré à 501 exempl. numérotés.

Le Livre d'amour d'Hercule de Lacger. Vers pour Iris (Henriette de Coligny, comtesse de La Suze), publiés sur le manuscrit original inédit, avec une notice. Portrait et fac-simile. In-12 de 141 pp.

Achevé d'imprimer le 12 décembre 1921
par
P. HARAMBAT,
5, rue Saulnier, à Paris.

www.ingramcontent.com/pod-product-compliance
Lightning Source LLC
LaVergne TN
LVHW011200110826
845150LV00006B/1276

* 9 7 8 1 4 2 5 5 7 2 9 4 5 *